住房和城乡建设部"十四五"规划教材
全国住房和城乡建设职业教育教学指导委员会规划推荐教材

建筑工程资料管理实训
（第四版）

（土建类专业适用）

李　光　主编

陈年和　主审

中国建筑工业出版社

图书在版编目（CIP）数据

建筑工程资料管理实训/李光主编. —4 版. —北京：中国建筑工业出版社，2023.1（2023.7 重印）
住房和城乡建设部"十四五"规划教材　全国住房和城乡建设职业教育教学指导委员会规划推荐教材　土建类专业适用
ISBN 978-7-112-27733-9

Ⅰ. ①建…　Ⅱ. ①李…　Ⅲ. ①建筑工程-技术档案-档案管理-高等职业教育-教材　Ⅳ.①G275.3

中国版本图书馆 CIP 数据核字（2022）第 142908 号

本教材共分建筑工程资料管理基本知识、建筑工程资料管理、建筑工程资料管理专业技能实务与专业技能评价等内容。

第 1 部分主要包含了建筑工程资料管理的基本概念及有关规定、工程准备阶段文件的形成管理、监理文件的形成管理、施工文件的形成管理、建筑工程竣工验收备案管理等内容。

第 2 部分主要包含了资料管理的基本工作方法和程序。重点是基于项目施工图及相关技术资料，分析施工过程、完成资料管理计划的编制过程，熟悉资料管理计划的基本编制方法。专业技能评价主要体现如何运用相关知识完成资料管理工作任务的能力及实践能力评价的方法和要点。

本书可供土建类专业及相关专业高职院校教学使用，也可供相关工程技术人员参考。

为便于本课程教学，作者自制免费课件资源，索取方式为：邮箱 jckj@cabp.com.cn，电话（010）58337285，建工书院网址 http://edu.cabplink.com。

责任编辑：李天虹　李　阳　朱首明
责任校对：芦欣甜

住 房 和 城 乡 建 设 部 "十 四 五" 规 划 教 材
全国住房和城乡建设职业教育教学指导委员会规划推荐教材
建筑工程资料管理实训
（第四版）
（土建类专业适用）
李　光　主编
陈年和　主审

＊

中国建筑工业出版社出版、发行（北京海淀三里河路 9 号）
各地新华书店、建筑书店经销
霸州市顺浩图文科技发展有限公司制版
天津安泰印刷有限公司印刷

＊

开本：787 毫米×1092 毫米　1/16　印张：24　字数：552 千字
2022 年 11 月第四版　2023 年 7 月第二次印刷
定价：**66.00** 元（赠教师课件）
ISBN 978-7-112-27733-9
（39896）

党和国家高度重视教材建设。2016 年，中办国办印发了《关于加强和改进新形势下大中小学教材建设的意见》，提出要健全国家教材制度。2019 年 12 月，教育部牵头制定了《普通高等学校教材管理办法》和《职业院校教材管理办法》，旨在全面加强党的领导，切实提高教材建设的科学化水平，打造精品教材。住房和城乡建设部历来重视土建类学科专业教材建设，从"九五"开始组织部级规划教材立项工作，经过近 30 年的不断建设，规划教材提升了住房和城乡建设行业教材质量和认可度，出版了一系列精品教材，有效促进了行业部门引导专业教育，推动了行业高质量发展。

为进一步加强高等教育、职业教育住房和城乡建设领域学科专业教材建设工作，提高住房和城乡建设行业人才培养质量，2020 年 12 月，住房和城乡建设部办公厅印发《关于申报高等教育职业教育住房和城乡建设领域学科专业"十四五"规划教材的通知》（建办人函〔2020〕656 号），开展了住房和城乡建设部"十四五"规划教材选题的申报工作。经过专家评审和部人事司审核，512 项选题列入住房和城乡建设领域学科专业"十四五"规划教材（简称规划教材）。2021 年 9 月，住房和城乡建设部印发了《高等教育职业教育住房和城乡建设领域学科专业"十四五"规划教材选题的通知》（建人函〔2021〕36 号）。为做好"十四五"规划教材的编写、审核、出版等工作，《通知》要求：（1）规划教材的编著者应依据《住房和城乡建设领域学科专业"十四五"规划教材申请书》（简称《申请书》）中的立项目标、申报依据、工作安排及进度，按时编写出高质量的教材；（2）规划教材编著者所在单位应履行《申请书》中的学校保证计划实施的主要条件，支持编著者按计划完成书稿编写工作；（3）高等学校土建类专业课程教材与教学资源专家委员会、全国住房和城乡建设职业教育教学指导委员会、住房和城乡建设部中等职业教育专业指导委员会应做好规划教材的指导、协调和审稿等工作，保证编写质量；（4）规划教材出版单位应积极配合，做好编辑、出版、发行等工作；（5）规划教材封面和书脊应标注"住房和城乡建设部'十四五'规划教材"字样和统一标识；（6）规划教材应在"十四五"期间完成出版，逾期不能完成的，不再作为《住房和城乡建设领域学科专业"十四五"规划教材》。

住房和城乡建设领域学科专业"十四五"规划教材的特点：一是重点以修订教育部、住房和城乡建设部"十二五""十三五"规划教材为主；二是严格按照专业标准规范要求编写，体现新发展理念；三是系列教材具有明显特点，满足不同层次和类型的学校专业教学要求；四是配备了数字资源，适应现代化教学的要求。规划教材的出版凝聚了作者、主审及编辑的心血，得到了有关院校、出版单位的大力支持，教材建设管理过程有严格保障。希望广大院校及各专业师生在选用、使用过程中，对规划教材的编写、出版质量进行反馈，以促进规划教材建设质量不断提高。

住房和城乡建设部"十四五"规划教材办公室

2021 年 11 月

第四版前言

本教材是普通高等教育土建学科专业"十一五""十二五"规划教材、住房城乡建设部土建类学科专业"十三五"规划教材、住房和城乡建设部"十四五"规划教材，并入选国家级技工教育和职业教育教材目录。本次修订是本教材在第三版基础上的系统修订，主要用于高职建筑工程技术专业职业岗位知识的掌握和实践技能训练指导。

本次修订是为了适应我国建筑业转型发展，建筑技术进步、标准规范更新、教育技术进步对教学手段及教学资源改革的创新要求，以适应和满足高职建筑工程技术专业人才知识和技能内涵的新要求。

本次修订依据近年来相关专业规范和标准的更新，对相关内容作了修订。依据《建设工程文件归档规范（2019年版）》GB/T 50328—2014完善了归档文件的编码体系。依据《建筑工程施工质量验收统一标准》GB 50300—2013及相关专业施工质量验收规范和《建筑与市政工程施工质量控制通用规范》GB 55032—2022修订和调整了部分相关内容。依据《危险性较大的分部分项工程安全管理规定》（中华人民共和国住房和城乡建设部令第37号）的规定，修订了危大工程的相关内容。"建筑工程竣工验收备案管理"部分补充了有关备案文件的内容。建设工程文件工程准备阶段文件、监理文件、施工文件形成管理部分内容依据更新的专业施工质量验收规范和新的编号规则补充了各类文件的编号，增补了相关文件和修订了部分文件的内容。

本教材参考借鉴了其他学者的部分研究成果，在此向他们表示衷心的感谢。

本教材的重新修订，限于时间和能力，难免存在不足之处，敬请广大读者批评指正。

本教材由新疆建设职业技术学院李光担任主编，新疆建设职业技术学院杨海萍、伊犁建设工程有限责任公司李虎进担任副主编。新疆建筑设计研究院有限公司李萍，伊犁建设工程有限责任公司罗明刚、李静怡，湖州职业技术学院刘晓勤，河南科技大学何向阳，新疆建设职业技术学院张耿、李萍、马超参与教材编写，在此表示感谢。

目 ● 录

第 2 部分　建筑工程施工资料管理技能实训

第1部分

建筑工程资料管理基本知识

本部分提要

本部分主要内容包括：建筑工程资料管理的基本概念；建筑工程资料管理职责、工程资料分类；资料管理相关规定；建筑工程资料形成管理：含工程准备阶段资料形成管理、监理资料形成管理、施工资料形成管理、竣工图及竣工验收资料形成管理、建筑工程竣工验收备案管理、建筑工程施工资料收集归档管理的相关内容。

1 建筑工程资料管理的概念

1.1 建筑工程资料管理的意义

建筑工程资料是建筑工程进行竣工验收和竣工核定的必备文件，是竣工验收备案及城建档案的重要组成部分，也是对工程进行检查、维修、管理、使用、改建的重要依据。在我国，国家立法和工程质量验收均对工程资料提出了明确要求。《中华人民共和国建筑法》《建设工程质量管理条例》等法律、法规，《建筑工程施工质量验收统一标准》GB 50300—2013 等规范，均把工程资料放在重要位置。

在我国，任何新建、改建、扩建的建筑工程，参与工程建设的建设、勘察、设计、监理和施工等单位均不能忽视工程资料的管理。在工程实践中，工程资料的验收应与工程竣工验收同步进行，同时建设工程文件的编制、收集整理、备案及归档等资料管理过程均应遵循《建设工程文件归档规范（2019 年版）》GB/T 50328—2014 的规定。建设工程档案的验收现已纳入建设工程竣工联合验收的环节。工程资料不符合要求的，将导致无法进行工程竣工验收。

在现实中，未曾验收的工程如果由于某种原因遗失、毁损了工程资料，则工程的验收便不能正常进行，必须通过有资格的检测单位进行质量检测，方可证明工程是否合格。已经投入使用的工程，如果没有妥善保存工程资料，则工程的维护、维修、改造都将因缺少依据，难以进行。

在贯彻执行 ISO 9000 质量管理体系系列标准工作中，资料是其一项重要内容，是证明管理有效性的重要依据，是评价管理水平的重要见证材料。由于建筑产品结构和制造工艺复杂，必须在建筑产品质量的形成过程中加强管理和实施监督，要求相关方在生产过程中建立相应的质量体系，提供能充分证明质量符合要求的客观证据。

由此可以看出工程资料的重要性。为了保证建筑工程的安全功能和使用功能及主要功能，必须重视工程资料的真实性、可靠性和完整性。因此，我们应当规范工程资料的管理，将工程资料视为工程质量验收的重要依据，甚至是工程质量的组成部分。

1.2　建筑工程资料管理的基本概念

1.2.1　建筑工程资料

建筑工程资料是建筑工程在建设过程中形成的各种形式信息记录的统称，主要包括工程准备阶段文件、监理文件、施工文件、竣工图和竣工验收文件，简称工程资料。

（1）工程准备阶段文件：建筑工程开工前从项目立项申请开始到办完开工手续为止，通常包括立项、审批、征地、拆迁、勘察、设计、招投标等工程准备阶段形成的文件。

（2）监理文件：监理单位在工程设计、施工等监理过程中形成的文件。

（3）施工文件：施工单位在施工过程中形成的文件。

（4）竣工图：工程竣工验收后，真实反映建设工程施工结果的图样。

（5）竣工验收文件：建设工程竣工验收活动中形成的文件。

建筑工程
资料

003

1.2.2　建筑工程资料管理

建筑工程资料管理是建筑工程资料通过填写、编制、审核、审批、签认，计划、收集、整理、组卷、移交、备案、归档，处理、储存、保管、检索和应用等管理工作的统称。按照工作责任的属性可分为资料的形成管理、收集归档管理和应用管理。

资料的形成管理是指资料的形成单位随工程建设进度，按照工作任务的实际要求完成资料的填写或编制，并通过相关责任人或部门的审核、审批和签认，最终同步形成真实、完整、有效的工程资料。

资料的收集归档管理是指建设、勘察、设计、施工、监理等资料管理单位按照《建设工程文件归档规范》规定的流程有计划地进行收集、整理、组卷、移交、备案、归档等资料管理工作。

资料的应用管理是在资料收集后的必要管理过程。工作内容主要包括资料的处理、存储、检索、追溯和应用。资料保存单位通过把建设各方得到的数据和信息进行鉴别、选择、核对、合并、排序、更新、汇总、处理和转储生成不同形式的资料，提供给不同需求的各类管理人员使用。

资料管理计划是依据资料归档收集的范围、类型和项目的施工过程、技术特点，确定资料管理的目标、组织、来源、程序、收集的内容和完成或提交时间的任务书。

资料的组卷是指按照相关标准、规范规定的原则和方法，将有保存价值的工程资料分类整理成案卷的过程，亦称立卷。

建设工程竣工验收备案是建设单位依据《房屋建筑工程和市政基础设施工程竣工验收备案管理暂行办法》（中华人民共和国建设部令第 78 号）规定，应当自工程竣工验收合格之日起 15 日内，向工程所在地的县级以上地方人民政府建设行政主管部门（以下简称备案机关）备案。建设工程竣工验收备案制度是加强政府监督管理，防止不合格工程流向社会的一个重要手段。

工程资料的归档是指文件形成部门或形成单位完成其工作任务后，将形成的文件整

理立卷后，按规定向本单位档案室及建设单位移交和建设单位向城建档案管理机构移交的过程。

1.2.3 建设工程档案

建设工程档案是在工程建设活动中直接形成的具有保存价值的文字、图纸、图表、声像、电子文件等各种形式的历史记录，这些记录经整理形成工程档案。

建筑工程资料与建设工程档案区别在于：资料是一个相对性的概念，只要对人们研究解决某一问题有信息支持价值，无论其具体是什么，均可视为资料；档案是保存备查的历史文件，在工作活动中，总要产生和使用许多文件，由于工作的持续进行和事业发展的客观需要，人们又自然要把日后仍需考查的文件有意识地留存下来，就成了档案；档案没有资料那样的相对性，档案可作为资料使用，资料却不能作为档案看待并使用。

2　建筑工程资料管理

建筑工程资料实行分级、分类管理，由建设、勘察、设计、监理、施工等项目各主要参与单位负责全过程的工程资料管理工作。资料管理工作按照工作责任的属性可分为资料的形成管理、收集归档整理、保管应用和信息系统管理。

2.1　建筑工程资料管理职责

建筑工程资料管理职责

005

《建设工程文件归档规范（2019 年版）》GB/T 50328—2014 中明确规定：工程文件的形成和积累应纳入工程建设的各个环节和有关人员的职责范围。即文件管理职责包括建设、勘察、设计、监理、施工单位和城建档案管理机构在内的全部工程文件的编制和管理。工程文件不仅由施工单位提供，而且参与工程建设的建设单位、勘察和设计单位、承担监理任务的监理或咨询单位，都负有收集、整理、签署、核查工程文件的责任。

（1）建设单位在工程文件与档案的整理、归档、验收、移交工作中，应按下列流程履行职责：

1）在工程招标及与勘察、设计、施工、监理等单位签订协议、合同时，应明确竣工图的编制单位、工程档案的编制套数、编制费用及承担单位、工程档案的质量要求和移交时间等内容；

2）收集和整理工程准备阶段形成的文件，并进行立卷归档；

3）组织、监督和检查勘察、设计、施工、监理等单位的工程文件的形成、积累和立卷归档工作；

4）收集和汇总勘察、设计、施工、监理等单位立卷归档的工程档案；

5）收集整理竣工验收文件，并进行立卷归档；

6）在组织工程竣工验收前，应按《建设工程文件归档规范（2019 年版）》GB/T 50328—2014 的要求将全部文件材料收集齐全并完成工程档案的立卷；在组织竣工验收时，应组织对工程档案验收，验收结论应在工程竣工验收报告、专家组竣工验收意见中明确；

7）对列入城建档案管理机构接收范围的工程，工程竣工验收备案前，应向当地城建档案管理机构移交一套符合规定的工程档案。

（2）勘察、设计、施工、监理等单位应将本单位形成的工程文件立卷后向建设单位移交。

（3）建设工程项目实行总承包管理的，总包单位负责收集、汇总各分包单位形成的工程档案，并应及时向建设单位移交；各分包单位应将本单位形成的工程文件整理、立卷后及时移交总包单位。建设工程项目由几个单位承包的，各承包单位应负责收集、整

理立卷其承包项目的工程文件，并应及时向建设单位移交。

（4）建设工程档案的验收应纳入建设工程竣工联合验收环节。

（5）城建档案管理机构应对工程文件的立卷归档工作进行指导和服务，并按《建设工程文件归档规范（2019 年版）》GB/T 50328—2014 的要求对建设单位移交的建设工程档案进行联合验收。

（6）工程资料管理人员应经过工程文件归档整理的专业培训。

2.2　建筑工程资料分类

由于建设工程信息管理工作涉及多部门、多环节、多专业、多渠道，工程信息量大，来源广泛，在项目实施过程中，信息处理的工作量非常大。为了更加有利于项目参与各方方便地对各种信息交换与查询和归档管理，利用信息技术建立统一的信息分类和编码体系是建设工程资料管理实施的一项基础工作。信息分类编码工作的核心是对项目信息内容分析的基础上建立项目信息分类体系。

1. 建设工程文件分类

建筑工程文件资料按照《建设工程文件归档规范（2019 年版）》GB/T 50328—2014 分类方法可分为工程准备阶段文件、监理文件、施工文件、竣工图和工程竣工验收文件。

（1）工程准备阶段文件可分为立项文件、建设用地拆迁文件、勘察设计文件、招投标文件、开工审批文件、工程造价文件、工程建设基本信息 7 类。

（2）监理文件可分为监理管理文件、进度控制文件、质量控制文件、造价控制文件、工期管理文件和监理验收文件 6 类。

（3）施工文件可分为施工管理文件、施工技术文件、进度造价文件、施工物资出厂质量证明及进场检测文件、施工记录文件、施工试验记录及检测文件、施工质量验收文件、施工验收文件 8 类。

（4）竣工图可分为建筑、结构、钢结构、幕墙、室内装饰、建筑给水排水及供暖、建筑电气、智能建筑、通风与空调、电梯、室外工程等竣工图；规划红线内的室外给水、排水、供热、供电、照明管线等竣工图；规划红线内的道路、园林绿化、喷灌设施等 12 类竣工图。

上述划分中建筑竣工图包括室外装饰、屋面施工、节能专项等竣工图；结构竣工图包括地基与基础施工、主体结构施工等竣工图。钢结构、幕墙、室内装饰等施工竣工图为符合独立组卷要求在归档时单独做了分类。

（5）工程竣工验收文件可分为竣工验收与备案文件、竣工决算文件、工程声像资料等其他工程文件 4 类。

2. 施工文件分类

施工文件在质量验收和归档过程中有着不同的分类方法。

（1）施工质量验收文件分类

施工文件在质量验收时基于《建筑工程施工质量验收统一标准》GB 50300—2013

规定分为施工现场质量管理检查记录、检验批质量验收记录、分项工程质量验收记录、分部工程质量验收记录、单位（子单位）工程质量竣工验收记录、单位（子单位）工程质量控制资料核查记录、单位（子单位）工程安全和功能检验资料核查及主要功能抽查记录、单位（子单位）工程观感质量检查记录。

（2）施工归档文件分类

施工归档文件应按照《建设工程文件归档规范（2019年版）》GB/T 50328—2014的分类方法组卷，由建设单位向城建档案管理机构移交符合规定的工程档案。分类目的是统一资料归档分类和收集的范围。

施工质量验收文件在施工阶段是工序施工质量控制的重要依据，在工程质量验收过程中核查质量控制资料时应依据《建筑工程施工质量验收统一标准》GB/T 50300—2013规定的工程文件的分类方法进行质量验收。分类目的是核查建筑工程在施工中各分部工程的施工过程是否按质量验收规范的规定验收，验收时的相关资料是否完整。

工程质量控制资料是建筑工程归档文件的部分内容，即工程质量控制资料应属于建筑工程归档文件中施工文件里的相关内容。

2.3 建筑工程资料管理的规定和要求

建筑工程资料管理是体现工程质量与安全的重要环节，是建筑工程管理的一项主要工作，是建筑工程项目管理程序化、规范化和制度化的具体体现。为保证工程资料管理工作的有效实施，工程资料应与工程建设过程同步形成，并应符合相关规定。

2.3.1 工程资料管理的基本规定

（1）工程文件的形成和积累应纳入工程建设管理的各个环节和有关人员的职责范围。

（2）工程文件应随工程建设进度同步形成，不得事后补编。

（3）每项建设工程应编制一套电子档案，随纸质档案一并移交城建档案管理机构。电子档案签署了具有法律效力的电子印章或电子签名的，可不移交相应纸质档案。

（4）工程资料的形成应符合下列规定：

1）工程资料形成单位应对资料内容的真实性、完整性、有效性负责；由多方形成的资料，应各负其责；

2）工程资料的填写、编制、审核、审批、签认应及时进行，其内容应符合相关规定；

3）工程资料不得随意修改；当需修改时，应实行划改，并由划改人签署；

4）工程资料的文字、图表、印章应清晰。

（5）工程资料应为原件；当为复印件时，提供单位应在复印件上加盖单位印章，并应有经办人签字及日期，提供单位应对资料的真实性负责。

（6）工程资料应内容完整、结论明确、签认手续齐全。

（7）工程资料宜按建设单位文件资料的形成过程（见图1-3-1）及施工期间监理资

料和施工资料形成过程（见图 1-4-1）的主要步骤形成。

（8）工程资料宜采用信息化技术进行辅助管理。

（9）工程准备阶段文件和工程竣工文件的填写、编制、审核及审批应符合国家现行有关标准的规定。

（10）监理资料的填写、编制、审核及审批应符合现行国家标准《建设工程监理规范》GB/T 50319—2013 的有关规定；监理资料用表宜符合《建设工程监理规范》GB/T 50319—2013 的规定（见本书监理资料表样）；其中有关施工单位报申、报验用表未规定的，可自行确定。

（11）施工资料的填写、编制、审核及审批应符合国家现行有关标准的规定；施工资料用表可参照《建筑工程资料管理规程》JGJ/T 185—2009 的规定（见本书施工资料表样）；未规定的，可自行确定。

2.3.2 竣工图的编制及审核规定

（1）竣工图的编制单位由建设单位在工程招标及与勘察、设计、施工、监理等单位签订协议、合同时确定，或在文件中载明。新建、改建、扩建的建筑工程均应编制竣工图；竣工图应真实反映竣工工程的实际情况。

（2）竣工图的专业类别应与施工图对应。

（3）竣工图应依据施工图、图纸会审记录、设计变更通知单、工程洽商记录（包括技术核定单）等绘制。

（4）当施工图没有变更时，可直接在施工图上加盖竣工图章形成竣工图。

（5）竣工图的绘制与改绘应符合国家现行有关制图标准的规定。

（6）所有竣工图均应加盖竣工图章。竣工图章的基本内容应包括："竣工图"字样、施工（编制）单位、编制人、审核人、技术负责人、编制日期、监理单位、总监理工程师、监理工程师。

（7）竣工图章尺寸为：50mm×80mm，见图 1-2-1。具体尺寸详见《建设工程文件归档规范（2019 年版）》GB/T 50328—2014 的竣工图章示例。

（8）竣工图章应使用不易褪色的印泥，应盖在图标栏上方空白处。

竣工图		
施工(编制)单位		
编制人	审核人	
技术负责人	编制日期	
监理单位		
总监理工程师	监理工程师	

图 1-2-1　竣工图章示例

2.3.3 工程资料编号规定

工程资料编号的目的是让每份工程资料的编号能够体现出资料的属性、工程部位类别，便于与工程建设内容相呼应。依据《建设工程文件归档规范（2019 年版）》GB/T 50328—2014 对各类归档文件赋予的编号体系。建立如下各类归档文件编码规则。

（1）工程准备阶段文件、工程竣工文件宜按表 1-2-4 中规定的类别和文件的序号编号。

（2）监理文件宜按表 1-2-4 中规定的类别和文件的序号编号。

（3）施工文件编号宜符合下列规定：

1）施工文件编号可由分部号、子分部号、类别号（子类别号）文件序号、文件收集的先后顺序号 4 组代号组成，组与组之间应用横线隔开（图 1-2-2）；

例如：资料编号"01-02-C4.2.1-001"可解读为"01－地基与基础分部，02－基础子分部，C4.2.1—施工物资出厂质量证明文件及进厂检验报告类，进场检验通用表格子类、材料构配件进场检验记录，001—第一份文件"。如没有子类别的文件，编号中不出现子类别号；如：C1.1、C2.3、C7.4 等。

$$×× － ×× － ×××× － ×××$$
$$① \quad ② \quad ③ \quad ④$$

图 1-2-2　施工资料编号

①为分部工程代号，可按表 1-2-5 的规定执行。

②为子分部工程代号，可按表 1-2-5 的规定执行。

③为资料的类别号（子类别号仅 C4、C6 存在）文件序号，可按表 1-2-4 的规定执行。

④为顺序号，可根据相同表格、相同检查项目，按形成时间顺序填写。

2）属于单位工程整体管理内容的资料，编号中的分部、子分部工程代号可用"00"代替；

3）同一厂家、同一品种、同一批次的施工物资用在两个分部、子分部工程中时，资料编号中的分部、子分部工程代号可按主要使用部位填写。

（4）竣工图宜按《建筑工程资料管理规程》JGJ/T 185—2009 中规定的类别和形成时间顺序编号。

（5）工程资料的编号应及时填写，专用表格的编号应填写在表格右上角的编号栏中；非专用表格应在资料右上角的适当位置注明资料编号。

2.3.4　工程资料收集、整理与立卷的规定

立卷是指按照一定的原则和方法，将有保存价值的文件分门别类整理成案卷，亦称组卷。案卷是指由互相有联系的若干文件组成的档案保管单位。

（1）立卷的流程

1）对属于归档范围的工程文件进行分类，确定归入案卷的文件材料；

2）对卷内文件材料进行排列、编目、装订（或盒装）；

3）排列所有案卷，形成案卷目录。

（2）立卷的原则

1）立卷应遵循工程文件的自然形成规律和工程专业特点，保持卷内文件的有机联系，便于档案的保管和利用；

2）工程文件应按不同的形成、整理单位及建设程序，按工程准备阶段文件、监理文件、施工文件、竣工图、竣工验收文件分别进行立卷，并可根据数量多少组成一卷或多卷；

3）一项建设工程由多个单位工程组成时，工程文件应按单位工程立卷；

4）不同载体的文件应分别立卷。

（3）立卷方法

1）工程准备阶段文件应按建设程序、形成单位进行立卷；

2）监理文件应按单位工程、分部工程或专业、阶段等进行立卷；

3）施工文件应按单位工程、分部（分项）工程进行立卷；

4）竣工图应按单位工程分专业进行立卷；

5）竣工验收文件应按单位工程分专业进行立卷；

6）电子文件立卷时，每个工程（项目）应建立多级文件夹，应与纸质文件在案卷设置上一致，并应建立相应的标识关系；

7）声像资料应按建设工程各阶段立卷，重大事件及重要活动的声像资料应按专题立卷，声像档案与资质档案应建立相应的标识关系。

（4）施工文件的立卷要求

1）专业承（分）包施工的分部、子分部（分项）工程应分别单独立卷；

2）室外工程应按室外建筑环境和室外安装工程单独立卷，按《建筑工程施工质量验收统一标准》GB 50300—2013 附录 C 的规定，室外工程应划分为室外设施（包括道路、边坡两个子单位工程）、附属建筑及室外环境两个单位工程；

3）当施工文件中部分内容不能按一个单位工程分类立卷时，可按建设工程立卷。

2.3.5　工程文件的排列要求

卷内文件排列顺序要依据卷内的文件构成而定，一般卷内的组成顺序为封面、目录、文件部分、备考表、封底。组成的案卷力求美观、整齐。卷内文件若有多种文件时，同类文件按日期顺序排列，不同文件之间的排列顺序应按日期的编号顺序排列。卷内文件的排列应符合下列规定：

（1）卷内文件应按《建设工程文件归档规范（2019 年版）》GB/T 50328—2014 的类别和顺序排列，见表 1-2-4；

（2）文字材料按事项、专业顺序排列，同一事项的请示与批复、同一文件的印本与定稿、主件与附件不能分开，并按批复在前、请示在后，印本在前、定稿在后，主体在前、附件在后的顺序排列；

（3）图纸按专业排列，同专业图纸按图号顺序排列；

（4）当案卷内既有文字材料又有图纸时，文字材料应排在前面，图纸应排在后面。

2.3.6　工程资料组卷编目、封面、卷内目录及备考表的格式及填写要求

（1）卷内文件页号的编制规定

1）卷内文件均按有书写内容的页面编号；每卷单独编号，页号从"1"开始；

2）页号编写位置：单面书写的文件在右下角；双面书写的文件，正面在右下角；背面在左下角；折叠后的图纸一律写在右下角；

3）成套图纸或印刷成册的科技文件材料，自成一卷的，原目录可代替卷内目录，不必重新编写页码；

4）卷内目录、卷内备考表、案卷封面不编写页号。

（2）卷内目录的编制规定

1）卷内目录排列在卷内文件首页之前，式样宜符合《建设工程文件归档规范（2019年版）》GB/T 50328—2014附录C的要求，如图1-2-3所示；

2）序号应以一份文件为单位，用阿拉伯数字从1依次标注；

3）责任人应填写文件的直接形成单位和个人；有多个责任者时，选择两个主要责任者，其余用"等"代替；

4）文件编号应填写文件形成单位的发文号或图纸的图号，或设备、项目代号；

5）文件题名应填写文件标题的全称；当文件无标题时，应根据内容拟写标题，拟写标题外应加"［　］"符号；

6）日期应填写文件形成的日期或文件的起止日期，竣工图应填写编制日期；日期中"年"应用四位数字表示，"月"和"日"应分别用两位数字表示；

7）页次应填写文件在卷内所排的起始页号，最后一份文件填写起止页号；

8）备注应填写需要说明的问题。

序号	文件编号	责任人	文件题名	日期	页次	备注

图1-2-3　卷内目录式样

（3）卷内备考表的编制规定

1）卷内备考表应排列在卷内文件的尾页之后，式样宜符合《建设工程文件归档规范（2019年版）》GB/T 50328—2014附录D的要求，如图1-2-4所示；

2）卷内备考表应标明卷内文件的总页数、各类文件页数或照片张数及立卷单位对案卷情况说明；

3）立卷单位的立卷人和审核人应在卷内备考表上签名；年、月、日应按立卷、审核时间填写。

（4）案卷封面的编制规定

1）案卷封面应印刷在卷盒、卷夹的正表面，也可采用内封面形式。案卷封面的式样宜符合《建设工程文件归档规范（2019年版）》GB/T 50328—2014附录E的要求，如图1-2-5所示。

卷内备考表

本案卷共有文件材料＿＿页，其中：文字
材料＿＿＿＿＿页，图样材料＿＿＿＿＿页，
照片＿＿＿＿＿张。

说明：

立卷人： 年 月 日

审核人： 年 月 日

图 1-2-4 案卷备考表式样

档 号＿＿＿＿＿＿＿＿＿＿＿＿＿＿＿＿＿＿＿＿＿＿

案卷题名＿＿＿＿＿＿＿＿＿＿＿＿＿＿＿＿＿＿＿＿＿

＿＿＿＿＿＿＿＿＿＿＿＿＿＿＿＿＿＿＿＿＿

＿＿＿＿＿＿＿＿＿＿＿＿＿＿＿＿＿＿＿＿＿

编制单位 ＿＿＿＿＿＿＿＿＿＿＿＿＿＿＿＿＿＿＿＿

起止日期 ＿＿＿＿＿＿＿＿＿＿＿＿＿＿＿＿＿＿＿＿

密 级 ＿＿＿＿＿＿＿＿＿＿保管期限＿＿＿＿＿＿＿＿

本工程共＿＿卷 本案卷为第＿＿卷

图 1-2-5 案卷封面

2）案卷封面的内容应包括档号、案卷题名、编制单位、起止日期、密级、保管期限、本案卷所属工程的案卷总量、本案卷在该工程案卷总量中的排序。

3）档号应由分类号、项目号和案卷号组成。档号由档案保管单位填写。

4）案卷题名应简明、准确地揭示卷内文件的内容。

5）编制单位应填写案卷内文件的形成单位或主要责任者。

6）起止日期应填写案卷内全部文件形成的起止日期。

7）保管期限应根据卷内文件的保存价值在永久保管、长期保管、短期保管三种保管期限中选择划定。同一案卷内有不同保管期限的文件，该案卷保管期限应从长。

8）密级应在绝密、机密、秘密三个级别中选择划定。当同一案卷内有不同密级的文件，应以高密级为本卷密级。

（5）编写案卷题名的规定

1）建筑工程案卷题名应包括工程名称（含单位工程名称）、分部工程或专业名称及卷内文件概要等内容；当房屋建筑有地名管理机构批准的名称或正式名称时，应以正式名称为工程名称，建设单位名称可省略；必要时可增加工程地址内容；

2）道路、桥梁工程案卷题名应包括工程名称（含单位工程名称）、分部工程或专业名称及卷内文件概要等内容；必要时可增加工程地址内容；

3）地下管线工程案卷题名应包括工程名称（含单位工程名称）、专业管线名称和卷内文件概要等内容；必要时可增加工程地址内容；

4）卷内文件概要应符合《建设工程文件归档规范（2019年版）》GB/T 50328—2014附录A、附录B中所列案卷内容（标题）的要求，见表1-2-4。

5）外文资料的题名及主要内容应译成中文。

（6）案卷脊背应由档号、案卷题名构成，由档案保管单位填写；式样宜符合《建设工程文件归档规范（2019年版）》GB/T 50328—2014版附录F的规定。

（7）卷内目录、卷内备考表、案卷内封面应采用70g以上白色书写纸制作，幅面统一采用A4幅面。

2.3.7 案卷装订与图纸折叠规定

（1）案卷可采用装订与不装订两种形式。文字材料必须装订。装订时不应破坏文件的内容，并应保持整齐、牢固，便于保管和利用。

（2）案卷不宜过厚，文字材料卷厚不宜超过20mm，图纸卷厚度不宜超过50mm。

（3）案卷内不应有重份文件。印刷成册的工程文件宜保持原状。

（4）不同幅面的工程图纸应统一折叠成A4幅面（297mm×210mm）。应图面朝内，首先沿标题栏的短边方向以W形折叠，然后再沿标题栏的长边方向以W形折叠，并使标题栏露在外面。

（5）建设工程电子文件的组织和排序可按纸质文件进行。

（6）竣工图图纸折叠方法

竣工图纸的折叠方法应符合《建筑工程资料管理规程》JGJ/T 185—2009之附录E的规定。

1）图纸折叠前应按图1-2-6所示的裁图线裁剪整齐，图纸幅面应符合表1-2-1的规定；

图幅代号及图幅尺寸　　　　　　　　　　表1-2-1

基本图幅代号	0号	1号	2号	3号	4号
B（mm）×A（mm）	841×1189	594×841	420×594	297×420	297×210
C（mm）		10			5
D（mm）			25		

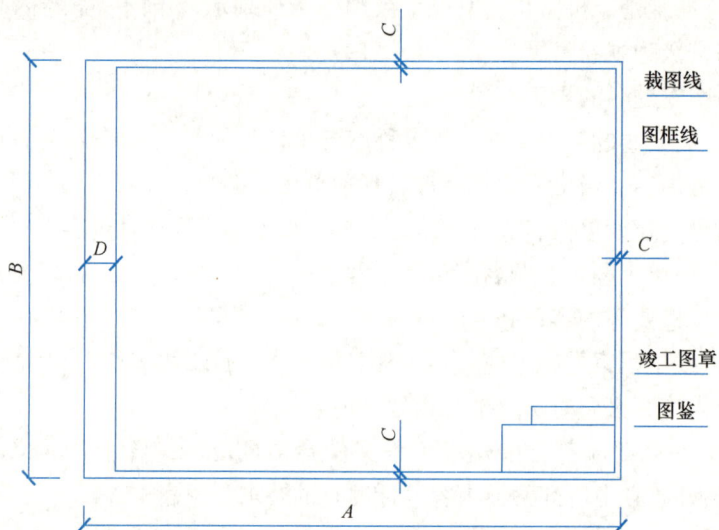

图 1-2-6　图框及图纸边线尺寸示意

2）折叠时图面应折向内侧成手风琴风箱式；

3）折叠后幅面尺寸应以 4 号图为标准；

4）图签及竣工图章应露在外面；

5）0～3 号图纸应在装订边 297mm 处折一三角或剪一缺口，并折进装订边；

6）0～3 号图不同图签位的图纸，可分别按图 1-2-7～图 1-2-10 所示方法折叠；

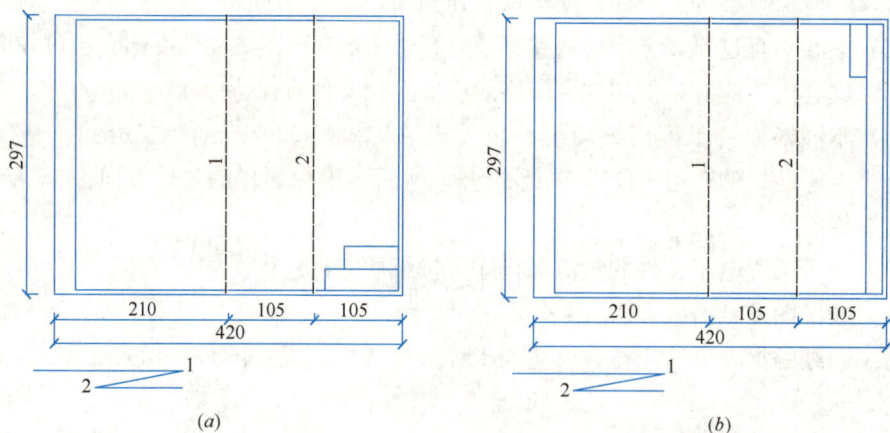

图 1-2-7　3 号图纸折叠示意

7）图纸折叠前，应准备好一块略小于 4 号图纸尺寸（一般为 292mm×205mm）的模板。折叠时，应先把图纸放在规定位置，然后按照折叠方法的编号顺序依次折叠。

2.3.8　案卷装具规定

（1）案卷装具一般采用卷盒、卷夹两种形式，并应符合下列规定：

1）卷盒的外表尺寸为 310mm×220mm，厚度分别为 20mm、30mm、40mm、

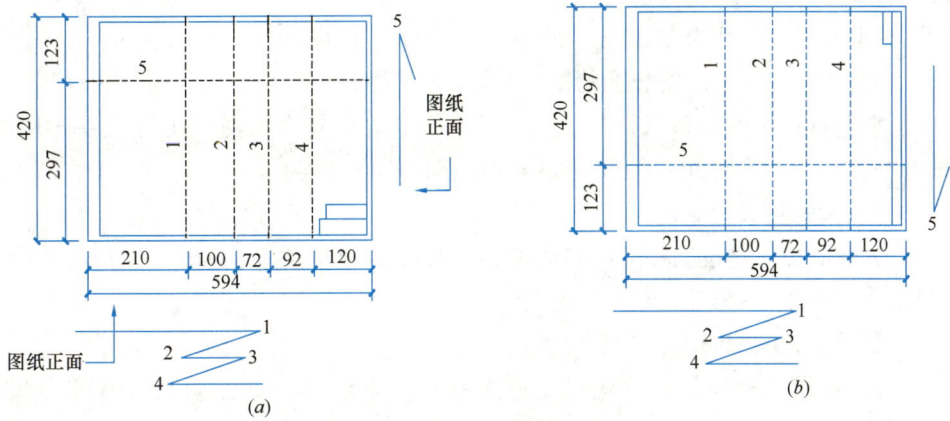

图 1-2-8　2 号图纸折叠示意

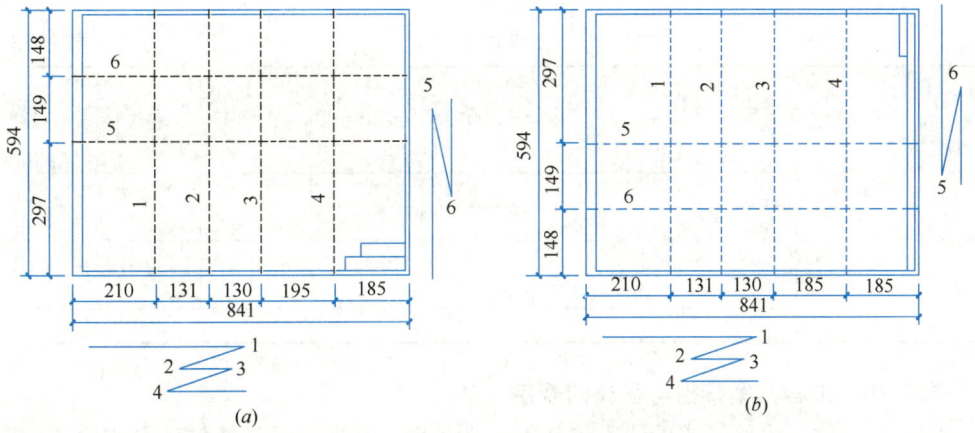

图 1-2-9　1 号图纸折叠示意

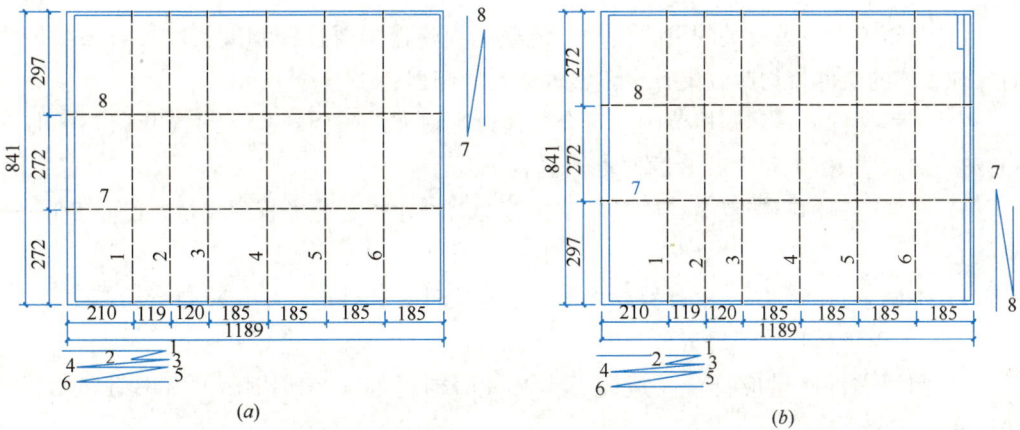

图 1-2-10　0 号图纸折叠示意

50mm；

2）卷夹的外表尺寸为 310mm×220mm，厚度一般为 20～30mm；

3）卷盒、卷夹应采用无酸纸制作。

（2）案卷脊背的内容包括档号、案卷题名。式样宜符合《建设工程文件归档规范（2019 年版）》GB/T 50328—2014 的要求。

2.3.9　案卷目录编制规定

（1）案卷应按《建设工程文件归档规范（2019 年版）》GB/T 50328—2014 附录 A、附录 B 的类别和顺序排列要求，见表 1-2-4 。

（2）案卷目录的编制应符合下列规定：

1）案卷目录式样应符合《建设工程文件归档规范（2019 年版）》GB/T 50328—2014 附录 G 的要求，见表 1-2-2；

2）编制单位应填写负责立卷的法人组织或主要责任者；

3）编制日期应填写完成立卷工作的日期。

案卷目录式样　　　　　　　　　　　　　　　　　　　　表 1-2-2

案卷号	案卷题名	卷内数量			编制单位	编制日期	保管期限	密级	备注
		文字（页）	图纸（张）	其他					

2.3.10　工程档案归档与移交的规定

归档指文件形成部门或单位完成其工作任务后，将形成的文件整理立卷后，按规定向本单位档案室或向城建档案管理机构移交。

（1）归档文件范围的规定

1）对于工程建设有关的重要活动，记载工程建设主要过程和现状、具有保存价值的各种载体的文件，均应收集齐全，整理立卷后归档；

2）工程文件的具体归档范围应符合《建设工程文件归档规范（2019 年版）》GB/T 50328—2014 附录 A 和附录 B 的要求，见表 1-2-4；

3）声像资料的归档范围和质量要求应符合《城建档案业务管理规范》CJJ/T 158—2011 的要求；

4）不属于归档范围、没有保存价值的工程文件，文件形成单位可自行组织销毁。

（2）工程资料归档的规定

1）归档文件质量应符合《建设工程文件归档规范（2019 年版）》GB/T 50328—2014 的要求；

2）归档文件必须经过分类整理，并应符合《建设工程文件归档规范（2019 年版）》GB/T 50328—2014 工程文件立卷的要求；

3）电子文件归档应包括在线式归档和离线式归档两种方式，可根据实际情况选择其中一种或两种方式进行归档。

（3）工程资料归档时间规定

1）根据建设程序和工程特点，归档可分阶段分期进行，也可在单位或分部工程通过竣工验收后进行；

2）勘察、设计单位应在任务完成后，施工、监理单位应在工程竣工验收前，将各自形成的有关工程档案向建设单位归档。

（4）工程档案审查和移交的规定

1）勘察、设计、施工单位在收齐工程文件并整理立卷后，建设单位、监理单位应根据城建档案管理机构的要求，对归档文件完整、准确、系统情况和案卷质量进行审查，审查合格后方可向建设单位移交；

2）工程档案的编制不得少于两套，一套应由建设单位保管，一套（原件）应移交当地城建档案管理机构保存；

3）勘察、设计、施工、监理等单位向建设单位移交档案时，应编制移交清单，双方签字、盖章后方可交接；

4）设计、施工及监理单位需向本单位归档的文件，应按国家有关规定和《建设工程文件归档规范（2019 年版）》GB/T 50328—2014 附录 A、附录 B 的要求立卷归档。

（5）工程参建各方归档保存的工程资料，其保存期限的规定

工程参建各方宜按表 1-2-4 规定的内容将工程资料归档保存。归档保存的工程资料，其保存期限应符合下列规定：

1）工程资料归档保存期限应符合国家现行有关标准的规定；当无规定时，不宜少于 5 年；

2）建设单位工程资料归档保存期限应满足工程维护、修缮、改造、加固的需要；

3）施工单位工程资料归档保存期限应满足工程质量保修及质量追溯的需要。

（6）归档文件的质量要求

1）归档的纸质工程文件应为原件；

2）工程文件的内容及其深度应符合国家现行有关工程勘察、设计、施工、监理等标准的规定；

3）工程文件的内容必须真实、准确，应与工程实际相符合；

4）计算机输出文字、图件以及手工书写材料，其字迹的耐久性和耐用性应符合《信息与文献 纸张上书写、打印和复印字迹的耐久和耐用性 要求与测试方法》GB/T 32004—2015 的规定；

5）工程文件应字迹清楚，图样清晰，图表整洁，签字盖章手续应完备；

6）工程文件中文字材料幅面尺寸规格宜为 A4 幅面（297mm×210mm），图纸宜采用国家标准图幅；

7）工程文件的纸张其耐久性和耐用性应符合《信息与文献 档案纸 耐久性和耐用

性要求》GB/T 24422—2009 的规定；

8）所有竣工图均应加盖竣工图章（图 1-2-1），并应符合竣工图章的有关规定；

9）竣工图的绘制与改绘应符合国家现行有关制图标准的规定；

10）不同幅面的工程图样应按《技术制图 复制图的折叠方法》GB/T 10609.3—2009 统一折叠成 A4 幅面（297mm×210mm），图标栏露在外面；

11）归档的建设工程电子文件应采用或转换为表 1-2-3 所列文件格式；

工程电子文件存储格式表 表 1-2-3

文件类别	格式	文件类别	格式
文本（表格）文件	OFD、DOC、DOCX、XLS、XLSX、PDF/A、XML、TXT、RTF	音频文件	AVS、WAV、AIF、MID、MP3
图像文件	JPEG、TIFF	数据库文件	SQL、DDL、DBF、MDB、ORA
图形文件	DWG、PDF/A、SVG	虚拟现实/3D 图像文件	WRL、3DS、VRML、X3D、IFC、RVT、DGN
视频文件	AVS、AVI、MPEG2、MPEG4	地理信息数据文件	DXF、SHP、SDB

12）归档的建设工程电子文件应包含元数据（描述电子文件的背景、内容、结构及其整个管理过程的数据），保证文件的完整性和有效性；元数据应符合《建设电子档案元数据标准》CJJ/T 187—2012 的规定；

13）归档的建设工程电子文件应采用电子签名等手段，所载内容应真实和可靠；

14）归档的建设工程电子文件的内容必须与其纸质档案一致；

15）建设工程电子文件离线归档的存储媒体，可采用移动硬盘，闪存盘、光盘、磁带等；

16）存储移交电子档案的载体应经过检测，应无病毒、无数据读写故障，并应确保接收方能通过适当设备读出数据。

（7）工程档案验收与移交

1）建设工程档案验收时，应查验下列主要内容：

① 工程档案齐全、系统、完整，全面反映工程建设活动和工程实际状况；

② 工程档案已整理立卷，立卷符合《建设工程文件归档规范（2019 年版）》GB/T 50328—2014 的规定；

③ 竣工图的绘制方法、图式及规格等符合专业技术要求，图面整洁，盖有竣工图章；

④ 文件的形成、来源符合实际，要求单位或个人签章的文件，其签章手续完备；

⑤ 文件的材质、幅面、书写、绘图、用墨、托裱等符合要求；

⑥ 电子档案格式、载体等符合要求；

⑦ 声像档案内容、质量、格式符合要求。

2）列入城建档案管理机构接收范围的工程，建设单位在工程竣工验收备案前，必须向城建档案管理机构移交一套符合规定的工程档案。

3）停建、缓建建设工程的档案，可暂由建设单位保管。

4）对改建、扩建和维修工程，建设单位应组织设计、施工单位对改变部位据实编制新的工程档案，并应在工程竣工验收备案前向城建档案管理机构移交。

5）当建设单位向城建档案管理机构移交工程档案时，应提交移交案卷目录，办理移交手续，双方签字、盖章后方可交接。

2.3.11　工程资料归档范围、类别、来源及保存要求的规定

工程资料归档范围、类别、来源及保存应符合《建设工程文件归档规范（2019 年版）》GB/T 50328—2014 的规定，见表 1-2-4。

工程资料归档范围、类别、来源及保存单位　　　　表 1-2-4

类别	归档文件	资料来源	保存单位				
			建设单位	设计单位	施工单位	监理单位	城建档案馆
工程准备阶段文件（A 类）							
A1	**立项文件**						
1	项目建议书的批复文件及项目建议书	建设单位 建设行政管理部门	▲				▲
2	可行性研究报告批复文件及可行性研究报告		▲				▲
3	专家论证意见、项目评估文件	建设单位	▲				▲
4	关于立项的会议纪要、领导批示	建设单位	▲				▲
A2	**建设用地、拆迁文件**						
1	选址申请及选址规划意见通知书	建设单位 自然资源、生态环境部门	▲				▲
2	建设用地批准书	自然资源部门	▲				▲
3	拆迁安置意见、协议、方案等	建设单位	▲				△
4	建设用地规划许可证及其附件	自然资源部门	▲				▲
5	土地使用证明文件及其附件	自然资源部门	▲				▲
6	建设用地钉桩通知单	自然资源部门	▲				▲
A3	**勘察、设计文件**						
1	工程地质勘察报告	勘察单位	▲	▲			▲
2	水文地质勘察报告	勘察单位	▲	▲			▲
3	初步设计文件（说明书）	建设单位、设计单位	▲	▲			
4	设计方案审查意见	规划和自然资源部门	▲	▲			▲
5	人防、环保、消防等有关主管部门（对设计方案）审查意见	人民防空、生态环境、应急消防主管部门	▲	▲			▲

类别	归档文件	资料来源	保存单位				
			建设单位	设计单位	施工单位	监理单位	城建档案馆
6	设计计算书	设计单位	▲	▲			△
7	施工图设计文件审查意见	施工图审查机构	▲	▲			▲
8	节能设计备案文件	设计单位、住房和城乡建设主管部门	▲				▲
A4	**招投标文件**						
1	勘察、设计招投标文件	建设单位勘察设计单位	▲	▲			
2	勘察、设计合同		▲	▲			▲
3	施工招投标文件	建设单位施工单位	▲		▲	△	
4	施工合同		▲		▲	△	▲
5	工程监理招投标文件	建设单位监理单位	▲			▲	
6	监理合同		▲			▲	▲
A5	**开工审批文件**						
1	建设工程规划许可证及其附件	自然资源部门	▲		△	△	▲
2	建设工程施工许可证	住房和城乡建设主管部门	▲		▲	▲	▲
A6	**工程造价文件**						
1	工程投资估算材料	建设单位	▲				
2	工程设计概算材料	建设单位	▲				
3	招标控制价格文件	建设单位	▲				
4	合同价格文件	建设单位	▲		▲		△
5	结算价格文件	建设单位	▲		▲		△
6*	决算价格文件	建设单位	▲				△
A7	**工程建设基本信息**						
1	工程概况信息表	建设单位	▲		△		▲
2	建设单位工程项目负责人及现场管理人员名册	建设单位	▲				▲
3	监理单位工程项目总监及监理人员名册	监理单位	▲			▲	▲
4	施工单位工程项目经理及质量管理人员名册	施工单位	▲		▲		▲
监理文件（B类）							
B1	**监理管理文件**						
1	监理规划	监理单位	▲			▲	▲

续表

类别	归档文件	资料来源	保存单位				
			建设单位	设计单位	施工单位	监理单位	城建档案馆
2	监理实施细则	监理单位			△	▲	▲
3	监理月报	监理单位	△			▲	
4	监理会议纪要	监理单位	▲		△	▲	
5	监理工作日志	监理单位				▲	
6	监理工作总结	监理单位				▲	▲
7	工作联系单	监理单位	▲		△	△	
8	监理工程师通知	监理单位	▲		△	△	△
9	监理工程师通知回复单	施工单位	▲		△	△	△
10	工程暂停令、开工令*	监理单位	▲		△	△	▲
11	工程复工报审表、复工令*	施工单位	▲		▲	▲	▲
12*	工程质量评估报告及竣工验收监理文件	监理单位	▲			▲	▲
B2	**进度控制文件**						
1	工程开工报审表	施工单位	▲		▲	▲	▲
2	施工进度计划报审表	施工单位	▲		△	△	
B3	**质量控制文件**						
1	质量事故报告及处理资料	施工单位	▲		▲	▲	▲
2	旁站监理记录	监理单位	△		△	▲	
3	见证取样和送检人员备案表	监理单位或建设单位	▲		▲	▲	
4	见证记录	监理单位	▲		▲	▲	
5	工程技术文件报审表（施工组织设计、施工方案及专项施工方案）	施工单位				△	
6*	平行检验报告	监理单位、施工单位	△		△	▲	
7*	巡视报告	监理单位				△	
B4	**造价控制文件**						
1	工程款支付报审表	施工单位	▲		△	△	
2	工程款支付证书	监理单位	▲		△	△	
3	工程变更费用报审表	施工单位	▲		△	△	
4	费用索赔报审表	施工单位	▲		△	△	
5	费用索赔审批表	监理单位	▲		△	△	
6*	工程计量报告	施工单位	▲		▲	▲	

类别	归档文件	资料来源	保存单位				
			建设单位	设计单位	施工单位	监理单位	城建档案馆
B5	**工期管理文件**						
1	工程延期报审表	施工单位	▲		▲	▲	▲
2	工程延期审批表	监理单位	▲		▲	▲	▲
B6	**监理验收文件**						
1	竣工移交证书	监理单位	▲		▲	▲	▲
2	监理资料移交书	监理单位	▲			▲	
施工文件（C类）							
C1	**施工管理文件**						
1	工程概况表	施工单位	▲		▲	▲	△
2	施工现场质量管理检查记录	施工单位			△	△	
3	企业资质证书及相关专业人员岗位证书	施工单位	△		△	△	△
4	分包单位资质报审表	施工单位	▲		▲	▲	
5	建设工程质量事故勘查记录	调查单位	▲		▲	▲	▲
6	建设工程质量事故报告书	调查单位	▲		▲	▲	▲
7	施工检测计划	施工单位	△		△	△	
8	见证试验检测汇总表	施工单位	▲		▲	▲	▲
9	施工日志	施工单位			▲		
C2	**施工技术文件**						
1	工程技术文件报审表	施工单位	△		△	△	
2	施工组织设计及施工方案	施工单位	△		△	△	△
3	危险性较大的分部分项工程施工方案	施工单位	△		△	△	△
4	技术交底记录	施工单位	△		△		
5	图纸会审记录	施工单位	▲	▲	▲	▲	▲
6	设计变更通知单	设计单位	▲	▲	▲	▲	▲
7	工程洽商记录（技术核定单）	施工单位	▲	▲	▲	▲	▲
C3	**进度造价文件**						
1	工程开工报审表	施工单位	▲	▲	▲	▲	▲
2	工程复工报审表	施工单位	▲	▲	▲	▲	▲
3	施工进度计划报审表	施工单位			△	△	
4	施工进度计划	施工单位			△	△	
5	人、机、料动态表	施工单位			△	△	
6	工程延期申请表	施工单位	▲		▲	▲	▲

续表

类别	归档文件	资料来源	保存单位				
			建设单位	设计单位	施工单位	监理单位	城建档案馆
7	工程款支付申请表	施工单位	▲		△	△	
8	工程变更费用报审表	施工单位	▲		△	△	
9	费用索赔申请表	施工单位	▲		△	△	
C4	施工物资出厂质量证明及进场检测文件						
C4.1	出厂质量证明文件及检测报告						
1	砂、石、砖、水泥、钢筋、隔热保温、防腐材料、轻骨料出厂证明文件	施工单位	▲		▲	▲	△
2	其他物资出厂合格证、质量保证书、检测报告和报关单或商检证	施工单位	△		▲	△	
3	材料、设备的相关检验报告、型式检测报告、3C强制认证合格证书或3C标志	采购单位	△		▲	△	
4	主要设备、器具的安装使用说明书	采购单位	▲		▲	△	
5	进口的主要材料设备的商检证明文件	采购单位	△		▲		
6	涉及消防、安全、卫生、环保、节能的材料、设备的检测报告或法定机构出具的有效证明文件	采购单位	▲		▲	▲	△
7	其他施工物资产品合格证、出厂检验报告	采购单位					
C4.2	进场检验通用表格						
1	材料、构配件进场检验记录	施工单位			△	△	
2	设备开箱检验记录	施工单位			△	△	
3	设备及管道附件试验记录	施工单位	▲		▲	△	
C4.3	进场复试报告						
1	钢材试验报告	检测单位	▲		▲	▲	▲
2	水泥试验报告	检测单位	▲		▲	▲	▲
3	砂试验报告	检测单位	▲		▲	▲	▲
4	碎(卵)石试验报告	检测单位	▲		▲	▲	▲
5	外加剂试验报告	检测单位	△		▲	▲	▲
6	防水涂料试验报告	检测单位	▲		▲	▲	
7	防水卷材试验报告	检测单位	▲		▲	△	
8	砖(砌块)试验报告	检测单位	▲		▲	▲	▲
9	预应力筋复试报告	检测单位	▲		▲	▲	▲
10	预应力锚具、夹具和连接器复试报告	检测单位	▲		▲	▲	▲

续表

类别	归档文件	资料来源	保存单位				
			建设单位	设计单位	施工单位	监理单位	城建档案馆
11	装饰装修用门窗复试报告	检测单位	▲		▲	△	
12	装饰装修用人造木板复试报告	检测单位	▲		▲	△	
13	装饰装修用花岗石复试报告	检测单位	▲		▲	△	
14	装饰装修用安全玻璃复试报告	检测单位	▲		▲	△	
15	装饰装修用外墙面砖复试报告	检测单位	▲		▲	△	
16	钢结构用钢材复试报告	检测单位	▲		▲	▲	▲
17	钢结构用防火涂料复试报告	检测单位	▲		▲	▲	▲
18	钢结构用焊接材料复试报告	检测单位	▲		▲	▲	▲
19	钢结构用高强度大六角头螺栓连接副复试报告	检测单位			▲		
20	钢结构用扭剪型高强螺栓连接副复试报告	检测单位			▲		
21	幕墙用铝塑板、石材、玻璃、结构胶复试报告	检测单位			▲		
22	散热器、供暖系统保温材料、通风与空调工程绝热材料、风机盘管机组、低压配电系统电缆的见证取样复试报告	检测单位			▲	▲	
23	节能工程材料复试报告	检测单位	▲		▲	▲	▲
24	其他物资进场复试报告	检测单位					
C5	施工记录文件						
1	隐蔽工程验收记录	施工单位	▲		▲	▲	▲
2	施工检查记录	施工单位			△		
3	交接检查记录	施工单位			△		
4	工程定位测量记录	施工单位	▲		▲	▲	▲
5	基槽验线记录	施工单位	▲		▲	▲	▲
6	楼层平面放线记录	施工单位			△	△	△
7	楼层标高抄测记录	施工单位			△	△	
8	建筑物垂直度、标高观测记录	施工单位	▲		▲	△	△
9	沉降观测记录	建设单位委托测量单位提供	▲		▲	△	▲
10	基坑支护水平位移监测记录	施工单位			△	△	
11	桩基、支护测量放线记录	施工单位			△	△	
12	地基验槽记录	勘察、施工单位	▲	▲	▲	▲	▲

续表

类别	归档文件	资料来源	保存单位				
			建设单位	设计单位	施工单位	监理单位	城建档案馆
13	地基钎探记录	勘察、施工单位	▲		△	△	▲
14	混凝土浇灌申请书	施工单位			△	△	
15	预拌混凝土运输单	施工单位			△		
16	混凝土开盘鉴定	施工单位			△	△	
17	混凝土拆模申请单	施工单位			△		
18	混凝土预拌测温记录	施工单位			△		
19	混凝土养护测温记录	施工单位			△		
20	大体积混凝土养护测温记录	施工单位			△		
21	大型构件吊装记录	施工单位	▲		△	△	▲
22	焊接材料烘焙记录	施工单位			△		
23	地下工程防水效果检查记录	施工单位	▲		△	△	
24	防水工程试水检查记录	施工单位	▲		△	△	
25	通风道、烟道、垃圾道检查记录	施工单位	▲		△	△	
26	预应力筋张拉记录	施工单位	▲		▲	△	▲
27	有粘结预应力结构灌浆记录	施工单位	▲		▲	△	▲
28	钢结构施工记录	施工单位	▲		▲	△	
29	网架（索膜）施工记录	施工单位	▲		▲	△	▲
30	木结构施工记录	施工单位	▲		▲	△	
31	幕墙注胶检查记录	施工单位	▲		▲	△	
32	自动扶梯、自动人行道的相邻区域检查记录	施工单位	▲		▲	△	
33	电梯电气装置安装检查记录	施工单位	▲		▲	△	
34	自动扶梯、自动人行道电气装置检查记录	施工单位	▲		▲	△	
35	自动扶梯、自动人行道整机安装质量检查记录	施工单位	▲		▲	△	
36	其他施工记录文件	施工单位					
C6	**施工试验记录及检测文件**						
C6.1	**通用表格**						
1	设备单机试运转记录	施工单位	▲		▲	△	△
2	系统试运转调试记录	施工单位	▲		▲	△	△
3	接地电阻测试记录	施工单位	▲		▲	△	△
4	绝缘电阻测试记录	施工单位	▲		▲	△	△

类别	归档文件	资料来源	保存单位				
			建设单位	设计单位	施工单位	监理单位	城建档案馆
C6.2	**建筑与结构工程**						
1	锚杆试验报告	检测单位	▲		▲	△	▲
2	地基承载力检验报告	检测单位	▲		▲	△	▲
3	桩基检测报告	检测单位	▲		▲	△	▲
4	土工击实试验报告	检测单位	▲		▲	△	▲
5	回填土试验报告（应附图）	检测单位	▲		▲	△	▲
6	钢筋机械连接试验报告	检测单位	▲		▲	△	▲
7	钢筋焊接连接试验报告	检测单位	▲		▲	△	▲
8	砂浆配合比申请单、通知单	施工、检测单位			△	△	△
9	砂浆抗压强度试验报告	检测单位	▲		▲	△	▲
10	砌筑砂浆试块强度统计、评定记录	施工、检测单位	▲		▲		△
11	混凝土配合比申请单、通知单	施工单位	▲		△	△	▲
12	混凝土抗压强度试验报告	检测单位	▲		▲	△	▲
13	混凝土试块强度统计、评定记录	施工单位	▲		▲	△	△
14	混凝土抗渗试验报告	检测单位	▲		▲	△	▲
15	砂、石、水泥放射性指标报告	检测单位	▲		▲	△	▲
16	混凝土碱总量计算书	检测、施工单位	▲		▲	△	△
17	外墙饰面砖样板粘结强度试验报告	检测单位	▲		▲	△	△
18	后置埋件抗拔试验报告	检测单位	▲		▲	△	△
19	超声波探伤报告、探伤记录	检测单位	▲		▲	△	△
20	钢构件射线探伤报告	检测单位			▲	△	△
21	磁粉探伤报告	检测单位	▲		▲	△	△
22	高强度螺栓抗滑移系数检测报告	检测单位	▲		▲	△	△
23	钢结构焊接工艺评定	检测、施工单位	▲		▲	△	△
24	网架节点承载力试验报告	检测单位	▲		▲	△	△
25	钢结构防腐、防火涂料厚度检测报告	检测单位	▲		▲	△	△
26	木结构胶缝试验报告	检测单位	▲		▲	△	△
27	木结构构件力学性能试验报告	检测单位	▲		▲	△	△
28	木结构防护剂试验报告	检测单位	▲		▲	△	△
29	幕墙双组分硅酮结构胶混匀性及拉断试验报告	检测单位	▲		▲	△	△
30	幕墙的抗风压性能、空气渗透性能、雨水渗透性能及平面内变形性能检测报告	检测单位	▲		▲	△	△

类别	归档文件	资料来源	保存单位				
			建设单位	设计单位	施工单位	监理单位	城建档案馆
31	外门窗的抗风压性能、空气渗透性能和雨水渗透性能检测报告	检测单位	▲		▲	△	△
32	墙体节能工程保温板材与基层粘结强度现场拉拔试验	检测单位	▲		△	△	△
33	外墙保温浆料同条件养护试件试验报告	检测单位	▲		▲	△	△
34	结构实体混凝土强度验收记录	检测单位	▲		▲	△	△
35	结构实体钢筋保护层厚度验收记录	检测单位	▲		▲	△	△
36	围护结构现场实体检验	检测单位	▲		▲	△	△
37	室内环境检测报告	检测单位	▲		▲	△	△
38	节能性能检测报告	检测单位	▲		▲	△	▲
39	其他建筑与结构施工试验记录与检测文件	检测单位					
C6.3	**给水排水及供暖工程**						
1	灌（满）水试验记录	施工单位	▲		△	△	
2	强度严密性试验记录	施工单位	▲		▲	△	△
3	通水试验记录	施工单位	▲		△	△	
4	冲（吹）洗试验记录	施工单位	▲		▲	△	
5	通球试验记录	施工单位	▲		△	△	
6	补偿器安装记录	施工单位			△	△	
7	消火栓试射记录	施工单位	▲		▲	△	
8	安全附件安装检查记录	施工单位			▲	△	
9	锅炉烘炉试验记录	施工单位			▲	△	
10	锅炉煮炉试验记录	施工单位			▲	△	
11	锅炉试运行记录	施工单位	▲		▲	△	
12	安全阀定压合格证书	检测单位	▲		▲	△	
13	自动喷水灭火系统联动试验记录	施工单位	▲		▲	△	△
14	其他给水排水及供暖施工试验记录与检测文件	施工单位					
C6.4	**建筑电气工程**						
1	电气接地装置平面示意图表	施工单位	▲		▲	△	△
2	电气器具通电安全检查记录	施工单位	▲		△	△	
3	电气设备空载试运行记录	施工单位	▲		▲	△	△
4	建筑物照明通电试运行记录	施工单位	▲		▲	△	△

类别	归档文件	资料来源	保存单位				
			建设单位	设计单位	施工单位	监理单位	城建档案馆
5	大型照明灯具承载试验记录	施工单位	▲		▲	△	
6	漏电开关模拟试验记录	施工单位	▲		▲	△	
7	大容量电气线路结点测温记录	施工单位	▲		▲	△	
8	低压配电电源质量测试记录	施工单位	▲		▲	△	
9	建筑物照明系统照度测试记录	施工单位	▲		△	△	
10	其他建筑电气施工试验记录与检测文件	施工单位					
C6.5	**智能建筑工程**						
1	综合布线测试记录	施工单位	▲		▲	△	△
2	光纤损耗测试记录	施工单位	▲		▲	△	△
3	视频系统末端测试记录	施工单位	▲		▲	△	△
4	子系统检测记录	施工单位			▲	△	△
5	系统试运行记录	施工单位	▲		▲	△	△
6	其他智能建筑施工试验记录与检测文件	施工单位					
C6.6	**通风与空调工程**						
1	风管漏光检测记录	施工单位	▲		△	△	
2	风管漏风检测记录	施工单位	▲		▲	△	
3	现场组装除尘器、空调机漏风检测记录	施工单位			△	△	
4	各房间室内风量测量记录	施工单位	▲		△	△	
5	管网风量平衡记录	施工单位	▲		△	△	
6	空调系统试运转调试记录	施工单位	▲		▲	△	△
7	空调水系统试运转调试记录	施工单位	▲		▲	△	△
8	制冷系统气密性试验记录	施工单位	▲		▲	△	△
9	净化空调系统检测记录	施工单位			▲	△	△
10	防排烟系统联合试运行记录	施工单位	▲		▲	△	△
11	其他通风与空调施工试验记录与检测文件	施工单位					
C6.7	**电梯工程**						
1	轿厢平层准确度测量记录	施工单位	▲		△	△	
2	电梯层门安全装置检测记录	施工单位	▲		▲	△	
3	电梯电气安全装置检测记录	施工单位	▲		▲	△	
4	电梯整机功能检测记录	施工单位	▲		▲	△	

类别	归档文件	资料来源	保存单位				
			建设单位	设计单位	施工单位	监理单位	城建档案馆
5	电梯主要功能检测记录	施工单位	▲		▲	△	
6	电梯负荷运行试验记录	施工单位	▲		▲	△	△
7	电梯负荷运行试验曲线图表	施工单位	▲		▲	△	
8	电梯噪声测试记录	施工单位	△		△	△	
9	自动扶梯、自动人行道安全装置检测记录	施工单位	▲		▲	△	
10	自动扶梯、自动人行道整机性能、运行试验记录	施工单位	▲		▲	△	△
11	其他电梯施工试验记录与检测文件	施工单位					
C7	施工质量验收文件						
1	检验批质量验收记录	施工单位	▲		△	△	
2	分项工程质量验收记录	施工单位	▲		▲	▲	
3	分部（子分部）工程质量验收记录	施工单位	▲		▲	▲	▲
3.1*	分部（子分部）工程质量控制资料核查记录	施工单位	▲		▲		▲
3.2*	分部（子分部）工程安全功能和使用功能检验资料核查及主要功能抽查记录	施工单位	▲		▲		▲
3.3*	分部（子分部）工程观感质量检查记录	施工单位	▲		▲		▲
4	建筑节能分部工程质量验收记录	施工单位	▲		▲	▲	
5	自动喷水系统验收缺陷项目划分记录	施工单位	▲		△	△	
6	程控电话交换系统分项工程质量验收记录	施工单位	▲		▲	△	
7	会议电视系统分项工程质量验收记录	施工单位	▲		▲	△	
8	卫星数字电视系统分项工程质量验收记录	施工单位	▲		▲	△	
9	有线电视系统分项工程质量验收记录	施工单位	▲		▲	△	
10	公共广播与紧急广播系统分项工程质量验收记录	施工单位	▲		▲	△	
11	计算机网络系统分项工程质量验收记录	施工单位	▲		▲	△	

类别	归档文件	资料来源	保存单位				
			建设单位	设计单位	施工单位	监理单位	城建档案馆
12	应用软件系统分项工程质量验收记录	施工单位	▲		▲	△	
13	网络安全系统分项工程质量验收记录	施工单位	▲		▲	△	
14	空调与通风系统分项工程质量验收记录	施工单位	▲		▲	△	
15	变配电系统分项工程质量验收记录	施工单位	▲		▲	△	
16	公共照明系统分项工程质量验收记录	施工单位	▲		▲	△	
17	给水排水系统分项工程质量验收记录	施工单位	▲		▲	△	
18	热源和热交换系统分项工程质量验收记录	施工单位	▲		▲	△	
19	冷冻和冷却水系统分项工程质量验收记录	施工单位	▲		▲	△	
20	电梯和自动扶梯系统分项工程质量验收记录	施工单位	▲		▲	△	
21	数据通信接口分项工程质量验收记录	施工单位	▲		▲	△	
22	中央管理工作站及操作分站分项工程质量验收记录	施工单位	▲		▲	△	
23	系统实时性、可维护性、可靠性分项工程质量验收记录	施工单位	▲		▲	△	
24	现场设备安装及检测分项工程质量验收记录	施工单位	▲		▲	△	
25	火灾自动报警及消防联动系统分项工程质量验收记录	施工单位	▲		▲	△	
26	综合防范功能分项工程质量验收记录	施工单位	▲		▲	△	
27	视频安防监控系统分项工程质量验收记录	施工单位	▲		▲	△	
28	入侵报警系统分项工程质量验收记录	施工单位	▲		▲	△	

类别	归档文件	资料来源	保存单位				
			建设单位	设计单位	施工单位	监理单位	城建档案馆
29	出入口控制（门禁）系统分项工程质量验收记录	施工单位	▲		▲	△	
30	巡更管理系统分项工程质量验收记录	施工单位	▲		▲	△	
31	停车场（库）管理系统分项工程质量验收记录	施工单位	▲		▲	△	
32	安全防范综合管理系统分项工程质量验收记录	施工单位	▲		▲	△	
33	综合布线系统安装分项工程质量验收记录	施工单位	▲		▲	△	
34	综合布线系统性能检测分项工程质量验收记录	施工单位	▲		▲	△	
35	系统集成网络连接分项工程质量验收记录	施工单位	▲		▲	△	
36	系统数据集成分项工程质量验收记录	施工单位	▲		▲	△	
37	系统集成整体协调分项工程质量验收记录	施工单位					
38	系统集成综合管理及冗余功能分项工程质量验收记录	施工单位	▲		▲	△	
39	系统集成可维护性和安全性分项工程质量验收记录	施工单位	▲		▲	△	
40	电源系统分项工程质量验收记录	施工单位	▲		▲	△	
41	其他施工质量验收文件	施工单位					
C8	**施工验收文件**						
1	单位（子单位）工程竣工预验收报验表	施工单位	▲		▲		▲
2	单位（子单位）工程质量竣工验收记录	施工单位	▲	△	▲		▲
3	单位（子单位）工程质量控制资料核查记录	施工单位	▲		▲		▲
4	单位（子单位）工程安全和使用功能检验资料核查及主要功能抽查记录	施工单位	▲		▲		▲

续表

类别	归档文件	资料来源	保存单位				
			建设单位	设计单位	施工单位	监理单位	城建档案馆
5	单位（子单位）工程观感质量检查记录	施工单位	▲		▲		▲
6	施工资料移交书	施工单位	▲		▲		
7	其他施工验收文件	施工单位					
竣工图（D类）							
1	建筑竣工图	编制单位	▲		▲		▲
2	结构竣工图	编制单位	▲		▲		▲
3	钢结构竣工图	编制单位	▲		▲		▲
4	幕墙竣工图	编制单位	▲		▲		▲
5	室内装饰竣工图	编制单位	▲		▲		
6	建筑给水、排水与采暖竣工图	编制单位	▲		▲		▲
7	建筑电气竣工图	编制单位	▲		▲		▲
8	智能建筑竣工图	编制单位	▲		▲		▲
9	通风与空调竣工图	编制单位	▲		▲		▲
10	室外工程竣工图（包括道路、边坡两个子单位工程）、附属建筑及室外环境两个单位工程竣工图	编制单位	▲		▲		▲
11	规划红线内室外给水、排水、供热、供电、照明管线等竣工图	编制单位	▲		▲		▲
12	规划红线内道路、园林绿化、喷灌设施等竣工图	编制单位	▲		▲		▲
13*	电梯竣工图	编制单位	▲		▲		▲
工程竣工验收文件（E类）							
E1	竣工验收与备案文件						
1	勘察单位工程质量检查报告	勘察单位	▲		△	△	▲
2	设计单位工程质量检查报告	设计单位	▲	▲	△	△	▲
3	施工单位工程竣工报告	施工单位	▲		▲	△	▲
4	监理单位工程质量评估报告	监理单位	▲		△	▲	▲
5	工程竣工验收报告	建设单位	▲	▲	▲	▲	▲
6	工程竣工验收会议纪要	建设单位	▲	▲	▲	▲	▲
7	专家组竣工验收意见	建设单位	▲	▲	▲	▲	▲
8	工程竣工验收证书	建设单位	▲	▲	▲	▲	▲
9	规划（自然资源管理部门）、消防（应急管理部门）、环保（生态环境保护主管部门）、民防（人民防空办公室）、防雷（住房和城乡建设主管部门）等部门出具的认可文件或准许使用文件	政府主管部门	▲	▲	▲	▲	▲

续表

类别	归档文件	资料来源	保存单位				
			建设单位	设计单位	施工单位	监理单位	城建档案馆
10	房屋建筑工程质量保修书	施工单位	▲				▲
11	住宅质量保证书、住宅使用说明书	建设单位	▲		▲		▲
12	建设工程竣工验收备案表	建设单位	▲	▲	▲	▲	▲
13	城市建设档案移交书	建设单位	▲				▲
E2	竣工决算文件						
1	施工决算资料	施工单位	▲		▲		△
2	监理决算资料	监理单位	▲			▲	△
3*	勘察、设计决算资料	勘察设计单位	▲	▲			△
4*	工程准备阶段决算资料	建设单位	▲				△
E3	工程声像资料						
1	开工前原貌、施工阶段、竣工新貌照片	建设单位	▲		△		▲
2	工程建设过程的录音、录像资料（重大工程）	建设单位	▲		△	△	▲
E4	其他工程文件						

注：表中符号"▲"表示必须归档保存；"△"表示选择性归档保存；"＊"表示在实际工程中发生的重要文档。

2.3.12 建筑工程分部（子分部）工程、分项工程、检验批划分及代号索引划分的规定

（1）建筑工程分部（子分部）工程、分项工程、检验批划分及代号索引划分见表1-2-5。

分部（子分部）工程、分项工程、检验批划分及代号索引　　　　　　表1-2-5

分部工程代号	分部工程名称	子分部工程代号	子分部工程名称	分项工程
01	地基与基础	01	地基	素土（天然地基）；灰土地基，砂和砂石地基，土工合成材料地基，粉煤灰地基，强夯地基，注浆地基，预压地基（人工地基）；砂石桩复合地基，高压喷射注浆地基，水泥土搅拌桩地基，土和灰土挤密桩复合地基，水泥粉煤灰碎石桩复合地基，夯实水泥土桩复合地基（复合桩地基）
		02	基础	无筋扩展基础（素混凝土、砖、石等基础，又称刚性基础）；钢筋混凝土扩展基础，（钢结构基础，钢管混凝土结构基础，型钢混凝土结构基础又称柔性基础）；筏形与箱形基础，钢筋混凝土预制桩，泥浆护壁成孔灌注桩，干作业成孔灌注桩，长螺旋钻孔压灌桩，沉管灌注桩，钢桩，锚杆静压桩，岩石锚杆基础，沉井与沉箱

033

分部工程代号	分部工程名称	子分部工程代号	子分部工程名称	分项工程	
01	地基与基础	02	基础	基础子分部除应按《建筑地基基础工程施工质量验收标准》GB 50202—2018 的规定验收外，还应按相关专业规范验收，如《砌体结构工程施工质量验收规范》GB 50203—2011、《混凝土结构工程施工质量验收规范》GB 50204—2015 等。钢结构基础应按《钢结构工程施工质量验收标准》GB 50205—2020 第 10.2 条的规定验收；钢管混凝土结构基础应参照《钢管混凝土工程施工质量验收规范》GB 50628—2010 第 4.3 条的规定验收；型钢混凝土结构基础应参照《钢-混凝土组合结构施工规范》GB 50901—2013 的规定验收	
		03	特殊土地基基础	湿陷性黄土、冻土、膨胀土、盐渍土	
			特殊土地基基础工程检验批划分规定	特殊土地基基础子分部的各分项宜按施工段划分检验批	
		04	基坑支护	排桩，板桩围护墙，咬合桩围护墙，型钢水泥土搅拌墙，土钉墙，地下连续墙，重力式水泥土墙，内支撑，锚杆，与主体结构相结合的基坑支护	
			基坑支护工程检验批划分规定	基坑支护子分部的各分项应根据分区分层开挖情况，并按各分项的验收规定划分检验批	
		05	地下水控制	降排水、回灌	
			地下水控制工程检验批划分规定	地下水控制子分部的各分项应根据分层分块布置状况，并按各分项的验收规定划分检验批	
		06	土石方	土方开挖、岩质基坑开挖、土石方堆放与运输、土石方回填、场地平整（开工前、台阶散水施工前应按计算规则划分）	
				《建筑地基基础工程施工质量验收标准》GB 50202—2018 中未有场地平整分项，应由建设、监理、施工等各方商议验收	
		07	边坡	喷锚支护、挡土墙、边坡开挖	
			边坡工程检验批划分规定	锚杆（索）、挡土墙等可根据与施工方式相一致且便于控制施工质量的原则，按支护类型、施工缝或施工段划分检验批	
		08	地下防水	结构防水	防水混凝土，水泥砂浆防水层，卷材防水层，涂料防水层，塑料防水板防水层，金属板防水层，膨润土防水材料防水层
					主体结构防水应参照 03 装饰装修分部相应防水分项
				细部构造防水	施工缝，变形缝，后浇带，穿墙管，埋设件，预留通道接头，桩头，孔口，坑，池
				特殊施工法结构防水	喷锚支护，地下连续墙，盾构隧道，沉井，逆筑结构
				排水	渗排水，盲沟排水，隧道排水，坑道排水，塑料排水板排水
				注浆	预注浆，后注浆，结构裂缝注浆
			地下防水工程检验批划分规定	1. 主体结构防水工程和细部构造防水工程应按结构标高、变形缝或后浇带等施工段划分检验批；2. 特殊施工法结构防水工程应按隧道区间、变形缝等施工段划分检验批；3. 排水工程和注浆工程各为一个检验批。地下防水子分部除应按《地下防水工程质量验收规范》GB 50208—2011 的规定验收外，还应按相关专业规范验收	

分部工程代号	分部工程名称	子分部工程代号	子分部工程名称	分项工程
01	地基与基础		地基与基础其他分部工程检验批划分规定	1. 原材料、构配件、设备按批次、批量报验送检； 2. 施工检验批按各工种、专业、标高、施工段和变形缝划分； 3. 每个分项工程可以划分 $1 \sim n$ 个检验批； 4. 有不同标高的地基按不同标高划分； 5. 同一标高按变形缝、区段和施工班组综合考虑划分。 地基与基础分部除应按《建筑地基基础工程施工质量验收标准》GB 50202—2018 的规定验收外，还应按相关专业规范验收
02	主体结构	01	混凝土结构	模板、钢筋、预应力、混凝土，现浇结构，装配式结构
		01	混凝土结构检验批划分规定	各分项工程可根据与生产和施工方式相一致且便于控制施工质量的原则，按进场批次、工作班、楼层、结构缝或施工段划分为若干个检验批。 装配式混凝土结构施工质量的验收，除应符合《混凝土结构施工质量验收规范》GB 50204—2015 的规定外，尚应符合《装配式混凝土建筑技术标准》GB/T 51231—2016 及各地方现行《装配式混凝土结构施工质量验收规程》的规定，检验批的划分可与相关方协商划分
		02	砌体结构	砖砌体，混凝土小型空心砌块砌体，石砌体，配筋砌体，填充墙砌体
		02	砌体结构检验批划分规定	1. 所用材料类型及同类型材料的强度等级相同； 2. 不超过 $250 m^3$ 砌体； 3. 主体结构砌体一个楼层（基础砌体可按一个楼层计）；填充墙砌体量少时可多个楼层合并
		03	钢结构（单独组卷）	原材料及成品验收，焊接工程，紧固件连接工程，钢零件及钢部件加工，钢构件组装工程，钢构件预拼装工程，单层、多高层钢结构安装工程，空间结构安装工程，压型金属板工程，涂装工程
		04	钢结构检验批划分规定	1. 原材料及成品进场验收的检验批划分原则上宜与各分项工程检验批一致，也可根据工程规模及进料实际情况划分检验批； 2. 钢结构焊接工程、紧固件连接工程、钢零件及钢部件加工、涂装工程的检验批可按相应的钢结构制作或安装工程检验批的划分原则划分为一个或若干个检验批； 3. 钢构件组装工程、钢构件预拼装工程可按钢结构制作工程检验批的划分原则划分为一个或若干个检验批； 4. 单层、多高层钢结构安装工程可按变形缝或空间稳定单元等划分成一个或若干个检验批，也可按楼层或施工段等划分为一个或若干个检验批，地下钢结构可按不同地下层分检验批； 5. 空间结构安装工程可按变形缝或空间刚性单元等划分成一个或若干个检验批，或者按照楼层或施工段等划分为一个或若干个检验批； 6. 压型金属板的制作和安装工程可按变形缝、楼层、施工段或屋面、墙面、楼面或与其相配套的钢结构安装分项工程检验批的划分原则划分成一个或若干个检验批。 装配式钢结构施工质量的验收，除应符合《钢结构工程施工质量验收标准》GB 50205—2020 的规定外，尚应符合《装配式钢结构建筑技术标准》GB/T 51232—2016 及各地方现行《装配式钢结构施工质量验收规程》的规定，检验批的划分可与相关方协商

分部工程代号	分部工程名称	子分部工程代号	子分部工程名称	分项工程
02	主体结构	04	钢管混凝土结构	钢管构件进场验收，钢管混凝土构件现场拼装，钢管混凝土柱柱脚锚固，钢管混凝土构件安装，钢管混凝土柱与钢筋混凝土梁连接，钢管内钢筋骨架。 钢管内混凝土浇筑钢管混凝土结构质量验收，除应符合《钢管混凝土工程施工质量验收规范》GB 50628—2010 的规定外，尚应符合《建筑工程施工质量验收统一标准》GB 50300—2013 的规定
			钢管混凝土结构检验批划分规定	检验批的划分可与相关方协商
		05	钢-混凝土组合结构	型钢（钢管）焊接，螺栓连接，型钢（钢管）与钢筋连接，型钢（钢管）制作，型钢（钢管）安装，混凝土
			钢-混凝土组合结构检验批划分规定	钢结构的型钢（钢管）焊接、螺栓连接、型钢（钢管）制作、型钢（钢管）安装等 4 个分项工程应按《钢结构工程施工质量验收标准》GB 50205—2020 和《钢管混凝土工程施工质量验收规范》GB 50628—2010 的相关规定进行施工质量验收；混凝土分项工程应按《混凝土结构工程施工质量验收规范》GB 50204—2015 的相关规定进行施工质量验收；型钢（钢管）与钢筋连接分项工程应按《钢-混凝土组合结构施工规范》GB 50901—2013 的规定进行施工质量验收
		06	铝合金结构	原材料及成品进场，铝合金焊接工程，紧固件连接工程，铝合金零部件加工工程，铝合金构件组装工程，铝合金构件预拼装工程，铝合金框架结构安装工程，铝合金空间网格结构安装工程，铝合金面板工程，铝合金幕墙结构安装工程，防腐处理工程
			铝合金结构检验批划分规定	铝合金结构工程质量验收，按《建筑工程施工质量验收统一标准》GB 50300—2013 和《铝合金结构工程施工质量验收规范》GB 50576—2010 的规定验收，检验批的划分可与相关方协商
		07	木结构（单独组卷）	方木与原木结构，胶合木结构，轻型木结构，木结构的防护
			木结构检验批划分规定	检验批应按材料、木产品和构、配件的物理力学性能质量控制和结构构件制作安装质量控制分别划分。结构工程检验批的划分可与相关方协商。 木结构工程质量验收，应符合《木结构工程施工质量验收规范》GB 50206—2012 和《建筑工程施工质量验收统一标准》GB 50300—2013 的规定
			主体结构其他分部工程检验批划分规定	1. 原材料、构配件、设备按批量报验送检； 2. 施工检验批按各工种、专业、楼层、施工段和变形缝划分； 3. 每个分项工程可以划分 1～n 个检验批； 4. 有不同层楼面的按不同检验批； 5. 同一层按变形缝、区段和施工班组综合考虑划分； 6. 小型工程一般按楼层划分

续表

分部工程代号	分部工程名称	子分部工程代号	子分部工程名称	分项工程
03	建筑装饰装修	01	建筑地面	基层铺设（包括基土，灰土垫层，砂垫层和砂石垫层，碎石垫层和碎砖垫层，三合土垫层和四合土垫层，炉渣垫层，水泥混凝土垫层和陶粒混凝土垫层，找平层，隔离层，填充层，绝热层），整体面层铺设（包括水泥混凝土面层，水泥砂浆面层，水磨石面层，硬化耐磨面层，防油渗面层，不发火（防爆）面层，自流层面层，涂料面层，塑胶面层，地面辐射供暖的整体面层），板块面层铺设（包括砖面层，大理石面层和花岗岩面层，预制板块面层，料石面层，塑料板面层，活动地板面层，金属板面层，地毯面层，地面辐射供暖的板块面层），木、竹面层铺设（包括实木地板、实木集成地板、竹地板面层，实木复合地板面层，浸渍纸层压木质地板面层，软木类地板面层，地面辐射供暖的木板面层）
			地面子分部检验批划分规定	基层（各构造层）和各类面层的分项工程的施工质量验收应按每一层次或每层施工段（或变形缝）划分检验批，高层建筑的标准层可按每三层（不足三层按三层计）作为检验批。建筑地面工程的质量验收应按《建筑地面工程施工质量验收规范》GB 50209—2010 的规定执行
		02	抹灰	一般抹灰工程（包括水泥砂浆、水泥混合砂浆、聚合物水泥砂浆和粉刷石膏），保温层薄抹灰工程（包括保温层外面聚合物砂浆薄抹灰），装饰抹灰工程（包括水刷石、斩假石、干粘石和假面砖）、清水砌体勾缝工程（包括清水砌体砂浆勾缝和原浆勾缝）
			抹灰子分部检验批划分规定	相同材料、工艺和施工条件的室外抹灰工程每 1000m^2 应划为一个检验批，不足 1000m^2 也应划为一个检验批。相同材料、工艺和施工条件的室内抹灰工程每 50 个自然间划分为一个检验批，不足 50 间也应划分为一个检验批，大面积房间和走廊可按抹灰面积每 30m^2 计为一间
		03	（内）外墙防水	（内）外墙砂浆防水工程，涂膜防水工程，透气膜防水工程
			（内）外墙防水子分部检验批划分规定	相同材料、工艺和施工条件的（内）外墙防水工程每 1000m^2 应划为一个检验批，不足 1000m^2 也应划为一个检验批
		04	门窗	木门窗安装工程，金属门窗安装工程（包括钢门窗、铝合金门窗和涂色镀锌钢板门窗），塑料门窗安装工程，特种门安装工程（包括自动门、全玻门和旋转门），门窗玻璃安装工程（包括平板、吸热、反射、中空、夹层、夹丝、磨砂、钢化、防火和压花玻璃）
			门窗子分部检验批划分规定	同一品种、类型和规格的木门窗、金属门窗、塑料门窗及门窗玻璃每 100 樘应划分为一个检验批，不足 100 樘也应划分为一个检验批。同一品种、类型和规格的特种门每 50 樘应划分为一个检验批，不足 50 樘也应划分为一个检验批
		05	吊顶	整体面层吊顶工程（包括以轻钢龙骨、铝合金龙骨和木龙骨等为骨架，以石膏板、水泥纤维板和木板等为整体面层的吊顶），板块面层吊顶工程（包括以轻钢龙骨、铝合金龙骨和木龙骨等为骨架，以石膏板、金属板、矿棉板、木板、塑料板、玻璃板和复合板等为板块面层的吊顶），格栅吊顶工程（包括以轻钢龙骨、铝合金龙骨和木龙骨等为骨架，以金属、木材、塑料和复合材料等为格栅面层的吊顶）

分部工程代号	分部工程名称	子分部工程代号	子分部工程名称	分项工程
038 03	建筑装饰装修	06	轻质隔墙	板材隔墙工程（包括复合轻质墙板、石膏空心板、增强水泥板和混凝土轻质板等隔墙），骨架隔墙工程（包括以轻钢龙骨、木龙骨等为骨架，以纸面石膏板、人造木板、水泥纤维板等为墙面板的隔墙），活动隔墙工程，玻璃隔墙工程（包括玻璃板、玻璃砖隔墙）
			吊顶、轻质隔墙子分部检验批划分规定	同一品种的吊顶（轻质隔墙）工程每50间应划分为一个检验批，不足50间也应划分为一个检验批，大面积房间和走廊按吊顶（轻质隔墙）面积每30m² 计为1间
		07	饰面板	石板安装，陶瓷板安装，木板安装，金属板安装，塑料板安装
		08	饰面砖	外墙饰面砖粘贴，内墙饰面砖粘贴
			饰面板（砖）子分部检验批划分规定	相同材料、工艺和施工条件的室内饰面板（砖）工程每50间应划分为一个检验批，不足50间也应划分为一个检验批，大面积房间和走廊按施工面积30m² 为一间。
				相同材料、工艺和施工条件的室外饰面板（砖）工程每1000m² 应划分为一个检验批，不足1000m² 也应划分为一个检验批
		09	幕墙（单独组卷）	玻璃幕墙工程（包括构件式玻璃幕墙、单元式玻璃幕墙、全玻璃幕墙和点支承玻璃幕墙），金属幕墙工程，石材幕墙工程，人造板材幕墙工程
			幕墙子分部检验批划分规定	相同设计、材料、工艺和施工条件的幕墙工程每1000m² 应划分为一个检验批，不足1000m² 也应划分为一个检验批。
				同一单位工程的不连续的幕墙工程应单独划分检验批。
				对于异形或有特殊要求的幕墙，检验批的划分应根据幕墙的结构、工艺特点及幕墙工程规模，由监理单位（或建设单位）和施工单位协商确定
		10	涂饰	水性涂料涂饰工程（包括乳液型涂料、无机涂料、水溶型涂料），溶剂型涂料涂饰工程（包括丙烯酸酯涂料、聚氨酯丙烯酸涂料、有机硅丙烯酸涂料、交联型氟树脂涂料），美术涂饰工程（包括套色涂饰、滚花涂饰、仿花纹涂饰）
			涂饰子分部检验批划分规定	室外涂饰工程每一栋楼的同类涂料涂饰的墙面每1000m² 应划分为一个检验批，不足1000m² 也应划分为一个检验批。
				室内涂饰工程同类涂料涂饰墙面每50间应划分为一个检验批，不足50间也应划分为一个检验批，大面积房间和走廊按涂饰面积30m² 为一间
		11	裱糊与软包	裱糊工程（聚氯乙烯壁纸、纸质壁纸、墙布），软包工程（织物、皮革、人造革）
			裱糊与软包子分部检验批划分规定	同一品种的裱糊或软包工程每50间应划分为一个检验批，不足50间也应划分为一个检验批，大面积房间和走廊按施工面积30m² 为一间
		12	细部	橱柜制作与安装工程，窗帘盒和窗台板制作与安装工程，门窗套制作与安装工程，护栏和扶手制作与安装工程，花饰制作与安装工程
			细部子分部检验批划分规定	同类制品每50间（处）应划分为一个检验批，不足50间（处）也应划分为一个检验批。
				每部楼梯应划分为一个检验批

分部工程代号	分部工程名称	子分部工程代号	子分部工程名称	分项工程
04	建筑屋面		建筑装饰装修工程的质量验收除应符合《建筑装饰装修工程质量验收标准》GB 50210—2018 的规定，尚应符合现行国家标准的有关规定	
		01	基层与保护工程	找坡层、找平层、隔气层、隔离层、保护层 上人屋面或其他使用功能屋面，其保护及铺面的施工除应符合《屋面工程质量验收规范》GB 50207—2012 的规定外，尚应符合现行国家标准《建筑地面工程施工质量验收规范》GB 50209—2010 等的有关规定
		02	保温与隔热工程	板状材料保温层、纤维材料保温层、喷涂硬泡聚氨酯保温层、现浇泡沫混凝土保温层、种植隔热层、架空隔热层、蓄水隔热层。 保温与隔热工程质量验收除应符合《屋面工程质量验收规范》GB 50207—2012 的规定外，尚应符合现行国家标准《建筑节能工程施工质量验收标准》GB 50411—2019 等的有关规定
		03	防水与密封工程	卷材防水层、涂膜防水层、复合防水层、接缝密封防水
		04	瓦面与板面工程	烧结瓦和混凝土瓦铺装、沥青瓦铺装、金属板铺装、玻璃采光顶铺装 瓦面与板面工程施工前，应对主体结构进行质量验收，并应符合现行国家标准《混凝土结构工程施工质量验收规范》GB 50204—2015、《钢结构工程施工质量验收标准》GB 50205—2020 和《木结构工程施工质量验收规范》GB 50206—2012 的有关规定
		05	细部构造工程	檐口、檐沟和天沟、女儿墙和山墙、水落口、变形缝、伸出屋面管道、屋面出入口、反梁过水孔、设施基座、屋脊、屋顶窗
			建筑屋面分部工程检验批划分规定	屋面工程各分项工程宜按屋面面积每 $500\sim1000m^2$ 划分一个检验批，不足 $500m^2$ 应按一个检验批。 屋面工程的质量验收应符合《屋面工程质量验收规范》GB 50207—2012 的规定
05	建筑给水、排水及采暖	01	室内给水系统安装	给水管道及配件安装、室内消火栓系统安装、给水设备安装
		02	室内排水系统安装	排水管道及配件安装、雨水管道及配件安装
		03	室内热水供应系统安装	管道及配件安装、辅助设备安装
		04	卫生器具安装	卫生器具（包括室内污水盆、洗涤盆、洗脸（手）盆、盥洗槽、浴盆、淋浴器、大便器、小便器、小便槽、大便冲洗槽、妇女卫生盆、化验盆、排水栓、地漏、加热器、煮沸消毒器和饮水器等）安装、卫生器具给水配件安装、卫生器具排水管道安装
		05	室内采暖系统安装	管道及配件安装、辅助设备及散热器安装、金属辐射板安装、低温热水地板辐射采暖系统安装、系统水压试验与调试
		06	室外给水管网安装	给水管道安装、消防水泵接合器及室外消火栓安装、管沟及井室

分部工程代号	分部工程名称	子分部工程代号	子分部工程名称	分项工程
05	建筑给水、排水及采暖	07	室外排水管网安装	排水管道安装、排水管沟与井池
		08	室外供热管网安装	管道及配件安装、系统水压试验及调试
		09	建筑中水系统及游泳池水系统安装	建筑中水系统管道及辅助设备安装，游泳池水系统安装
		10	供热锅炉及辅助设备安装	锅炉安装，辅助设备及管道安装，安全附件安装，烘炉、煮炉和试运行，换热站安装，防腐、绝热
			建筑给水、排水及采暖分部工程检验批划分规定	建筑给水、排水及采暖工程的分项工程，应按系统、区域、施工段或楼层等划分。分项工程应划分成若干个检验批进行验收。建筑给水、排水及采暖工程质量验收应符合《建筑给水排水及采暖工程施工质量验收规范》GB 50242—2002 的规定
06	通风与空调	01	送风系统	风管与配件制作，部件制作，风管系统安装，风机与空气处理设备安装，风管与设备防腐，旋流风口、岗位送风口、织物（布）风管安装，系统调试
		02	排风系统	风管与配件制作，部件制作，风管系统安装，风机与空气处理设备安装，风管与设备防腐，吸气罩及其他空气处理设备安装，厨房、卫生间排风系统安装，系统调试
		03	防、排烟系统	风管与配件制作，部件制作，风管系统安装，风机与空气处理设备安装，风管与设备防腐，排烟风阀（口）、常闭正压风口、防火风管安装，系统调试
		04	除尘系统	风管与配件制作，部件制作，风管系统安装，风机与空气处理设备安装，风管与设备防腐，除尘器与排污设备安装，吸尘罩安装，高温风管绝热，系统调试
		05	舒适性空调风系统	风管与配件制作，部件制作，风管系统安装，风机与组合式空调机组安装，消声器、静电除尘器、换热器、紫外线灭菌器等设备安装，风机盘管、变风量与定风量送风装置、射流喷口等末端设备安装，风管与设备绝热，系统调试
		06	恒温恒湿空调风系统	风管与配件制作，部件制作，风管系统安装，风机与组合式空调机组安装，电加热器、加湿器等设备安装，精密空调机组安装，风管与设备绝热，系统调试
		07	净化空调风系统	风管与配件制作，部件制作，风管系统安装，风机与净化空调机组安装，消声器、换热器等设备安装，中、高效过滤器及风机过滤器机组等末端设备安装，洁净度测试，风管与设备绝热，系统调试
		08	地下人防通风系统	风管与配件制作，部件制作，风管系统安装，风机与空气处理设备安装，过滤吸收器、防爆波活门、防爆超压排气活门等专用设备安装，风管与设备防腐，系统调试

分部工程代号	分部工程名称	子分部工程代号	子分部工程名称	分项工程
06	通风与空调	09	真空吸尘系统	风管与配件制作，部件制作，风管系统安装，管道快速接口安装，风机与滤尘设备安装、风管与设备防腐，系统压力试验及调试
		10	空调（冷、热）水系统	管道系统及部件安装，水泵及附属设备安装，管道冲洗与管内防腐，板式热交换器，辐射板与辐射供热、供冷埋管安装，热泵机组安装，管道、设备防腐与绝热，系统压力试验及调试
		11	冷却水系统	管道系统及部件安装，水泵及附属设备安装，管道冲洗与管内防腐，冷却塔与水处理设备安装，防冻伴热设备安装，管道、设备防腐与绝热，系统压力试验及调试
		12	冷凝水系统	管道系统及部件安装，水泵及附属设备安装，管道、设备防腐与绝热，管道冲洗，系统灌水渗漏及排放试验
		13	土壤源热泵换热系统	管道系统及部件安装，水泵及附属设备安装，管道冲洗，埋地换热系统与管网安装，管道、设备防腐与绝热，系统压力试验及调试
		14	水源热泵换热系统	管道系统及部件安装，水泵及附属设备安装，管道冲洗，地表水源换热管及管网安装，除垢设备安装，管道、设备防腐与绝热，系统压力试验及调试
		15	蓄能（水、冰）系统	管道系统及部件安装，水泵及附属设备安装，管道冲洗与管内防腐，蓄水罐与蓄冰槽、罐安装，管道、设备防腐与绝热，系统压力试验及调试
		16	压缩式制冷（热）设备系统	制冷机组及附属设备安装，制冷剂管道及部件安装．制冷剂灌注，管道、设备防腐与绝热，系统压力试验及调试
		17	吸收式制冷设备系统	制冷机组及附属设备安装，系统真空试验，溴化锂溶液加灌，蒸汽管道系统安装，燃气或燃油设备安装，管道、设备防腐与绝热，系统压力试验及调试
		18	多联机（热泵）空调系统	室外机组安装，室内机组安装，制冷剂管路连接及控制开关安装，风管安装，冷凝水管道安装，制冷剂灌注，系统压力试验及调试
		19	太阳能供暖空调系统	太阳能集热器安装，其他辅助能源、换热设备安装，蓄能水箱、管道及配件安装，低温热水地板辐射采暖系统安装，管道及设备防腐与绝热，系统压力试验及调试
		20	设备自控系统	温度、压力与流量传感器安装，执行机构安装调试，防排烟系统功能测试，自动控制及系统智能控制软件调试
			通风与空调分部工程检验批划分规定	《通风与空调工程施工质量验收规范》GB 50243—2016 规定，当通风与空调工程作为单位工程或子单位工程独立验收时，其分部工程应上升为单位工程或子单位工程，子分部工程应上升为分部工程，分项工程的划分仍应按表 3.0.7 的规定执行。 　注：1. 风管系统的末端设备包括：风机盘管机组、诱导器、变（定）风量末端、排烟风阀（口）与地板送风单元、中效过滤器、高效过滤器、风机过滤器机组，其他设备包括：消声器、静电除尘器、加热器、加湿器、紫外线灭菌设备和排风热回收器等。2. 水系统末端设备包括：辐射板盘管、风机盘管机组和空调箱内盘管和板式热交换器等。3. 设备自控系统包括：各类温度、压力与流量等传感器、执行机构、自控与智能系统设备及软件等。 　通风空调分部工程中的子分部中的各个分项工程，可采用一次或多次验收，检验验收批的批次、样本数量可根据工程的实物数量与分布情况而定，并应覆盖整个分项工程。当分项工程中包含多种材质、施工工艺的风管或管道时，检验验收批宜按不同材质进行分列。 　《通风与空调工程施工质量验收规范》GB 50243—2016 表 3.0.7 所列的分项工程与本规范第 4、5、6、7、8、9、10、11 的条文不一致，检验批的划分可由相关方协商确定

分部工程代号	分部工程名称	子分部工程代号	子分部工程名称	分项工程
07	建筑电气	01	室外电气安装工程	变压器、箱式变电所安装，成套配电柜、控制柜（台、箱）和配电箱（盘）安装，梯架、托盘和槽盒安装，导管敷设，电缆敷设，管内穿线和槽盒内敷线，电缆头制作、导线连接和线路绝缘测试，普通灯具安装，专用灯具安装，建筑照明通电试运行，接地装置安装
			室外电气子分部检验批划分规定	室外电气安装工程中分项工程的检验批，应按庭院大小、投运时间先后、功能区块等进行划分
		02	变配电室安装工程（单独组卷）	变压器、箱式变电所安装，成套配电柜、控制柜（台、箱）和配电箱（盘）安装，母线槽安装，梯架、托盘和槽盒安装，电缆敷设，电缆头制作、导线连接和线路绝缘测试，接地装置安装，接地干线敷设
			变配电室子分部检验批划分规定	变配电室安装工程中分项工程的检验批，主变配电室应作为1个检验批；对于有数个分变配电室，且不属于子单位工程的子分部工程，应分别作为1个检验批，其验收记录应汇入所有变配电室有关分项工程的验收记录中；当各分变配电室属于各个单位工程的子分部工程，所属分项工程应分别作为1个检验批，其验收记录应作为分项工程验收记录，且应经子分部工程验收记录汇总后纳入分部工程验收记录中
		03	供电干线安装工程（进户及各箱体之间）	电气设备试验和试运行，母线槽安装，梯架、支架、托盘和槽盒安装，导管敷设，电缆敷设，管内穿线和槽盒内敷线，电缆头制作、导线连接和线路绝缘测试，接地干线敷设
			供电干线子分部检验批划分规定	供电干线安装工程中的分项工程检验批，应按供电区段和电气竖井的编号划分
		04	电气动力安装工程（三相）	成套配电柜、控制柜（台、箱）和配电箱（盘）安装，电动机、电加热器及电动执行机构检查接线，电气设备试验和试运行，梯架、托盘和槽盒安装，导管敷设，电缆敷设，管内穿线和槽盒内敷线，电缆头制作、导线连接和线路绝缘测试，开关、插座、风扇安装
		05	电气照明安装工程（两相，开关、插座及回路）	成套配电柜、控制柜（台、箱）和配电箱（盘）安装，梯架、托盘和槽盒安装，导管敷设，电缆敷设，管内穿线和槽盒内敷线，塑料护套线直敷布线，钢索配线，电缆头制作，导线连接和线路绝缘测试，普通灯具安装，专用灯具安装，开关、插座、风扇安装，建筑物照明通电试运行
			电气动力、电气照明安装子分部检验批划分规定	电气动力和电气照明安装工程中分项工程的检验批，其界区的划分，应与建筑土建工程一致
		06	自备电源安装工程	成套配电柜、控制柜（台、箱）和配电箱（盘）安装，柴油发电机组安装，UPS及EPS安装，母线槽安装，导管敷设，电缆敷设，管内穿线和槽盒内敷线，电缆头制作、导线连接和线路绝缘测试，接地装置安装
			自备电源安装工程检验批划分规定	自备电源和不间断电源安装工程中的分项工程，应分别作为1个检验批

分部工程代号	分部工程名称	子分部工程代号	子分部工程名称	分项工程
07	建筑电气	07	防雷及接地装置安装工程	接地装置安装,防雷引下线及接闪器安装,建筑物等电位连接
			防雷及接地子分部检验批划分规定	防雷及接地装置安装工程中分项工程的检验批,人工接地装置和利用建筑物基础钢筋的接地体应分别作为1个检验批,且大型基础可按区块划分成若干个检验批;对于防雷引下线安装工程,6层以下的建筑应作为1个检验批,高层建筑中依均压环设置间隔的层数应作为1个检验批;接闪器安装同一屋面,应作为1个检验批;建筑物的总等电位联接应作为1个检验批,每个局部等电位联接应作为1个检验批,电子系统设备机房应作为1个检验批
08	智能建筑	01	智能化集成系统	设备安装,软件安装,接口及系统调试,试运行
		02	信息接入系统	安装场地检查
		03	用户电话交换系统	线缆敷设,设备安装,软件安装,接口及系统调试,试运行
		04	信息网络系统	计算机网络设备安装,计算机网络软件安装,网络安全设备安装,网络安全软件安装,系统调试,试运行
		05	综合布线系统(单独组卷)	梯架、托盘、槽盒和导管安装,线缆敷设,机柜、机架、配线架安装,信息插座安装,链路或信道测试,软件安装,系统调试,试运行
		06	移动通信室内信号覆盖系统	安装场地检查
		07	卫星通信系统	安装场地检查
		08	有线电视及卫星电视接收系统	梯架、托盘、槽盒和导管安装,线缆敷设,设备安装,软件安装,系统调试,试运行
		09	公共广播系统	梯架、托盘、槽盒和导管安装,线缆敷设,设备安装,软件安装,系统调试,试运行
		10	会议系统	梯架、托盘、槽盒和导管安装,线缆敷设,设备安装,软件安装,系统调试,试运行
		11	信息导引及发布系统	梯架、托盘、槽盒和导管安装,线缆敷设,显示设备安装,机房设备安装,软件安装,系统调试,试运行
		12	时钟系统	梯架、托盘、槽盒和导管安装,线缆敷设,设备安装,软件安装,系统调试,试运行
		13	信息化应用系统	梯架、托盘、槽盒和导管安装,线缆敷设,设备安装,软件安装,系统调试,试运行
		14	建筑设备监控系统	梯架、托盘、槽盒和导管安装,线缆敷设,传感器安装,执行器安装,控制器、箱安装,中央管理工作站和操作分站设备安装,软件安装,系统调试,试运行

分部工程代号	分部工程名称	子分部工程代号	子分部工程名称	分项工程
08	智能建筑	15	火灾自动报警系统	梯架、托盘、槽盒和导管安装，线缆敷设，探测器类设备安装，控制器类设备安装，其他设备安装，软件安装，系统调试，试运行
		16	安全技术防范系统	梯架、托盘、槽盒和导管安装，线缆敷设，设备安装，软件安装，系统调试，试运行
		17	应急响应系统	设备安装，软件安装，系统调试，试运行
		18	机房工程	供配电系统，防雷与接地系统，空气调节系统，给水排水系统，综合布线系统，监控与安全防范系统，消防系统，室内装饰装修，电磁屏蔽，系统调试，试运行
		19	防雷与接地	接地装置，接地线，等电位联结屏蔽设施，电涌保护器，线缆敷设，系统调试，试运行
			智能建筑检验批划分规定	智能建筑子分部（的各个分项工程）的检验批，应按系统和实际施工情况，经与建设、监理、设计等单位商议在施工合同或协议中约定后划分检验批
09	节能建筑	01	围护结构节能工程	墙体节能工程：基层，保温隔热构造，抹面层，饰面层，保温隔热砌体等
				墙体节能工程子分部检验批划分规定：1. 采用相同材料、工艺和施工做法的墙面，扣除门窗洞口后的保温墙面面积每1000m² 面积划分为一个检验批。2. 检验批的划分也可根据与施工流程相一致且方便施工与验收的原则，由施工单位与监理单位双方协商确定
				幕墙节能工程：保温隔热构造，隔汽层，幕墙玻璃，单元式幕墙板块，通风换气系统，遮阳设施，凝结水收集排放系统，幕墙与周边墙体和屋面间的接缝等
				幕墙节能工程子分部检验批划分规定：1. 采用相同材料、工艺和施工条件的幕墙工程每1000m² 应划分为一个检验批。2. 检验批的划分也可根据与施工流程相一致且方便施工与验收的原则，由施工单位与监理单位双方协商确定
				门窗节能工程：门，窗，天窗，玻璃，遮阳设施，通风器，门窗与洞口间隙等
				门窗节能工程子分部检验批划分规定：1. 同一厂家的同材质、类型和型号的门窗每200樘划分为一个检验批。2. 同一厂家的同材质、类型和型号的特种门窗每50樘划分为一个检验批。3. 异形或有特殊要求的门窗，检验批的划分应根据其特点和数量，由施工单位与监理单位协商确定
				屋面节能工程：基层，保温隔热构造，保护层，隔汽层，防水层，面层等
				屋面节能工程检验批划分规定：1. 采用相同材料、工艺和施工做法的屋面，扣除天窗、采光顶后的屋面面积，每1000m² 应划分为一个检验批。2. 检验批的划分也可根据与施工流程相一致且方便施工与验收的原则，由施工单位与监理单位双方协商确定

分部工程代号	分部工程名称	子分部工程代号	子分部工程名称	分项工程	
09	节能建筑	01	围护结构节能工程	地面节能工程	基层，保温隔热构造，保护层，面层等
				地面节能工程检验批划分规定	1. 采用相同材料、工艺和施工做法的地面，每 1000m² 应划分为一个检验批。2. 检验批的划分也可根据与施工流程相一致且方便施工与验收的原则，由施工单位与监理单位协商确定
		02	供暖空调节能	供暖节能工程	系统形式，散热器，自控阀门与仪表，热力入口装置，保温构造，调试等
				供暖节能工程检验批划分规定	供暖节能工程验收的检验批划分，可按《建筑节能工程施工质量验收标准》GB 50411—2019 第 3.4.1 条的规定执行，也可按系统或楼层，由施工单位与监理单位协商确定
				通风与空调节能工程	系统形式，通风与空调设备，自控阀门与仪表，绝热构造，调试
				通风与空调节能工程检验批划分规定	通风与空调节能工程验收的检验批划分，可按《建筑节能工程施工质量验收标准》GB 50411—2019 第 3.4.1 条的规定执行，也可按系统或楼层，由施工单位与监理单位协商确定
				冷热源及管网节能工程	系统形式，冷热源设备，辅助设备，管网，自控阀门与仪表，绝热构造，调试
				空调与采暖系统的冷热及管网节能工程检验批划分规定	空调与采暖系统冷热源设备、辅助设备及其管道和管网系统节能工程的验收，可按冷源系统、热源系统和室外管网进行检验批划分，也可由施工单位与监理单位协商确定
		03	配电照明节能工程	配电与照明节能工程	低压配电电源，照明光源，灯具，附属装置，控制功能，调试等
				配电与照明节能工程检验批划分规定	配电与照明节能工程验收可按《建筑节能工程施工质量验收标准》GB 50411—2019 第 3.4.1 条的规定进行检验批划分，也可按照系统、楼层、建筑分区，由施工单位与监理单位协商确定
		04	监测控制节能工程	监测与控制节能工程	冷热源的监测控制系统，供暖与空调的监测控制系统，监测与计量装置，供配电的监测控制系统，照明控制系统，调试等
				监测与控制节能工程检验批划分规定	监测与控制节能工程验收可按《建筑节能工程施工质量验收标准》GB 50411—2019 第 3.4.1 条的规定进行检验批划分，也可按照系统、楼层、建筑分区，由施工单位与监理单位协商确定

续表

分部工程代号	分部工程名称	子分部工程代号	子分部工程名称	分项工程
09	节能建筑	05	可再生能源节能工程	地源热泵换热系统节能工程
				岩土热响应试验；钻孔数量、位置及深度；管材、管件；热源井数量，井位分布、出水量及回灌量；换热设备；自控阀门与仪表，绝热材料，调试等
				地源热泵换热系统节能工程检验批划分规定
				地源热泵换热系统节能工程验收可按《建筑节能工程施工质量验收标准》GB 50411—2019 第 3.4.1 条的规定进行检验批划分，也可按照系统、不同地热能交换形式，由施工单位与监理单位协商确定。地源热泵换热系统热源井、输水管网的施工及验收应符合现行国家标准《管井技术规范》GB 50296—2014、《给水排水管道工程施工及验收规范》GB 50268—2008 的规定
				太阳能光热系统节能工程
				太阳能集热器，储热设备，控制系统，管路系统，调试等
				太阳能光热系统节能工程检验批划分规定
				太阳能光热系统节能工程可按《建筑节能工程施工质量验收标准》GB 50411—2019 第 3.4.1 条的规定进行检验批划分，也可按照系统形式、楼层，由施工单位与监理单位协商确定
				太阳能光伏节能工程
				光伏组件，逆变器，配电系统，储能蓄电池，充放电控制器，调试等
				太阳能光伏节能工程检验批划分规定
				太阳能光伏系统节能工程可按《建筑节能工程施工质量验收标准》GB 50411—2019 第 3.4.1 条的规定进行检验批划分，也可按照系统，由施工单位与监理单位协商确定
10	电梯	01	电力驱动的曳引式或强制式电梯安装工程（单独组卷）	设备进场验收，土建交接检验，驱动主机，导轨，门系统，轿厢，对重（平衡重），安全部件，悬挂装置，随行电缆，补偿装置，电气装置，整机安装验收
		02	液压电梯安装工程（单独组卷）	设备进场验收，土建交接检验，液压系统，导轨，门系统，轿厢，平衡重，安全部件，悬挂装置、随行电缆，电气装置，整机安装验收
		03	自动扶梯、自动人行道安装工程（单独组卷）	设备进场验收，土建交接检验，整机安装验收
			电梯分部工程检验批划分规定	电梯工程应按系统和实际施工情况，经与建设、监理、设计等单位商议在施工合同或协议中约定后划分检验批

（2）室外工程划分，见表 1-2-6。

室外工程划分　　　　　　　　　　　　　　　　　表 1-2-6

单位工程	子单位工程	分部（子分部）工程
室外设施	道路	路基、基层、面层、广场与停车场、人行道、人行地道、挡土墙、附属构筑物
	边坡	土石方、挡土墙、支护
附属建筑及室外环境	附属建筑	车棚、围墙、大门、挡土墙
	室外环境	建筑小品、亭台、水景、连廊、花坛、场坪绿化、景观桥

（3）建筑工程质量验收划分的处理

《建筑工程施工质量验收统一标准》GB 50300—2013 对工程质量验收的划分有相关的规定，但需要注意的是，在某些特殊情况下要使项目实体结构（即单位、分部、分项、检验批组成）和文本结构（即资料的类、章、节、项、目）划分得更加合理一致，应根据其特点和数量，在不脱离标准、规范的前提下，做到理论与实际相结合，且应由监理单位和施工单位协商确定。

建筑工程质量验收应坚持"验评分离、强化验收、完善手段、过程控制"的指导思想。验收的划分更要突出"过程控制"的方法。

1）地基与基础分部

地基与基础的分界按结构原理应为：有地下室的为地下室地坪以下，无地下室的为±0.000 以下。

地基子分部中"素土"分项应为天然地基，其余为人工地基与复合桩地基。

基础子分部中"无筋扩展基础"分项应为刚性基础，包括石基础、砖基础、素混凝土基础等；"钢筋混凝土扩展基础、筏形与箱形基础、钢结构基础、钢管混凝土结构基础、型钢结构混凝土基础"等分项应为柔性基础。

"预制桩基础、泥浆护壁成孔灌注桩基础、干作业成孔桩基础、长螺旋钻孔压灌桩基础、沉管灌注桩基础、钢桩基础、锚杆静压桩基础"等分项应为桩基础。

"岩石锚杆、沉井与沉箱"应为其他基础，其验收批的划分均应与主体的子分部、分项相一致，基础子分部没有列出现浇结构子分项，应按实际情况进行验收。

土方子分部中"场地平整"分项应划分为施工前期场地平整和施工后期场地平整，否则将影响工程造价；"土方开挖、土方回填"分项应分层划分检验批。

"水平和立面水泥砂浆防潮层"分项应归属于地下防水子分部主体结构"防水水泥砂浆防水层"分项；如果混凝土有抗渗要求的除划分混凝土基础子分部外还应划分地下防水子分部"主体结构防水"分项。

2）主体结构分部

砌体结构子分部中，框架及剪力墙结构中"陶粒填充墙砌体"分项的验收应按规范划分为"混凝土小型空心砌块砌体、配筋砌体、填充墙砌体"三种检验批（或许还有砌体验收批）；构造柱、芯柱、门窗洞口的边框柱、水平系梁均按配筋砌体验收，不再划分混凝土结构的分项（模板、钢筋、混凝土、现浇结构）；如有预制构件的，在混凝土结构子分部中应划分装配式结构分项（含预制构件、结构性能检验、装配式结构施工三种检验批）。

3）建筑装饰装修分部

地面子分部含整体面层、板块面层、木竹面层三种面层，其中基层分项尚应按《建筑地面工程施工质量验收规范》GB 50209—2010 含"填充层、隔离层、绝热层、找平层、垫层和基土"等分项；抹灰子分部中一般抹灰、装饰抹灰分项应按底层、中层、面层划分检验批；门窗子分部应按同一品种、类型和规格划分检验批。

4）建筑屋面分部

建筑屋面分部工程中的分项工程应按不同楼层屋面、雨篷划分为不同的检验批；隔气层有沥青玛琋脂的、聚氨酯的、聚乙烯丙纶（涤纶）的等；保护层单列分项；密封材料嵌缝不论柔性屋面或是刚性屋面均按接缝密封防水分项（注：台阶、散水虽属装饰装修分部地面子分部，如有嵌缝可按刚性屋面密封材料嵌缝检验分项验收，其结构部分应并入地基与基础或主体分部相应子分部分项验收）。地下室顶板与主体±0.000 下相交处，地下室顶板凸出主体部分若需做防水，则应按屋面防水划分检验批。

5）供排水及采暖分部

供排水应按照进户供水管→供水立管→户内供水管及卫生器具→排水横管→排水立管→排水出户管的顺序按系统和实际施工情况划分检验批；采暖应按照进户热水管→热水立管→户内热水管（地辐射盘管）及散热器→回水管→回水立管→回水出户管的顺序按系统和实际施工情况划分检验批。

6）建筑电气分部

按照进户管线（接地线）→总配电箱（总等电位箱）→分箱→抄表（刷卡）箱→用户箱→回路→开关插座（用电器具）的顺序按系统和实际施工情况划分检验批。特别要说明的是由进户管线至用户箱的线路称为干线，其分项应并入供电干线子分部；由用户箱至开关插座间的回路称为支线，其分项应并入电器照明安装子分部。

7）智能建筑分部、通风与空调分部、电梯分部工程如按照《建筑工程施工质量验收统一标准》GB 50300—2013 分项工程的划分与专业验收规范条文不完全一致，应按系统和实际施工情况，经与建设、监理、设计等单位商议在施工合同或协议中约定后划分检验批。

8）《建筑节能工程施工质量验收标准》GB 50411—2019 中建筑节能分部分项工程划分，其分项工程相当于统一标准中的子分部，主要验收内容相当于统一验收标准中的子分项工程。

3 工程准备阶段文件的形成管理

工程准备阶段归档资料主要是由建设单位负责管理，资料的内容包括：立项文件（A1），建设用地、拆迁文件（A2），勘察、设计文件（A3），招投标文件（A4），开工审批文件（A5），工程造价文件（A6），工程建设基本信息（A7），见表1-2-4。建设单位文件资料的形成过程如图1-3-1所示。

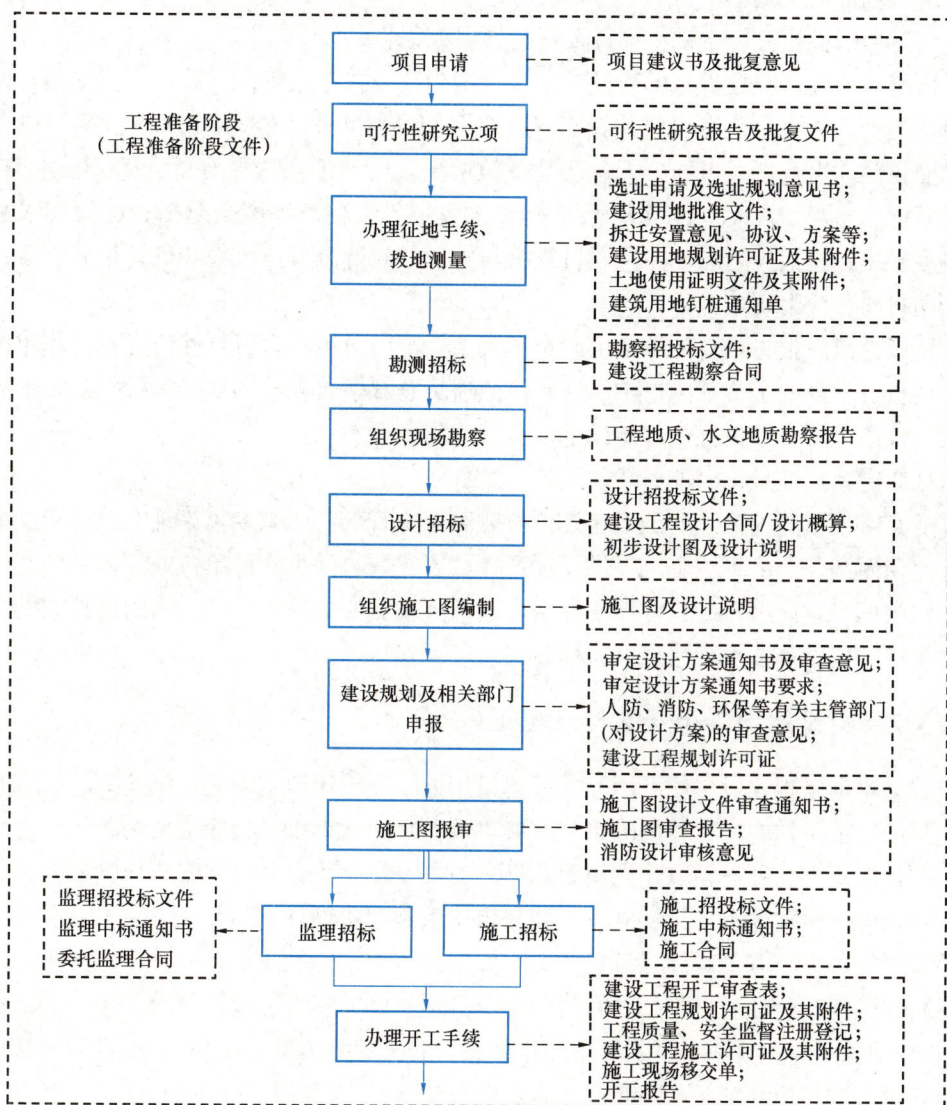

工程准备
阶段文件

工程准备阶段 （工程准备阶段文件）	项目申请	┄→	项目建议书及批复意见

图 1-3-1 建设单位文件资料的形成过程

3.1 立项文件（A1）

（1）项目建议书批复文件及项目建议书（A1.1）

项目建议书是由建设单位自行编制或委托咨询、设计单位编制并申报的文件，由编制单位提供，建设单位负责收集、整理。项目建议书的主要内容包括：项目提出的必要性和依据；产品方案，拟建规模和建设地点的初步设想；资源情况、建设条件、协作关系和设备技术引进国别、厂商的初步分析；投资估算、资金筹措及还贷方案设想；项目的进度安排；经济效果和社会效益的初步估计，包括初步的财务评价和国民经济评价；环境影响的初步评价，包括治理"三废"措施、生态环境影响的分析；结论；附件。

项目建议书的批复文件：根据项目大小、投资主体的不同，分别由国家、行业或地方政府管理部门审批。

（2）可行性研究报告批复文件及可行性研究报告（A1.2）

项目可行性研究报告是由建设单位自行编制或委托工程咨询、设计单位编制，由编制单位提供，建设单位负责收集、整理。项目可行性研究报告主要内容包括：项目摘要；必要性、可行性；市场分析；建设单位情况；项目地点选择分析；工艺技术方案；建设目标、布局、规模（建设方案）；建设内容；投资估算和资金筹措；建设期限和实施进度安排；土地规划和环保；项目组织与管理；效益分析与风险评价；招标方案；有关证明材料；应附表格等。

可行性研究报告批复文件是由国家有关主管部门对该项目可行性研究报告作出的批复，由负责批复的主管部门提供。通常按照项目总规模、限额和划分审批权限，由各级发展和改革委员会审批提供。建设单位负责收集、整理。

（3）专家论证意见、项目评估文件（A1.3）

专家对项目的论证意见是由建设单位或国家主管部门组织专家论证会议，所形成的有关建议性文件，由组织单位提供。项目评估研究资料是由建设单位或国家有关主管部门组织会议，对该项目的可行性研究报告进行评估后所形成的文件，由组织评估的单位负责提供。建设单位负责收集、整理。

3.2 建设用地、拆迁文件（A2）

建设用地是指建设单位可用于工程建设用地。建设用地范围应根据规划行政管理部门出具的钉桩条件的钉桩成果确定。一般建设项目用地审批的程序通常为：

项目建议书批复→领取建设用地选址意见书→编制可行性研究报告→向国土部门申请用地预审→根据预审意见批复可行性报告→编制初步设计→初步设计批复→领取建设用地规划许可证→有关部门意见（环保、安全）→向国土部门申请用地（提交相关部门的材料）→测量（确定面积、地类、权属）→征地调查并签订征地协议→编制一书三方案（建设用地项目呈报说明书、农用地转用方案、补充耕地方案、征用土地方案）→按批次上报审批（农转用和征地）→完成征地程序→支付征地费用→收地→编制一书一方案（出让土地确定地价，签订出让合同）→按项目上报审批→收取出让金及税费颁发证→

交地。

（1）选址申请及选址规划意见通知书（A2.1）

依据《中华人民共和国城乡规划法》规定，按照国家规定需要有关部门批准或者核准的建设项目，以划拨方式提供国有土地使用权的，建设单位在报送有关部门批准或者核准前，应当向城乡规划主管部门申请核发选址意见书。选址申请及选址规划意见通知书由各级规划委员会审批。建设单位负责收集、整理。

（2）建设用地批准书（A2.2）

依据《中华人民共和国土地管理法》规定，经批准的建设项目需要使用国有建设用地的，建设单位持建设项目的有关批准文件，向市、县人民政府土地行政主管部门提出建设用地申请，由市、县人民政府土地行政主管部门审查，拟订供地方案，报市、县人民政府批准；需要上级人民政府批准的，应当报上级人民政府批准。由此，建设用地批准文件由市、县级国有土地管理部门办理。建设单位负责收集、整理。

（3）拆迁安置意见、协议、方案（A2.3）

拆迁安置意见、协议、方案应由建设单位组织协商形成。

（4）建设用地规划许可证及其附件（A2.4）

依据《中华人民共和国城乡规划法》规定，在城市、镇规划区内以划拨方式提供国有土地使用权的建设项目，经有关部门批准、核准、备案后，建设单位应当向市、县人民政府城乡规划主管部门提出建设用地规划许可申请，由市、县人民政府城乡规划主管部门依据控制性详细规划核定建设用地的位置、面积、允许建设的范围，核发建设用地规划许可证。由此，建设用地规划许可证由建设单位提出申请，规划行政管理部门办理，建设单位负责收集、整理。

（5）土地证明文件及其附件（A2.5）

土地证明文件及其附件均由国有土地管理部门办理。建设单位负责收集、整理。

（6）建设用地钉桩通知单（书）（A2.6）

规划行政主管部门在核发规划许可证时，应向建设单位一并发放建设用地钉桩通知单。建设单位在施工前应当向规划行政主管部门提交完整的建设用地钉桩通知单，收到上报的验线申请后3个工作日内组织验线。经验线合格后方可施工。

3.3 勘察、设计文件（A3）

（1）工程地质勘察报告（A3.1）

工程地质勘察报告是对于一个建设项目，为查明建筑物的地质条件而进行的综合性的地质勘查工作的成果报告。报告是由建设单位委托的勘察单位勘察形成的，建设单位负责收集、整理。

（2）水文地质勘察报告（A3.2）

水文地质勘察报告是由建设单位委托水文地质勘查单位进行勘察、编制而成的文件，建设单位负责收集、整理。

（3）初步设计文件（说明书）（A3.3）

初步设计文件是指初步设计图和说明，初步设计图主要包括总平面图、建筑图、结构图、给水排水图、电气图、弱电图、采暖通风及空调图、动力图、技术与经济概算等。初步设计书说明是由设计总说明和各专业的设计说明书组成，初步设计图和说明由设计单位形成，建设单位负责收集、整理。

（4）设计方案审查意见（A3.4）

由规划行政管理部门审批形成。建设单位负责收集、整理。

（5）人防、环保、消防等有关主管部门（对设计方案）审查意见（A3.5）

依据规定，建设单位应当将人防、环保、消防设计文件报送负责审核机构审核。未经依法审核或者审核不合格的，负责审批该工程施工许可的部门不得给予施工许可证，建设单位、施工单位不得施工；其他建设工程取得施工许可后经依法抽查不合格的，应当停止施工。人防、环保、消防设计审核意见应由负责审查部门审核形成，建设单位负责收集、整理。

（6）设计计算书（A3.6）

设计计算书是体现计算所用荷载、计算假定、计算参数、计算模型、计算结果等的文件，既是校核图纸的依据，又是以后建筑改造的复核依据。由设计部门审批形成。建设单位负责收集、整理。

（7）施工图设计文件审查意见（A3.7）

依据《房屋建筑和市政基础设施工程施工图设计文件审查管理办法》的规定，施工图审查是指施工图审查机构（以下简称审查机构）按照有关法律、法规，对施工图涉及公共利益、公众安全和工程建设强制性标准的内容进行的审查。施工图审查应当坚持先勘察、后设计的原则。审查机构应当对施工图审查下列内容：

1）是否符合工程建设强制性标准；

2）地基基础和主体结构的安全性；

3）消防的安全性；

4）人防工程（不含人防指挥工程）防护安全性；

5）是否符合民用建筑节能强制性标准，对执行绿色建筑标准的项目，还应当审查是否符合绿色建筑标准。

6）勘察设计企业和注册执业人员以及相关人员是否按规定在施工图上加盖相应的图章和签字；

7）法律、法规、规章规定必须审查的其他内容。

施工图审查机构对设计的施工图审查合格后应当向建设单位出具审查合格证书，并在全套施工图上加盖审查专用章。审查合格书应当有各专业的审查人员签字，经法定代表人签发，并加盖审查机构公章。审查机构应当在出具审查合格书后5个工作日内，将审查情况报工程所在地县级以上地方人民政府住房城乡建设主管部门备案。建设单位负责收集、整理。

3.4　招投标文件（A4）

1. 勘察、设计招投标文件（A4.1）

（1）勘察招标文件由建设单位或委托的咨询单位编制，用于选择勘察单位，由编制单位提供，建设单位负责收集整理。

（2）勘察投标文件由勘察单位或委托的咨询单位编制，用于承揽勘察任务，由编制单位提供，建设单位负责收集整理。

（3）设计招标文件由建设单位或委托的咨询单位编制，用于选择设计单位，由编制单位提供，建设单位负责收集整理。

（4）设计投标文件由设计单位或委托的咨询单位编制，用于承揽设计任务，由编制单位提供，建设单位负责收集整理。

2. 施工招投标文件（A4.3）

（1）施工招标文件由建设单位或委托的咨询单位编制，用于选择施工单位，由编制单位提供，建设单位负责收集整理。

（2）施工投标文件由施工单位或委托的咨询单位按照施工招标文件要求编制，用于承担施工任务，由编制单位提供，建设单位负责收集整理。

3. 工程监理招投标文件（A4.5）

（1）监理招标文件由建设单位或委托的咨询单位编制，用于选择监理单位，由编制单位提供，建设单位负责收集整理。

（2）监理投标文件由监理单位或委托的咨询单位按照监理招标文件的要求编制，用于承揽监理任务，由编制单位提供，建设单位负责收集整理。

4. 勘察、设计、监理、施工合同文件（A4.2、A4.4、A4.6）

由建设单位分别与勘察、设计、监理、施工单位签订形成。勘察、设计、监理、施工合同是建设单位（发包方）和勘察、设计、监理、施工企业（承包方）在工程建设项目中必须共同遵循的法律文件和技术经济文件。勘察、设计、监理、施工合同是以工程勘察、设计、监理、施工为目的，明确建设工程发包方和承包方在项目实施中的权利和义务，是建设工程项目实施的法律依据。勘察、设计、监理、施工合同文件有参与签订合同单位负责提供，建设单位负责收集、整理。

3.5　开工审批文件（A5）

（1）建设工程规划许可证及其附件（A5.1）

建设工程规划许可证是由建设单位申请划拨、出让土地前，经规划行政管理部门确认建设项目位置、面积和允许建设范围符合城市规划的文件。申请建设工程规划许可证需提交建设工程规划用地许可证申请、选址意见书、可行性研究报告、地形图、建设设计方案和相关部门对设计方案意见等，经规划行政主管部门核定无误后办理形成。建设单位负责收集、整理。

（2）建设工程施工许可证（A5.2）

建设单位在建筑工程开工前，应当按照国家有关规定向工程所在地县级以上人民政府建设行政主管部门申请领取施工许可证，建设单位负责收集、整理。

申请领取施工许可证，应当具备下列条件，并提交相应的证明文件：

① 已经办理该建筑工程用地批准手续；

② 在城市规划区的建筑工程，已经取得建设工程规划许可证；

③ 施工现场已经基本具备施工条件，需要拆迁的，其拆迁进度符合施工要求；

④ 已经确定建筑施工企业；有满足施工需要的施工图纸及技术资料，施工图设计文件已按规定进行了审查；

⑤ 有保证工程质量和安全的具体措施；

⑥ 按照规定应该委托监理的工程已委托监理；

⑦ 建设资金已经落实；

⑧ 法律、行政法规规定的其他条件。

建筑工程在施工过程中，建设单位或施工单位发生变更的，应当重新申请领取施工许可证。

（3）开工报告*（A5.3）

实行开工报告制度的建设工程，开工报告审查的主要内容：资金到位情况；投资项目市场预测；设计图纸是否满足施工要求；现场条件是否具备"三通一平"等的要求。国务院规定的开工报告制度，不同于建设监理中的开工报告工作。国家重点建设项目的开工报告由建设单位向发展与改革行政主管部门申请，即本条所指的开工报告。施工许可证由建设单位向住房和城乡建设行政主管部门申请；开工前的开工报告由施工单位向监理单位或建设单位申请。

3.6 工程造价文件（A6）

（1）工程投资估算材料（A6.1）

工程投资估算材料由建设单位或委托工程造价咨询单位编制，由编制单位提供，建设单位负责收集、整理。

（2）工程设计概算材料（A6.2）

工程设计概算材料是由设计单位按设计内容概略算出该工程由立项开始到交付使用之间的全过程发生的建设费用文件。由设计单位编制、提供，建设单位负责收集、整理。

（3）招标控制价格文件（A6.3）

招标控制价格文件是由招标人自行编制或委托具有编制标底资格能力的代理机构编制的，是招标人在招标过程中可以承受的最高工程造价，故是投标人投标报价上限。由建设单位负责收集、整理。

（4）合同价格文件（A6.4）

合同价格文件是施工单位与建设单位签订施工合同时，在合同文本上由双方确认的合同价格，由合同编制单位提供，建设单位负责收集、整理。

（5）结算价格文件（A6.5）

结算价格文件是指在工程竣工验收之后由施工单位根据工程实施过程中所发生的工程变更情况，调整工程的施工图预算价格，确定工程项目最终决算价格文件。由施工单位编制、提供，建设单位负责收集、整理。

（6）决算价格文件（A6.6）

决算也叫竣工决算，是整个项目竣工，建设单位对完成的整个项目从筹建到竣工投入使用的实际花费，所做的财务汇总。

决算与结算的区别是：竣工决算实际上就是发包人内部对于其自身投资回报情况的总结和清算。竣工结算是与施工单位的结算，主要是核定工程量、价，主要目标是核实应支付施工单位的款项。竣工决算是财务上的统计、审核，主要目的是归集工程的总投资额，与概算比较，便于企业日常管理。竣工决算主要成果是交付使用资产表，将工程上形成的资产列出明细，并将发生的相关费用分摊至资产中，最终形成资产明细、规格、数量、金额的表格。便于企业后续的固定资产、无形资产等资产的管理。总的来说，竣工结算就是算价钱的，该部分是实际支付施工单位的工程款。竣工决算是财务上确定、核实工程形成资产金额的。

3.7 工程建设基本信息（A7）

主要包括：工程概况信息表、建设单位工程项目负责人及现场管理人员名单、监理单位工程项目总监及监理人员名册、施工单位项目经理及质量管理人员名册、勘察单位、设计单位工程项目负责人及现场管理人员名册。

4 监理文件的形成管理

监理文件可分为监理管理文件（B1）、进度控制文件（B2）、质量控制文件（B3）、造价控制文件（B4）、工期管理文件（B5）和监理验收文件（B6）六类。监理、施工单位文件资料的形成过程如图 1-4-1 所示。

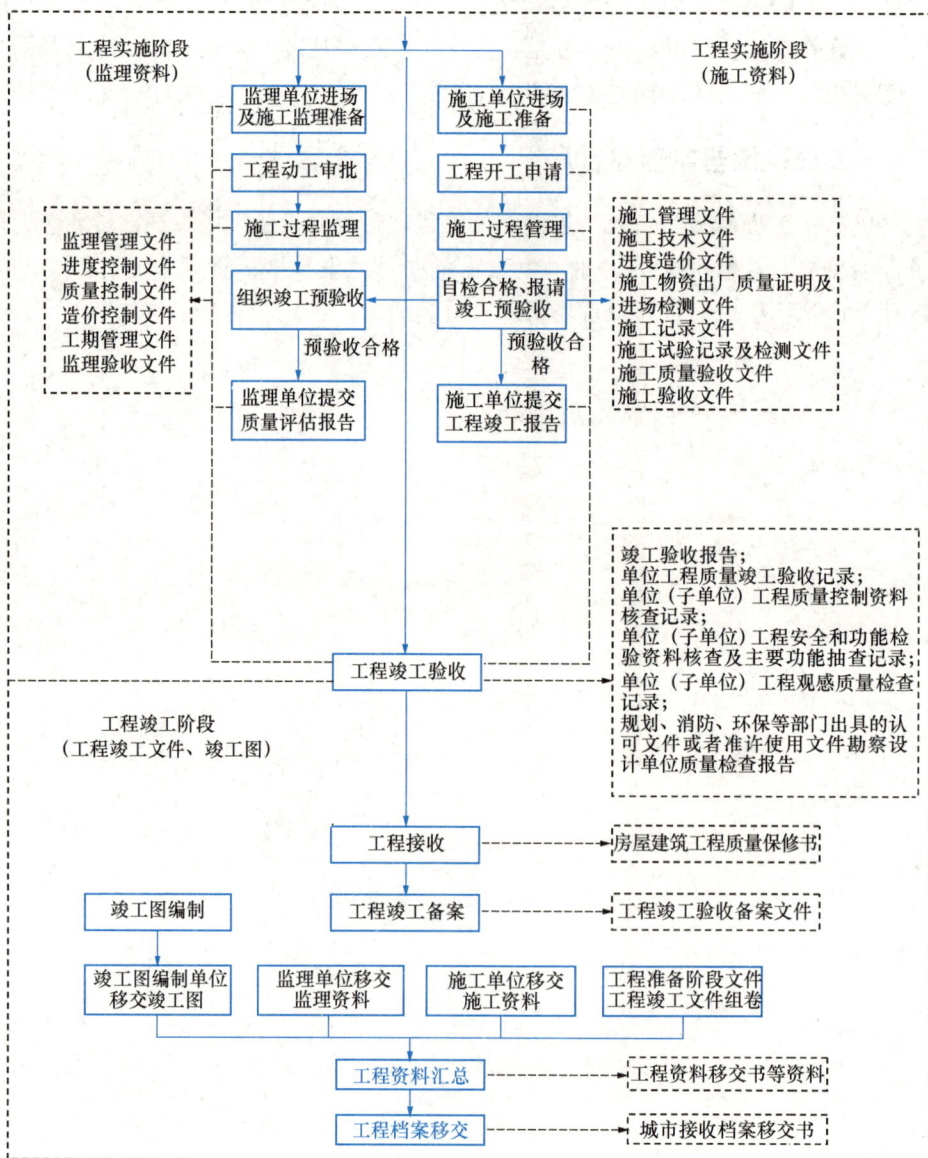

图 1-4-1 施工期间监理资料和施工资料形成过程

4.1 监理管理文件（B1）

4.1.1 监理规划（B1.1）

监理规划是结合工程实际情况，明确项目监理机构的工作目标，确定具体的监理工作制度、内容、程序、方法和措施的指导整个项目监理工作开展的指导性文件；监理规划是在签订建设工程监理合同及收到设计文件（批准的施工组织设计）后由总监理工程师组织，专业监理工程师参与编制，监理单位技术负责人签字批准，并加盖单位公章。需在召开第一次工地会议前（开工前）报送建设单位。

4.1.2 监理实施细则（B1.2）

监理实施细则是在监理规划指导下，由专业监理工程师（依据批准的施工专项方案）针对某一专业或某一方面建设工程监理工作编制的操作性文件。对专业性较强、危险性较大的分部分项工程，也应编制监理实施细则。监理实施细则应在相应工程施工开始前由专业监理工程师组织编制，必须由项目总监理工程师批准方可实施。

4.1.3 监理月报（B1.3）

项目施工过程中，项目监理机构就工程实施情况和监理工作每月向建设单位提交的建设工程监理工作及建设工程实施情况等分析总结报告。监理月报由项目总监组织编写，签署后报送建设单位或本监理单位。

监理月报的内容包括：本月工程实施情况，本月监理工作情况，本月施工中存在的问题及处理情况，下月监理工作重点。

4.1.4 监理会议纪要（B1.4）

监理会议纪要是由项目监理机构根据会议记录整理，与会各方代表会签确认完成。会议纪要的主要内容包括：例会地点与时间；会议主持人；与会人员姓名、单位、职务；例会的主要内容、事项等。监理会议形式主要有开工前的第一次工地会议和定期召开的监理例会。

1. 第一次工地会议

工程项目开工前，总监理工程师及有关监理人员应参加由建设单位主持召开的第一次工地会议，会议纪要有项目监理机构负责整理，与会代表会签。第一次工地会议应包括以下内容：

1）建设单位、承包单位和监理单位分别介绍各自驻现场的组织机构、人员及其分工；

2）建设单位根据委托监理合同宣布对总监理工程师的授权；

3）建设单位介绍工程开工准备情况；

4）承包单位介绍施工准备情况；

5）建设单位和总监理工程师对施工准备情况提出意见和要求；

6）总监理工程师介绍监理规划的主要内容；

7）研究确定各方在施工过程中参加工地例会的主要人员，召开工地例会周期、地点及主要议题。

2. 监理例会

在施工过程中，项目监理机构应定期召开监理例会，组织有关单位研究解决与监理相关的问题。项目监理机构可根据工程需要，主持或参加专题会议，解决监理工作范围内工程专项问题。监理例会、专题例会的会议纪要由项目监理机构负责整理，与会各方代表会签。

4.1.5 监理工作日志（B1.5）

监理日志是监理机构每日对建设工程监理工作及施工进展情况所做的记录。由专业监理工程师负责组织编写，逐日连续记载。监理日志的主要内容包括：天气和施工环境情况，当日施工进展情况，当日监理工作情况（施工人数、作业内容及部位；使用的主要设备、材料；主要分部、分项工程开工、完工的标记等内容），其他有关事项（巡检、旁站、见证记载；报验及验收结果；材料、设备、构配件和主要施工机械设备进场验收情况；施工单位资料报审及审查结果；所发监理通知书的主要内容；建设、施工单位提出的有关事宜及处理意见；工地会议的有关问题；质量事故处理方案；异常事件对施工的影响情况；设计人员现场交底的有关事宜；上级有关部门现场检查、指导意见；其他事项）。

4.1.6 监理工作总结（B1.6）

按照现行国家标准《建设工程监理规范》GB/T 50319—2013 的有关规定，工程监理单位在建设工程项目完成后应由总监理工程师及时组织编写监理工作总结。监理单位编写的监理工作总结应一式两份，并应由监理单位、城建档案馆各保存一份。

4.1.7 工作联系单（B1.7）

按照现行国家标准《建设工程监理规范》GB/T 50319—2013 的有关规定。项目监理机构应协调工程建设相关方的关系，项目监理机构和其他参建单位之间传递意见、建议、决定、通知等工作联系，通常采用工作联系单。工作联系单主要针对工程项目的一般问题起到告知的作用，可要求施工单位回复也可不作回复的要求。

工作联系单可采用表 1-4-1 的格式。当不需回复时应有签收记录，并应注明收件人的姓名、单位和收件日期。工作联系单由监理单位填写一式三份，并由建设单位、施工单位和监理单位各保存一份。

工作联系单（B1.7）　　　　　　表 1-4-1

工程名称	××市×中学教学楼	编号	00-00-B1.7-002
致　　××建筑安装有限公司　　　　　（施工单位） 　事由：关于贵公司资质及项目组织机构报审事宜 　内容：请××建筑安装有限公司于××××年×月×日前将贵公司的资质副本复印件及教学楼项目组织机构人员名单、人员岗位证件报送我公司现场监理部。 　　　　　　　　　　　　　　　　发　文　单　位　××市××监理有限责任公司 　　　　　　　　　　　　　　　　负责人（签字）　××× 　　　　　　　　　　　　　　　　××××年×月×日			

4.1.8 监理工程师通知（B1.8）、监理工程师通知回复单（B1.9）

按照现行国家标准《建设工程监理规范》GB/T 50319—2013 的有关规定，项目监理机构发现施工存在质量的问题，或施工单位采用不适当的施工工艺，或施工不当，造成工程质量不合格的，应及时签发监理通知单，要求施工单位整改。整改完毕后，项目监理机构应根据施工单位报送的监理通知回复单对整改情况进行复查，提出复查意见。

监理通知单由项目监理机构按表 1-4-2 要求填报，由总监理工程师或专业监理工程师签发，项目监理机构盖章。监理通知回复单应由施工单位按表 1-4-3 填报，经项目经理签字，项目经理部盖章，报监理机构。监理通知单、监理通知回复单一式四份，应由建设单位、监理单位、施工单位和城建档案管理机构各保存一份。

监理通知单（B1.8） 表 1-4-2

工程名称	××市×中学教学楼	编号	01-06-B1.8-×××

××建筑安装有限公司（施工总承包单位/专业承包单位）

事由：关于　基坑开挖边坡放坡相关事宜

内容：1. 贵单位承建的教学楼在基坑开挖时未按施工方案进行放坡，请接通知后立即整改，按原定施工方案施工。

　　　2. 现正当雨季，请做好边坡防护，防止边坡塌方。

　　　　　　　　　　　　　　　项目监理机构（盖章）××监理有限责任公司

　　　　　　　　　　　　　　　总/专业监理工程师　×××

　　　　　　　　　　　　　　　　　　　　×××年×月×日

监理工程师通知回复单（B1.9） 表 1-4-3

工程名称	××市×中学教学楼	编号	01-06-B1.9-×××

××监理有限责任公司　（项目经理机构）

我方接到编号为 01-06-B1.8-××× 的监理通知单后，已按要求完成相关整改工作，请予以复查。

附件：需要说明的情况

1. 基坑开挖放坡施工方案；

2. 工程测量放线成果；

3. 主要人员、材料、设备进场说明。

　　　　　　　　　　　　工项目经理部　　××建筑安装有限公司××项目经理部

　　　　　　　　　　　　项目经理（签字）　×××

　　　　　　　　　　　　　　　　　　　　×××年×月×日

复查意见：

××建筑安装有限公司××项目经理部所报×××工程整改方案有效，准予继续施工。

　　　　　　　　　　　　项目监理机构（盖章）　××监理有限责任公司

　　　　　　　　　　　　总监理工程师/专业监理工程师（签字）　×××

　　　　　　　　　　　　　　　　　　　　×××年×月×日

4.1.9 工程暂停令（B1.10）

按照现行国家标准《建设工程监理规范》GB/T 50319—2013 的有关规定。总监理工程师在签发工程暂停令时，可根据停工原因的影响范围和影响程度，确定停工范围，并应按施工合同和建设工程监理合同的约定签发工程暂停令。此外，签发工程暂停令应事先征得建设单位同意，在紧急情况下未能事先报告时，应在事后及时向建设单位作出书面报告。

项目监理机构在发生下列情况之一时，总监理工程师可签发工程暂停令：建设单位要求暂停施工且工程需要暂停施工；施工单位未经批准擅自施工或拒绝项目监理机构管理的；施工单位未按审查通过的工程设计文件施工的；施工单位违反工程建设强制性标准的；施工存在重大质量、安全事故隐患，或发生质量、安全事故的。

监理单位签发的工程暂停令应一式四份，并应由建设单位、监理单位、施工单位和城建档案管理机构各保存一份。工程暂停令宜采用表 1-4-4 的格式。

工程暂停令（B1.10）　　　　　　　　　　表 1-4-4

工程名称	××市×中学教学楼	编号	01-06-B1.10-×××

致××建筑安装有限公司××（施工项目经理部）

由于 <u>贵单位边坡开挖放坡坡度不够，仍继续基础施工的</u> 原因，现通知你方必须于××××年×月×日 12：00 起，对本工程的独立基础施工部位（工序）实施暂停施工，并按要求做好下述各项工作：

1. 做好基坑边的临边防护。
2. 边坡放坡不够的地方进行放坡处理，消除安全隐患。
3. 做好现场其他工作。

项目监理机构（盖章）　　××监理有限责任公司
总监理工程师（签字、加盖执业印章）　　×××
××××年×月×日

4.1.10 工程复工报审表、复工令（B1.11）

按照现行国家标准《建设工程监理规范》GB/T 50319—2013 的有关规定。当暂停施工原因消失、具备复工条件时，施工单位提出复工申请的，项目监理机构应审查施工单位报送的工程复工报审表及有关材料，符合要求后，总监理工程师应及时签署审查意见，并应报建设单位批准后签发工程复工令；施工单位未提出复工申请的，应根据工程实际情况指令施工单位恢复施工。

工程复工报审表应由施工单位按表 1-4-5 的要求填报。工程复工令应由项目监理机构按《建设工程监理规范》GB 50319—2013（A.0.7）表 1-4-6 的要求填写。工程复工报审表、工程复工令应一式四份，并应由建设单位、监理单位、施工单位和城建档案管理机构各保存一份。

工程复工报审表（B1.11、C3.2） 表 1-4-5

工程名称	××市×中学教学楼	编号	01-06-B1.11-×××

致 ××监理有限责任公司（项目监理机构）

编号为 ××× 《工程暂停令》所停工的 基坑开挖边坡施工 部位（工序）已满足复工条件，我方已申请××××年×月×日复工，请予以审批。

附件：证明文件资料：

　　　　整改方案；

　　　　主要人员、材料、设备进场。

施工项目经理部（盖章） ××建筑安装有限公司

项目经理（签字） ×××

××××年×月×日

审核意见：

××建筑安装有限公司所报×××工程复工资料齐全、有效，具备复工条件，准予复工。

项目监理机构（盖章） ××监理有限责任公司

总监理工程师（签字） ×××

××××年×月×日

审批意见：

具备复工条件，同意复工。

建设单位（盖章） ××市×中学

建设单位代表（签字） ×××

××××年×月×日

工程复工令（监理 A.0.7）　　　　　　　　　　表 1-4-6

工程名称	××市×中学教学楼	编号	01-01-B1.11-×× ×

致××建筑安装有限公司（施工项目经理部）

　我方发出的编号为＿＿×× ×＿＿《工程暂停令》要求暂停施工的基坑开挖边坡施工部位（工序）经查已具备复工条件，经建设单位同意，现通知你方于×× ××年×月×日×时起恢复施工。

　附件：工程复工报审表

项目监理机构（盖章）××监理有限责任公司
总监理工程师（签字、加盖执业印章）×× ×
×× ××年×月×日

4.2　进度控制文件（B2）

4.2.1　工程开工报审表（B2.1、C3.1）、开工令（监理 A.0.2）

按照现行国家标准《建设工程监理规范》GB 50319—2013 的有关规定，施工单位在工程开工之前，必须具备完善的开工条件。申报单位完成准备工作后应向项目监理机构报送工程开工报审表及相关资料。监理机构应由总监理工程师组织专业监理工程师审查施工单位报送的工程开工报审表及相关资料；同时具备下列条件时，应由总监理工程师签署审核意见，并应报建设单位批准后，总监理工程师签发工程开工令：

（1）设计交底和图纸会审已完成。

（2）施工组织设计已由总监理工程师签认。

（3）施工单位现场质量、安全生产管理体系已建立，管理及施工人员已到位，施工机械具备使用条件，主要工程材料已落实。

（4）进场道路及水、电、通信等已满足开工要求。

工程开工报审表应由施工单位按表 1-4-7 填报。工程开工令由项目监理机构按《建设工程监理规范》GB/T 50319—2013（A.0.2）表 1-4-8 要求填写。工程开工报审表、开工令一式四份，应由建设单位、监理单位、施工单位、城建档案管理机构各保存一份。

工程开工报审表（B2.1、C3.1）　　　　　　表 1-4-7

工程名称	××市×中学教学楼	编号	00-00-B2.1-×× ×

致　××市×中学　　　　　　（建设单位）

　××监理有限责任公司（项目监理机构）

　我方承担的××市×中学教学楼工程已完成相关准备工作，具备开工条件，申请于×× ××年×月×日开工，请予以审批。

　附件：证明文件资料：

　　　工程施工许可证（复印件）；

　　　工程测量放线；

　　　主要人员、材料、设备进场；

　　　施工现场道路、水电、通信已达到开工条件。

施工单位（盖章）　××建筑安装有限公司
×× ×
项目经理（签字）
×× ××年×月×日

续表

审核意见： ××建筑安装有限公司所报×××工程开工资料齐全、有效，具备开工条件，准予开工。   项目监理机构（盖章）　××监理有限责任公司 总监理工程师（签字）　××× ××××年×月×日
审批意见： 同意开工。   建设单位（盖章）××市×中学 建设单位代表（签字）××× ××××年×月×日

工程开工令（监理 A.0.2）　　　　　　　　　　　　　表 1-4-8

工程名称	××市×中学教学楼	编号	00-00-B2.1-×××

致××建筑安装有限公司（施工单位）

　　经审查，本工程已具备施工合同约定的开工条件，现同意你方开始施工，开工日期为：××××年×月×日。

　　附件：工程开工报审表

　　　　　　　　　　　　　　　　　　项目监理机构（盖章）××监理有限责任公司

　　　　　　　　　　　　　　　　　　总监理工程师（签字、加盖执业印章）×××

　　　　　　　　　　　　　　　　　　　　　　　　××××年×月×日

4.2.2　施工进度计划报审表（B2.2、C3.3）

按照现行国家标准《建设工程监理规范》GB/T 50319—2013 的有关规定，项目监理机构应审查施工单位报审的施工总进度计划和阶段性施工进度计划，提出审查意见，并应由总监理工程师审核后报建设单位。

施工进度计划审查应包括下列基本内容：

（1）施工进度计划应符合施工合同中工期的约定。

（2）施工进度计划中主要工程项目无遗漏，应满足分批投入试运、分批动用的需要，阶段性施工进度计划应满足总进度控制目标的要求。

（3）施工顺序的安排应符合施工工艺要求。

（4）施工人员、工程材料、施工机械等资源供应计划应满足施工进度计划的需要。

（5）施工进度计划应符合建设单位提供的资金、施工图纸、施工场地、物资等施工条件。

施工进度计划报审表应由施工单位按表 1-4-9 要求填报，并由项目总监理工程师进行签认。本表一式三份，项目监理机构、建设单位、施工单位各一份。

施工进度计划报审表（B2.2、C3.3） 表 1-4-9

工程名称	××市×中学教学楼	编号	00-00-B2.2-×××

致××监理有限责任公司（项目监理机构）

　　根据施工合同约定，我方已完成××市×中学教学楼工程的施工进度计划的编制和批准，请予以审查。

附件：

□施工总进度计划

■阶段性进度计划

施工项目部（盖章）××建筑安装有限公司

项目经理（签字）×××

××××年×月×日

审查意见：

　　报审的施工进度计划符合要求，请总监理工程师审定。

专业监理工程师（签字）×××

××××年×月×日

审核意见：

　　同意专业监理工程师的审查意见，并报建设单位。

项目监理机构（盖章）××监理有限责任公司

总监理工程师（签字）×××

××××年×月×日

4.3　质量控制文件（B3）

4.3.1　质量事故报告及处理资料（B3.1）

　　按现行国家标准《建设工程监理规范》GB/T 50319—2013 的规定，对需要返工处理或加固补强的质量事故，项目监理机构应要求施工单位报送质量事故调查报告和经设计等相关单位认可的处理方案，并对质量的处理过程进行跟踪检查，同时应对处理结果进行验收。

　　质量事故报告及处理资料应由项目监理机构及时向建设单位提交，并应将完整的质量事故处理记录整理归档。质量事故报告表应由施工单位按表 1-4-10 要求填报。本表一式四份，项目建设单位、施工单位、监理机构和档案管理机构各一份。

建设工程质量事故报告（B3.1） 表1-4-10

工程名称	××市×中学教学楼	编 号	01-02-B3.1-×××
建设单位	××市×中学	建设地点	××市×中学
施工单位	××建筑安装有限公司	结构类型	框架
设计单位	××建筑设计研究院	事故发生时间	××××年×月×日
经济损失	××万元	上报时间	××××年×月×日

事故经过、后果与原因分析：
由于施工时于××××年×月×日，在基础垫层施工时，由于振捣工没有按照混凝土操作规程操作致使①轴、Ⓐ、Ⓒ轴之间基坑垫层混凝土发生露筋、露石、孔洞等质量缺陷。

事故发生后采取的措施：
经研究决定，对上述部分采取返工处理，重新浇筑混凝土。

事故责任单位、责任人及处理意见：
事故责任单位：混凝土施工班组
责任人：振捣工
处理意见：
（1）对直接责任人进行质量意识教育，切实加强混凝土操作规程培训学习及贯彻执行，经考核合格后持证上岗，并处以适当经济处罚。
（2）对所在班组提出批评，切实加强过程控制。
结论：经返工处理后，结构安全可靠。

负责人	×××	报告人	×××	日期	××××年×月×日

4.3.2 旁站监理记录（B3.2）

旁站是指监理机构在施工现场对工程实体关键部位或关键工序的施工质量进行监督检查的活动。按现行国家标准《建设工程监理规范》GB/T 50319—2013的规定，项目监理机构应根据工程特点和施工单位报送的施工组织设计及专项施工方案，确定旁站的关键部位、关键工序，安排监理人员进行旁站，并应如实、准确地做好旁站记录。当旁站工作结束后，旁站监理人员与施工单位现场质检人员共同在旁站监理记录上签字，确认记录的真实性、准确性。凡监理人员和质检人员没在旁站监理记录上签字的，不得进行下一道工序施工。

监理单位填写的旁站监理记录应一式三份，并应由建设单位、监理单位、施工单位各保存一份。旁站监理记录应按表1-4-11的要求填写。

4.3.3 见证取样和送检人员备案表（B3.3）

每个单位工程开工前，应由该工程监理单位或建设单位填写见证取样和送检见证人员备案表，依据《房屋建筑工程和市政基础设施工程实行见证取样和送检的规定》（建建〔2000〕211号）规定：见证人员应由建设单位或该工程的监理单位具备建筑施工试验知识的专业技术人员担任，并应由建设单位或该工程的监理单位书面通知施工单位、检测单位和负责该项工程的质量监督机构。

工程名称	××市×中学教学楼	编号	01-02-B3.2-×××
旁站的关键部位、关键工序	独立基础及防水筏板混凝土浇筑	施工单位	××建筑安装有限公司
旁站开始时间	××××年×月×日×时	旁站结束时间	××××年×月×日×时

旁站的关键部位、关键工序施工情况：

施工情况：采用 C40 商品混凝土泵送浇筑，施工过程按规范操作。

发现问题及处理情况：混凝土浇筑过程中商品混凝土供应不及时，局部混凝土出现初凝。

处理结果：现场搅拌同强度等级砂浆浇在初凝接槎处（凿毛）。

备注：

旁站监理人员（签字）×××

××××年×月×日

066

　　单位工程施工前，监理单位应根据施工单位报送的施工试验计划编制确定见证取样和送检计划。

　　单位工程施工过程中，专业监理工程师应对承包单位报送的拟进场工程材料、构配件和设备的工程材料/构配件/设备报审表及其质量证明资料进行审核，并对进场的实物按照委托监理合同约定或有关工程质量管理文件规定的比例采用平行检验或见证取样方式进行抽检。

　　对未经监理人员验收或验收不合格的工程材料、构配件、设备，监理人员应拒绝签认，并应签发监理工程师通知单，书面通知承包单位限期将不合格的工程材料、构配件、设备撤出现场。

　　监理单位填写的见证取样和送检见证人员备案表应一式五份，质量监督站、检测单位、建设单位、监理单位、施工单位各保存一份。见证取样和送检见证人员备案表宜采用表 1-4-12 的格式。

4.3.4　见证记录（B3.4）

　　依据《房屋建筑工程和市政基础设施工程实行见证取样和送检的规定》（建建〔2000〕211 号）规定：涉及结构安全的试块、试件和材料见证取样和送检的比例不得低于有关技术标准中规定应取样数量的 30%。下列试块、试件和材料必须实施见证取样和送检：

　　（1）用于承重结构的混凝土试块；

　　（2）用于承重墙体的砌筑砂浆试块；

见证取样和送检见证人员备案表（B3.3）　　　　　　　表 1-4-12

工程名称	××市×中学教学楼		编号	00-00-B3.3-×××
质量监督站	××市建设工程质量监督站		日期	××××年×月×日
检测单位	××市××建筑材料检测中心			
施工总承包单位	×××建筑有限公司			
专业承包单位	/			
鉴证人员签字	×××	见证取样和送检印章	××监理有限责任公司 见证取样和送检印章	
	×××			
	×××			
建设单位（章） ××市×中学		监理单位（章） ××监理有限责任公司		

（3）用于承重结构的钢筋及连接接头试件；

（4）用于承重墙的砖和混凝土小型砌块；

（5）用于拌制混凝土和砌筑砂浆的水泥；

（6）用于承重结构的混凝土中使用的掺加剂；

（7）地下、屋面、厕浴间使用的防水材料；

（8）国家规定必须实行见证取样和送检的其他试块、试件和材料。

在施工过程中，见证人员应按照见证取样和送检计划，对施工现场的取样和送检进行见证，取样人员应在试样或其包装上作出标识、封志。标识和封志应标明工程名称、取样部位、取样日期、样品名称和样品数量，并由见证人员和取样人员签字。见证人员应制作见证记录，并将见证记录归入施工技术档案。监理单位填写的见证记录应一式三份，并应由建设单位、监理单位、施工单位各保存一份。见证记录宜采用表 1-4-13 的格式。

见证记录（B3.4）　　　　　　　表 1-4-13

工程名称	××市×中学教学楼		编号	01-06-B3.4-005	
开始时间	××××年×月×日	试件编号	HNT001	取样数量	3组
见证取样记录	见证取样取自 6 号罐车，在试块上已做出标识，注明取样部位、取样日期				
见证取样 和送检印章	××监理有限责任公司 见证取样和送检印章				
签字栏	取样人员			见证人员	
	×××			×××	

4.3.5 工程技术文件报审表（B3.5、C2.1）

施工单位在工程项目开工前应将编制好的工程技术文件，经施工单位技术部门审查签认，并由施工单位总工或项目技术负责人审查批准后，填写《工程技术文件报审表》报送项目监理部。由总监理工程师组织专业监理工程师审核，填写审核意见，由总监理工程师签署审定结论。通常需要审批的工程技术文件有施工组织设计、（专项）施工方案、危险性较大分部分项工程施工方案等技术文件。

工程技术文件报审有时限规定即工程项目开工前，施工和监理单位均应按照施工合同或约定的时限要求完成各自的报送和审批工作。施工单位填报的工程技术文件报审表应一式三份，并应由建设单位、监理单位、施工单位各保存一份。工程技术文件报审表宜采用表1-4-14的格式。

工程技术文件报审表（B3.5、C2.1）　　　　表1-4-14

工程名称	××市×中学教学楼	编号	00-00-B3.5-×××

致　　××监理有限责任公司　　（监理单位）

我方已编制完成了　××市×中学教学楼单位工程施工组织设计　技术文件，并经相关技术负责人审查批准，请予以审定。
附：技术文件　230　页　1　册

施工项目经理（盖章）　××建筑安装有限公司
项目经理或项目技术负责人（签字）　×××
××××年×月×日

审查验收意见：

经审核，该施工组织设计编制程序符合规定；施工进度、施工方案及工程质量保证措施符合施工合同要求；资金、劳动力、材料、设备等资源供应计划满足工程施工需要；安全技术措施符合工程强制性标准；施工总平面布置合理。同意按此施工组织设计组织本工程施工。

专业监理工程师（签字）　×××
××××年×月×日

总监理工程师审批意见：
审定结论：■同意　□修改后再报　□重新编制

项目监理机构（盖章）××监理有限责任公司
总监理工程师（签字）×××
××××年×月×日

4.4 造价控制文件（B4）

4.4.1 工程款支付报审表（B4.1、C3.7）、工程款支付证书（B4.2）

按照现行国家标准《建设工程监理规范》GB/T 50319—2013 规定，项目监理机构应按下列程序进行工程计量和付款签证工作：

（1）专业监理工程师对施工单位在工程款支付报审表中提交的工程量和支付金额进行复核，确定实际完成的工程量，提出到期应支付给施工单位的金额，并提出相应的支持性材料。

（2）总监理工程师对专业监理工程师的审查意见进行审核，签认后报建设单位审批。

（3）总监理工程师根据建设单位的审批意见，向施工单位签发工程款支付证书。

工程款支付报审（申请）表应由施工单位按表 1-4-15 要求填写。工程款支付证书应由项目监理机构按表 1-4-16 填写。工程款支付报审表是与工程款支付证书配套使用的表格。在工程预付款、工程进度款、工程结算款等支付时使用。工程款支付报审表、工程款支付证书应一式三份，建设单位、监理单位、施工单位各保存一份。

工程款支付报审（申请）表（B4.1、C3.7）　　　　表 1-4-15

工程名称	××市×中学教学楼		编号	00-00-B4.1-×××
致　××监理有限责任公司　（项目监理机构） 　根据施工合同约定，我方已完成　基础结构工程施工　工作，建设单位应在××××年×月×日前支付工程款共计（大写）叁佰伍拾陆万元整，（小写　3560000.00　）请予以审核。 附件：■已完成工程量报表 　　　■工程竣工结算证明材料 　　　□相应支持性证明文件 　　　　　　　　　　　　　　　　施工项目部（盖章）××建筑安装有限公司 　　　　　　　　　　　　　　　　项目经理（签字）××× 　　　　　　　　　　　　　　　　××××年×月×日				
审查意见： 1. 施工单位应得款为：叁佰贰拾万元整 2. 本期应扣款为（大写）：叁拾陆万元整 3. 本期应付款为：叁佰贰拾万元整 附件：相应支持性材料 　　　　　　　　　　　　　　　　专业监理工程师（签字）　××× 　　　　　　　　　　　　　　　　××××年×月×日				
审核意见： 同意专业监理工程师的审查意见。 　　　　　　　　　　　　　　　　项目监理机构（盖章）××监理有限责任公司 　　　　　　　　　　　　　　　　总监理工程师（签字）××× 　　　　　　　　　　　　　　　　××××年×月×日				
审批意见： 同意项目监理机构的审核意见。 　　　　　　　　　　　　　　　　建设单位（盖章）　××市×中学 　　　　　　　　　　　　　　　　建设单位代表（签字）　××× 　　　　　　　　　　　　　　　　××××年×月×日				

工程名称	××市×中学教学楼	编号	00-00-B4.2×××

致××市×中学 （施工单位）

　　根据施工合同约定，经审核编号为×××工程款支付报审表，扣除有关款项后，同意支付工程款共计（大写）**叁佰贰拾万元整**（小写：　3200000.00　）。

其中：

1. 施工单位申报款为：叁佰伍拾陆万元整

2. 经审核施工单位应得款为：叁佰贰拾万元整

3. 本期应扣款为：叁拾陆万元整

4. 本期应付款为：叁佰贰拾万元整

附件：

施工单位的工程支付报审表及附件

项目监理机构（盖章）××监理有限责任公司

总监理工程师（签字、加盖执业印章）×××

××××年×月×日

4.4.2　费用索赔报审表（B4.4、C3.9）、费用索赔审批表（B4.5）

按照现行国家标准《建设工程监理规范》GB/T 50319—2013 规定，项目监理机构可按下列程序处理施工单位提出的费用索赔：

（1）受理施工单位在施工合同约定的期限内提交的费用索赔意向通知书。

（2）收集与索赔有关的资料。

（3）受理施工单位在施工合同约定的期限内提交的费用索赔报审表。

（4）审查费用索赔报审表。需要施工单位进一步提交详细资料时，应在施工合同约定的期限内发出通知。

（5）与建设单位和施工单位协商一致后，在施工合同约定的期限内签发费用索赔报审表，并报建设单位。

按照规定项目监理机构批准施工单位费用索赔应同时满足下列条件：

（1）施工单位在施工合同约定的期限内提出费用索赔。

（2）索赔事件是因非施工单位原因造成，且符合施工合同约定。

（3）索赔事件造成施工单位直接经济损失。

费用索赔意向通知书应按表 1-4-17 要求填写。费用索赔报审表应按表 1-4-18 要求填写。费用索赔审批表应按表 1-4-19 要求填写。

施工单位填写的费用索赔报审表、费用索赔审批表应一式三份，并应由建设单位、监理单位、施工单位各保存一份。

索赔意向通知书（C3.10）　　　　　　　　　　　　表 1-4-17

工程名称	××市×中学教学楼	编号	00-00-C3.10-×××

致　××监理有限责任公司　（项目监理机构）

根据施工合同　×××　（条款）约定，由于发生　施工用电连续 5 天停电　事件，且该事件的发生非我方的原因所致。为此，我方向建设单位提出索赔要求

附件：

索赔事件资料

　　　　　　　　　　　　　　　　　　项目监理机构（盖章）××监理有限责任公司

　　　　　　　　　　　　　　　　　　总监理工程师（签字、加盖执业印章）×××

　　　　　　　　　　　　　　　　　　　　　　　　　　　　××××年×月×日

费用索赔报审（申请）表（B4.4、C3.9）　　　　　表 1-4-18

工程名称	××市×中学教学楼	编号	00-00-B4.4-×××

致　××监理有限责任公司　（项目监理机构）

根据施工合同　×××　条款的约定，由于　施工用电连续 5 天停电　原因，我方申请索赔金额（大写）　壹拾万元　，请予批准。

索赔理由：（建设单位应承担的风险）

附件：■索赔金额计算

　　　■证明材料

　　　　　　　　　　　　　　　　　　施工项目部（盖章）　××建筑安装有限公司

　　　　　　　　　　　　　　　　　　项目经理（签字）　×××

　　　　　　　　　　　　　　　　　　　　　　　　　　　××××年×月×日

审核意见：

口不同意此项索赔

■同意此项索赔，所配金额为（大写）　壹拾万　元。

　同意/不同意索赔的理由：

　费用索赔的情况属实。

　附件：口索赔审查报告

　　　　　　　　　　　　　　　　　　项目监理机构（盖章）××监理有限责任公司

　　　　　　　　　　　　　　　　　　总监理工程师（签字）×××

　　　　　　　　　　　　　　　　　　　　　　　　　　　××××年×月×日

审批意见：同意项目监理机构的索赔审核意见。

　　　　　　　　　　　　　　　　　　建设单位（盖章）××市×中学

　　　　　　　　　　　　　　　　　　建设单位代表（签字）　×××

　　　　　　　　　　　　　　　　　　　　　　　　　　　××××年×月×日

费用索赔审批表（B4.5）　　　　　　　　　　　　表 1-4-19

工程名称	××市×中学教学楼	编号	00-00-B4.5-×××

致　××建筑工程有限责任公司　（承包单位项目经理部）

根据施工合同条款　×××　（条款）规定，你方提出的由于发生　施工用电连续 5 天停电　事件费用索赔申请，索赔金额（大写），我方审核评估：

口不同意此项索赔。

口同意此项索赔，金额（大写）_____

口同意/不同意索赔理由：

索赔金额计算：

　　　　　　　　　　　　　　　　　　项目监理机构（盖章）××监理有限责任公司

　　　　　　　　　　　　　　　　　　总监理工程师（签字、加盖执业印章）×××

　　　　　　　　　　　　　　　　　　　　　　　　　　　××××年×月×日

4.5　工期管理文件（B5）

4.5.1　工程延期报审表（B5.1、C3.6）、工程延期审批表（B5.2）

按照现行国家标准《建设工程监理规范》GB/T 50319—2013规定：当施工单位提出工程延期要求符合施工合同约定时，项目监理机构应予以受理。当影响工期事件具有持续性时，项目监理机构应对施工单位提交的阶段性工程临时延期报审表进行审查，并应签署工程临时延期审核意见后报建设单位。当影响工期事件结束后，项目监理机构应对施工单位提交的工程最终延期报审表进行审查，并应签署工程最终延期审核意见后报建设单位。

施工单位填写的工程延期申请表一式四份，并应由建设单位、监理单位、施工单位、城建档案馆各保存一份。监理单位填写的工程延期审批表应一式三份，并应由建设单位、监理单位、城建档案馆各保存一份。施工单位填报，监理单位审核、批准的工程临时/最终延期报审表应一式四份，并应由建设单位、监理单位、施工单位、城建档案馆各保存一份。工程临时/最终延期报审表，宜采用表1-4-20的格式；工程延期审批表宜采用表1-4-21的格式。

工程临时/最终延期报审（申请）表（B5.1、C3.6）　　　　　表1-4-20

工程名称	××市×中学教学楼	编号	00-00-B5.1-×××
致＿＿＿××监理有限责任公司＿＿＿（项目监理机构） 　　根据施工合同＿＿××＿＿条款，由于施工用电连续5天停电原因，我方申请工程临时/最终延期5（日历天），请予批准。 　　附件：1. 工程延期依据及工期计算 　　　　　2. 证明材料 　　　　　　　　　　　　　施工项目部（盖章）　××建筑安装有限公司 　　　　　　　　　　　　　项目经理（签字）　××× 　　　　　　　　　　　　　　　　　　　　　×××免年×月×日			
审核意见： ■同意工程临时/最终延期＿＿4＿＿（日历天）。工程竣工日期从合同约定的××××年×月×日延迟到××××年×月×日。 □不同意延期，请按约定竣工日期组织施工。 同意/不同意延期的理由： 延期的情况属实。 附件：□延期审查报告 　　　　　　　　　　　　　项目监理机构（盖章）××监理有限责任公司 　　　　　　　　　　　　　总监理工程师（签字）××× 　　　　　　　　　　　　　　　　　　　　　××××年×月×日			
审批意见：同意项目监理机构的延期审核意见。 　　　　　　　　　　　　　建设单位（盖章）××市×中学 　　　　　　　　　　　　　建设单位代表（签字）××× 　　　　　　　　　　　　　　　　　　　　　××××年×月×日			

工程延期审批表（B5.2）

表 1-4-21

工程名称	××市×中学教学楼	编号	00-00-B5.2-××

致 _____××建筑安装有限公司_____ （施工总承包/专业承包单位）

　　根据施工合同 __×__ 条 __××__ 款的约定，我方对你方提出的 __教学楼__ 工程延期申请（第 __002__ 号）要求延长工期 __5__ 日历天的要求，经过审核评估：

■同意工期延长 __4__ 日历天。使竣工日期（包括已指令延长的工期）从原来的××××年×月×日延迟到××××年×月×日。请你方执行。

□不同意延长工期，请按约定竣工日期组织施工。

说明：因下暴雨工期延长3天，材料耽误工期延长2天。

监理单位××监理有限责任公司
总监理工程师 _____×××_____
××××年×月×日

4.6 监理验收文件（B6）

4.6.1 竣工移交证书（B6.1）

　　项目竣工验收合格后，施工单位负责向业主等相关单位移交实体，监理单位负责填写竣工移交证书一式四份，并应由建设单位、监理单位、施工单位、城建档案馆各保存一份。竣工移交证书见表1-4-22。

竣工移交证书（B6.1）

表 1-4-22

工程名称	××市×中学教学楼	编号	00-00-B6.1-××

致 _____××市×中学_____ （建设单位）

兹证明承包单位××建筑安装有限公司 施工的 __××市×中学教学楼__ 工程已按合同的要求完成，并验收合格，即日起该工程移交建设单位管理，并进入保修期。

附件：单位工程竣工质量验收记录

总监理工程师 _____×××_____	监理单位××监理有限责任公司	××××年×月×日
建设单位代表 _____×××_____	建设单位××市×中学	××××年×月×日

4.6.2 监理资料移交书（B6.2）

　　项目监理机构参加由建设单位组织的竣工验收，工程质量符合要求的，总监理工程师应在工程竣工报告中签署意见。工程竣工后，监理单位应将工程监理资料组卷后归档移交建设单位，双方应签订移交书并清晰记录移交情况。监理资料移交书应由监理单位填写一式两份，由监理单位、建设单位各保存一份。监理资料移交书见表1-4-23。

监理资料移交书（B6.2）　　　　　　　表 1-4-23

工程名称	××市×中学教学楼	编　号	00-00-B6.2-×××
移交单位	×××监理有限责任公司	接收单位	××市×中学

移交单位向接收单位移交工程监理资料共计 21 盒。

其中包括文字材料 17 册，图样资料 4 册，其他材料 1 盒，另交竣工图光盘 1 张。（移交单位可根据资料具体移交内容进行调整）

附：移交明细表

移交单位：（公章） ×××监理有限责任公司	接收单位：（公章） ××市×中学
项目负责人：×××	部门负责人：×××
移交人（签字）：×××	接收人（签字）：×××
联系电话：	联系电话：
移交时间：××××年×月×日	移交时间：××××年×月×日

5 施工文件的形成管理

施工文件按照《建筑工程文件归档规范（2019年版）》GB/T 50328—2014 的规定分为施工管理文件（C1）、施工技术文件（C2）、进度造价文件（C3）、施工物资出厂质量证明及进场检测文件（C4）、施工记录文件（C5）、施工试验记录与检测文件（C6）、施工质量验收文件（C7）、施工验收文件（C8）八类。

5.1 施工管理文件（C1）

5.1.1 工程概况表（C1.1）

工程概况是对工程基本情况的简要描述，主要包括工程的一般情况、构造特征、设备系统、机电系统等内容。施工单位填写的工程概况表与施工组织设计同步完成，并应一式四份，由建设单位、监理单位、施工单位、城建档案馆各保存一份。工程概况表可采用表1-5-1的格式。

工程概况表（C1.1）   表1-5-1

工程名称		××市×中学教学楼	编号	00-00-C1.1-×××
一般情况	建设单位	××市×中学		
	建设用途	用于教学办公	设计单位	××勘察设计研究院
	建设地点	××市××路×号	勘察单位	××勘察设计研究院
	建筑面积	6763.18m²	监理单位	××监理有限责任公司
	工　期	455天	施工单位	××建筑安装有限公司
	计划开工日期	2012-7-1	计划竣工日期	2013-10-30
	结构类型	框架	基础类型	独立基础加防水底板
	层次	地下1层、地上5层	建筑檐高	20.4m
	地上面积	5449.54m²	地下面积	1313.64m²
	人防等级	—	抗震等级	抗震设防烈度9度
构造特征	地基与基础	C30防水底板厚300mm，其上为C30独立基础加条形基础，地下室为C30混凝土挡土墙		
	柱、内外墙	地下室至二层构架柱混凝强度等级为C40，地上外墙M5.0水泥砂浆砌250mm厚MU2.5陶粒混凝土空心砌块，外贴80mm厚聚苯板保温层，内墙M5.0水泥浆砌150mm厚MU7.5陶粒混凝土空心砌块		
	梁、板、楼盖	梁、板、楼盖采用C30混凝土现浇，板为现浇空心板		
	外墙装饰	外墙外贴80mm厚聚苯板保温层，外墙饰面为防水涂料		
	内墙装饰	室内乳胶漆，过道、卫生间吊顶。详见装饰表		

续表

构造特征	楼地面装饰	配电室为水泥砂浆地面、卫生间为防滑地面砖，其余房间地面为现浇水磨石
	屋面构造	150mm 保温层、30mm 厚 CL7.5 轻集料混凝土找坡层，30mm 厚 C20 细混凝土找平层、两层 1.2mm 厚自带保护层合成高分子防水卷材
	防火设备	设置火灾报警和消防联动控制系统、消火栓灭火系统、自动喷淋灭火系统、感烟探测器、消防风机、应急照明、疏散指示标志灯、消防广播
机电系统名称		10/0.4kV 供配电系统、低压配电系统、照明与应急系统、动力配电系统、防雷接地系统、综合布线系统、有线电视系统、广播系统、火灾报警及联动系统
其他		

5.1.2　施工现场质量管理检查记录（C1.2）

施工现场质量管理检查记录是施工企业质量管理体系的具体要求，应符合《建筑工程施工质量验收统一标准》GB 50300—2013 的有关规定：应由施工单位项目经理部在进场后、开工前按规定填写（通常每个单位工程只填写一次，但当项目管理有重大变化调整时，应重新检查填写），并报项目总监理工程师检查确认。施工单位填写的施工现场质量管理检查记录应一式两份，并由监理单位、施工单位各保存一份。施工现场质量管理检查记录宜采用表 1-5-2 的格式。

施工现场质量管理检查记录（C1.2）　　　　　　　　　表 1-5-2

工程名称	××市×中学教学楼		施工许可证（开工证）	××施建字20××004	编号	00-00-C1.2-×××
建设单位	××市教育局		项目负责人			×××
设计单位	××勘察设计院		项目负责人			×××
勘测单位	××勘察设计院		项目负责人			×××
监理单位	××监理有限责任公司		总监理工程师			×××
施工单位	××建筑安装有限公司	项目经理	×××	项目技术负责人		×××
序号	项　目		内　容			
1	项目部质量管理体系		××建筑安装有限公司××市×中学教学楼项目部管理体系			
2	现场质量责任制		岗位责任制、设计交底会制、技术交底制、挂牌制度			
3	主要专业工种操作上岗证书		测量工、钢筋工、起重工、木工、混凝土工、电焊工、架子工等有证			
4	分包单位管理制度		对分包方资质审查，满足施工要求、总包对分包方单位制定的管理制度可行			
5	图纸会审记录		由建设单位组织设计、监理和施工单位技术负责人及有关人员参加图纸会审。设计单位对各专业问题进行交底，施工单位将设计交底内容按专业汇总、整理，由建设、设计、监理和施工单位的项目相关负责人签认，形成正式图纸会审记录			

续表

序号	项 目	内 容
6	地质勘察资料	地质勘探报告齐全包括：工程建设范围的地质特征和地质结构、不良地质的处理、地下水情况及侵蚀性和氡浓度是否符合标准的说明等
7	施工技术标准	采用国家、行业标准包括：工法、工艺标准、操作规程、企业标准、管理标准、工程评价标准等
8	施工组织设计、施工方案编制及审批	施工组织设计编制、审核、批准齐全
9	物资采购管理制度	按材料、设备性能要求制定了各项采购管理措施、制度
10	施工设施和机械管理制度	按施工设施和机械设备性能要求制定了各项管理措施、制度，按施工总平面图布置
11	计量设备配备	有管理制度和计量设施精确度及控制措施包括：有无计量设备及计量设备有无校验
12	检测实验管理制度	制定施工试验抽测项目的检验计划及检测文件审核制度
13	工程质量检查验收制度	包括：材料、半成品、成品、构配件和设备等进场验收和复试制度、各工序的三检制度（原材料及施工检验制度；抽测项目的检验计划分项工程质量三检制度）

检查结论：

施工现场质量管理制度完整、齐全，符合要求，工程质量有保障。

总监理工程师（建设单位项目负责人）×××　　　　　　　　　　　　××××年×月×日

5.1.3　分包单位资质报审表（C1.4）

分包单位资质报审表应符合现行国家标准《建设工程监理规范》GB/T 50319—2013 的有关规定。分包工程开工前，项目监理机构应审核施工单位报送的分包单位资质报审表，专业监理工程师提出审查意见后，应由总监理工程师审核签认。对分包单位资质应审核以下内容：分包单位的营业执照、企业资质等级证书、施工许可证、企业安全生产许可文件、专职管理人员和特种作业人员的资格。

施工总承包单位填报的分包单位资质报审表应一式三份，并应由建设单位、监理单位、施工总承包单位各保存一份。分包单位资质报审表宜采用表 1-5-3 的格式。

分包单位资质报审表（C1.4）　　　　　　　　　　　　表 1-5-3

工程名称	××市×中学教学楼	编号	00-00-C1.4-×××

致：××监理有限责任公司（项目监理机构）

　经考察，我方认为拟选择的　××装饰装修工程公司（分包单位）具有承担下列工程的施工或安装资质和能力，可以保证本工程按施工合同第××—××条款的约定进行施工或安装。请予以审查。

分包工程名称（部位）	工程量	分包工程合同额	备注
装饰装修工程	5000m²	300万元	
合计			

附件：

1. 分包单位资质材料；

2. 分包单位业绩材料；

3. 分包单位专职管理人员和特种作业人员的资格证书；

4. 施工单位对分包单位的管理制度

施工项目经理部（盖章） ×××建筑安装有限公司

项目经理（签字） ×××

××××年×月×日

审查意见：

同意资格审查。

专业监理工程师（签字） ×××

××××年×月×日

审核意见：

经审查，分包单位资质、业绩材料齐全、真实有效，具有承担分包工程的施工资质和施工能力。

项目监理机构（盖章） ××监理有限责任公司

总监理工程师（签字） ×××

××××年×月×日

5.1.4　建设工程质量事故勘查记录（C1.5）

《建设工程质量管理条例》（国务院令第 279 号）规定：建设工程发生质量事故，有关单位应当在 24 小时内向当地建设行政主管部门和其他有关部门报告。对重大质量事故，事故发生地的建设行政主管部门和其他有关部门应当按照事故类别和等级向当地人民政府和上级建设行政主管部门和其他有关部门报告。特别重大质量事故的调查程序按照国务院有关规定办理。

当工程发生质量事故 48 小时后，由相关调查人员对工程质量事故进行初步了解和现场勘查后提交建设工程质量事故勘查记录。填写表时在"调（勘）查笔录"栏应填写工程质量事故发生的时间、具体部位，造成质量事故的原因，以及现场观察的现象，并初步估计造成的损失。当工程质量事故发生后，应采用影像的形式真实记录现场的情况，以作为事故原因分析的依据，当留有现场物证照片或事故证据资料时应在表内做出标注。

调查单位填写的建设工程质量事故勘查记录应一式五份，并应由调查单位、建设单位、监理单位、施工单位、城建档案馆各保存一份。建设工程质量事故勘查记录宜采用表 1-5-4 的格式。

建设单位质量事故勘查记录（C1.5）　　　　　　　　　　　　表 1-5-4

工程名称	××市×中学教学楼		编　号	00-00-C1.5-×××
			日　期	××××年×月×日
调（勘）查时间	××××年×月×日×时×分至×时×分			
调（勘）查地点	地下室			
参加人员	单位	姓名	职务	电话
被调查人	××建筑安装有限公司	王××	混凝土工	132××××××
陪同调（勘）查人员	××监理有限责任公司	吴××	专业监理工程师	167××××××
调（勘）查笔录	地下室南面 4 轴至上轴交 B 轴挡土墙根部局部有蜂窝麻面现象，约 30cm²。属于混凝土工的混凝土浇筑过程中漏振现象			
现场证物照片	■有　　□无　　共　4　张共　4　页			
事故证据资料	■有　　□无　　共　8　条共　2　页			
被调查人签字	王××		调（勘）查人签字	吴××

5.1.5　建设工程质量事故报告书（C1.6）

当质量事故发生后，填写质量事故报告时，应写明质量事故发生的时间、工程项目名称、建设地点、建设单位、设计单位及施工单位，应记载年、月、日、时、分；经济损失，指因质量事故导致的返工、加固等费用，包括人工费、材料费和一定数额的管理费；事故情况包括倒塌情况（整体倒塌或局部倒塌的部位）、损失情况（伤亡人数、损失程度、倒塌面积等）；事故原因，包括设计原因（计算错误、构造不合理等）、施工原因（施工粗制滥造、材料、构配件或设备质量低劣等）、设计与施工的共同问题、不可抗力等；处理意见，包括现场处理情况、设计和施工的技术措施、主要责任者及处理结果。建设工程质量事故报告书应一式五份，并应由调查单位、建设单位、监理单位、施工单位、城建档案馆各保存一份，宜采用表 1-5-5 的格式。

建设工程质量事故报告书（C1.6）　　　　　　　　　　　　表 1-5-5

工程名称	××市×中学教学楼	编　号	00-00-C1.6-×××
		建设地点	××市××区××路×××号
建设单位	××市×中学	设计单位	××建筑勘察设计院
施工单位	××建筑安装有限公司	建筑面积	6763m²
		工作量	1014 万元
结构类型	框架剪力墙	事故发生时间	××××年×月×日
上报时间	××××年×月×日	经济损失	2 万元

续表

事故经过、后果与原因分析：			
××××年×月×日在四层框架柱混凝土施工时，由于振捣工没有按照混凝土振捣操作规程操作致使四层②~③轴，④~⑤轴交接处四根框架柱混凝土发生露筋、露石、孔洞等质量缺陷。			

事故发生后采取的措施：			
经研究决定，对上述部分采取返工处理，重新进行混凝土浇筑。			

事故责任单位、责任人及处理意见：			
事故责任单位：混凝土施工班组 责任人：振捣工×× 处理意见： （1）对直接责任者进行质量意识教育，切实加强混凝土操作规程培训学习及贯彻执行，经考核合格后持证上岗，并处以适当经济处罚。 （2）对所在班组提出批评，切实加强过程控制。 结论：经返工处理后，结构安全可靠。			

负责人	×××	报告人	×××	日期	××××年×月×日

本表由报告人填写，各有关单位均保存一份。

5.1.6 施工检测计划（C1.7）

《建设工程监理规范》GB/T 50319—2013 规定：项目监理机构应审查施工单位报送的用于工程的材料、构配件、设备的质量证明文件，并按有关规定、建设工程监理合同约定，对用于工程的材料进行见证取样、平行检验。

为保证施工过程按规定要求进行见证取样送检，确保工程质量符合设计要求。施工单位应在工程施工前由项目技术负责人组织有关人员编制施工检测试验计划。施工检测试验计划应按检测试验项目分别编制，其中包括检测试验样品、项目名称、检测试验参数，以及试样规格、施工部位、代表批量、抽检批次、计划检测试验时间，并应随工程进度按周或月提交一次。施工单位填写的施工检测试验计划表一式三份并由建设单位、监理单位、施工单位各保存一份。施工检测试验计划表宜采用表 1-5-6 的格式。

施工检测计划表（C1.7）   表 1-5-6

工程名称		××市×中学教学楼		编　号		00-00-C1.7-×××
				填表日期		××××年×月×日
建设单位		××市×中学		检测单位		××市材料检测中心
监理单位		××监理有限责任公司		见证人员		郭×
施工单位		×××建筑安装有限公司		取样人员		刘××

分部工程	序号	样品名称	检测试验项目名称	试样规格	施工部位	代表数量	抽检批次	检测时间
地基与基础	1	粉土	击实试验	50kg	室内回填			
	2	粉土	干密度	20m³	室内回填			
	3	混凝土试块（标养）	抗压强度	100×100×100	基础垫层			
	4	混凝土试块（标养）	抗压强度	100×100×100	地下室顶梁板柱梯墙			
	5	混凝土试块（标养）	抗压强度	100×100×100	地下室顶梁板柱梯墙			
制表人				审核人				

5.1.7　见证试验检测汇总表（C1.8）

见证试验检测是在监理单位人员的见证下，由施工单位有关人员对工程中涉及结构安全的试块、试件和材料在现场取样并送至具备相应资质的检测单位进行的检测。各个实验项目的见证试验检测完成后，应由施工单位填写随工程进度按周或月提交一次，见证试验检测汇总表一式四份，并由建设单位、监理单位、施工单位、城建档案馆各保存一份。见证试验检测汇总表宜采用表1-5-7的格式。

见证试验检测汇总表（C1.8）　　　　　　　　　　表1-5-7

工程名称	××市×中学教学楼		编　号	00-00-C1.8-×××
			填表日期	××××年×月×日
建设单位	××市×中学		检测单位	××市材料检测中心
监理单位	××监理有限责任公司		见证人员	×××
施工单位	××建筑安装有限公司		取样人员	×××
试验项目	应试验组/（次数）	见证试验组/（次数）	不合格次数	备注
混凝土试块	28	12	1	
砂浆试块	11	5	0	
钢筋原材	15	6	0	
电渣压力焊	18	6	1	
闪光对焊	16	5	0	
SBS防水卷材	3	2	0	
水泥	8	4	0	
制表人（签字）	×××			

5.1.8　施工日志（C1.9）

施工日志是施工单位在整个施工阶段有关现场施工活动和施工现场情况变化的真实综合性的原始记录，也是处理施工问题的备忘录和编制施工文件、积累资料、总结施工管理经验的重要依据。当对工程资料进行核查，或工程出现某些问题时，往往需要检查施工日志中的记录，以了解当时的施工情况。借助对某些施工资料中作业时间、作业条件、材料进场、养护试块等方面的横向检查对比，能够有效地核查资料的真实性和有效性。施工日志应以单位工程为记载对象。从工程开工起至工程竣工止，按专业指定专人负责逐日记载，并保证内容真实、连续和完整。施工日志必须保证字迹清晰、内容齐全，由各专业负责人签字。由施工单位填写的施工日志应一式一份，并应自行保存。施工日志宜采用表1-5-8的格式。

施工日志（C1.9）　　　　　　　　　　　　　　　表 1-5-8

工程名称	××市×中学教学楼	编　号	00-00-C1.9-×××
		日　期	××××年×月×日
施工单位	××建筑安装有限公司		
天气状况	风力		最高/最低温度（℃）
晴	1～3 级		31/21

施工情况记录：（施工部位、施工内容、机械使用情况、劳动力情况，生产存在问题、施工中发生的问题等）

1. 土建班组：15 人，一层砌筑围护墙，人工搅拌机拌砂浆。

2. 木工班组：25 人，五层搭设满堂脚手架，架设梁底板。

3. 钢筋班组：10 人，制作五层梁、板钢筋。

4. 水电暖班组：4 人，一层沿墙暗敷电线线管，线盒

技术、质量、安全工作记录：（技术、质量安全活动、检查验收、技术质量安全问题等）

1. 土建班组在砌筑围护墙时，出现局部有瞎缝。

2. 木工班组：个别人在搭设满堂脚手架时未系安全带

记录人（签字）	×××

5.2　施工技术文件（C2）

5.2.1　工程技术文件报审表（C2.1，见监理文件表 1-4-14）

5.2.2　施工组织设计及施工方案（C2.2）

《建设工程监理规范》GB/T 50319—2013 规定：项目监理机构应审查施工单位报审的施工组织设计，符合要求时，应由总监理工程师签认后报建设单位。项目监理机构应要求施工单位按已批准的施工组织设计组织施工。施工组织设计需要调整时，项目监理机构应按程序重新审查。施工组织设计审查应包括下列基本内容：

1. 编审程序应符合相关规定。

2. 施工进度、施工方案及工程质量保证措施应符合施工合同要求。

3. 资金、劳动力、材料、设备等资源供应计划应满足工程施工需要。

4. 安全技术措施应符合工程建设强制性标准。

5. 施工总平面布置应科学合理。

施工组织设计及施工方案应由施工单位编制，一式四份，并由建设单位、监理单位、施工单位、城建档案馆各保存一份。

5.2.3　危险性较大的分部分项工程施工方案（C2.3）

依据《危险性较大的分部分项工程安全管理规定》，危险性较大的分部分项工程（以下简称"危大工程"）是指房屋建筑和市政基础设施工程在施工过程中容易导致人员群死群伤或造成重大经济损失的分部分项工程。危大工程及超过一定规模的危大工程范围由国务院住房城乡建设主管部门制定。省级住房城乡建设主管部门可以结合本地区实际情况，补充本地区危大工程范围。危大工程的分部分项工程安全专项施工方案，是指施工单位在危大工程施工前组织工程技术人员编制专项施工方案。

实行施工总承包的，专项施工方案应当由施工总承包单位组织编制，危大工程实行分包的，专项施工方案可以由相关专业分包单位编制，并应由总包单位技术负责人及分包单位技术负责人共同审核签字并加盖单位公章。专项施工方案应当由施工单位技术负责人审核签字、加盖单位公章，并由总监理工程师审查签字、加盖执业印章后方实施。

对于超过一定规模的危大工程，施工单位应当组织召开专家论证会对专项施工方案进行论证。专家论证前专项施工方案应当通过施工单位审核和总监理工程师审查。专家应由当地建设主管部门建立的专家库选取，人数不得少于 5 名。专家论证会后，应当形成论证报告，对专项施工方案提出通过、修改后通过或者不通过的一致意见。专家对论证报告负责并签字确认。根据《建设工程安全生产管理条例》国务院第 393 号令，对基坑支护与降水工程、土方开挖工程、模板工程、起重吊装工程、脚手架工程、拆除爆破工程、国务院建设行政主管部门或者其他有关部门确定的其他危险性较大的工程，应编制专项施工方案并附具安全验算结果。

《住房和城乡建设部办公厅关于实施〈危险性较大的分部分项工程安全管理规定〉有关问题的通知》（建办质〔2018〕31 号文）明确规定了危险性较大的分部分项工程范围和超过一定规模的危大工程范围。

1. 危险性较大的分部分项工程范围

（1）基坑工程

1）开挖深度超过 3m（含 3m）的基坑（槽）的土方开挖、支护、降水工程。

2）开挖深度虽未超过 3m，但地质条件、周围环境和地下管线复杂，或影响毗邻建、构筑物安全的基坑（槽）的土方开挖、支护、降水工程。

（2）模板工程及支撑体系

1）各类工具式模板工程：包括滑模、爬模、飞模、隧道模等工程。

2）混凝土模板支撑工程：搭设高度 5m 及以上，或搭设跨度 10m 及以上，或施工总荷载（荷载效应基本组合的设计值，以下简称设计值）10kN/m² 及以上，或集中线荷载（设计值）15kN/m 及以上，或高度大于支撑水平投影宽度且相对独立无联系构件的混凝土模板支撑工程。

3）承重支撑体系：用于钢结构安装等满堂支撑体系。

（3）起重吊装及起重机械安装拆卸工程

1）采用非常规起重设备、方法，且单件起吊重量在 10kN 及以上的起重吊装工程。

2）采用起重机械进行安装的工程。

3）起重机械安装和拆卸工程。

（4）脚手架工程

1）搭设高度 24m 及以上的落地式钢管脚手架工程（包括采光井、电梯井脚手架）。

2）附着式升降脚手架工程。

3）悬挑式脚手架工程。

4）高处作业吊篮。

5）卸料平台、操作平台工程。

6）异形脚手架工程。

（5）拆除工程

可能影响行人、交通、电力设施、通信设施或其他建、构筑物安全的拆除工程。

（6）暗挖工程

采用矿山法、盾构法、顶管法施工的隧道、洞室工程。

（7）其他

1）建筑幕墙安装工程。

2）钢结构、网架和索膜结构安装工程。

3）人工挖孔桩工程。

4）水下作业工程。

5）装配式建筑混凝土预制构件安装工程。

6）采用新技术、新工艺、新材料、新设备可能影响工程施工安全，尚无国家、行业及地方技术标准的分部分项工程。

2. 超过一定规模的危险性较大的分部分项工程范围

（1）深基坑工程

开挖深度超过 5m（含 5m）的基坑（槽）的土方开挖、支护、降水工程。

（2）模板工程及支撑体系

1）各类工具式模板工程：包括滑模、爬模、飞模、隧道模等工程。

2）混凝土模板支撑工程：搭设高度 8m 及以上，或搭设跨度 18m 及以上，或施工总荷载（设计值）15kN/m^2 及以上，或集中线荷载（设计值）20kN/m 及以上。

3）承重支撑体系：用于钢结构安装等满堂支撑体系，承受单点集中荷载 7kN 及以上。

（3）起重吊装及起重机械安装拆卸工程

1）采用非常规起重设备、方法，且单件起吊重量在 100kN 及以上的起重吊装工程。

2）起重量 300kN 及以上，或搭设总高度 200m 及以上，或搭设基础标高在 200m 及以上的起重机械安装和拆卸工程。

（4）脚手架工程

1）搭设高度 50m 及以上的落地式钢管脚手架工程。

2）提升高度在 150m 及以上的附着式升降脚手架工程或附着式升降操作平台工程。

3）分段架体搭设高度 20m 及以上的悬挑式脚手架工程。

（5）拆除工程

1）码头、桥梁、高架、烟囱、水塔或拆除中容易引起有毒有害气（液）体或粉尘扩散、易燃易爆事故发生的特殊建、构筑物的拆除工程。

2）文物保护建筑、优秀历史建筑或历史文化风貌区影响范围内的拆除工程。

（6）暗挖工程

采用矿山法、盾构法、顶管法施工的隧道、洞室工程。

（7）其他

1）施工高度50m及以上的建筑幕墙安装工程。

2）跨度36m及以上的钢结构安装工程，或跨度60m及以上的网架和索膜结构安装工程。

3）开挖深度16m及以上的人工挖孔桩工程。

4）水下作业工程。

5）重量1000kN及以上的大型结构整体顶升、平移、转体等施工工艺。

6）采用新技术、新工艺、新材料、新设备可能影响工程施工安全，尚无国家、行业及地方技术标准的分部分项工程。

施工方案专家论证的主要内容包括：专项方案内容是否完整、可行；专项方案计算书和验算依据是否符合有关标准规定；专项施工方案是否满足现场实际情况，并能确保施工安全。

专项方案经论证后，专家组应当提交论证报告，对论证的内容提出明确意见，并在论证报告上签字。施工单位应当根据论证报告修改完善专项方案，并经施工单位技术负责人、项目总监理工程师、建设单位项目负责人签字后，方可组织实施。

施工单位填报危险性较大分部分项工程施工方案应一式四份，由建设单位、施工单位、监理单位、城建档案馆各保存一份（选择性归档保存）。危险性较大分部分项工程施工方案专家论证表应一式两份，并应由监理单位、施工单位各保存一份。危险性较大的分部分项工程施工方案专家论证表可采用表1-5-9的格式。

危险性较大的分部分项工程施工方案专家论证表　　　　　表 1-5-9

工程名称			××市×中学教学楼		编号	00-00-C2.3-×××
施工总承包单位			××建筑安装有限公司		项目负责人	王××
专业承包单位			/		项目负责人	/
分项工程名称			基坑支护			
专家一览表						
姓名	性别	年龄	工作单位	职务	职称	专业
李××	男	48	××勘察设计研究院	总工	高级工程师	岩土
王××	男	45	××建筑科学研究院	总工	高级工程师	结构
张××	男	39	××建筑科学研究院	技术部主任	高级工程师	结构
周××	男	36	××勘察设计研究院	工程部主任	高级工程师	结构
周××	女	39	××勘察设计研究院	工程部主任	高级工程师	结构
专家论证意见： 专项方案内容完整、可行；专项方案计算书和验算依据符合有关标准规定；安全施工的基本条件满足现场实际情况。 　　　　　　　　　　　　　　　　　　　　　　　　　　　××××年×月×日						
签字栏	组长：李×× 专家：王×× 张×× 周×× 周××					

5.2.4 技术交底记录（C2.4）

技术交底是指工程开工前，由各级技术负责人将有关工程施工的各项技术要求逐级向下贯彻，直到班组作业层。技术交底可分为施工组织设计交底、专项施工方案技术交底、分项工程施工技术交底、"四新"（新材料、新产品、新技术、新工艺）技术交底和设计变更技术交底。

技术交底的主要内容有：施工方法、技术安全措施、规范要求、质量标准、设计变更等。对于重点工程、特殊工程、新设备、新工艺和新材料的技术要求，更需做详细的技术交底。

施工组织设计交底：重点及大型工程施工组织设计交底，施工单位应在开工前由施工企业技术负责人对项目主要管理人员进行交底。

专项施工方案技术交底：应由施工单位项目专业技术负责人根据专项施工方案在专项工程开工前对专业工长进行交底。

分部、分项工程施工技术交底：按分项工程分别进行。分项工程的项目划分，可根据实际情况增加或调整。分部、分项施工工艺技术交底应由专业工长对专业施工班组在分部、分项工程开工前进行。

"四新"技术交底：新材料、新产品、新技术、新工艺技术交底，应由企业技术负责人组织项目技术负责人及有关人员编制。

安全专项交底：由安全技术人员进行交底。

设计变更技术交底：项目技术负责人根据变更要求，并结合具体施工步骤、措施及注意事项等对专业工长进行交底。

施工单位填写的技术交底记录应在单位工程或分项工程开工前两天完成，一式两份，并由建设单位、施工单位各保存一份。技术交底记录宜采用表 1-5-10 的格式。

技术交底记录（C2.4）　　　　　　　　　　　　　　　　表 1-5-10

工程名称	××市×中学教学楼	编号	04-01-C2.4-×××
		交底日期	××××年×月×日
施工单位	××建筑安装有限公司	分项工程名称	屋面找平层
交底摘要	屋面水泥砂浆找平层施工	页数	共2页，第　页

交底内容：
屋面找平层施工
1　范围
本工艺标准适用于工业与民用建筑铺贴卷材屋面基层找平层施工。
2　施工准备
2.1　材料及要求
2.1.1　材料的质量、技术性能必须符合设计要求和施工及验收规范的规定。
2.1.2　水泥砂浆
2.1.2.1　水泥：不低于强度等级325级的普通硅酸盐水泥。
2.1.2.2　砂：宜用中砂，含泥量不大于3％，不含有机杂质，级配要良好。
2.2　主要机具
2.2.1　机械：砂浆搅拌机或混凝土搅拌机。

续表

2.2.2　工具：运料手推车、铁锹、铁抹子、水平刮杠、水平尺、沥青锅、炒盘、压滚、烙铁。					

2.3　作业条件

2.3.1　找平层施工前，屋面保温层应进行检查验收，并办理验收手续。

2.3.2　各种穿过屋面的预埋管件、烟囱、女儿墙、暖沟墙、伸缩缝等根部，应按设计施工图及规范要求处理好。

2.3.3　根据设计要求的标高、坡度，找好规矩并弹线（包括天沟、檐沟的坡度）。

2.3.4　施工找平层时应将原表面清理干净，进行处理，有利于基层与找平层的结合，如浇水湿润、喷涂基层处理剂等。

3　操作工艺

3.1　工艺流程

基层清理→管根封堵→标高坡度弹线→洒水湿润→施工找平层（水泥砂浆及沥青砂浆找平层）→养护→验收。

（略）

4　质量标准（略）

5　成品保护（略）

6　应注意的质量问题（略）

7　质量记录（略）

签字栏	交底人	陈××	审核人	吴××
	接受交底人	李××		

5.2.5　图纸会审记录（C2.5）

工程开工前，图纸会审（及设计交底）应由建设单位组织设计、监理和施工单位技术负责人及有关人员参加。设计单位对各专业问题进行交底，施工单位负责将设计交底内容按专业汇总、整理，形成图纸会审记录。图纸会审记录应由建设、设计、监理和施工单位的项目相关负责人签认，形成正式图纸会审记录。

施工单位整理汇总的图纸会审记录应一式五份，并应由建设单位、设计单位、监理单位、施工单位、城建档案馆各保存一份。图纸会审记录宜采用表1-5-11的格式。表

图纸会审记录（C2.5）　　　　　　　　　　　表1-5-11

工程名称	××市×中学教学楼		编号	00-00-C2.5-×××	
			日期	××××年×月×日	
设计单位	××建筑设计研究院		专业名称	结构	
地　点	施工现场会议室		页数	共1页，第1页	
序号	图号	图纸问题		答复意见	
1	结施-1	地下室剪力墙、框架柱保护层厚度为多少		剪力墙保护层外25mm，内20mm，框架柱外35mm，内30mm	
2	结施-1	结构总说明中基础混凝土的强度等级为多少		C20	
……	……	……		……	
签字栏	建设单位	监理单位		设计单位	施工单位
	李××	张××		王××	陈××

中设计单位签字栏应为项目专业设计负责人的签字，建设单位、监理单位、施工单位签字栏应为项目技术负责人或相关专业负责人的签字。

5.2.6 设计变更通知单（C2.6）

设计变更是指设计部门对原施工图纸和设计文件所表达的设计标准状态的改变和修改。在施工过程中，由于施工图纸本身差错或设计图纸与实际情况不符，施工条件变化，原材料的规格、品种、质量不符合设计要求等原因，需要对设计图纸部分内容进行修改而办理的变更设计文件。设计变更有可能是建设单位、设计单位、监理单位或施工单位中的任何一个单位或几个单位联合提出，由设计单位签发，经项目总监理工程师（建设单位负责人）审核后，转交施工单位。

设计单位签发的设计变更通知单应一式五份，并应由建设单位、设计单位、监理单位、施工单位、城建档案馆各保存一份。设计变更通知单宜采用表1-5-12的格式。

设计变更通知单（C2.6）　　　　　　　　　　　　　表1-5-12

工程名称	××市×中学教学楼		编　号	01-06-C2.6-×××
			日　期	××××年×月×日
设计单位	××建筑设计研究院		专业名称	结构
变更摘要	基础结构		页　数	共　页，第　页
序号	图号	变更内容		
1	结施-1	底板保护层为50mm厚C15细石混凝土		
2	……	……		
签字栏	建设单位	设计单位	监理单位	施工单位
	李××	张××	王××	陈××

5.2.7 工程洽商记录（C2.7）

洽商是建筑工程施工过程中一种协调建设单位与施工单位、施工单位与设计单位的工作记录。用于对工程方面的技术核定，可由建设单位、监理单位和施工单位中任何一方提出，由提出方填写，各参与方签字后存档。

工程洽商记录应分专业办理，不同专业的洽商应分别办理，不得办理在同一份文件上。

洽商记录的内容翔实，必要时应附图，并逐条注明应修改图纸的图号。工程洽商记录应由设计专业负责人以及建设、监理和施工单位的相关负责人签认。设计单位如委托建设（监理）单位办理签认，应办理委托手续。

工程洽商提出单位填写的工程洽商记录应一式五份，并应由建设单位、设计单位、监理单位、施工单位、城建档案馆各保存一份。工程洽商记录宜采用表1-5-13的格式。

工程名称	××市×中学教学楼	编　号	03-01-C2.7-×××
		日　期	××××年×月×日
提出单位	××建筑设计研究院	专业名称	结构
洽商摘要	地面做法变更	页　数	共　页，第　页
序号	图号	洽商内容	
1	建施-2	原设计走廊水泥砂浆地面，建议改为彩色水磨石地面	
2	……	……	
3	……	……	
签字栏	建设单位	设计单位	监理单位	施工单位
	李××	张××	王××	陈××

5.3　进度造价文件（C3）

5.3.1　工程开工报审表（C3.1，见监理文件表1-4-7）

5.3.2　工程复工报审表（C3.2，见监理文件表1-4-5）

5.3.3　施工进度计划报审表（C3.3，见监理文件表1-4-9）

5.3.4　人、机、料动态表（C3.5）

人、机、料动态表是根据进度计划，由施工单位每月25日前向监理单位呈报的本月使用的人、机、料的情况，监理工程师收到此报表后，认真核实施工组织设计及现场的施工进度，特别对进场的机械、材料进行审查，以此对进度作出准确判断。

施工单位填报的____年____月人、机、料动态表应一式两份，监理单位、施工单位各保存一份。____年____月人、机、料动态表宜采用表1-5-14的格式。

　　　　　　____年____月人、机、料动态表（C3.5）　　　　表1-5-14

工程名称		××市×中学教学楼		编　号		00-00-C3.5-001	
				日　期		××××年×月×日	

致××监理有限责任公司（监理单位）

根据××××年×月施工进度情况，我方现报上××××年×月人、机、料统计表。

	工种	混凝土工	模板工	钢筋工	防水工	电工	水暖工	合计
劳动力	人数	26	30	40	20	5	5	126
	持证人数	26	30	38	20	5	5	124

续表

主要机械	机械名称	生产厂家	规格、型号	数量
	塔式起重机	江苏××机械厂	QTE80F	1
	振捣棒	湖北××机械厂	Hg50	10
	电焊机	山东××机械厂	Z×7-160	2

主要材料	名称	单位	上月库存量	本月进厂量	本月消耗量	本月库存量
	预拌混凝土	m³	0	800	800	0
	钢筋	t	25	120	120	25
	砌块	m³	1000	2000	2500	500

附件：塔式起重机安检资料及特殊工种上岗证复印件。

施工单位　×××建筑安装有限公司
项目经理　×××

5.3.5　工程延期申请表（C3.6，见监理文件表 1-4-20）

5.3.6　工程款支付申请表（C3.7，见监理文件表 1-4-15）

5.3.7　费用索赔申请表（C3.9，见监理文件表 1-4-18）

5.3.8　工程变更费用报审表（C3.8）

依据《建设工程监理规范》GB/T 50319—2013 的有关规定：施工单位提出的工程变更，由总监理工程师组织专业监理工程师审查，提出审查意见。对涉及工程设计文件修改的工程变更，应由建设单位转交原设计单位修改工程设计文件。必要时，项目监理机构应建议建设单位组织设计、施工等单位召开论证工程设计文件的修改方案的专题会议。总监理工程师组织专业监理工程师对工程变更费用及工期影响作出评估；总监理工程师组织建设单位、施工单位等共同协商确定工程变更费用及工期变化，会签工程变更单。项目监理机构根据批准的工程变更文件监督施工单位实施工程变更。

施工单位根据审查同意的设计变更文件，以及变更完成并经项目监理单位验收合格后，填报的工程变更费用报审表一式三份，并应由建设单位、监理单位、施工单位各保存一份。工程变更费用报审表宜采用表 1-5-15 的格式。

工程变更费用报审表（C3.8） 表1-5-15

工程名称	××市×中学教学楼	施工编号	00-00-C3.8-0××

致××监理有限责任公司（项目监理机构）

兹申报第××号工程变更单，申请费用见附表，请予以审核。

附件：工程变更费用计算书

施工项目经理部（盖章）×××建筑安装有限公司

项目经理_____×××_____

××××年×月×日

审查意见：

1. 所报工程量符合工程实际；

2. 涉及的工程内容符合《工程变更单》内容；

3. 定额项目选用准确，单价、合价计算正确。

同意施工单位提出的变更费用申请。

专业监理工程师（签字）_____×××_____

××××年×月×日

审核意见：

同意。

项目监理机构（盖章）×××监理有限责任公司

总监理工程师（签字、加盖执业印章）_____×××_____

××××年×月×日

审批意见：

变更工程量计费用符合实际，同意批准。

建设单位（盖章）___××市××中学___

建设单位代表（签字）_____×××_____

××××年×月×日

5.4 施工物资出厂质量证明及进场检测文件（C4）

施工物资主要包括建筑材料、成品、半成品、构配件、设备等，施工物资文件是反映工程所用物资质量和性能指标等的各种证明文件和相关配套文件的统称。

质量证明文件应反映工程物资的品种、规格、数量、性能指标等，出厂质量证明文件包括产品合格证、质量认证书、检验报告、试验报告、产品生产许可证、质量保证书、特定产品核准证和进口物资商检证、中文版质量证明、安装、使用、维修说明书等。质量证明文件的复印件应与原件内容一致，加盖原件存放单位公章，注明原件存放处，并由经办人签字。如果质量证明为传真件，则应转换成为复印件再保存。

建筑工程物资进场应进行现场验收，并有进场验收记录；涉及安全、功能的有关物资应按工程施工质量验收规范及相关规定进行复试或有见证取样送检，有相应检（试）验报告。工程物资进场需工程物资供应单位提交出厂质量证明文件及检测报告，施工单位收集保存。

5.4.1 出厂质量证明文件及检测报告（C4.1）

（1）砂、石、砖、水泥、钢筋、隔热保温、防腐材料、轻集料出厂质量证明文件（C4.1.1）

文件的数量按材料进场的验收批确定，供应单位随物资进场提交。

水泥试验批量：每批散装不超过500t（袋装不超过200t）（以同一厂家、同一品种、同一等级、同批号且连续进场的为一批）。

钢筋试验批量：检验按进场的批次和产品的抽样检验方案确定，对同一厂家、同一牌号、同一规格的钢筋按规定的数量作为一个检验批。对不同时间进场的同批钢筋，当有可靠依据时，可按一次进场的钢筋处理。如热轧带肋钢筋、余热处理钢筋、预应力混凝土用热处理钢筋、热轧光圆钢筋、低碳热轧圆盘条：每批不超过60t。

砖的试验批量：烧结砖、混凝土实心砖每批不超过15万块；烧结多孔砖、混凝土多孔砖、蒸压灰砂砖及蒸压粉煤灰砖每批不超过10万块（以同产地、同规格的为一批）。

砌块试验批量：空心砌块每批不超过3万块；粉煤灰砌块每批不超过200m^3；普通混凝土小型空心砌块、加气混凝土砌块、轻集料混凝土小型砌块每批不超过1万块。

砂、石试验批量：用大型工具运输的（如火车、汽车、船），每批不超过400m^{3}或600t；用小型运输工具运输的（如马车、拖拉机），每批不超过200m^{3}或300t（以同产地、同规格、同一进场时间随物资进场提交为一批）。

防水材料试验批量：大于1000卷抽5卷，每500～1000卷抽4卷，100～499卷抽3卷，100卷以下抽2卷。防水涂料每10t为一批，不足10t按一批抽样。

（2）其他物资出厂合格证、质量保证书、检测报告和报关单或商检证（C4.1.2）

常见的其他物资材料有：半成品钢筋、焊条、焊剂和焊药、外加剂、商品混凝土、预制混凝土构件预制桩、钢桩、钢筋笼等成品或半成品桩、土工合成材料以及土、砂石料、钢结构用钢材、连接件及涂料、半成品钢构件（场外委托加工）、石材、外加剂、掺合料（粉煤灰、蛭石粉、沸石粉）；轻质隔墙材料如砌块、隔墙板；节能保温材料；防水材料如涂料、卷材、密封材料；装饰材料如天然板材、人造板材、门窗玻璃、幕墙材料、饰面板（砖）、涂料。

（3）材料、设备的相关检验报告、型式检测报告、3C强制认证合格证书或3C标志（C4.1.3）

1）型式检验报告是型式检验机构出具的型式检验结果判定文件。型式检验是为了证明产品质量符合产品标准的全部要求而对产品进行的抽样检验。通常在有下列情况之一时进行型式检验：

① 新产品或者产品转厂生产的试制定型鉴定；

② 正式生产后，如结构、材料、工艺有较大改变，可能影响产品性能时；

③ 长期停产后恢复生产时；

④ 正常生产，按周期进行型式检验；

⑤ 出厂检验结果与上次型式检验有较大差异时；

⑥ 国家质量监督机构提出进行型式检验要求时；

⑦ 用户提出进行型式检验的要求时。

型式检验的依据是产品标准，为了认证目的所进行的型式检验必须依据产品国家标准。

2）"CCC"指中国强制性产品安全认证，是国家对强制性产品认证使用的统一标志；CCC 认证是英文名称 "China Compulsory Certification"（中国强制性产品认证制度）的英文缩写。凡列入强制性产品认证目录内的产品，必须经国家指定的认证机构认证合格，取得相关证书并加施认证标志后，方能出厂、进口、销售和在经营服务场所使用。目前，中国公布的首批必须通过强制性认证的产品共有十九大类一百三十二种。主要包括电线电缆、低压电器、信息技术设备、安全玻璃、消防产品、机动车辆轮胎、乳胶制品等。

（4）主要设备、器具的安装使用说明书（C4.1.4）

主要设备、器具的安装使用说明书由物资供应单位提供，施工单位收集。主要有：地下墙与梁板之间的接驳器；预应力工程物资（预应力筋、锚具、夹具和连接器、水泥、外加剂和预应力筋用螺旋管）。

（5）进口的主要材料设备的商检证明文件（C4.1.5）

进口材料和设备等应有商检证明［国家认证委员会公布的强制性（CCC）产品除外］，中文版的质量证明文件、性能检测报告以及中文版的安装维修、使用、试验要求等技术文件。

（6）涉及消防、安全、卫生、环保、节能的材料、设备的检测报告或法定机构出具的有效证明文件（C4.1.6）

如涉及安全、卫生、环保的物资应有相应资质等级检测单位的检测报告如压力容器、消防设备、生活供水设备、卫生洁具等；涉及结构安全和使用功能的材料需要代换且改变了设计要求时必须有设计单位签署的认可文件。

5.4.2　进场检验通用表格（C4.2）

1. 材料、构配件进场检验记录（C4.2.1）

材料、构配件进场检验记录应符合国家现行有关标准的规定。材料构配件进场后应由建设（监理）单位会同施工单位共同对进场物资进行检查验收，填写《材料、构配件进场检验记录》。检查验收的主要内容包括：

（1）物资出厂质量证明文件及检（测）验报告是否齐全；

（2）实际进场物资数量、规格和型号等是否满足设计和施工计划要求；

（3）物资外观质量是否满足设计要求和规范规定；

（4）按规定需进行抽检的材料、构配件是否抽检，检验结论是否齐全；

（5）按规定应进场复试的物资，必须在进场验收合格后取样复试。

施工单位填写的材料、构配件进场检验记录应在材料进场验收通过后 1d 内提交；一式两份，并应由监理单位、施工单位各保存一份。材料、构配件进场检验记录宜采用表 1-5-16 的格式。

材料、构配件进场检验记录（C4.2.1）　　　　　　表 1-5-16

工程名称				××市×中学教学楼		编　号	01-06-C4.2.1-0××	
						检验日期	××××年×月×日	
序号	名称	规格型号	进场数量（t）	生产厂家质量证明书编号	外观检验项目检验结果	试件编号复试结果		备注
1	热轧带肋钢筋	HRB400	2.0t	××钢铁有限公司		×××××××××		
				××-××××	良好	合格		
2	低碳钢热轧圆盘条	HPB300	3.0t	××钢铁有限公司		×××××××××		
				××-××××	良好	合格		
检查意见（施工单位）：　以上材料经外观检查良好，复试合格。规格型号及数量符合设计及规范要求，产品质量证明文件齐全。同意进场使用。　附件：共 6 页。								
验收意见（监理/建设单位）：　■同意　□重新检验　□退场验收日期：								
签字栏	施工单位	××建筑安装有限公司		专业质检员	专业工长	检验员		
				×××	×××	×××		
	监理或建设单位	××监理有限责任公司		专业工程师	×××			

2. 设备开箱检验记录（C4.2.2）

建筑工程所使用的设备进场后，应有施工单位、建设（监理）单位、供货单位共同开箱检验，施工单位填写的设备开箱检验记录应在进场验收通过后 1d 内提交；一式两份，并应由监理单位、施工单位各保存一份。设备开箱检验记录宜采用表 1-5-17 的格式。

设备开箱检验记录（C4.2.2） 表1-5-17

工程名称	××市×中学教学楼	编号	08-02-C4.2.2-0××
		检验日期	××××年×月×日
设备名称	排烟风机	规格型号	DF-8
生产厂家	××机电设备公司	产品合格证编号	××-××××
总数量	2台	检验数量	2台
进场检验记录			
包装情况	木箱及塑料布包装		
随机文件	合格证、出厂检验报告、技术说明书齐全		
备件与附件	减振垫、螺栓齐全		
外观情况	外观喷涂均匀、无铸造缺陷情况良好		
测试情况	手动测试运转情况良好		

缺、损附备件明细					
序号	附备件	规格	单位	数量	备注
/	/	/	/	/	/

检查意见（施工单位）：经外观检验和手动测试符合设计与施工规范的要求

附件：共__6__页。

验收意见（监理/建设单位）：

■同意　　　□重新检验　　　□退场　　　　验收日期：××××年×月×日

供应单位	××机电设备公司	责任人	×××
施工单位	××建筑安装有限公司	专业工长	×××
监理或建设单位	××监理有限责任公司	专业工程师	×××

3. 设备及管道附件试验记录（C4.2.3）

设备、阀门、闭式喷头、密闭水箱或水罐、风机盘管、成组散热器及其他散热设备等在安装前按规定进行试验时，均应填写设备及管道附件试验记录，并应由建设单位、监理单位、施工单位各保存一份。设备及管道附件试验记录参考采用表1-5-18的格式。

设备及管道附件试验记录（C4.2.3） 表1-5-18

工程名称	××市×中学教学楼		编号	08-01-C4.2.3-0××
使用部位	风机盘管		试验日期	××××年×月×日
试验要求	风机盘管进场逐个进行打压试验，工作压力为1.6MPa，试验压力为2.4MPa。在试验压力下观察10min，压力降不应大于0.02MPa，然后降至工作压力进行检查，不渗不漏为合格			
设备/管道附件名称	风机盘管	风机盘管	风机盘管	
材质、型号	YGFC	YGFC	YGFC	
规格	02-CC-3SL	02-CC-3S	04-CC-3SL	

095

设备/管道附件名称		风机盘管	风机盘管	风机盘管		
试验数量		1	1	1		
试验介质		水	水	水		
公称或工作压力（MPa）		1.6	1.6	1.6		
强度试验	试验压力（MPa）	2.4	2.4	2.4		
	试验持续时间（min）	10	10	10		
	试验压力降（MPa）	0	0	0		
	渗漏情况	无	无	无		
	试验结论	合格	合格	合格		
严密性试验	试验压力（MPa）					
	试验持续时间（min）					
	试验压力降（MPa）					
	渗漏情况					
	试验结论					
签字栏	施工单位	××安装有限公司	专业技术负责人	专业质检员	专业工长	
			×××	×××	×××	
	监理或建设单位	××监理有限责任公司	专业工程师		×××	

5.4.3 进场复试报告（C4.3）

1. 钢材试验报告（C4.3.1）

依据《混凝土结构工程施工质量验收规范》GB 50204—2015 规定，钢筋进场时，应按现行国家标准《钢筋混凝土用钢 第 2 部分：热轧带肋钢筋》GB 1499.2—2018 的规定抽取试件做力学性能和重量偏差检验，检验结果必须符合标准的规定。检查数量：按进场的批次和产品的抽样检验方案确定。检验方法：检查产品合格证、出厂检验报告和进场复试报告。当发现钢筋脆断、焊接性能不良或力学性能显著不正常等现象时，应对该批钢筋进行化学成分检验或其他专项检验。

钢筋复试按《建设工程质量检测管理办法》规定，钢筋进场时按批见证取样，送有见证检测资质的检测试验机构检测复试。对每批钢筋抽取 5 个试件，先进行重量偏差检验，再取其中 2 个试件进行拉伸试验、2 个试件进行弯曲试验。如钢筋混凝土用热轧钢筋，每批由同一牌号、同一罐号、同一规格、同一强度等级、同一进场批次的钢筋 60t 为一批，超过 60t 的部分，每增加 40t（或不是 40t 的余数）增加一个拉伸试验试件和一个弯曲试验试件。当钢筋发现脆断、焊接性能不良或力学性能显著不正常等现象时，还应对钢筋进行化学成分检验或其他专项检验，检测钢材中碳（C）、硫（S）、硅（Si）、锰（Mn）、磷（P）的含量。

对于预应力混凝土用钢材检测复试项目包括：最大力、规定非比例延伸率、最大力总伸长率、应力松弛性能、抗拉强度、弹性模量等。对于预应力锚夹具检测复试项目包括：硬度、静载试验等。对于预应力波纹管检测复试项目包括：钢带厚度（金属管）、波高、壁厚（金属管）、径向刚度（金属管）、抗渗漏性能（金属管）、环刚度（塑料管）、局部横向荷载（塑料管）、柔韧性（塑料管）、抗冲击性（塑料管）等。

钢材试验报告应在正式使用前提交，由建设单位、监理单位、施工单位、城建档案馆各保存一份。参考采用表 1-5-19 的格式。

钢材试验报告（C4.3.1）　　　　　　　　表 1-5-19

工程名称		××市×中学教学楼				资料编号	01-02-C4.3.1-×××
						试验编号	××-×××
						委托编号	××-×××
委托单位		××建筑安装有限公司				试件编号	×××
						试验委托人	×××
钢材种类	热轧光圆钢筋	规格、牌号	HPB300			生产厂	×××钢厂
代表数量	25t	来样日期	××××年×月×日			试验日期	××××年×月×日

公称直径规格（mm）	屈服点（MPa）		抗拉强度（MPa）		伸长率（%）		弯曲条件	弯曲结果
	标准要求	实测值	标准要求	实测值	标准要求	实测值		
6.5	≥235	290	≥370	445	≥25	28.5	d/180	合格
6.5	≥235	295	≥370	445	≥25	26.5	d/180	合格

化学分析结果							
分析编号	化学成分（%）						其他：
	C	Si	Mn	P	S	Ceq	

检验结论：依据《钢筋混凝土用钢　第 2 部分：热轧带肋钢筋》GB 1499.2—2018，HPB300 钢筋所验指标合格。

批准	×××	审核	×××	试验	×××
试验单位	×××市建筑材料检测中心				
报告日期	××××年××月××日				

本表由检测机构提供。

2. 水泥试验报告（C4.3.2）

依据《混凝土结构工程施工质量验收规范》GB 50204—2015 的规定，水泥进场时应对其品种、级别、包装或散装仓号、出厂日期等进行检查，并应对其强度、安定性及其他必要的性能指标进行复试，其质量必须符合现行国家标准《通用硅酸盐水泥》GB 175—2007 第 3 号修改单的规定。

当在使用中对水泥质量有怀疑或水泥出厂超过三个月（快硬硅酸盐水泥超过一个月）时，应进行复试，并按复试结果使用。

钢筋混凝土结构、预应力混凝土结构中，严禁使用含氯化物的水泥。

检查数量：按同一生产厂家、同一等级、同一品种、同一批号且连续进场的水泥，袋装不超过 200t 为一批，散装不超过 500t 为一批，每批抽样不少于一次。

检验方法：检查产品合格证、出厂检验报告和进场复试报告。水泥试验报告应在正式使用前提交并应由建设单位、监理单位、施工单位、城建档案馆各保存一份。水泥试验报告参考采用表 1-5-20 的格式。

水泥试验报告（C4.3.2）　　　　　　　　　　　　　　表 1-5-20

工程名称	××市×中学教学楼			资料编号	01-02-C4.3.2-×××
				试验编号	××-×××
				委托编号	××-×××
委托单位	××建筑安装有限公司			试件编号	×××
				试验委托人	×××
品种及强度等级	P.O42.5	出厂编号及日期	出厂编号×××× ××××年×月×日	生产厂	×××集团水泥厂
代表数量	200t	来样日期	××××年×月×日	试验日期	××××年×月×日
检验项目	标准要求	实测结果	检验项目	标准要求	实测结果
试验依据	《通用硅酸盐水泥》GB 175—2007				
细度	0.8μm 方孔筛余量（%）				
	比表面积（m²/kg）				
标准稠度用水量%	27.5				
凝结时间（min）	初凝	220	终凝		285
安定性	雷氏法	/	饼法		合格
其他					

强度检验	抗折强度（MPa）				抗压强度（MPa）			
	3d		28d		3d		28d	
标准要求	≥2.5		≥5.5		≥10.0		≥32.5	
强度结果	单块值	平均值	单块值	平均值	单块值	平均值	单块值	平均值
	4.5	4.4	8.7	8.7	23.0	23.5	52.5	53.1
					23.8		53.2	
	4.3		8.8		23.2		52.7	
					24.1		53.8	
	4.3		8.7		23.8		53.2	
					22.9		53.1	

检验结论：依据《通用硅酸盐水泥》GB 175—2007 的规定，各项指标合格。					
批准	×××	审核	×××	试验	×××
试验单位	×××市建筑材料检测中心				
报告日期	××××年×月×日				

3. 砂试验报告（C4.3.3）

依据《混凝土结构工程施工质量验收规范》GB 50204—2015 的规定，普通混凝土所用的粗、细骨料的质量应符合国家现行标准《普通混凝土用砂、石质量及检验方法标准》JGJ 52—2006 的规定。

检查数量：按进场的批次和产品的抽样检验方案确定。

检验方法：检查进场复试报告。

砂试验报告应在正式使用前由检测单位提供，应一式四份，并应由建设单位、监理单位、施工单位、城建档案馆各保存一份。砂试验报告参考采用表 1-5-21 的格式。

砂试验报告（C4.3.3） 表 1-5-21

工程名称		××市×中学教学楼		资料编号	01-06-C4.3.3-×××
				试验编号	××-×××
				委托编号	××-×××
委托单位		×××建筑安装有限公司		试件编号	×××
				试验委托人	×××
种类	中砂	产地		××砂石场	
代表数量	200t	来样日期	××××年×月×日	试验日期	××××年×月×日
试验依据		《普通混凝土用砂、石质量及检验方法标准》JGJ 52—2006			
试验结果	筛分析	细度模数（μ_f）		2.6	
		级配区域		Ⅱ区	
	含泥量（%）		2.3%		
	泥块含量（%）		0.3%		
	表观密度（kg/m³）		/		
	堆积密度（kg/m³）		/		
	碱活性指标（kg/m³）		/		
	其他		/		
检验结论： 依据《普通混凝土用砂、石质量及检验方法标准》JGJ 52—2006 含泥量、泥块含量合格，属Ⅱ区中砂，4.75mm 筛孔累计筛余量小于 10%，各项指标合格					
批准	×××	审核	×××	试验	×××
试验单位		×××市建筑材料检测中心			
报告日期		××××年×月×日			

4. 防水涂料试验报告（C4.3.6）

依据《地下防水工程质量验收规范》GB 50208—2011 的规定，防水涂料应符合《聚氨酯防水涂料》GB/T 19250、《聚合物乳液建筑防水涂料》JC/T 864 和《聚合物水泥防水涂料》GB/T 23445 的要求。防水材料进场时按批检查验收的内容包括由供应单位提供的产品合格证、性能检测报告和进场复试报告。合格证要求应注明出厂日期、检验部门印章、合格证的编号、品种、规格、数量、各项性能指标、包装、标识、重量、面积、产品外观、物理性能等。检测报告应有检测单位的计算合格参数，由检验（试验）、审核、负责人（技术）三级人员签字。

检查数量：按进场的批次和产品的抽样检验方案确定。

检验方法：检查出厂合格证、质量检验报告、计量措施和现场抽样试验报告。防水涂料试验报告由检测单位在正式使用前提供，应一式三份，并应由建设单位、监理单位、施工单位各保存一份。防水涂料试验报告参考采用表 1-5-22 的格式。

防水涂料试验报告（C4.3.6）　　　　　　　　　表 1-5-22

工程名称		××市×中学教学楼		资料编号		01-07-C4.3.6-×××
				试验编号		××-×××
				委托编号		××-×××
委托单位		××建筑安装有限公司		试件编号		×××
				试验委托人		×××
种类、型号	聚氨酯防水涂料（双组分）	产地		××建材涂料厂		
代表数量	2t	来样日期	××××年×月×日	试验日期	××××年×月×日	
试验依据		《聚氨酯防水涂料》GB/T 19250—2013				
试验结果	延伸性（mm）		/			
	拉伸强（MPa）		2.3			
	断裂伸长（%）		345			
	粘结性（MPa）		/			
	耐热度	温度（℃）	/	评定		
	不透水性		合格			
	柔韧性	温度（℃）	−30	评定		合格
	固体含量（%）		97			
	其他		/			
检验结论：依据《聚氨酯防水涂料》GB/T 19250—2013 各项指标合格。						
批准	×××	审核	×××	试验		×××
试验单位		××市建筑材料检测中心				
报告日期		××××年×月×日				

5. 防水卷材试验报告（C4.3.7）

依据《地下防水工程质量验收规范》GB 50208—2011 的规定，卷材防水层所用材料及配合比必须符合设计要求。卷材防水层应采用高聚物改性沥青防水卷材和合成高分子防水卷材。高聚物改性沥青防水卷材应符合国标《弹性体改性沥青防水卷材》GB 18242—2008、《塑性体改性沥青防水卷材》GB 18243—2008 和《改性沥青聚乙烯胎防水卷材》GB 18967—2009 的要求。国内合成高分子防水卷材的种类很多，产品质量应符合国标《高分子防水材料 第1部分：片材》GB 18173.1—2012的要求。

检查数量：按进场的批次和产品的抽样检验方案确定。

检验方法：检查出厂合格证、质量检验报告现场抽样试验报告。防水卷材试验报告由检测单位在正式使用前提供，应一式三份，并应由建设单位、监理单位、施工单位各保存一份。防水卷材试验报告参考采用表1-5-23的格式。

防水卷材试验报告（C4.3.7）   表1-5-23

工程名称	××市×中学教学楼			资料编号	01-07-C4.3.7-×××
				试验编号	××-×××
				委托编号	××-×××
委托单位	××建筑安装有限公司			试件编号	××
				试验委托人	×××
种类、等级、牌号	弹性体改性沥青防水卷材×型××牌		产地	××防水材料厂	
代表数量	450卷	来样日期	××××年×月×日	试验日期	××××年×月×日
试验依据	《弹性体改性沥青防水卷材》GB 18242—2008				
G	拉力试验	拉力（N）	纵	545	横	532
		拉伸强度（MPa）	纵	/	横	/
	断裂伸长率（延伸率）（%）		纵	/	横	/
	耐热度	温度（℃）	90	评定	合格
	不透水性	合格			
	柔韧性	温度（℃）	−18	评定	合格
	其他	合格			
检验结论：依据《弹性体改性沥青防水卷材》GB 18242—2008各项指标合格					
批准	×××	审核	×××	试验	×××
试验单位	××市建筑材料检测中心				
报告日期	××××年×月×日				

6. 砖（砌块）试验报告（C4.3.8）

依据《砌体结构工程施工质量验收规范》GB 50203—2011的规定，砖、砌块和砂浆的强度等级必须符合设计要求。抽检数量：每一生产厂家的砖到现场后，按烧结普通砖、混凝土实心砖每15万块、烧结多孔砖、混凝土多孔砖、蒸压灰砂砖及蒸压粉煤灰砖每10万块为一验收批，抽检数量为1组。砌块每一生产厂家，每1万块至少应抽检一组。用于多层以上建筑基础和底层的小砌块抽检数量不应少于2组。

检验方法：检查砖和砂浆试块试验报告。

砖（砌块）试验报告参考采用表1-5-24的格式。砖（砌块）试验报告由检测单位在正式使用前提供，应一式四份，并应由建设单位、监理单位、施工单位、城建档案馆各保存一份。

砖（砌块）试验报告（C4.3.8）　　　　　　　　　　表 1-5-24

工程名称		××市×中学教学楼		资料编号	02-03-C4.3.8-×××
				试验编号	××-×××
				委托编号	××-×××
委托单位		××建筑安装有限公司		试件编号	××
				试验委托人	×××
种类		轻集料混凝土小型空型砌块	产地	××建材公司	
代表数量		1万块	密度等级	800	强度等级	MU3.5
处理日期		××××年×月×日	来样日期	××××年×月×日	试验日期	××××年×月×日
试验依据		《轻集料混凝土小型空心砌块》GB/T 15229—2011			

试验结果	烧结普通砖			
	抗压强度平均值 f（MPa）	变异系数 $\delta \leqslant 0.21$		变异系数 $\delta > 0.21$
		强度标准值 f_k（MPa）		单块最小强度值 f_k（MPa）
		/		/
	轻集料混凝土小型空心砌块			
	砌块抗压强度（MPa）			砌块干燥表观密度（kg/m³）
	平均值		最小值	
	3.7		3.1	/
	其他种类			

	抗压强度（MPa）						抗折强度（MPa）	
	平均值	最小值	大面		条面		平均值	最小值
			平均值	最小值	平均值	最小值		
	/	/	/	/	/	/	/	/

检验结论：依据《轻集料混凝土小型空心砌块》GB/T 15229—2011 各项指标合格。							
批准	×××	审核	×××	试验	×××		
试验单位	××市建筑材料检测中心						
报告日期	××××年×月×日						

7. 其他材料试验要求见表 1-5-25。

其他材料试验要求　　　　　　　　　　表 1-5-25

序号	工程资料名称	内容及注意事项
1	预应力筋复试报告（C4.3.9）	预应力混凝土用钢丝、中强度预应力混凝土用钢丝、预应力混凝土用钢棒、预应力混凝土用钢绞线同一牌号、同一规格、同一生产工艺、同一加工状态为同一验收批每批重量不大于60t。材料进场后，材料验收前，现场取样复试，复试时间1～3d

序号	工程资料名称	内容及注意事项
2	预应力锚具、夹具和连接器复试报告（C4.3.10）	预应力筋用锚具、夹具和连接器应按设计要求采用，其性能应符合现行国家标准《预应力筋用锚具、夹具和连接器》GB/T 14370—2015等的规定。 检查数量：按进场批次和产品的抽样检验方案确定。 检验方法：检查产品合格证、出厂检验报告和进场复试报告。 注：对锚具用量较少的一般工程，如供货方提供有效的试验报告，可不做静载锚固性能试验。 预应力筋用锚具、夹具和连接器使用前应进行外观检查，其表面应无污物、锈蚀、机械损伤和裂纹。 检查数量：全数检查。 材料进场后，材料验收前，现场取样复试，复试时间1～3d
3	装饰装修用门窗复试报告（C4.3.11）	同一品种、类型和规格的木门窗、金属门窗、塑料门窗及门窗玻璃每100樘应划分为一个检验批，不足100樘也应划分为一个检验批。 同一品种、类型和规格的特种门每50樘应划分为一个检验批，不足50樘也应划分为一个检验批。材料进场后，材料验收前，现场取样（抽样）复试，复试时间3d左右
4	装饰装修用人造木板复试报告（C4.3.12）	同一地点、同一类别、同一规格的产品为一验收批。材料进场后，材料验收前，现场取样（抽样）复试，复试时间3d左右
5	装饰装修用花岗石复试报告（C4.3.13）	以同一产地、同一品种、同一等级、同一类别的板材每200m²为一验收批，不足200m²的单一工程部位的板材也按一批计。材料进场后，材料验收前，现场取样（抽样）复试，复试时间3d左右
6	装饰装修用安全玻璃复试报告（C4.3.14）	同一厂家生产的同一品种、同一类型的进场材料应至少抽取一组样品进行复试，复试时间3d左右
7	装饰装修用外墙面砖复试报告（C4.3.15）	同一生产厂家、同种产品、同一级别、同一规格、实际交货量大于5000m²为一批，不足5000m²也按一批计。材料进场后，材料验收前，现场取样（抽样）复试
8	钢结构用钢材复试报告（C4.3.16）	碳素结构钢、低合金高强度结构钢、桥梁用碳素钢及低合金钢钢板：每批不超过60t。材料进场后，材料验收前，现场取样（抽样）复试，复试时间3d左右
9	钢结构用防火涂料复试报告（C4.3.17）	防火涂料：薄型每批不超过100t，厚型每批不超过500t 材料进场后，材料验收前，现场取样（抽样）复试，复试时间3d左右
10	钢结构用焊接材料复试报告（C4.3.18）	重要钢结构采用的焊接材料应进行抽样复试，材料进场后，材料验收前，现场取样（抽样）复试，复试时间3d左右

序号	工程资料名称	内容及注意事项
11	钢结构用高强度大六角头螺栓连接副复试报告（C4.3.19）	进场验收的检验批原则上应与各分项工程检验批一致，也可以根据工程规模及进料实际情况划分检验批。在施工现场待安装的检验批随机抽取： （1）高强度大六角头螺栓连接副出厂时应分别随箱带有扭矩系数和紧固轴力（预拉力）的检验报告。材料进场后，材料验收前。现场取样（抽样）复试，复试时间 3d 左右。
12	钢结构用扭剪型高强螺栓连接副复试报告（C4.3.20）	（2）扭剪型高强度螺栓连接副出厂时应分别随箱带有扭矩系数和紧固轴力（预拉力）的检验报告。在施工现场待安装的检验批随机抽取。材料进场后，材料验收前。现场取样（抽样）复试，复试时间 3d 左右
13	幕墙用铝塑板、石材、玻璃、结构胶复试报告（C4.3.21）	铝塑复合板按同一品种、同一等级、同一规格的产品每 3000m² 为一验收批；天然花岗石板材按同一产地、同一品种、同一等级、同一类别的板材每 200m² 为一验收批；天然大理石按同一产地、同一品种、同一等级、同一类别的板材每 100m² 为一验收批；材料进场后，现场取样（抽样）复试，复试时间 3d 左右
14	散热器、采暖系统保温材料、通风与空调工程绝热材料、风机盘管机组、低压配电系统电缆的见证取样复试报告（C4.3.22）	散热器用保温材料；同一厂家、同一规格的散热器按其数量的 1% 见证取样送检；材料进场后，现场取样（抽样）复试，复试时间 3d 左右。 采暖系统保温材料、通风与空调用保温材料；同一生产厂家同一品种产品当单位工程建筑面积在 20000m² 以下时各抽查不少于 3 次，20000m² 以上时各抽查不少于 6 次。材料进场后，现场取样（抽样）复试，复试时间 3d 左右
15	节能工程材料复试报告（C4.3.23）	（1）墙体节能工程采用的保温材料；同一厂家同一品种的产品，当单位工程建筑面积在 2 万 m² 以下时各抽查不少于 3 次；当单位工程建筑面积在 2 万 m² 以上时各抽查不少于 6 次。材料进场后，现场取样（抽样）复试，复试时间 3d 左右。 （2）幕墙节能工程使用的材料、构件等进场时，进场时抽样复试，检查数量：同一厂家的同一种产品抽查不少于一组。材料进场后，现场取样（抽样）复试，复试时间 3d 左右。 （3）屋面节能工程使用的保温隔热材料，进场时应对其导热系数、密度、抗压强度或压缩强度、燃烧性能进行复试，复试应为见证取样送检。检验方法：随机抽样送检，核查复试报告。检查数量：同一厂家同一品种的产品各抽查不少于 3 组。材料进场后，现场取样（抽样）复试，复试时间 3d 左右。 （4）地面节能工程采用的保温材料，进场时应对其导热系数、密度、抗压强度或压缩强度、燃烧性能进行复试，复试应为见证取样送检。检验方法：随机抽样送检，核查复试报告。检查数量：同一厂家同一品种的产品各抽查不少于 3 组。材料进场后，现场取样（抽样）复试，复试时间 3d 左右

5.5　施工记录文件（C5）

5.5.1　隐蔽工程验收记录（C5.1）

依据《建筑工程施工质量验收统一标准》GB 50300—2013 规定：隐蔽工程在隐蔽前应由施工单位通知监理单位进行验收，并形成验收文件，验收合格后方可继续施工。《建设工程监理规范》GB/T 50319—2013 规定：项目监理机构应对施工单位报验的隐蔽工程进行验收，对验收不合格的应拒绝签认，同时要求施工单位在指定的时间内整改并重新报验。对已同意覆盖的工程隐蔽部位有疑问的，或发现施工单位私自覆盖工程隐蔽部位的，项目监理机构应要求施工单位对该隐蔽部位进行钻孔探测、剥离或其他方法进行重新检验。隐蔽工程施工完毕后，由专业工长填写隐蔽工程验收记录，项目技术负责人组织监理旁站，施工单位专业工长、质量检查员共同参加。验收后由监理单位签署审核意见，并下审核结论。若验收存在问题，则在验收中给予明示。对存在的问题，必须按处理意见进行处理，处理后对该项进行复查，并将复查结论填入表内。凡未经过隐蔽工程验收或验收不合格的工序，不得进入下一道工序的施工。

"隐蔽工程验收"与"检验批验收"是不同的。它们的区别在于，"隐蔽工程验收"仅仅针对将被隐蔽的工程部位进行验收，而"检验批验收"是对工程验收批的所有部位、工序的验收。在施工中"隐蔽工程验收"与"检验批验收"的时间关系可以有"之前"、"之后"和"等同"三种不同情况。

"之前"验收主要针对某些工程量较小的部位和施工作法、处理措施，不宜作为一个"检验批"来验收。如抹灰的不同基层交接部位的加强措施、桩孔的沉渣厚度、基槽的槽底清理、被隐蔽的重要节点做法、被隐蔽的螺栓紧固、被隐蔽的预埋件防腐阻燃处理等。

"之后"验收主要针对工程量相对较大的工程部位，如分部、子分部工程等。这些工程量相对较大的工程部位往往作为一个整体，需要同时进行隐蔽，这时可能有若干个检验批已经验收合格。按照验收规范的规定，这些工程部位在整体隐蔽之前，需作"隐蔽工程验收"。如，整个地基基础的隐蔽验收、主体结构验收（进入装修施工将隐蔽主体结构）等都是在检验批验收之后进行。

"等同"验收主要针对"隐蔽工程验收"的部位已被列为"检验批"进行验收时，"隐蔽工程验收"与"检验批验收"具有同样的验收内容，此时，"隐蔽工程验收"可与"检验批验收"合并进行。亦可按照"检验批验收"的要求进行即可，使用"检验批验收单"来代替"隐蔽工程验收单"，不必再重复进行"隐蔽工程验收"。如钢筋安装的验收，屋面保温层验收，各种防水层、找平层验收等。

隐蔽工程验收记录应符合国家相关标准的规定。施工单位填写的隐蔽工程验收记录应一式四份，并应由建设单位、监理单位、施工单位、城建档案馆各保存一份。隐蔽工程验收记录宜采用表 1-5-26 的格式。

隐蔽工程验收记录（通用）（C5.1）　　　　　　　表 1-5-26

工程名称	××市×中学教学楼	编　号	01-01-C5.1-0××
隐检项目	土方工程	隐检日期	××××年×月×日
隐检部位	基槽层　　　①～⑪/Ⓐ～Ⓕ轴线		−5.200m 标高

隐检依据：<u>施工图号总施-1 结构总说明、结施-1、结施-2</u>，设计变更/洽商/技术核定单（编号<u>　/　</u>）及有关国家现行标准等。

主要材料名称及规格/型号：<u>　　/　　</u>

隐检内容：

1. 基础基地标高为−5.2m，槽底土质为圆砾，无地下水；

2. 基槽土层已挖至−5.2m，基底清理到位，无杂物；

3. 基底轮廓尺寸符合图纸要求。

隐检内容已做完毕，请予以检查验收。

检查结论：

经检查基底标高轮廓尺寸符合设计要求，槽底土质与地质勘察报告相符，清槽工作符合要求，无地下水，同意进行下道工序施工。

■同意隐蔽　　　　　□不同意隐蔽，修改后复查

复查结论：

符合有关规范规定及设计要求

复查人：×××　　　　　　　　复查日期：××××年×月×日

签字栏	施工单位	××建筑安装有限公司	专业技术负责人	专业质检员	专业工长
			×××	×××	×××
	监理或建设单位	××监理有限责任公司	专业工程师		×××

常见的隐蔽验收项目见表 1-5-27。

隐蔽工程验收项目　　　　　　　　　　　表 1-5-27

工程名称	内容要求及注意事项
土方工程	检查内容：土方基槽、土方回填前检查基底清理、基底标高、基地轮廓尺寸及回填土方质量、过程等
	填写要点：土方工程隐检记录中要注明施工图纸编号，地质勘查报告编号
支护工程	检查内容：锚杆、土钉的品种、规格、数量、位置、插入长度、钻孔直径、深度和角度等；地下连续墙的成槽宽度、深度、倾斜度垂直度、钢筋笼规格、位置、槽底清理、沉渣厚度等
	填写要点：支护工程隐检记录中要注明施工图纸编号，地质勘察报告编号，锚杆、土钉的品种、规格、数量、插入长度、钻孔直径等主要数据描述清楚
桩基工程	检查内容：钢筋笼规格、尺寸、沉渣厚度、清孔情况等
	填写要点：桩基工程隐检记录中要注明施工图纸编号，地质勘察报告编号，将检查的钢筋笼规格、尺寸、沉渣厚度、清孔等情况描述清楚

工程名称	内容要求及注意事项
地下防水工程	检查内容：混凝土变形缝、施工缝、后浇带、穿墙套管、预埋件等设置的形式和构造；人防出口防水做法；防水层基层处理、防水材料规格、厚度、铺设方式、阴阳角处理、搭接密封处理等
	填写要点：地下防水工程隐检记录中要注明施工图纸编号，刚性防水混凝土的防水等级、抗渗等级，柔性防水材料的型号、规格、防水材料的复试报告编号、施工铺设方法、搭接长度、宽度尺寸等情况，阴阳角的处理、附加层情况等描述清楚
结构工程	检查内容：用钢筋绑扎的钢筋的品种规格、数量、位置、锚固和接头位置、搭接长度、保护层厚度钢筋及垫块绑扎和除锈、除污情况、钢筋代用变更及预留、预埋钢筋处理等；钢筋焊（连）接形式、焊（连）接种类、接头位置、数量及焊条、焊剂、焊口形式焊缝长度、厚度及表面清渣和连接质量等
	填写要点：钢筋原材复式报告、钢筋竖向水平各自的型号、排距、保护层尺寸、箍紧的型号、间距的尺寸、钢筋绑扎接头长度尺寸、垫块规格尺寸；钢筋连接试验报告编号，钢筋连接的种类，连接形式、焊（连）接的具体规格尺寸、数量、接头位置应描述清楚，对不同连接形式分别填写隐检记录
预应力工程	检查内容：检查预应力筋的品种、规格、数量、位置，预留孔道的规格、数量、位置、形状及灌浆孔、排气兼泌水管的情况等，预应力筋下料长度、切断方法、竖向位置偏差、固定、护套的完整性，锚具、夹具、连接点的组装情况，锚固区局部加强构造情况
	填写要点：注明图纸编号，预应力的种类，预应力的施工方法，锚具的规格型号，预应力筋的长度尺寸，预埋垫板的尺寸等检查内容描述清楚
钢结构工程	检查内容：地脚螺栓规格、位置、埋设方法、紧固情况，防火涂料涂装基层的涂料遍数及涂层厚度；网架焊接球节点的连接方式、质量情况；网架支座锚栓的位置、支承垫块的种类及锚栓的禁锢情况等
	填写要点：注明图纸编号，主要材料的型号规格，主要原材料的复式报告编号
节能工程	检查内容：外墙内、外保温构造节点做法
	填写要点：注明图纸编号，保温材料的种类规格、厚度，可附与外墙板连接的节点简图等
地面工程	检查内容：基层（垫层、找平层、隔离层、填充层、基土）的材料品种、规格、铺设厚度、铺设方式、坡度、标高、表面情况、节点密封处理、粘结情况；厕浴防水地面检查基层表面含水率、地漏、套管、卫生器具根部、阴阳角等部位的处理情况，防水层墙面的涂刷情况等
	填写要点：注明图纸的编号，地面铺设的类型，材料的品种规格等；防水材料的复试报告编号，防水材料的品种、涂刷厚度，玻纤布的搭接宽度，地漏、套管、卫生器具根部附加层的情况，防水层从地面延伸到墙面的高度尺寸等内容描述清楚
抹灰工程	检查内容：具有加强措施的抹灰应检查其加强构造的材料品种、规格、铺设、固定方法、搭接情况等
	填写要求：注明图纸编号，水泥复试报告编号，不同材料基体交界处表面的抹灰采取防治开裂的加强措施描述清楚

工程名称	内容要求及注意事项
门窗工程	检查内容：预埋件和锚固件、螺栓等的数量、位置、间距、埋设方式、与框的连接方式、防腐处理、缝隙的嵌填、密封材料的粘结等
	填写要求：注明图纸编号，门窗的类型，预埋件和锚固件的位置，木门窗预埋木砖的防腐处理、与墙体间缝隙的嵌填材料、保温材料等；金属门窗的预埋件位置、埋设方式、密封处理等情况；塑料门窗内衬型钢的壁厚尺寸，门窗框、副框和扇的安装固定片或膨胀螺栓的数量；特种门窗的防腐处理，与框的连接方式等要描述清楚
吊顶工程	检查内容：吊顶龙骨及吊件材质、规格、间距、连接固定方式、表面防火、防腐处理，吊顶材料外观质量情况、接缝和角缝情况
	填写要求：注明图纸编号，洽商记录编号，吊顶类型，骨架类型，吊顶材料的种类，材料的规格，吊杆、龙骨的材质、规格、安装间距及连接方式，金属吊杆、龙骨表面的防腐处理，木龙骨的防腐、防火处理等情况描述清楚，吊顶内的各种管道设备的检查及水管试压等情况也应描述清楚
轻质隔墙工程	检查内容：预埋件、连接件、拉结筋的位置、数量、连接方法，与周边墙体及顶棚的连接、龙骨连接、间距、防火、防腐处理、填充材料设置等
	填写要求：注明图纸的编号，轻质隔墙的类型，板材的种类，规格、型号、预埋件、（后置埋件）、连接件位置、连接方式等应描述清楚
饰面板（砖）工程	检查内容：预埋件、（后置埋件）、连接件规格、数量、位置、连接方式、防腐处理、防火处理等。有防水构造部位应检查防水层、找平层的构造做法
	填写要求：注明图纸的编号，饰面工程材料的种类，板材的规格、龙骨的间距等描述清楚
幕墙工程	检查内容：构件之间（预埋件、后置埋件）以及构件与主体结构的连接节点的安装（焊接、栓接、铆接、粘结）及防腐处理；幕墙四周、幕墙表面与主体结构之间间隙节点的安装；幕墙伸缩缝、沉降缝、防震缝及墙面转角节点的安装；幕墙防雷接地节点的安装等
	填写要求：注明图纸的编号，幕墙类型，主要材料的规格型号，预埋件的具体位置，主体结构与立柱、立柱与横梁连接点安装及防腐处理；防雷接点的位置，防火、防水、保温情况等内容要描述清楚
细部工程	检查内容：预埋件或后置埋件和连接件的数量、规格、位置连接方式、防腐处理等
	填写要求：注明图纸的编号，主要材料的规格型号，预埋件的具体位置
建筑屋面工程	检查内容：基层、找平层、保温层、防水层、隔离层情况，材料的品种、规格、厚度、铺贴方式、搭接宽度、接缝处理、粘结情况；附加层、天沟、檐沟、泛水和变形缝细部做法；分隔缝设置、密封嵌填部位及处理等
	填写要求：注明图纸的编号，屋面基层情况，找平层坡度，保温层材料的厚度、规格尺寸，防水材料复试编号、品种、规格型号，防水卷材搭接长度、上下层错开搭接尺寸等，附加层、细部及密封部位处理等描述清楚

工程名称	内容要求及注意事项
给水、排水及采暖工程	建筑给水、排水及采暖工程隐蔽检查项目的划分一般按系统、安装部位和时间工序进行。 （1）检查的项目按系统分为子分部和分项工程，详细见表1-2-5。 （2）每个子分部、分项工程检查、记录应按施工部位（分区、层、段或干、支管）和安装时间、工序的先后进行。 （3）一般情况下，不同类型建筑的施工检查项目可按以下情况进行划分： ①　各子分部工程的系统干管应作为一个项目检查一次； ②　多层民用住宅工程可按不同的子分部工程，每一单元的立、支管安装作为一个项目检查一次； ③　高层民用住宅工程可按不同的子分部工程，分系统进行检查每个系统可将6～7个层的立、支管安装作为一个检查项目检查一次； ④　多层公用建筑工程可按不同的子分部工程，每个系统的管道安装作为一个项目检查一次； ⑤　高层公用建筑工程可按不同的子分部工程，分系统进行检查每个系统可将10～12个层的立、支管安装作为一个项目检查一次。 主要隐蔽检查项目及内容 （1）不露明的管道和设备直埋于地下或结构中，暗敷于沟槽、管井、不进入吊顶内的给水、排水、采暖、消防管道和相关设备以及有防水要求的套管；检查管材、管件、阀门、设备的材料材质与型号、安装位置、标高、防水套管的定位及尺寸、管道连接做法及质量；附件使用、支架固定，以及是否已按照设计要求及施工规范规定完成强度严密性、冲洗等试验。 （2）有绝热防腐要求的给水、排水、采暖、消防、喷淋管道和相关设备；检查绝热方式、绝热材料的材质与规格、绝热管道与支吊架之间的防结露措施、防腐处理材料及做法等。 （3）埋地的采暖、热水管道、在保温层、保护层完成后，所在部位进行回填之前，应检查安装位置、标高、坡度；支架做法、保温层、保护层设置等。 （4）埋地管道穿卫生间门口或墙体应设置套管，在垫层施工之前也应对该套管进行隐检
建筑电气工程	（1）埋于结构内的各种电线导管：验收导管的品种、规格、位置、弯扁度、弯曲半径、连接、跨接地线、防腐、管盒固定、管口处理、敷设情况、保护层、需焊接部位的焊接质量等。 （2）利用结构钢筋做的避雷引下线：验收轴线位置、钢筋数量、规格、搭接长度、焊接质量，与接地极、避雷网、均压环等连接点的焊接情况。 （3）等电位及均压环暗埋：验收使用材料的品种、规格、安装位置、连接方法、连接质量、保护层厚度等。 （4）接地极装置埋设：验收接地极的位置、间距、数量、材质、埋深、接地极的连接方法、连接质量、防腐情况。 （5）金属门窗、幕墙、与避雷引下线的连接：验收连接材料的品种、规格、连接位置的数量、连接方法和质量。 （6）不进入吊顶内的电线导管：验收导管的品种、规格、位置、弯扁度、弯曲半径、连接、跨接地线、防腐、需焊接部位的焊接质量、管盒固定、管口处理、固定方法、固定间距等。 （7）不进入吊顶内的线槽：验收使用材料的品种、规格、位置、连接、接地防腐、固定方法、固定间距，及其他管线位置的关系。 （8）直埋电缆：验收电缆的品种、规格、埋设方法、埋深、弯曲半径、标桩埋设情况等。 （9）不进入电缆沟敷设电缆：验收电缆的品种、规格、弯曲半径、固定方法、固定间距、标识情况

109

工程名称	内容要求及注意事项
通风与空调工程	（1）敷设于竖井内、不进入吊顶内的风道（包括各类附件、部件、设备等）：检查风道的标高、材质，接头、接口严密性，附件、部件安装位置，支、吊、托架安装、固定，活动部件是否灵活可靠、方向是否正确，风道分支、变径处理是否合理，是否符合要求，是否已按照设计要求及施工规范规定完成风管的漏光、漏风检测，以及空调水管道的强度严密性、冲洗等试验。 （2）有绝热、防腐要求的风管、空调水管及设备：检查绝热形式与做法、绝热材料的材质和规格、防腐处理材料及做法。绝热管道与支吊架之间应垫绝热衬垫或经防腐处理的木衬垫，其厚度应与绝热层厚度相同，表面平整，衬垫接合面的空隙应填实
电梯工程	检查电梯承重梁、起重吊环埋设，电梯钢丝绳头灌注，电梯井道内导轨、层门的支架、螺栓埋设等
智能建筑工程	（1）埋在结构内的各种电线导管：验收导管的品种、规格、位置、弯扁度、弯曲半径、连接、跨接地线、防腐、需焊接部位的焊接质量、管盒固定、管口处理、敷设情况、保护层等。 （2）不能进入吊顶内的电线导管：验收导管的品种、规格、位置、弯扁度、弯曲半径、连接、跨接地线、防腐、需焊接部位的焊接质量、管盒固定、管口处理、固定方法、固定间距。 （3）不能进入吊顶内的线槽：验收其品种、规格、位置、连接、接地、防腐、固定方法、固定间距等。 （4）直埋电缆：验收电缆的品种、规格、埋设方法、埋深、弯曲半径、标桩埋设情况等。 （5）不进入电缆沟敷设电缆：验收电缆的品种、规格、弯曲半径、固定方法、固定间距、标识情况等

5.5.2 施工检查记录（C5.2）

依据《建筑工程施工质量验收统一标准》GB 50300—2013 规定：各施工工序应按施工技术标准进行质量控制，每道施工工序完成后，经施工单位自检符合规定后，才能进行下道工序施工。对于施工过程中影响质量、观感、安装、人身安全的重要工序应在过程中做好过程控制并填写《施工检查记录》，施工检查记录适用各专业。

施工检查程序：须办理施工检查的工序，完成后由项目专业工长组织质量员、班组长检查，合格后由专业工长填写施工检查记录，有关责任人签认齐全后生效。

施工检查项目及内容：

1. 模板：主要检查模板的几何尺寸、轴线、标高；节点细部做法（必须绘制节点大样图的，检查实际放样尺寸）；模板（包括支撑）的强度、刚度和稳定性、牢固性和接缝严密性（止水构造）；预埋件及预留洞口的位置；模内清理情况；模板清扫口留置；使用隔离剂种类和隔离剂涂刷等。

2. 预制构件安装：主要依据图纸要求检查阳台栏板、过梁、预制楼梯、沟盖板、楼板等预制构件的规格型号、几何尺寸、数量；构件的外观质量；构件的搁置长度以及锚固情况、标高等；检查楼板的堵孔和清理情况等。

3. 设备基础：依据图纸检查设备基础的位置、标高、几何尺寸及混凝土的强度等级，检查设备基础的预留孔和预埋件位置。

4. 地上混凝土结构施工缝：依据模板方案和技术交底，检查施工缝留置的方法及位置，模板支撑、接槎的处理情况等。

由施工单位填写的施工检查记录应一式一份，并由施工单位自行保存。填写《施工检查记录》所反映的施工检查部位、检查时间、施工检查内容等应与施工日志、检验批质量验收记录、施工方案和交底内容或要求相一致。施工检查记录宜采用表1-5-28的格式。

111

施工检查记录（通用）(C5. 2)　　　　　　　　表1-5-28

工程名称	××市×中学教学楼	编　　号	01-06-C5.2-0××
		检查日期	××××年×月×日
检查部位	地下一层①～⑪/Ⓐ～Ⓕ轴顶板、梁、楼梯	检查项目	模板工程

检查依据：

1. 施工图纸：结施-10、结施-11、结施-21；

2.《混凝土结构工程施工质量验收规范》GB 50204—2015

检查内容：

1. 地下一层①～⑪/Ⓐ～Ⓕ轴顶板、梁、楼梯模板；

2. 模板支撑的强度、刚度、稳定性符合规范要求；

3. 标高、各部尺寸符合设计图纸要求；

4. 拼缝严密，隔离剂涂刷均匀，模内清理干净

检查结论：

经检查地下一层①～⑪/Ⓐ～Ⓕ轴顶板、梁、楼梯模板安装工程已全部完成，符合设计及《混凝土结构工程施工质量验收规范》GB 50204—2015的规定。

复查结论：

符合规范规定及设计要求。

复查人：×××　　　　　复查日期：××××年××月××日

签字栏	施工单位	×××建筑安装有限公司	专业质检员	专业工长
	专业技术负责人	×××	×××	×××

5.5.3　交接检查记录（C5.3）

依据《建筑工程施工质量验收统一标准》GB 50300—2013规定：各专业工种之间的相关工序应进行交接检验并应记录。《交接检查记录》适用于不同施工单位（专业工种）之间的移交检查，当前一专业工程施工质量对后续专业工程施工质量产生直接影响时，应进行交接检查。如支护与桩基工程完工移交给结构工程，结构工程完工交给幕墙工程，初装修完工移交给精装修工程，设备基础完工移交给机电设备安装等。

交接内容：

1. 桩（地）基工程与混凝土结构工程之间的交接，主要检查：桩（地）基工程是否完成、桩（地）基检验检测、桩位偏移和桩顶标高、桩头处理、缺陷桩的处理、竣工

图与现场的对应关系、场地平整夯实，是否完全具备进行下道工序混凝土结构工程施工的条件等。

2. 混凝土结构工程与钢结构工程之间的交接，主要检查：结构的标高、轴线偏差；结构构件的实际偏差及外观质量情况；钢结构预埋件规格、数量、混凝土的实际强度是否满足对钢结构施工时相关混凝土强度要求；是否具备进行钢结构工程施工的条件等。

3. 初装修工程与精装修工程之间的交接，主要检查：结构标高、轴线偏差；结构构件尺寸偏差；填充墙体、抹灰工程质量；相邻楼地面标高；门窗洞口尺寸及偏差；水、暖、电等预埋或管线是否到位等。

《交接检查记录》由移交单位形成，其中表头和"交接内容"由移交单位填写，"检查结果"由接收单位填写，"复查意见"由见证单位填写。

相关规定与要求：分项（分部）工程完成，在不同专业施工单位之间应进行工程交接，应进行专业交接检查，填写交接检查记录。移交单位、接收单位和见证单位共同对移交工程进行验收，并对质量情况、遗留问题、工序要求、注意事项、成品保护、注意事项等进行记录，填写专业交接检查记录。

交接双方共同填写的交接检查记录应一式三份，并应由移交单位、接收单位和见证单位各保存一份。交接检查记录宜采用表 1-5-29 的格式。

交接检查记录（通用）(C5.3)　　　　　　　表 1-5-29

工程名称	××市×中学教学楼	编　号	03-01-C5.3-0××
		图纸编号	××××年×月×日
移交单位	××建筑安装有限公司	见证单位	××监理有限责任公司
交接部位	建筑装饰工程	接收单位	××建筑装饰有限公司

交接内容：
1. 结构标高、轴线偏差；
2. 结构构件尺寸偏差；
3. 楼地面标高偏差；
4. 门窗洞口尺寸偏差；
5. 水、暖、电等预埋或管线是否到位

检查结论：
经检查结构标高、轴线偏差；结构构件尺寸偏差；门窗洞口尺寸偏差；水、暖、电等预埋或管线均符合规范要求，具备装饰工程施工条件

复查结论：（由接收单位填写）
复查人：　　　　　　　　复查日期：

见证单位意见：
交接检查细致全面，各项检查均符合设计要求及规范规定，同意交接。

签字栏	移交单位	接收单位	见证单位
	×××	×××	×××

5.5.4　工程定位测量记录（C5.4）

工程定位测量记录应在工程开工前完成，记录应依据规划部门提供的红线桩、放线成果及总平面图（场地控制网）测定建筑物位置、主控轴线及尺寸、建筑物的±0.000

高程，填写《工程定位测量记录》，报监理单位审核签字后，由建设单位报规划部门验线。填写工程定位测量记录，注意如下要求：

（1）测绘部门根据建设工程规划许可证（附件）批准的建筑工程位置及标高依据，提供的放线成果、红线桩及场地（或建筑物）控制网等资料；

（2）工程定位测量完成后，应由建设单位填写《建设工程验线申请表》报请政府具有相关资质的测绘部门申请验线；工程定位测量记录：含建筑物的位置、主控轴线及尺寸、建筑物±0.000绝对高程，并填报《___报验（审）申请表》报监理单位审核；

（3）施工测量方案（用于大型、复杂的工程）（注：企业自存）；

（4）建设单位报请具有相应资质的测绘部门对工程定位的验线资料（注：向建设单位索取，企业自存）；

（5）平面坐标、高程依据：有资质的测绘单位现场实定坐标、高程成果资料编号；

（6）允许误差：视工程等级。

测量允许误差按测量中误差的二倍计算。建（构）筑物平面控制网主要技术指标见表1-5-30，水准测量的主要技术指标要求见表1-5-31。

建（构）筑物平面控制网主要技术指标 表1-5-30

等级	适用范围	测角中误差（″）	边长相对中误差
一级	钢结构、超高层、连续程度高的建筑	±8	1/24000
二级	框架结构、高层、连续程度一般的建筑	±13	1/15000
三级	一般建（构）筑	±25	1/8000

水准测量的主要技术指标要求 表1-5-31

等级	每千米高差中数偶然中误差（mm）	仪器型号	水准标尺	观测次数		往返较差、复合线路或环线闭合差（mm）		检测已测测段高差之差（mm）
				与已知点联测	复合线路或环线	平地	山地	
三等	±3	DS1	瓦双面	往、返	往	±12$\sqrt{L}$	±4$\sqrt{n}$	±20$\sqrt{L}$
		DS3		往、返	往、返	±3$\sqrt{n}$		
四等	±5	DS3	双面	往、返	往	±20$\sqrt{L}$	±6$\sqrt{n}$	±30$\sqrt{L}$
			单面	两次仪器高测往返	变仪器高测两次	±5$\sqrt{n}$		

注：1. n为测站数。

2. L为线路长度，单位为千米（km）。

（7）定位抄测示意图：应标出单位工程（或多个单位工程）楼座规划点的外廓图形及外廓轴线和相关尺寸；标出本工程±0.000相当于绝对××.×××m高程值；标出引测在场区内的高程点值，并示意所在位置；标出指北针的方向。当群体工程定位时，可在工程名称上标明所定工程。

施工单位填写的工程定位测量记录应一式四份，并应由建设单位、监理单位、施工单位、城建档案馆各保存一份。工程定位测量记录宜采用表1-5-32的格式。

工程定位测量记录（C5.4）　　　　　　表 1-5-32

工程名称	××市×中学教学楼	编　号	01-01-C5.4-0××
		图纸编号	总施-1
委托单位	××建筑安装有限公司	施测日期	××××年×月×日
复测日期	××××年×月×日	平面坐标依据	DZS3-1
高程依据	甲方指定	使用仪器	DS3　DJ6
允许误差	$m_\beta=6''\ k\leqslant 1/10000\quad f_h\leqslant\pm 12\pi$	仪器校验日期	××××年×月×日

定位抄测示意图：

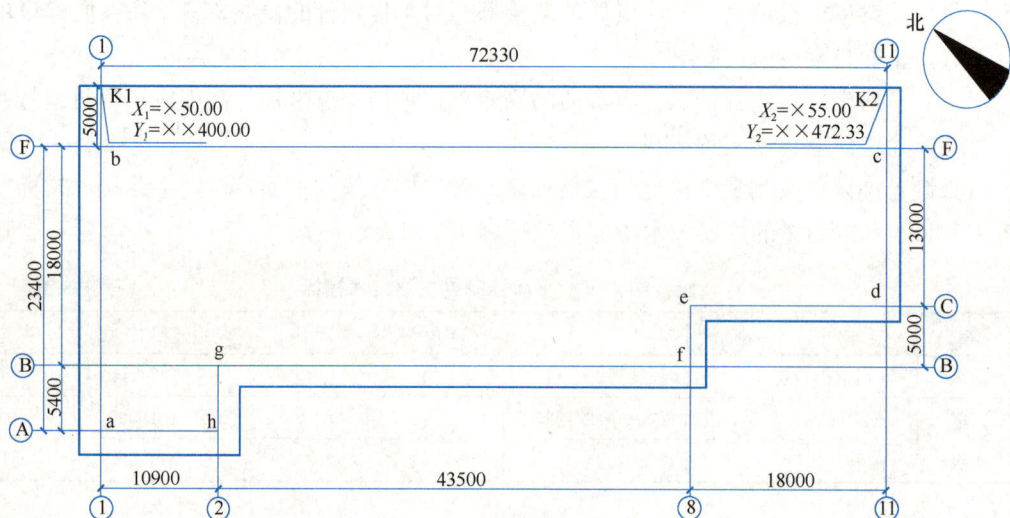

说明：1. 依据规划部门（或建设单位）提供的控制点 K1 和 K2 的坐标及 K1K2 与Ⓕ轴间的平行距离关系可计算出教学楼各拐点的坐标。

a. $X=\times 78.40$，$Y=\times\times 400.00$；b. $X=\times 55.00$，$Y=\times\times 400.00$；c. $X=\times 55.00$，$Y=\times\times 472.33$；d. $X=\times 68.00$，$Y=\times\times 472.33$；e. $X=\times 68.00$，$Y=\times\times 454.40$；f. $X=\times 73.40$，$Y=\times\times 454.00$；g. $X=\times 73.40$，$Y=\times\times 410.90$；h. $X=\times 78.40$，$Y=\times\times 410.90$。

2. 以 K1 以点为测站将全站仪置于其上对中整平，后视 K2 点，将 K1，K2 坐标点坐标输入全站仪，应用坐标放样将 a，b，c，d，e，f，g，h 教学楼拐点分别放样到地面，并用钢尺检查各两点间距离符合图纸尺寸。定位放线完成

复查结果：

经核对：规划总图上单位工程坐标、尺寸，单位工程施工图坐标、尺寸，测绘成果一致，资料合格。经查验：

1. 平面控制网测角中误差 $m_\beta=6''$、边长相对误差 $k\leqslant 1/25200$，符合《工程测量标准》GB 50026—2020 中二级建筑物平面控制网精度及设计要求；

2. 高程控制网闭合差 $f_h=3\text{mm}$，符合《工程测量标准》GB 50026—2020 中三等水准测量精度及设计要求

签字栏	施工单位	××建筑安装 有限公司	测量人员 岗位证书号	×××	专业技术负责人	×××
	施工测量负责人	×××	复测人	×××	施测人	×××
	监理或建设单位	××监理有限责任公司			专业工程师	×××

5.5.5　基槽验线记录（C5.5）

基槽验线是指对建筑工程项目的基槽轴线、放坡边线等几何尺寸进行复试的工作。依据主控轴线和基础平面图，主要检验建筑物基底外轮廓线、集水坑、电梯井坑、基槽断面尺寸、坡度等是否符合设计要求。按照《工程测量标准》GB 50026—2020 的规定，基槽验线记录填写时应注意：

（1）基槽平面、基槽剖面简图中，基地外轮廓线范围至混凝土垫层的外延及所含的集水坑、设备坑、电梯井等示意的位置、标高和基坑下口线的施工工作面尺寸。基槽剖面是指有变化的外廓轴线到基坑边支护的立面结构尺寸，重点是要填写的外廓轴线到基础外边的尺寸与设计图尺寸须一致；此项为准确尺寸外，其余均为技术措施尺寸。简图只要能反映出外廓轴线垫层外边沿尺寸；外廓轴线到基础外边准确尺寸；垫层顶标高、底标高；集水坑、设备坑、电梯井垫层等标高；基础外墙、垫层外边沿尺寸、基坑施工面尺寸等。

（2）施工单位实施基槽开挖后填写含轴线、放坡边线、断面尺寸、标高、坡度等内容，报监理单位审验。收集附件"普通测量成果"及基础平面图等。

（3）施工测量单位应根据主控轴线和基槽底平面图，检验建筑物基底外轮廓线、集水坑、电梯井坑、垫层底标高（高程）、基槽断面尺寸和坡度等，填写《基槽验线记录》并报监理单位审核。

（4）重点工程或大型工业厂房应有测量原始记录。

本表一式四份，由建设单位、监理单位、施工单位、城建档案馆各保存一份。基槽验线记录参考表 1-5-33。

基槽验线记录（C5.5） 表 1-5-33

工程名称	××市×中学教学楼	编号	01-01-C5.5-0××
		日期	××××年×月×日

验线依据及内容：
1. 依据：甲方提供定位控制桩、水准点、测绘单位提供的测量成果、基础平面图；
2. 内容：基地外轮廓线及外轮廓断面；
3. 符合《工程测量标准》GB 50026—2020 及测量方案。

基槽平面及剖面简图：（　）

基坑开挖俯视图

1—1剖面图

2—2剖面图

检查意见：

经核对：外控轴线、设计施工图尺寸无误。

经检查：基地外轮廓轴线，基础外边尺寸误差±3mm，断面准确；垫层标高-5.400m，误差均在±5mm以内；基坑开挖质量符合《建筑地基基础工程施工质量验收标准》GB 50202—2018 及建筑工程施工测量规程的精度要求。

签字栏	施工单位	××建筑安装有限公司	专业技术负责人	专业质检员	专业工长
			×××	×××	×××
	监理或建设单位	××监理有限责任公司	专业工程师	×××	

5.5.6 建筑物垂直度、标高观测记录（C5.8）

施工单位在结构工程施工和工程竣工时，选定测量点及测量次数，对建筑物垂直度和全高进行实测，将结果填写在建筑物垂直度、标高观测记录上。施工单位填写的建筑物垂直度、标高观测记录应一式四份，并应由建设单位、监理单位、施工单位、城建档案馆各保存一份。建筑物垂直度、标高观测记录宜采用表 1-5-34 的格式。

建筑物垂直度、标高观测记录（C5.8）　　　　表 1-5-34

工程名称	××市×中学教学楼	编　号	00-00-C5.8-×××
施工阶段	工程竣工	观测日期	××××年×月×日

观测说明

1. 用示意外轮廓轴线简图表示阳角观测部位（附观测示意图）。

2. 简明标注对总高垂直度和总高进行实测实量时所采用的仪器及方法（2″精度激光垂准仪配合量距测得全高、垂直度；用计量 50m 钢尺外加三项改正量的总高偏差）。

3. 注明建筑物的结构形式。

4. 垂直度测量（全高）、标高测量（全高）指阳角外檐总高度。

垂直度测量（全高）		标高测量（全高）	
观测部位	实测偏差（mm）	观测部位	实测偏差（mm）
①/Ⓐ轴	偏东 2	①/Ⓐ轴	+2
①/Ⓐ轴	偏南 5		
①/Ⓕ轴	偏北 3	①/Ⓕ轴	+3
①/Ⓕ轴	偏东 6		
⑪/Ⓐ轴	偏北 3	⑪/Ⓐ轴	+3
⑪/Ⓐ轴	偏西 4		
⑪/Ⓕ轴	偏北 4	⑪/Ⓕ轴	+2
⑪/Ⓕ轴	偏西 2		

结论：

经核对：设计施工图及对应有关资料无误。

经查验，本工程建筑垂直度（全高），偏差最大 6mm，标高（全高）偏差最大 3mm，符合《工程测量标准》GB 50026—2020 的规定及设计要求。

签字栏	施工单位	××建筑安装有限公司	专业技术负责人	专业质检员	施测人
			×××	×××	×××
	监理或建设单位	××监理有限责任公司	专业监理工程师	×××	

5.5.7 地基验槽记录（C5.12）

地基验槽应符合现行国家标准《建筑地基基础工程施工质量验收标准》GB 50202—2018 的有关规定：基坑（槽）、管沟开挖至设计标高后，应对坑底进行保护，经验槽合格后，方可进行垫层施工。验槽要求如下：

（1）收集相关设计图纸、设计变更洽商及地质勘察报告等。

（2）由总包单位填报，经各相关单位转签后存档。

（3）所有建（构）筑物均应进行施工验槽，基槽开挖后检验要点：核对基坑的位置、平面尺寸，坑底标高；核对基坑土质和地下水的情况；空穴、古墓、古井、防空掩体及地下埋设物的位置、深度、性状。基槽检验应填写验槽记录或检验报告。

（4）地基验槽检查记录应由建设、勘察、设计、监理、施工单位共同验收签认。

（5）地基需处理时，应由勘察、设计部门提出处理意见。

施工单位填写的地基验槽记录要点：验槽内容应注明地质勘查报告编号、基槽标高、断面尺寸，必要时可附断面简图；注明土质情况，附上钎探记录和钎探点平面布置图，在钎探图上用红蓝铅笔标注软土、硬土情况；若采用桩基还应说明桩的类型、数量等，附上桩基施工记录、桩基检测报告等。检查结论应由勘察、设计单位出具，对验槽内容是否符合勘察、设计文件要求作出评价，是否同意通过验收。对需要地基处理的基槽，应注明质量问题，并提出具体地基处理意见。对进行地基处理的基槽，还需再办理一次地基验槽记录。在"验槽内容"栏，要将地基处理的洽商编号写上，处理方法描述清楚。地基验槽记录应一式六份，并应由建设单位、监理单位、勘察单位、设计单位、施工单位、城建档案馆各保存一份。地基验槽记录宜采用表1-5-35的格式。

117

地基验槽记录（C5.12）　　　　　　　　　　　　　　　　　　表1-5-35

工程名称	××市×中学教学楼		编　　号	01-01-C5.12-0××
验槽部位	①～⑪/Ⓐ～Ⓕ轴		验槽日期	××××年×月×日
依据：施工图号施工图号总施-1 结构总说明、结施-1、结施-2、地质勘察报告（编号×××-××）设计变更/洽商/技术核定编号＿＿＿＿/＿＿＿＿ 及有关规范、规程。				
验槽内容： 1. 基槽开挖至勘探报告第 × 层，持力层为 × 层； 2. 基坑位置、平面尺寸：均符合规范规定； 3. 基底绝对高程和相对标高绝对标高××.××m，相对标高××.××m； 4. 土质情况：基地为砂砾土质，均匀密实。 　　　　　　　　　　　　　　　　　　　　　　　　　申报人：×××				
检查结论： 1. 基底标高、基地轮廓尺寸、工程定位符合设计要求； 2. 槽底土质均匀密实，与地质勘察报告（地勘××-××）相符，清槽工作到位，无地下水，同意地基验槽。 ■无异常，可进行下道工序　　　　　□需要地基处理				
签字公章栏	施工单位	勘察单位	设计单位	监理单位	建设单位
	×××	×××	×××	×××	×××

5.5.8 混凝土浇灌申请书（C5.14）

正式浇筑混凝土前，施工单位应检查各项准备工作（如钢筋、模板工程检查，水电预埋件检查，材料设备等准备检查），自检合格由施工现场工长填写本表报请施工单位技术负责人和监理单位签认批准后方可浇筑混凝土。本表审批意见、审批结论应由项目现场负责人或项目专业质量检查员填写并保存，并交给监理一份备案。本表填写时，申请浇灌的部位和方量应准确，注明层、轴线和构件名称（梁、板、柱、墙）。混凝土浇灌申请书参考表1-5-36。

混凝土浇灌申请书（C5.14）　　　　　　　表 1-5-36

工程名称	××市×中学教学楼	编号	02-01-C5.14-×××
		申请浇灌日期	××××年×月×日
申请浇灌部位	一层顶板楼梯	申请方量（m³）	35
技术要求	坍落度180±20mm，初凝时间2h，终凝时间10h	强度等级	C35
搅拌方式（搅拌站名称）	×××混凝土有限公司	申请人	×××

依据：施工图纸（施工图纸号结施03、04）、设计变更/洽商（编号＿＿＿＿××××）和有关规范、规程。

施工准备检查			专业工长（质量员）签字	备　注
1. 隐检情况：	■已完成	□未完成隐检	×××	
2. 预检情况：	■已完成	□未完成预检	×××	
3. 水电预埋情况：	■已完成	□未完成并未经检查	×××	
4. 施工组织情况：	■已完备	□未完备	×××	
5. 机械设备准备情况：	■已准备	□未准备	×××	
6. 保温及有关准备：	■已完备	□未完备	×××	

审批意见：

原材料、机械设备及施工人员已就位；

施工方案及技术交底工作已落实；

计量设备准备完毕；

各种隐检、水电预埋工作已完成。具备浇筑条件。

审批结论：■同意浇筑 □整改后自行浇筑　　□不同意，整改后重新申请

审批人：×××　　　　　　　审批日期：××××年×月×日

施工单位名称：××建筑安装有限公司

5.5.9 预拌混凝土运输单（C5.15）

预拌混凝土供应单位应随车向施工单位提供预拌混凝土运输单，预拌混凝土运输单的正本由供应单位保存，副本由施工单位保存。施工单位专业质量员应及时统计、分析混凝土实测坍落度、混凝土浇筑间歇时间等，且需满足规范规定。单车总耗时（运输、浇筑及间歇的全部时间）不得超过初凝时间，当超过规定时间应按施工缝处理。对现场实测坍落度不合格，运输超时的混凝土应及时退场。施工单位应检验运输单项目是否齐

全、准确、真实、无未了项，编号填写正确、签字盖章齐全。供应单位填写工程名称、使用部位、供应方量、配合比、坍落度、出站时间、到场时间等。预拌混凝土运输单参考表1-5-37。

预拌混凝土运输单（正本）（C5.15）　　　　　表 1-5-37

工程名称及施工部位	××市×中学教学楼二层梁、板、梯		编号	01-06-C5.15-×××	
合同编号	××××-××		任务单号	××××-×××	
供应单位	××商用混凝土有限公司		生产日期	××××年××月××日	
委托单位	×××建筑安装有限公司	混凝土强度等级	C30	抗渗等级	/
混凝土输送方式	泵送	其他技术要求		/	
本车供应方量（m³）	8	要求坍落度（mm）	180±20	实测坍落度（mm）	190
配合比编号	××××-××××	配合比比例	C：W：S：G＝1：××：××：××		
运距（km）	21	车号	××××××	车次	5	司机	×××
出站时间	×日×时×分	到场时间	×日×时×分	现场出罐温度（℃）	20
开始浇筑时间	×日×时×分	完成浇筑时间	×日×时×分	现场坍落度（mm）	190
签字栏	现场验收人		混凝土供应单位质量员		混凝土供应单位签发人
	×××		×××		×××

预拌混凝土运输单（副本）

工程名称及施工部位	××市×中学教学楼二层梁、板、梯		编号	01-06-C5.15-×××	
合同编号	××××-××		任务单号	××××-×××	
供应单位	××商用混凝土有限公司		生产日期	××××年××月××日	
委托单位	×××建筑安装有限公司	混凝土强度等级	C30	抗渗等级	/
混凝土输送方式	泵送	其他技术要求		/	
本车供应方量（m³）	8	要求坍落度（mm）	180±20	实测坍落度（mm）	190
配合比编号	××××-××××	配合比比例	C：W：S：G＝1：××：××：××		
运距（km）	21	车号	××××××	车次	5	司机	×××
出站时间	×日×时×分	到场时间	×日×时×分	现场出罐温度（℃）	20
开始浇筑时间	×日×时×分	完成浇筑时间	×日×时×分	现场坍落度（mm）	190
签字栏	现场验收人		混凝土供应单位质量员		混凝土供应单位签发人
	×××		×××		×××

注：本表的正本由供应单位保存，副本由施工单位保存。现场出罐温度、现场实测坍落度、开始浇筑和完成浇筑时间均有施工单位试验和材料人员填写，其余均有供应单位填写。

119

5.5.10 地下工程防水效果检查记录（C5.23）

现行国家标准《地下防水工程质量验收规范》GB 50208—2011 规定，地下工程验收时，应对地下工程有无渗漏现象进行检查，检查内容应包括裂缝、渗漏部位、大小、渗漏情况和处理意见等。渗漏水重点调查范围：房屋建筑地下室围护结构内墙和底板；全埋设地下的结构（地下商场、地铁车站）应调查围护结构内墙和底板，背水的顶板（拱顶）；钢筋混凝土衬砌的隧道以及钢筋混凝土管片衬砌的隧道渗漏水（重点是上半环）。填写注意事项和要求如下：

（1）收集背水内表面结构工程展开图、相关图片、相片及说明文件等。

（2）由施工单位填写，报送建设单位和监理单位，各相关单位保存。

（3）相关要求：地下工程验收时，发现渗漏水现象应制作、标示好背水内表面结构工程展开图。

（4）注意事项："检查方法及内容"栏内按《地下防水工程质量验收规范》GB 50208—2011 相关内容及技术方案填写。

填写地下工程防水效果检查记录应由施工单位填写一式三份，并应由建设单位、监理单位、施工单位各保存一份。地下工程防水效果检查记录宜采用表 1-5-38 的格式。

地下工程防水效果检查记录（C5.23）　　　　　　表 1-5-38

工程名称	××市×中学教学楼		编　　号	01-05-C5.23-0××	
检查部位	地下一层		检查日期	××××年×月×日	
检查方法及内容： 检查人员用手触摸混凝土墙面及用吸墨纸（或报纸）贴附背水墙面检查地下二层外墙，有无裂缝和渗水现象。					
检查结论： 地下室混凝土墙面不渗水，结构表面无湿渍现象，观感质量合格，符合设计要求和《地下防水工程质量验收规范》GB 50208—2011 规定。					
复查结论：符合有关规范规定及设计要求 复查人：×××　　　　　　　　　　复查日期：××××年×月×日					
签字栏	施工单位	××建筑 安装有限公司	专业技术负责人	专业质检员	施测人
			×××	×××	×××
	监理或建设单位	××监理有限责任公司		专业工程师	×××

5.5.11 防水工程试水检查记录（C5.24）

根据现行国家标准《建筑地面工程施工质量验收规范》GB 50209—2010 的规定，地面工程中应检查的安全和功能项目：有防水要求的建筑地面子分部的分项工程施工质量的蓄水检验记录，并抽查复验。蓄水检查内容包括蓄水方式、蓄水时间不少于 24h、蓄水深度最浅水位不应低于 20mm、水落口及边缘的封堵情况和有无渗漏现象等。

根据现行国家标准《屋面工程质量验收规范》GB 50207—2012 的有关规定，屋面工程完工后，应对细部构造（屋面天沟、檐沟、檐口、泛水、水落口、变形缝、伸出屋面管道等）、接缝处和保护层进行雨期观察或淋水、蓄水检查。淋水试验持续时间不得少于 2h；做蓄水检查的屋面，蓄水时间不得少于 24h。

外墙、屋面淋水应进行持续 2h 淋水试验。

防水工程试水检查记录应由施工单位填写一式三份，并由建设单位、监理单位、施工单位各保存一份。防水工程试水检查记录宜采用表1-5-39的格式。

防水工程试水检查记录（C5.24）　　　　表1-5-39

工程名称	××市×中学教学楼	编号	01-05-C5.24-0××
检查部位	四层卫生间	检查日期	××××年×月×日
检查方式	■第一次蓄水□第二次蓄水	蓄水时间	从××××年×月×日×时 至××××年×月×日×时
	□淋水　□雨期观察		

检查方法及内容：
　　四层卫生间蓄水试验：在门口用水泥砂浆做挡水墙50mm，地漏用球塞（或棉丝）堵严密且不影响试水，然后进行放水，蓄水最浅处20mm，蓄水时间为24h。

检查结论：
　　经检查，四层卫生间第一次蓄水24h后，蓄水最浅处仍为20mm，无渗漏现象，检查合格。

复查结论：
　　经复查四层卫生间蓄水试验符合有关规范规定及设计要求。
复查人：×××　　　　　　复查日期：××××年×月×日

签字栏	施工单位	××建筑 安装有限公司	专业技术负责人	专业质检员	施测人
			×××	×××	×××
	监理或建设单位	××监理有限责任公司	专业工程师		×××

5.5.12　通风道、烟道、垃圾道检查记录（C5.25）

通风道、烟道、垃圾道检查记录填写时应注意：建筑通风道（烟道）应全数作通（抽）风、串风试验，并作检查记录。垃圾道应全数检查畅通情况，并作检查记录。主烟（风）道可先检查，检查部位按轴线记录；副烟（风）道可按门户编号记录。由施工单位填写的通风道、烟道、垃圾道检查记录应一式三份，并应由建设单位、监理单位、施工单位各保存一份。通风道、烟道、垃圾道检查记录宜采用表1-5-40的格式。

通风道、烟道、垃圾道检查记录（C5.25）　　　　表1-5-40

工程名称	××市×中学教学楼		编号	00-00-C5.25-0××	
			检查日期	××××年×月×日	
检查部位和检查结果				检查人	复检人
检查部位	主烟（风）道	副烟（风）道	垃圾道		
1层②～⑥轴处	√			×××	
2层②～⑥轴处	√			×××	
3层②～⑥轴处	√			×××	
签字栏	施工单位		××建筑安装有限公司		
	专业技术负责人		专业质检员	专业工长	
	×××		×××	×××	

121

其他常用施工记录填写要求见表 1-5-41。

其他常用施工记录　　　　　　　　表 1-5-41

序号	工程资料类别 C5 类		提供单位
	工程资料名称	主要内容及注意事项	
		专用表格	
1	地基处理记录	(1) 附件收集：相关设计图纸、设计变更洽商及地质勘察报告等。 (2) 资料流程：由总包单位填报，经各相关单位转签后存档。 (3) 相关规定与要求：地基需处理时，应由勘察、设计部门提出处理意见，施工单位应依据勘察、设计单位提出的处理意见进行地基处理，并完工后填写地基处理记录。内容包括地基处理方式、处理部位、深度及处理结果等。地基处理完成后，应报请勘察、设计、监理部门复试验收。 (4) 注意事项：当地基处理范围较大、内容较多、用文字描述较困难时，应附简图示意。如勘察、设计单位委托监理单位进行复查时，应有书面的委托记录。 (5) 本表由施工单位填写，建设单位、施工单位、城建档案馆各保存一份	施工单位
2	楼层平面放线记录 (C5.6)	(1) 由施工单位完成楼层平面放线后填写，随相应部位的测量放线报验表报监理单位审核签字，可附平面图。 (2) 相关规定与要求：楼层平面放线内容包括基础板底防水保护面层及以上各层的墙、柱轴线、边线、门窗洞口位置线、轴线竖向投测控制线、垂直度偏差等，施工单位应在完成楼层平面放线后，填写楼层平面放线记录并报监理单位审核。 (3) 本表由施工单位填写，监理单位、施工单位、城建档案馆各保存一份	施工单位
3	楼层标高抄测记录 (C5.7)	(1) 相关规定与要求：楼层标高抄测内容包括地下室＋0.5m（或 1.m）水平控制线、楼地面、顶棚与门窗口标高、皮数杆标高定位等，施工单位应在完成楼层标高抄测后，填写楼层标高抄测记录报监理单位审核签字。 (2) 注意事项：砖砌基础、砖墙必须设置皮数杆，以此控制标高，用水准仪校核（允许误差±3mm）。 (3) 本表由施工单位填写，监理单位、施工单位、城建档案馆各保存一份	施工单位
4	沉降观测记录 (C5.9)	沉降观测由建设单位委托有资质的测量单位进行。 注：下列情况应做沉降观测，并应按《工程测量标准》GB 50026—2020 第 10.1.3 的规定执行： (1) 设计要求时； (2) 重要的建筑物； (3) 20 层以上的建筑物； (4) 14 层以上但造型复杂的建筑物； (5) 对地基变形有特殊要求的建筑； (6) 单桩承受荷载在 400kN 以上的建筑物； (7) 使用灌注桩基础而设计与施工人员经验不足的建筑物； (8) 因施工、使用或科研要求进行沉降观测的建筑物。 本表由施工单位填写，监理单位、施工单位、城建档案馆各保存一份	建设单位委托测量单位提供

序号	工程资料类别 C5 类		提供单位
	工程资料名称	主要内容及注意事项	
5	基坑支护水平位移监测记录（C5.10）	应在基坑开挖和支护结构使用期间记录，应按《工程测量标准》GB 50026—2020 第 10.2 的规定执行，由施工单位填写，监理单位、施工单位各保存一份	施工单位
6	桩基、支护测量放线记录（C5.11）	施工单位填写的桩基、支护测量放线记录同工程定位测量记录，应一式二份，并应由监理单位、施工单位各保存一份	施工单位
7	地基钎探记录（C5.13）	（1）收集地基钎探记录原始记录（或复印件）。 （2）相关规定与要求：钎探记录用于检验浅土层（如基槽）的均匀性，确定基槽的容许承载力及检验填土质量。钎探前应绘制钎探点平面布置图，确定钎探点布置及顺序编号，标出方向及重要控制轴线。按照钎探图及有关规定进行钎探并记录。钎探中如发现异常情况，应在地基钎探记录表的备注栏注明。虚的基础历史，应将处理范围（平面、竖向）标注在钎探点平面布置图上，并注明处理依据。 （3）注意事项：地基钎探记录必须真实有效，严禁弄虚作假。 （4）本表由施工单位填写，建设单位、监理单位、施工单位、城建档案馆各保存一份	施工单位
8	混凝土开盘鉴定（C5.16）	（1）相关规定与要求：采用预拌混凝土的，应对首次使用的混凝土配合比在混凝土出厂前，由混凝土供应单位自行组织相关人员进行开盘鉴定。采用现场搅拌混凝土的，应由施工单位组织监理单位、搅拌机组、混凝土试配单位进行开盘鉴定工作，共同认定试验室签发的混凝土配合比确定的组成材料是否与现场施工所用材料相符，以及混凝土拌合物性能是否满足设计要求和施工需要。 （2）注意事项：鉴定的内容包括浇灌部位及时间、强度等级和配合比、坍落度和保水性。表中各项都应根据实际情况填写清楚、齐全，要有明确的鉴定结果和结论，签字齐全。 （3）由施工单位填写，施工单位与监理单位各保存一份	施工单位
9	混凝土拆模申请单（C5.17）	（1）收集混凝土试块抗压强度试验报告。 （2）相关规定与要求：在拆除现浇混凝土结构板、梁、悬臂构件等底模和柱墙侧模前，应填写混凝土拆模申请单并附同条件混凝土强度等级报告（或龄期强度推断计算书），报项目专业负责人审批后报监理单位审核，通过后方可拆模。 （3）其他： ①拆模时混凝土强度规定：当设计有要求时，应按设计要求；当设计无要求时，应按现行规范要求。 ②结构形式复杂（结构跨度变化较大）或平面不规则，应附拆模平面示意图。 （4）由施工单位填写，在拆模前报送监理单位审核，施工单位和监理单位各保存一份	施工单位

123

序号	工程资料类别 C5 类		提供单位
	工程资料名称	主要内容及注意事项	
10	混凝土预拌测温记录（C5.18）	（1）由施工单位填写并保存。 （2）相关规定与要求： ① 冬期混凝土施工时，应记载搅拌和养护的测温记录。 ② 混凝土冬期施工搅拌测温记录应包括大气温度、原材料温度、出罐温度、入模温度等。 ③ 混凝土冬施养护测温应先绘制测温点布置图，包括测温点的部位、深度等。测温记录应包括大气温度、各测温孔的实测温度、同一时间测得的各测温孔的平均温度和间隔时间等。 （3）注意事项："备注"栏内应填写"现场搅拌"或"预拌混凝土"	施工单位
11	混凝土养护测温记录（C5.19）	依据《建筑工程冬期施工规程》JGJ/T 104—2011 规定，混凝土养护期间温度测量应符合下列规定： （1）蓄热法或综合蓄热法养护从混凝土入模开始至混凝土达到受冻临界强度，或混凝土温度降到 0℃ 或设计温度以前至少每隔 6h 测量一次。 （2）掺防冻剂的混凝土在强度未达到本规程第 7.1.1 条规定之前应每隔 2h 测量一次达到受冻临界强度以后每隔 4～6h 测量一次。 （3）采用加热法养护混凝土时，升温和降温阶段应每隔 1h 测量一次，恒温阶段每隔 2h 测量一次。 （4）混凝土在达到受冻临界强度后，可停止测温。 （5）全部测温孔均应编号，并绘制布置图。测温孔应设在有代表性的结构部位和温度变化大易冷却的部位，孔深宜为 10～15cm，也可为板厚的 1/2 或墙厚的 1/2。测温时测温仪表应采取与外界气温隔离措施，并留置在测温孔内不于 3min。 （6）本表由施工单位填写并保存	施工单位
12	大体积混凝土养护测温记录（C5.20）	依据《混凝土结构工程施工质量验收规范》GB 50204—2015 的规定，混凝土浇筑完毕后，应按施工技术方案及时采取有效的养护措施，并应符合下列规定： （1）应在浇筑完毕后的 12h 以内对混凝土加以覆盖并保湿养护。 （2）混凝土浇水养护的时间：对采用硅酸盐水泥、普通硅酸盐水泥或矿渣硅酸盐水泥拌制的混凝土，不得少于 7d；对掺用缓凝型外加剂或有抗渗要求的混凝土，不得少于 14d。 （3）浇水次数应能保持混凝土处于湿润状态；混凝土养护用水应与拌制用水相同。 （4）塑料膜覆盖养护的混凝土，其敞露的全部表面应覆盖严密，并应保持塑料面膜内有凝结水。 （5）混凝土强度达到 $1.2N/mm^2$ 前，不得在其上踩踏或安装模板及支架。 注： 1）当日平均气温低于 5℃ 时，不得浇水。	施工单位

序号	工程资料类别 C5 类		提供单位
	工程资料名称	主要内容及注意事项	
12	大体积混凝土养护测温记录（C5.20）	2）当采用其他品种水泥时，混凝土的养护时间应根据所采用水泥的技术性能确定。 3）混凝土表面不便浇水或使用塑料膜时，宜涂刷养护剂。 4）对大体积混凝土的养护，应根据气候条件按施工技术方案采取控温措施。 检查数量：全数检查。 检查方法：观察，检查施工记录。 说明：养护条件对于混凝土强度的增长有重要影响。在施工过程中，应根据原材料、配合比、浇筑部位和季节等具体情况，制订合理的施工技术方案，采取有效的养护措施，保证混凝土强度正常增长。 要求： （1）由施工单位填写并保存。 （2）相关规定与要求： 1）大体积混凝土施工应有对混凝土入模时大气温度、养护温度记录、内外温差和裂缝进行检查和记录。 2）大体积混凝土养护测温应附测温点布置图，包括测温点的布置部位、深度等。 （3）注意事项：大体积混凝土养护测温记录应真实、及时，严禁弄虚作假	施工单位
13	大型构件吊装记录（C5.21）	构件吊装记录适用于大型混凝土预制构件、钢构件的安装。吊装记录的内容包括构建的名称、安装位置、搁置与搭接长度、接头处理、固定方法、标高等。填写要求： （1）收集相关设计要求文件等。 （2）由施工单位填写一式四份，由建设单位、施工单位、监理单位、城建档案馆各保存一份。 （3）相关规定与要求：预制混凝土结构构件、大型钢、木构件吊装应有构件吊装记录。吊装记录内容包括构件型号名称、安装位置、外观检查、楼板堵孔、清理、锚固、构件支点的搁置与搭接长度、接头处理、固定方法、标高、垂直偏差等，应符合设计和现行标准、规范要求。 （4）注意事项："备注"栏内应填写吊装过程中出现的问题、处理措施及质量情况等。对于重要部位或大型构件的吊装工程，应有专项安全交底	施工单位
14	焊接材料烘焙记录（C5.22）	依据《钢结构工程施工质量验收标准》GB 50205—2020 的规定：焊条、焊丝、焊剂、电渣焊熔嘴等焊接材料与母材的匹配应符合设计要求及国家现行标准《钢结构焊接规范》GB 50661—2011 的规定。焊条、焊剂、药芯焊丝、熔嘴等在使用前，应按其产品说明书及焊接工艺文件的规定进行烘焙和存放。 检查数量：全数检查。 检验方法：检查质量证明书和烘焙记录。 说明：焊接材料对钢结构焊接工程的质量有重大影响。其选用必须符合设计文件和国家现行标准的要求。对于进场时经验收合格的焊接材料，产品的生产日期、保存状态、使用烘焙等也直接影响焊接质量。本条说明即规定了焊条的选用和使用要求，尤其强调了烘焙状态，这是保证焊接质量的必要手段。 填写要求： （1）由施工单位填写并保存。 （2）相关规定与要求：按照规范、标准和工艺文件等规定应须进行烘焙的焊接材料应在使用前按要求进行烘焙，并填写《烘焙记录》。烘焙记录内容包括烘焙方法、烘干温度、要求烘干时间、实际烘焙时间和保温要求等	施工单位

125

序号	工程资料类别 C5 类		提供单位
	工程资料名称	主要内容及注意事项	
15	预应力筋张拉记录（C5.26）	依据《混凝土结构工程施工质量验收规范》GB 50204—2015 的规定： （1）后张法预应力工程的施工应由具有相应资质等级的预应力专业施工单位承担。 （2）预应力筋张拉机具设备及仪表，应定期维护和校验。张拉设备应配套标定，并配套使用。张拉设备的标定期限不应超过半年。当在使用过程中出现反常现象时或在千斤顶检修后，应重新标定。 注：1）张拉设备标定时，千斤顶活塞的运行方向应与实际张拉工作状态一致； 2）压力表的精度不应低于 1.5 级，标定张拉设备用的试验机或测力计精度不应低于±2%。 （3）预应力筋张拉或放张时，混凝土强度应符合设计要求；当设计无具体要求时，不应低于设计的混凝土立方体抗压强度标准值的 75%。 （4）预应力筋的张拉力、张拉或放张顺序及张拉工艺应符合设计及施工技术方案的要求，并应符合下列规定： 1）当施工需要超张拉时，最大张拉应力不应大于国家现行标准《混凝土结构设计规范（2015 年版）》GB 50010—2010 的规定。 2）张拉工艺应能保证同一束中各根预应力筋的应力均匀一致。 3）后张法施工中，当预应力筋是逐根或逐束张拉时，应保证各阶段不出现对结构不利的应力状态；同时宜考虑后批张拉预应力筋所产生的结构构件的弹性压缩对先批张拉预应力筋的影响，确定张拉力。 4）先张法预应力筋放张时，宜缓慢放松锚固装置，使各根预应力筋同时缓慢放松。 5）当采用应力控制方法张拉时，应校核预应力筋的伸长值。实际伸长值与设计计算理论伸长值的相对允许偏差为±5%。 （5）预应力筋张拉锚固后实际建立的预应力值与工程设计规定检验值的相对允许偏差为±5%。 预应力筋张拉时实际建立的预应力值对结构受力性能影响很大，必须予以保证。先张法施工中可以用应力测定仪器直接测定张拉锚固后预应力筋的应力值；后张法施工中预应力筋的实际应力值较难测定，故可用见证张拉代替预加力值测定。见证张拉指监理工程师或建设单位代表现场见证下的张拉。 （6）张拉过程中应避免预应力筋断裂或滑脱；当发生断裂或滑脱时，必须符合下列规定： 1）对后张法预应力结构构件，断裂或滑脱的数量严禁超过同一截面预应力筋总根数的 3%，且每束钢丝不得超过一根；对多跨双向连续板，其同一截面应按每跨计算。 2）对先张法预应力构件，在浇筑混凝土前发生断裂或滑脱的预应力筋必须予以更换。 填写要求： （1）由施工单位填写一式四份，建设单位、施工单位、监理单位、城建档案馆各保存一份。 （2）相关规定与要求： 1）预应力筋张拉记录应由专业施工人员负责填写。包括预应力施工部位、预应力筋规格、平面示意图、张拉程序、应力记录、伸长量等。 2）预应力筋张拉记录对每根预应力筋的张拉实测值进行记录。后张法预应力张拉施工应执行实行见证管理，按规定要求做见证张拉记录。 3）预应力张拉原始施工记录应归档保存。 （3）预应力工程施工记录应由具有相应资质的专业施工单位负责提供	施工单位

续表

序号	工程资料类别 C5 类		提供单位
	工程资料名称	主要内容及注意事项	
16	有粘结预应力结构灌浆记录（C5.27）	依据《混凝土结构工程施工质量验收规范》GB 50204—2015 的规定： （1）后张法有粘结预应力筋张拉后应尽早进行孔道灌浆，孔道内水泥浆应饱满、密实。 （2）锚具的封闭保护应符合设计要求；当设计无具体要求时，应符合下列规定： 1）应采取防止锚具腐蚀和遭受机械损伤的有效措施。 2）凸出式锚固端锚具的保护层厚度不应小于 50mm。 3）外露预应力筋的保护层厚度：处于正常环境时，不应小于 20mm；处于易受腐蚀的环境时，不应小于 50mm。 （3）后张法预应力筋锚固后的外露部分宜采用机械方法切割，其外露长度不宜小于预应力筋直径的 1.5 倍，且不宜小于 30mm。 （4）灌浆用水泥浆的水灰比不应大于 0.45，搅拌后 3h 泌水率不宜大于 2%，且不应大于 3%。泌水应能在 24h 内全部重新被水泥吸收。 （5）灌浆用水泥浆的抗压强度不应小于 $30N/mm^2$。 检查数量：每工作班留置一组边长为 70.7mm 的立方体试件。 检验方法：检查水泥浆试件强度试验报告。 填写要求： （1）由施工单位填写一式四份，建设单位、施工单位、监理单位、城建档案馆各保存一份。 （2）相关规定与要求：有粘结预应力结构灌浆记录：后张法有粘结预应力筋张拉后应及时灌浆，并做灌浆记录，记录内容包括灌浆孔状况、水泥浆配比状况、灌浆压力、灌浆量，并有灌浆点简图和编号等	施工单位
17	钢结构施工记录（C5.28）	（1）钢结构工程施工记录由多项内容组成，具体形式由施工单位自行确定。 （2）钢结构工程施工记录相关说明 1）构件吊装记录：钢结构吊装应有构件吊装记录，吊装记录内容包括构件名称、安装位置、搁置与搭接长度、接头处理、固定方法、标高等。 2）焊接材料烘焙记录：焊接材料在使用前，应按规定进行烘焙，有烘焙记录。 3）钢结构安装施工记录：钢结构主要受力构件安装完成后，应检查钢柱、钢架（梁）垂直度、侧向弯曲偏差等，并做施工记录。 4）钢结构主体结构在形成空间刚度单元并连接固定后，应做整体垂直度和整体平面弯曲度的安装允许偏差检查，并做施工记录。 （3）钢结构安装施工记录应由具有相应资质的专业施工单位负责填写，一式三份，建设单位、施工单位、监理单位各保存一份	施工单位

127

序号	工程资料类别 C5 类		提供单位
	工程资料名称	主要内容及注意事项	
18	网架（索膜）施工记录（C5.29）	（1）钢网架（索膜）结构总拼完成后及屋面工程完成后，应检查对其挠度值和其他安装偏差进行测量，并做施工偏差检查记录。 （2）膜结构的安装过程应形成的记录文件：技术交底记录、与膜结构相连接的部位的检验记录、钢构件、拉索、附件、膜单元运抵现场后的验收记录、现场焊缝检验记录、施加预张力记录、施工过程检验记录、膜结构安装完工检验记录。 （3）网架（索膜）施工记录应由具有相应资质的专业施工单位负责填写，一式四份，建设单位、施工单位、监理单位、城建档案馆各保存一份	施工单位
19	木结构施工记录（C5.30）	（1）木结构工程施工记录具体形式由施工单位自行确定。 （2）木结构工程施工记录相关说明：应对木桁架、梁和柱等构件的制作、安装、屋架安装的允许偏差和屋盖横向支撑的完整性进行检查，并做好施工记录。 （3）木结构工程施工记录应由具有相应资质的专业施工单位负责提供，一式三份，建设单位、施工单位、监理单位各保存一份	施工单位
20	幕墙注胶检查记录（C5.31）	（1）幕墙工程施工记录具体形式由施工单位自行确定。 （2）幕墙工程施工记录相关说明：幕墙注胶检查记录，检查内容包括注胶宽度、厚度、连续性、均匀性、密实度和饱满度等。 （3）玻璃幕墙结构胶和密封胶的打注应饱满、密实、连续、均匀、无气泡，宽度和厚度应符合设计要求和技术标准的规定。检验方法：观察；尺量检查；检查施工记录。 （4）金属幕墙的板缝注胶应饱满、密实、连续、均匀、无气泡，宽度和厚度应符合设计要求和技术标准的规定。检验方法：观察；尺量检查；检查施工记录。 （5）石材幕墙的板缝注胶应饱满、密实、连续、均匀、无气泡，板缝宽度和厚度应符合设计要求和技术标准的规定。检验方法：观察；尺量检查；检查施工记录。 （6）幕墙注胶检查记录由施工单位填写一式三份，建设单位、施工单位、监理单位各保存一份	施工单位
21	自动扶梯、自动人行道的相邻区域检查记录（C5.32）	检验项目：出入口畅通区；照明、防碰挡板、净空高度、防护栏、防护网、护板、扶手带外缘、标志须知等。 自动扶梯、自动人行道的相邻区域检查记录由施工单位填写一式三份，建设单位、施工单位、监理单位各保存一份	施工单位

续表

序号	工程资料类别 C5 类		提供单位
	工程资料名称	主要内容及注意事项	
22	电梯电气装置安装检查记录（C5.33）	检验项目：主电源开关、机房照明、轿厢照明和通风电路、轿顶照明及插座、井道照明、接地保护、控制屏柜、防护罩壳、线路敷设、电线管槽、电线槽、电线管、金属软管、轿厢操作盘及显示版面防腐、导线敷设、绝缘电阻等。 电梯电气装置安装检查记录由施工单位填写一式三份，建设单位、施工单位、监理单位各保存一份	施工单位
23	自动扶梯、自动人行道电气装置检查记录（C5.34）	检验项目：主开关；照明电路、开关、插座；防护罩壳、接地保护、线路敷设。 自动扶梯、自动人行道电气装置检查记录由施工单位填写一式三份，建设单位、施工单位、监理单位各保存一份	施工单位
24	自动扶梯、自动人行道整机安装质量检查记录（C5.35）	检验项目：一般要求、装饰板（围板）、护壁板（护栏板）、围裙板体积踏板、扶手带、桁架（机架）、驱动装置、盘车装置、应设置有防护装置的部件等。 自动扶梯、自动人行道整机安装质量检查记录由施工单位填写一式三份，建设单位、施工单位、监理单位各保存一份	施工单位

施工检查记录见表 1-5-42。

施工检查记录（C5.2 通用）　　　　　　　表 1-5-42

工程名称		编号	
		检查日期	
检查部位		检查项目	
检查依据：			
检查方法及内容：			
检查结论：			
复查结论：			
复查人：		复查日期：	
签字栏	施工单位	专业技术负责人　专业质检员　专业工长	
	监理或建设单位	专业工程师	

5.6　施工试验记录与检测文件（C6）

5.6.1　设备单机试运转记录（C6.1.1 通用）

为保证系统安全、正常运行，设备在安装中应进行必要的单机试运转试验。设备单机试运转试验应由施工单位报请建设（监理）单位共同进行。

设备单机试运转记录应符合现行国家标准《建筑给水排水及采暖工程施工质量验收

规范》GB 50242—2002，《通风与空调工程施工质量验收规范》GB 50243—2016，《建筑节能工程施工质量验收标准》GB 50411—2019 等有关规定。

1. 相关规定与要求：

（1）水泵试运转的轴承升温必须符合设备说明书的规定。检验方法：通电、操作和温度计测温检查。水泵试运转，叶轮与泵壳不应相碰，进、出口部位的阀门应灵活。

（2）锅炉风机试运转，轴承升温应符合下列规定：滑动轴承温度最高不得超过60℃；滚动轴承温度最高不得超过80℃。检验方法：用温度计测温检查。轴承径向单振幅应符合下列规定：风机转速小于 1000r/min 时，不应超过 0.10mm；风机转速为1000～1450r/min 时，不应超过 0.08mm。检验方法：用测振仪表检查。

2. 注意事项：

（1）以设计要求和规范规定为依据，适用条目要准确。参考规范包括：《机械设备安装工程施工及验收通用规范》GB 50231—2009，《制冷设备、空气分离设备安装工程施工及验收规范》GB 50274—2010、《风机、压缩机、泵安装工程施工及验收规范》GB 50275—2010 等。

（2）根据试运转的实际情况填写实测数据，要准确，内容齐全，不得漏项。设备单机试运转后应逐台填写记录，一台（组）设备填写一张表格。

（3）设备单机试运转是系统试运转调试的基础工作，一般情况下如设备的性能达不到设计要求，系统试运转调试也不会达到要求。

（4）工程采用施工总承包管理模式的，签字人员应为施工总承包单位的相关人员。

施工单位填写的设备单机试运转记录应一式四份，并应由建设单位、监理单位、施工单位、城建档案馆各保存一份。设备单机试运转记录宜采用表 1-5-43 的格式。

设备单机试运转记录（C6.1.1通用）　　　　　　　表 1-5-43

工程名称	××市×中学教学楼		编号	07-05-C6.1.1-0××
			试运转时间	××××年×月×日
设备名称	变频给水泵		设备编号	M2-43（A版）
规格型号	BA1-100×4		额定数据	$Q=54m^3/h$；$H=70.4m$；$N=18.5kW$
生产厂家	××设备公司		设备所在系统	给水系统
序号	试验项目	试验记录		试验结论
1	减振器连接状况	连接牢固、平稳、接触紧密符合减振要求		符合设计要求、施工规范规定及设备技术文件规定
2	减振效果	基础减振运行平稳，无异常振动与声响		符合设计要求、施工规范规定及设备技术文件规定
3	传动带装置	水泵安装后其纵向水平度偏差及横向水平度偏差、垂直度偏差以及联轴器两轴芯的偏差满足设计及规范要求。盘车灵活、无异常现象，润滑情况良好。运行时各固定连接部位无松动		符合设计要求、施工规范规定及设备技术文件规定

序号	试验项目	试验记录	试验结论
4	压力表	灵敏、准确、可靠	符合设计要求、施工规范规定及设备技术文件规定
5	电气设备	电机绕组对地绝缘电阻合格。电动机转向与泵的转向相符。电机运行电流、电压正常	符合设计要求、施工规范规定及设备技术文件规定
6	轴承温升	试运转时的环境温度为 25℃，连续运转 2h 后，水泵轴承外壳最高温度为 67℃	符合设计要求、施工规范规定及设备技术文件规定

试运转结论：
经试运转给水泵的单机试运行符合设计要求、施工规范规定及设备技术文件规定。

签字栏	施工单位	××建筑安装有限公司	专业技术负责人	专业质检员	专业工长
			×××	×××	×××
	监理或建设单位	×××	专业工程师	×××	

5.6.2 系统试运转调试记录（C6.1.2 通用）

系统试运转调试是对系统功能的最终检验，检验结果应满足设计要求。调试工作在系统投入使用前进行。

系统试运转调试记录应符合现行国家标准《建筑给水排水及采暖工程施工质量验收规范》GB 50242—2002、《通风与空调工程施工质量验收规范》GB 50243—2016、《建筑节能工程施工质量验收标准》GB 50411—2019 的有关规定。

1. 相关规定与要求：

（1）内采暖系统冲洗完毕应通水、加热，进行试运行和调试。检验方法：观察、测量室温应满足设计要求。

（2）供热管道冲洗完毕应通水、加热，进行试运行和调试。当不具备加热条件时，应延期进行。检验方法：测量各建筑物热力入口处供、回水温度及压力。

2. 注意事项：

（1）以设计要求和规范规定为依据，适用条目要准确。

（2）根据试运转调试的实际情况填写实测数据，要准确，内容齐全，不得漏项。

（3）工程采用施工总承包管理模式的，签字人员应为施工总承包单位的相关人员。

（4）施工单位填写的系统试运转调试记录应一式四份，并应由建设单位、监理单位、施工单位及城建档案馆各保存一份。系统试运转调试记录宜采用表 1-5-44 的格式。

系统试运转调试记录（C6.1.2 通用） 表 1-5-44

工程名称	××市×中学教学楼	编号	05-05-C6.1.2-0××
		试运转调试时间	××××年××月××日
试运转调试项目	采暖系统试运行调试	试运转调试部位	地下一层～五层全楼

试运转调试内容：

本工程采暖系统为上供下回单管异程式供暖系统，供回水干管分别设于五层及地下室，末端高点设有集气罐。系统管道采用焊接钢管。散热器采用喷塑柱形 760 型铸铁散热器。热源为地下室换热站内的二次热水。

全楼于××××年×月×日×时开始正式通暖，至×月×日×时，全楼供热管道及散热器受热情况基本均匀，各阀门开启灵活，管道、设备、散热器等接口处均不渗不漏。

经室温测量，各室内温度均在 18～22℃，卫生间及走道温度在 16～18℃之间。设计温度为室内 20℃，卫生间及走道温度为 16℃。实测温度与设计温度相对差为 1%。

试运转调试结论：

通过本系统试运转调试结果符合设计要求及施工规范规定，试运转调试合格。

签字栏	施工单位	××建筑安装有限公司	专业技术负责人	专业质检员	专业工长
			×××	×××	×××
	监理或建设单位	××监理有限责任公司	专业工程师		×××

5.6.3 接地电阻测试记录（C6.1.3 通用）

接地电阻测试记录应符合现行国家标准《建筑电气工程施工质量验收规范》GB 50303—2015、《智能建筑工程质量验收规范》GB 50339—2013、《电梯工程施工质量验收规范》GB 50310—2002 的有关规定。依据《建筑电气工程施工质量验收规范》规定，防雷接地系统测试：接地装置施工完成测试应合格；避雷接闪器安装完成，整个防雷接地系统连成回路，才能系统测试。测试记录应由建设（监理）单位及施工单位共同进行。

施工单位填写的接地电阻测试记录应一式四份，并应由建设单位、监理单位、施工单位、城建档案馆各保存一份。接地电阻测试记录宜采用表 1-5-45 的格式。

接地电阻测试记录（C6.1.3通用）　　　　　　表1-5-45

工程名称	××市×中学教学楼		编号	06-07-C6.1.3-0××
			测试日期	××××年×月×日
仪表型号	ZC-8	天气情况	晴　　气温（℃）	22

接地 类型	■防雷接地　　□计算机接地　　□工作接地 □保护接地　　□防静电接地　　□逻辑接地 □重复接地　　□综合接地　　□医疗设备接地
设计 要求	□≤10Ω　□≤4Ω　■≤1Ω □≤0.1Ω　□≤　Ω　□

测试部位：

1、2、3、4号接地电阻测试点。

测试结论：

经测试计算，接地电阻值0.1Ω，符合设计要求和《建筑电气工程施工质量验收规范》GB 50303—2015规定。

签字栏	施工单位		××建筑安装有限公司	
	专业技术负责人	专业质检员	专业工长	专业测试人
	×××	×××	×××	××× ×××
	监理或建设单位	××监理有限责任公司	专业工程师	×××

5.6.4　绝缘电阻测试记录（6.1.4通用）

电气绝缘电阻测试主要包括电气设备和动力、照明线路及其他必须遥测绝缘电阻的测试。配管及管内穿线分项质量验收前和单位工程质量竣工验收前，应分别按系统回路进行测试，不得遗漏。电器绝缘电阻的检测仪器应在规定的有效期内。

绝缘电阻测试记录应符合现行国家标准《建筑电气工程施工质量验收规范》GB 50303—2015、《智能建筑工程质量验收规范》GB 50339—2013、《电梯工程施工质量验收规范》GB 50310—2002的有关规定。施工单位填写的绝缘电阻测试记录应一式四份，并应由建设单位、监理单位、施工单位、城建档案馆各保存一份。绝缘电阻测试记录宜采用表1-5-46的格式。

绝缘电阻测试记录（C6.1.4通用）　　　　　表 1-5-46

工程名称	××市×中学教学楼			编号		06-05-C6.1.4-0××			
				测试日期		××××年×月×日			
计量单位	MΩ（兆欧）			天气情况		晴			
仪表型号	ZC-7		电压（V）	1000		环境温度（℃）		25	

层数	箱盘编号	回路号	相间			相对零			相对地			零对地
			L_1-L_2	L_2-L_3	L_3-L_1	L_1-N	L_2-N	L_3-N	L_1-PE	L_2-PE	L_3-PE	$N-PE$
3	3FAL	1000	1000	1000	1000	1000	1000	1000	1000	1000	1000	1000
3	照明	WL_1				1000			1000			1000
3	照明	WL_2					1000			1000		1000
3	照明	WL_3						1000			1000	1000

测试结论：线路绝缘良好，符合设计要求和《建筑电气工程施工质量验收规范》GB 50303—2015 的规定。

签字栏	施工单位	××建筑安装有限公司		
	专业技术负责人	专业质检员	专业工长	测试人
	×××	×××	×××	×××
				×××
	监理或建设单位	××监理有限责任公司	专业工程师	×××

5.6.5　砌筑砂浆试块强度统计、评定记录（C6.2.10）

《砌体结构工程施工质量验收规范》GB 50203—2011 规定，砌筑砂浆试块强度验收时其强度合格标准必须符合以下规定：

（1）同一验收批砂浆试块抗压强度平均值应大于或等于设计强度等级值的 1.10 倍；同一验收批砂浆试块抗压强度的最小一组平均值必须大于或等于设计强度等级值的 0.85 倍。

砌筑砂浆的验收批，同一类型、强度等级的砂浆试块应不少于 3 组。当同一验收批只有一组或 2 组试块时，每组试块抗压强度的平均值应大于或等于设计强度等级值的 1.10 倍；对于建筑结构安全等级为一级的或设计使用年限为 50 年及以上的房屋，同一验收批砂浆试块数量不得少于 3 组。

（2）砂浆强度应以标准养护，应以龄期为 28d 的试块抗压试验结果为准。

抽检数量：每一检验批且不超过 $250m^3$ 砌体的各种类型及强度等级的普通砌筑砂浆，每台搅拌机至少抽检一次。验收批的预拌砂浆、蒸压加气混凝土砌块专用砂浆，抽检可为 3 组。每个检验批至少留置一组抗压强度试块。砂浆应见证取样，标准制作，标准养护龄期 28d。试验结果取三个试件强度的算术平均值作为每组试件强度的代表值；当一组试件中强度最大值或最小值与中间值之差超过中间值 15％时，取中间值作为该组试件的强度代表值；当一组试件中强度最大值或最小值与中间值之差均超过中间值 15％时，该组试件的强度不应作为评定的标准。

检验方法：在砂浆搅拌机出料口或在湿拌砂浆的储存容器出料口随机取样制作砂浆试块（现场拌制的砂浆，同盘砂浆只应制作一组试块），试块标养 28d 后作强度试验。预拌砂浆中的湿拌砂浆稠度应在进场时取样检验，最后检查试块强度试验报告单。

施工单位填写的砌筑砂浆试块强度统计、评定记录应一式三份，并应由建设单位、施工单位、城建档案馆各保存一份。砌筑砂浆试块强度统计、评定记录宜采用表 1-5-47 的格式。

砌筑砂浆试块强度统计、评定记录（C6.2.10）　　　　表 1-5-47

工程名称	××市×中学教学楼					编号		02-03-C6.2.10-0××	
						强度等级		M5	
施工单位	××建筑安装有限公司					养护方法		标准养护	
统计期	××××年×月×日至××××年×月×日					结构部位		填充墙砌体	
试块组数	强度标准值 f_2(MPa)			平均值 $f_{2,m}$(MPa)		最小值 $f_{2,min}$(MPa)		$0.75f_2$(MPa)	
18	5.00			6.15		5.7		3.75	
每组强度值（MPa）	6.00	7.00	6.60	6.40	5.80	6.30	6.00	5.90	6.20	7.00
	5.80	6.10	5.70	5.80	6.10	6.20	5.90	5.90		
判定式	$f_{2,m} \geqslant 1.10f_2$					$f_{2,min} \geqslant 0.75f_2$			
结果	6.15≥5.50 合格					5.7≥3.75 合格			
结论：依据《砌体结构工程施工质量验收规范》GB 50203—2011 第 4.0.12 条，该统计结果评定为合格。									
签字栏	批准		审核			统计			
	×××		×××			×××			
	报告日期		××××年×月×日						

5.6.6 混凝土试块强度统计、评定记录（C6.2.13）

《混凝土强度检验评定标准》GB/T 50107—2010 中规定：混凝土的取样，宜根据规定的检验评定方法要求制定检验批的划分方案和相应的取样计划。即混凝土强度试样应在混凝土的浇筑地点随机抽取。试件的取样频率和数量应符合下列规定：每 100 盘，但不超过 100m³ 的同配合比混凝土，取样次数不应少于一次；每一工作班拌制的同配合比混凝土，不足 100 盘和 100m³ 时其取样次数不应少于一次；当一次连续浇筑超过 1000m³ 时，同一配合比的混凝土每 200m³ 取样不得少于一次；对房屋建筑，每一楼层、同一配合比的混凝土，取样不应少于一次。每次取样应至少制作一组标准养护试件，同条件养护试件的留置组数应根据实际需要确定。每批混凝土试样应制作的试件总组数，除满足混凝土强度评定所必需的组数外，还应留置为检验结构和构建施工阶段混凝土强度评定所必需的试件。

混凝土强度评定采用标准试件一组三块，标准养护（温度 20±2℃，相对湿度 95% 以上），养护至龄期达 28d 时进行试压。试验结果取三个试件强度测值的算术平均值作为每组试件强度的代表值；当一组试件中强度最大值或最小值与中间值之差超过中间值 15% 时，取中间值作为该组试件的强度代表值；当一组试件强度最大值和最小值与中间值均超过中间值 15% 时，该组试件的强度不应作为评定的标准。

混凝土强度的检验评定：

1. 采用统计方法评定

（1）当连续生产的混凝土，生产条件在较长时间内保持一致，且同一品种、同一强度等级混凝土的强度变异性保持稳定时，应按下列规定进行评定。一个检验批的样本容量应为连续的 3 组试件，其强度应同时符合下列规定：

$$m_{f_{cu}} \geq f_{cu,k} + 0.7\sigma_0$$
$$f_{cu,min} \geq f_{cu,k} - 0.7\sigma_0$$

检验批混凝土立方体抗压强度的标准差应按下式计算：

$$\sigma_0 = \sqrt{\frac{\sum_{i=1}^{n} f_{cu,i}^2 - nm_{f_{cu}}^2}{n-1}}$$

当混凝土强度等级不高于 C20 时，其强度的最小值尚应满足下式要求：

$$f_{cu,min} \geq 0.85 f_{cu,k}$$

当混凝土强度等级高于 C20 时，其强度的最小值尚应满足下列要求：

$$f_{cu,min} \geq 0.90 f_{cu,k}$$

式中　$m_{f_{cu}}$——同一检验批混凝土立方体抗压强度的平均值，精确到 0.1（N/mm²）；

$f_{cu,k}$——混凝土立方体抗压强度标准值，精确到 0.1（N/mm²）；

σ_0——检验批混凝土立方体抗压强度的标准差，精确到 0.01（N/mm²）；当检验批混凝土强度标准差 σ_0 计算值小于 2.0N/mm² 时，应取 2.5N/mm²；

$f_{cu,i}$——前一个检验期内同一品种、同一强度等级的第 i 组混凝土试件的立方体抗压强度代表值（N/mm²），精确到 0.1（N/mm²）；该检验期不应少于 60d，也不得大于 90d；

n——前一检验期内的样本容量，在该期间内样本容量不应少于 45；

$f_{cu,min}$——同一检验批混凝土立方体抗压强度的最小值（N/mm²），精确到 0.1（N/mm²）。

（2）当样本容量不少于 10 组时，其强度应同时满足下列要求：

$$m_{f_{cu}} \geqslant f_{cu,k} + \lambda_1 \cdot S_{f_{cu}}$$

$$f_{cu,min} \geqslant \lambda_2 \cdot f_{cu,k}$$

同一检验批混凝土立方体抗压强度的标准差应按下式计算：

$$S_{f_{cu}} = \sqrt{\frac{\sum_{i=1}^{n} f_{cu,i}^2 - mn_{f_{cu}}^2}{n-1}}$$

式中　$S_{f_{cu}}$——同一检验批混凝土立方体抗压强度的标准差（N/mm²），精确到 0.01（N/mm²）；当检验批混凝土强度标准差 $S_{f_{cu}}$ 计算值小于 2.5N/mm² 时，应取 2.5N/mm²；

λ_1、λ_2——合格评定系数，按表 1-5-48 取用；

n——本检验期内的样本容量。

混凝土强度的合格评定系数　　　　　　　　　　表 1-5-48

试件组数	10～14	15～19	≥20
λ_1	1.15	1.05	0.95
λ_2	0.90	0.85	

2. 其他情况应按非统计方法评定

当用于评定的样本容量小于 10 组时，应采用非统计方法评定混凝土强度。按非统计方法评定混凝土强度时，其强度应同时符合下列规定：

$$m_{f_{cu}} \geqslant \lambda_3 \cdot f_{cu,k}$$

$$f_{cu,min} \geqslant \lambda_4 \cdot f_{cu,k}$$

式中　λ_3、λ_4——合格评定系数，应按表 1-5-49 取用。

混凝土强度的非统计法合格评定系数　　　　　　　　　表 1-5-49

混凝土强度等级	＜C60	≥C60
λ_3	1.15	1.10
λ_4	0.95	

当检验结果满足上述规定时，则该批混凝土强度应评定为合格；当不能满足上述规定时，该批混凝土强度应评定为不合格。对评定为不合格批的混凝土，可按国家现行的

137

有关标准进行处理。混凝土试块强度统计、评定记录见表1-5-50所列。

混凝土试块强度统计、评定记录（C6.2.13）　　　　　　表1-5-50

工程名称	××市×中学教学楼					编号		02-01-C6.2.13-0××		
						强度等级		C30		
施工单位	××建筑安装有限公司				养护方法			标准养护		
统计期	××××年×月×日 至××××年×月×日				结构部位			主体1～顶层梁、板、楼梯		
试块组数 n	强度标准值 $f_{cu,k}$ （MPa）		平均值 $m_{f_{cu}}$ （MPa）		标准差 $S_{f_{cu}}$ （MPa）		最小值 $f_{cu,min}$ （MPa）		合格判定系数	
									λ_1	λ_2
30	30.0		33.6		1.8		30.6		0.95	0.85
每组强 度值 （MPa）	32.5	33.6	37.2	34.2	31.5	30.6	36.2	33.5	33.7	32.5
	32.8	34.2	32.3	33.8	35.6	34.5	31.2	32.3	34.2	34.2
	35.1	32.5								
评定界限	■统计方法						□非统计方法			
	$0.90f_{cu,k}$	$m_{f_{cu}}-\lambda_1\times S_{f_{cu}}$		$\lambda_2\times f_{cu,k}$		$1.15f_{cu,k}$			$0.95f_{cu,k}$	
	27.0	31.89		25.5		/			/	
判定式	$m_{f_{cu}}-\lambda_1\times S_{f_{cu}}\geqslant 0.90f_{cu,k}$			$f_{cu,min}\geqslant\lambda_2\times f_{cu,k}$		$m_{f_{cu}}\geqslant 1.15f_{cu,k}$			$f_{cu,min}\geqslant 0.95f_{cu,k}$	
结果	31.89≥27.0			30.6≥25.5		/			/	
结论：试块强度符合《混凝土强度检验评定标准》GB/T 50107—2010要求，合格。										
签字栏	批准			审核			统计			
	×××			×××			×××			
	报告日期			××××年×月×日						

5.6.7　结构实体混凝土强度验收记录（C6.2.34）

《混凝土结构工程施工质量验收规范》GB 50204—2015规定，结构实体检验用同条件养护试件强度检验，同条件养护试件的留置方式和取样数量，应符合下列要求：

（1）同条件养护试件所对应的结构构件或结构部位，应由监理（建设）、施工等各方共同选定。

（2）对混凝土结构工程中的各混凝土强度等级，均应留置同条件养护试件。

（3）同一强度等级的同条件养护试件，其留置的数量应根据混凝土工程量和重要性确定，不宜少于10组，且不应少于3组。

（4）同条件养护试件拆模后，应放置在靠近相应结构构件或结构部位的适当位置，并应采取相同的养护方法。

（5）同条件养护试件应在达到等效养护龄期时进行强度试验。

等效养护龄期应根据同条件养护试件强度与在标准养护条件下28d龄期试件强度相等的原则确定。同条件自然养护试件的等效养护龄期及相应的试件强度代表值，宜根据当地的气温和养护条件，按下列规定确定：

等效养护龄期可取按日平均温度逐日累计达到600℃·d时所对应的龄期，0℃及以下的龄期不计入；等效养护龄期不应小于14d，也不宜大于60d。

同条件养护试件的强度代表值应根据强度试验结果按现行国家标准《混凝土强度检验评定标准》GB/T 50107—2010的规定确定后，乘折算系数取用；折算系数宜取为1.10也可根据当地的试验统计结果做适当调整。

施工单位填写的结构实体混凝土强度验收记录应一式四份，建设单位、监理单位、施工单位、城建档案馆各保存一份。结构实体混凝土强度验收记录宜采用表1-5-51的格式。

结构实体混凝土强度验收记录（C6.2.34）　　　　　　　　表1-5-51

工程名称	××市×中学教学楼					编号		02-01-C6.2.34-0××	
						结构类型		框架结构	
施工单位	××建筑安装有限公司					验收日期		××××年×月×日	
强度等级	试件强度代表值（MPa）							强度评定结果	监理/建设单位验收结果
C30	40.5	38.3	39.7	41.1	42.6			合格	合格
	44.5	42.1	43.7	43.7	46.7				
C40	52.3	48.8	47.6	54	55.3	52.1	54.6 50 49.3 48.7	合格	
	57.5	53.7	52.4	59.4	60.8	58.1	60.1 55 54.2 53.6		
结论：混凝土强度评定合格，符合《混凝土结构工程施工质量验收规范》GB 50204—2015的规定。									
签字栏	项目专业技术负责人					专业监理工程师或建设单位项目专业技术负责人			
	×××					×××			

5.6.8　结构实体钢筋保护层厚度验收记录（C6.2.35）

（1）钢筋保护层厚度检验的结构部位和构件数量，应符合下列要求：

1）钢筋保护层厚度检验的结构部位，应由监理（建设）、施工等各方根据结构构件的重要性共同选定。

2）对梁、板类构件，应各抽取构件数量的2%且不少于5个构件进行检验；当有悬挑构件时，抽取的构件中悬挑梁类、板类构件所占比例均不宜小于50%。

3）对选定的梁类构件，应对全部纵向受力钢筋的保护层厚度进行检验；对选定的板类构件，应抽取不少于6根纵向受力钢筋的保护层厚度进行检验。对每根钢筋，应在有代表性的部位测量一点。

4）钢筋保护层厚度的检验，可采用非破损或局部破损的方法，也可采用非破损方法并用局部破损方法进行校准。当采用非破损方法检验时，所使用的检测仪器应经过计量检验，检测操作应符合相应规程的规定。

5）对梁类、板类构件纵向受力钢筋的保护层厚度应分别进行验收。

（2）根据《混凝土结构工程施工质量验收规范》GB 50204—2015 规定，结构实体钢筋保护层厚度验收合格应符合下列要求：

1）当全部钢筋保护层厚度检验的合格点率为90％及以上时，钢筋保护层厚度的检验结果应判为合格。

2）当全部钢筋保护层厚度检验的合格点率小于90％但不小于80％，可再抽取相同数量的构件进行检验；当按两次抽样总数和计算的合格点率为90％及以上时，钢筋保护层厚度的检验结果仍应判为合格。

3）每次抽样检验结果中不合格点的最大偏差均不应大于（钢筋保护层厚度检验时，纵向受力钢筋保护层厚度的允许偏差：对梁类构件为＋10mm，－7mm；对板类构件为＋8mm，－5mm）允许偏差的1.5倍。

结构实体钢筋保护层厚度验收记录应符合现行国家标准《混凝土结构工程施工质量验收规范》GB 50204—2015 的有关规定。结构实体钢筋保护层厚度验收记录应一式四份，并应由建设单位、监理单位、施工单位、城建档案馆各保存一份。结构实体钢筋保护层厚度验收记录宜采用表 1-5-52 的格式。

结构实体钢筋保护层厚度验收记录（C6.2.35） 　　表 1-5-52

工程名称		××市×中学教学楼						编号	02-01-C6.2.35-0××
								结构类型	框架结构
施工单位		××建筑安装有限公司						验收日期	××××年×月×日
构件类别	序号	钢筋保护层厚度（mm）						合格点率	评定结果	监理/建设单位验收结果
		设计值	实测值							
梁	1	30	28	32	33	30	27	32	100%	>90% 合格	符合规定
	2	30	31	32	30	29	26	28			
	3	30	30	28	29	32	31	27			
板	1	15	17	16	18	19	16	14	100%	>90% 合格	符合规定
	2	15	15	14	16	14	15	19			
	3	15	16	14	17	15	18	14			
结论：经现场检查，符合设计要求及《混凝土结构工程施工质量验收规范》GB 50204—2015 的规定，验收合格。										
签字栏	项目专业技术负责人				专业监理工程师或建设单位项目专业技术负责人					
	×××				×××					

5.6.9 灌（满）水试验记录（C6.3.1）

非承压管道系统和设备，包括开式水箱、卫生洁具、安装在室内的雨水管道等，在系统和设备安装完毕后，以及暗装、埋地、有绝热层的室内外排水管道进行隐蔽前，应进行灌水、满水试验，并做记录。

（1）敞口箱、罐安装前应做满水试验；密闭箱、罐应以工作压力的 1.5 倍做水压试验，但不得小于 0.4MPa。检验方法：满水试验满水后静置 24h 不渗不漏；水压试验在试验压力 10min 内无压降，不渗不漏。

（2）隐蔽或埋地的排水管道在隐蔽前必须做灌水试验，其灌水高度应不低于底层卫生器具的上边缘或底层地面高度。检验方法：满水 15min 水面下降后，再灌满观察 5min，液面不降，管道及接口无渗漏为合格。

（3）安装在室内的雨水管道安装后应做灌水试验，灌水高度必须到每根立管上部的雨水斗。检验方法：灌水试验持续 1h，不渗不漏。

（4）室外排水管网安装管道埋设前必须做灌水试验和通水试验，排水应畅通，无堵塞，管接口无渗漏。检验方法：按排水检查井分段试验，试验水头应以试验段上游管顶加 1m，时间不少于 30min，逐段观察，管接口无渗漏。

施工单位填写的灌（满）水试验记录应一式三份，并应由建设单位、监理单位、施工单位各保存一份。灌（满）水试验记录宜采用表 1-5-53 的格式。

141

灌（满）水试验记录（C6.3.1） 表 1-5-53

工程名称	××市×中学教学楼		编号	05-06-C6.3.1-0××		
			试验日期	××××年×月×日		
分项工程名称	室内排水工程		材质、规格	UPVC管材、管件 DN160、DN110、DN50		
试验标准及要求： 　隐蔽或埋地的排水管道在隐蔽前必须做灌水试验，其灌水高度不应低于地层卫生器具的上边缘或底层地面高度，满水 15min 水面下降后，再灌满观察 5min，液面不降，管道及接口无渗漏为合格。						
试验部位	灌（满）水情况	灌（满）水持续 时间（min）		液面检查情况		渗漏检查情况
首层 WL 排水管	水面与地漏上口平直	满水 15		无下降		不渗不漏
试验结论：符合设计要求及《建筑给水排水及采暖工程施工质量验收规范》GB 50242—2002 的规定，合格。						
签字栏	施工单位	××建筑安装有限公司		专业技术负责人	专业质检员	专业工长
				×××	×××	×××
	监理或建设单位	×××			专业工程师	×××

5.6.10 强度严密性试验记录（C6.3.2）

强度严密性试验记录应符合现行国家标准《建筑给水排水及采暖工程施工质量验收规范》GB 50242—2002，《通风与空调工程施工质量验收规范》GB 50243—2016 的有关规定。室内外输送各种介质的承压管道、承压设备在安装完毕后，进行隐蔽之前，应进行强度严密性试验。

1. 相关规定与要求

（1）室内给水管道的水压试验必须符合设计要求。当设计未注明时，各种材质的给水管道系统试验压力均为工作压力的 1.5 倍，但不得小于 0.6MPa。检验方法：金属及复合管给水管道系统在试验压力下观测 10min，压力降不应大于 0.02MPa，然后降到工作压力进行检查，应不渗漏；塑料管给水系统应在试验压力下稳压 1h，压力降不得超过 0.05MPa，然后在工作压力的 1.15 倍状态下稳压 2h，压力降不得超过 0.03MPa，同时检查各连接处不得渗漏。

（2）热水供应系统安装完毕，管道保温之前应进行水压试验。试验压力应符合设计要求。当设计未注明时，热水供应系统水压试验压力应为系统顶点的工作压力加 0.1MPa，同时在系统顶点的试验压力不小于 0.3MPa。检验方法：钢管或复合管道系统试验压力下 10min 内压力降不大于 0.02MPa，然后降至工作压力检查，压力应不降，且不渗不漏；塑料管道系统在试验压力下稳压 1h，压力降不得超过 0.05MPa，然后在工作压力 1.15 倍状态下稳压 2h，压力降不得超过 0.03MPa，连接处不得渗漏。

（3）热交换器应以工作压力的 1.5 倍做水压试验。蒸汽部分应不低于蒸汽供汽压力加 0.3MPa；热水部分应不低于 0.4MPa。检验方法：试验压力下 10min 内压力不降，不渗不漏。

（4）低温热水地板辐射采暖系统安装，盘管隐蔽前必须进行水压试验，试验压力为工作压力的 1.5 倍，但不小于 0.6MPa。检验方法：稳压 1h 内压力降不大于 0.05MPa 且不渗不漏。

（5）采暖系统安装完毕，管道保温之前应进行水压试验，试验压力应符合设计要求。当设计未注明时，应符合下列规定：

1）蒸汽、热水采暖系统，应以系统顶点工作压力加 0.1MPa 做水压试验。同时在系统顶点的试验压力不小于 0.3MPa。

2）高温热水采暖系统，试验压力应为系统顶点工作压力加 0.4MPa。

3）使用塑料管及复合管的热水采暖系统，应以系统顶点工作压力加 0.2 MPa 做水压试验，同时在系统顶点的试验压力不小于 0.44MPa 。检验方法：使用钢管及复合管的采暖系统应在试验压力下 10min 内压力降不大于 0.02MPa，降至工作压力后检查，不渗、不漏使用塑料管的采暖系统应在试验压力下 1h 内压力降不大于 0.05MPa，然后降压至工作压力的 1.15 倍，稳压 2h，压力降不大于 0.03MPa，同时各连接处不渗、不漏。

（6）室外给水管网必须进行水压试验，试验压力为工作压力的 1.5 倍，但不得小于

0.6MPa。检验方法：管材为钢管、铸铁管时，试验压力下 10min 内压力降不应大于 0.05MPa，然后降至工作压力进行检查，压力应保持不变，不渗不漏；管材为塑料管时，试验压力下，稳压 1h 压力降不大于 0.05MPa，然后降至工作压力进行检查，压力应保持不变，不渗不漏。

（7）消防水泵接合器及室外消火栓安装系统必须进行水压试验，试验压力为工作压力的 1.5 倍，但不得小于 0.6MPa。检验方法：试验压力下，10min 内压力降不大于 0.05MPa，然后降至工作压力进行检查，压力保持不变，不渗不漏。

（8）锅炉的汽、水系统安装完毕后，必须进行水压试验，水压试验的压力应符合规范规定。检验方法：在试验压力下 10min 内压力降不超过 0.02MPa；然后降至工作压力进行检查，压力不降，不渗、不漏；观察检查，不得有残余变形，受压元件金属壁和焊缝上不得有水珠和水雾。

（9）锅炉分汽缸（分水器、集水器）安装前应进行水压试验，试验压力为工作压力的 1.5 倍，但不得小于 0.6MPa。检验方法：试验压力下 10min 内无压降、无渗漏。

（10）锅炉地下直埋油罐在埋地前应做气密性试验，试验压力降不应小于 0.03MPa。检验方法：试验压力下观察 30min，不渗、不漏，无压降。

（11）连接锅炉及辅助设备的工艺管道安装完毕后，必须进行系统的水压试验，试验压力为系统中最大工作压力的 1.5 倍。检验方法：在试验压力 10min 内压力降不超过 0.05MPa，然后降至工作压力进行检查，不渗不漏。

（12）当自动喷水火灾系统设计工作压力等于或小于 1.0MPa 时，水压强度试验压力应为设计工作压力的 1.5 倍，并不应低于 1.4MPa；当系统设计工作压力大于 1.0MPa 时，水压强度试验压力应为该工作压力加 0.4MPa。水压强度试验的测试点应设在系统管网的最低点。对管网注水时，应将管网内的空气排净，并应缓慢升压，达到试验压力后，稳压 30min，目测管网应无渗漏和无变形，且压力降不应大于 0.05MPa。

（13）自动喷水灭火系统水压严密性试验应在水压强度试验和管网冲洗合格后进行。试验压力应为设计工作压力，稳压 24h，应无渗漏。

（14）自动喷水灭火系统气压严密性试验的试验压力应为 0.28MPa，且稳压 24h，压力降不应大于 0.01MPa。

2. 注意事项

单项试验和系统性试验，强度和严密性试验有不同要求，试验和验收时要特别留意；系统性试验、严密性试验的前提条件应充分满足，如自动喷水灭火系统水压严密性试验应在水压强度试验和管网冲洗合格后才能进行；而常见做法是先根据区段验收或隐检项目验收要求完成单项试验，系统形成后进行系统性试验，再根据系统特殊要求进行严密性试验。

施工单位填写的强度严密性试验记录应一式四份，并应由建设单位、监理单位、施工单位、城建档案馆各保存一份。强度严密性试验记录宜采用表 1-5-54 的格式。

143

强度严密性试验记录（C6.3.2）　　　　　　　表 1-5-54

工程名称	××市×中学教学楼	编号	05-01-C6.3.2-0××
		试验日期	××××年×月×日
分项工程名称	给水系统	试验部位	二层给水系统
材质、规格	衬塑钢管 DN100、DN15	压力表编号	Y100PNO-1.0MPA

试验要求：

本工程给水系统压力为 0.6MPa，试验压力为 1.0MPa。在试验压力下观察 10min，压力降不应大于 0.02MPa，然后降至工作压力进行检查，不渗不漏为合格。

试验记录		试验介质	水
		试验压力表设置位置	地下一层给水泵房
	强度试验	试验压力（MPa）	1.0
		试验持续时间（min）	1.0
		试验压力降（MPa）	0.01
		渗漏情况	无渗漏
	严密性试验	试验压力（MPa）	0.7
		试验持续时间（h）	2
		试验压力降（MPa）	无压降
		渗漏情况	无渗漏

试验结论：

符合设计要求及《建筑给水排水及采暖工程施工质量验收规范》GB 50242—2002 的规定，合格。

签字栏	施工单位	××建筑安装有限公司	专业技术负责人	专业质检员	专业工长
			×××	×××	×××
	监理或建设单位	××监理有限责任公司	专业工程师		×××

5.6.11　通水试验记录（C6.3.3）

通水试验记录应符合现行国家标准《建筑给水排水及采暖工程施工质量验收规范》GB 50242—2002 的有关规定。室内外给水、中水及游泳池水系统、卫生洁具、地漏及地面清扫口及室内外排水系统在安装完毕后，应分部位、分系统、进行通水试验，并做记录。通水试验应在工程设备、管道安装完成后进行。

相关规定与要求：

（1）给水系统交付使用前必须进行通水试验并做好记录。检验方法：观察和开启阀门、水嘴等放水。

（2）卫生器具交工前应做满水和通水试验。检验方法：满水后各连接件不渗不漏；通水试验给水、排水畅通。

（3）注意事项：通水试验为系统试验，一般在系统完成后统一进行。

施工单位填写的通水试验记录应一式三份，并应由建设单位、监理单位、施工单位各保存一份。通水试验记录宜采用表 1-5-55 的格式。

通水试验记录（C6.3.3） 表 1-5-55

工程名称	××市×中学教学楼	编号	02-01-C6.3.3-0××
		试验日期	××××年×月×日
分项工程名称	给水系统	试验部位	给水系统
试验系统简述： 本工程为地下一层地上局部五层，均有外网供水，卫生器具有蹲便器、脸盆、小便池、拖布池、地漏等。			
试验要求： 给水系统交付使用前必须进行通水试验并做好记录，观察和开启阀门、水嘴等放水，各处给水畅通。			
试验记录： 将全系统的给水阀门全部开启，同时开放 1/3 配水点，供水压力流量正常。然后逐个检查各配水点，出水均畅通，接口无渗漏。			
试验结论： 符合设计要求及《建筑给水排水及采暖工程施工质量验收规范》GB 50242—2002 的规定，合格。			

签字栏	施工单位	××建筑安装有限公司	专业技术负责人	专业质检员	专业工长
	监理或建设单位	××监理有限责任公司	专业工程师		

145

5.6.12 冲（吹）洗试验记录（C6.3.4）

冲（吹）洗试验记录应符合现行国家标准《建筑给水排水及采暖工程施工质量验收规范》GB 50242—2002、《通风与空调工程施工质量验收规范》GB 50243—2016 的有关规定。室内外给水、中水及游泳池水系统、采暖、空调水、消火栓、自动喷水等系统管道，以及设计有要求的管道在使用前做冲洗试验及介质为气体的管道系统做吹洗试验时，应填写冲（吹）洗试验记录。

1. 相关规定与要求

（1）生活给水系统管道在交付使用前必须冲洗和消毒，并经有关部门取样检验，符合国家《生活饮用水卫生标准》GB 5749—2006 方可使用。检验方法：检查有关部门提供的检测报告。

（2）热水供应系统竣工后必须进行冲洗。检验方法：现场观察检查。

（3）采暖系统试压合格后，应对系统进行冲洗并清扫过滤器及除污器。检验方法：现场观察，直至排出水不含泥砂、铁屑等杂质，且水色不浑浊为合格。

（4）消防水泵接合器及室外消火栓安装系统消防管道在竣工前，必须对管道进行冲洗。检验方法：观察冲洗出水的浊度。

（5）供热管道试压合格后，应进行冲洗。检验方法：现场观察，以水色不浑浊为合格。

（6）自动喷水灭火系统管网冲洗的水流流速、流量不应小于系统设计的水流流速、流量；管网冲洗宜分区、分段进行；水平管网冲洗时其排水管位置应低于配水支管。管网冲洗应连续进行，当出水口处水的颜色、透明度与入水口处水的颜色、透明度基本一致时为合格。

2. 吹（冲）洗（脱脂）试验为系统试验，一般在系统完成后统一进行。

施工单位填写的冲（吹）洗试验记录应一式三份，并应由建设单位、监理单位、施工单位各保存一份。冲（吹）洗试验记录宜采用表 1-5-56 的格式。

冲（吹）洗试验记录（C6.3.4） 表 1-5-56

工程名称	××市×中学教学楼	编号	05-01-C6.3.4-0××
		试验日期	××××年×月×日
分项工程名称	室内给水系统	试验部位	给水系统

试验要求：给水系统交付使用前必须进行冲洗，单向冲洗，各配水点水色透明度与进水目测一致且无杂物时，停止冲洗。
试验记录：从上午 8：00 开始对全楼供水系统进行冲洗，单向冲洗，距外供水阀的距离由近及远依次打开阀门水嘴冲洗，到上午 11：30，各配水点水色透明度与进水目测一致且无杂物时，停止冲洗。
试验结论：符合设计要求及《建筑给水排水及采暖工程施工质量验收规范》GB 50242—2002 的规定，合格。

签字栏	施工单位	××建筑安装有限公司	专业技术负责人	专业质检员	专业工长
			×××	×××	×××
	监理或建设单位	××监理有限责任公司		专业工程师	×××

5.6.13 其他常用试验记录

其他常用试验记录填写要求见表 1-5-57。

其他常用试验记录填写要求 表 1-5-57

通球试验记录（C6.3.5）	1. 记录形成：室内排水水平干管、主立管应按有关规定进行通球试验，并做记录。 2. 相关规定与要求：排水主立管及水平干管管道均应做通球试验，通球球径不小于排水管道管径的 2/3，通球率必须达到 100%。检查方法：通球检查。 3. 注意事项：通球试验为系统试验，一般在系统完成、通水试验合格后进行。通球试验用球宜为硬质空心塑料球，投入时做好标记，以便同排出的试验球核对。 4. 本表由施工单位填写一式三份，建设单位、监理单位、施工单位各保存一份
补偿器安装记录（C6.3.6）	1. 记录形成：各类补偿器安装时应按要求进行补偿器安装记录。 2. 相关规定与要求： （1）补偿器形式、规格、位置应符合设计要求，并按有关规定进行预拉伸。检验方法：对照设计图纸检查。 （2）补偿器的型号、安装位置及预拉伸和固定支架的构造及安装位置应符合设计要求。检验方法：对照图纸，现场观察，并查验预拉伸记录。 （3）室外供热管网安装补偿器的位置必须符合设计要求，并应按设计要求或产品说明书进行预拉伸。管道固定支架的位置和构造必须符合设计要求。检验方法：对照图纸，并查验预拉伸记录。 3. 注意事项： （1）补偿器预拉伸数值应根据设计给出的最大补偿量得出（一般为其数值的 50%），要注意不同位置的补偿器由于管段长度、运行温度、安装温度不同而有所不同。 （2）根据试验的实际情况填写实测数据，要准确，内容齐全，不得漏项。 （3）工程采用施工总承包管理模式的，签字人员应为施工总承包单位的相关人员。 （4）热伸长可通过公式计算：$\Delta L = \alpha L \Delta t$ 式中，ΔL—热伸长（m）；α—管道线膨胀系数，碳素钢 $\alpha = 12 \times 10^{-6}\,\text{m/}^\circ\text{C}$；$L$—管长（m）；$\Delta t$—管道在运行时的温度与安装时的温度之差值（℃）。 4. 本表由施工单位填写一式两份，施工单位与监理单位各保存一份

消火栓试射记录 （C6.3.7）	1. 记录形成：室内消火栓系统在安装完成后，应按设计要求及规范规定进行消火栓试射试验，并做记录。 2. 相关规定与要求：室内消火栓系统安装完成后应取屋顶层（或水箱间内）试验消火栓和首层取两处消火栓做射试验，达到设计要求为合格。检验方法：实地试射检查。 3. 注意事项： （1）试验前应对消火栓组件、栓口安装（含减压稳压装置）等进行系统检查。 （2）根据试验的实际情况填写实测数据（测试栓口动压、静压应填写实测数值，要符合消防检测要求，不能超压或压力不足），要准确，内容齐全，不得漏项。 （3）消火栓试射为系统试验，一般在系统完成、消防水泵试运行合格后进行。 4. 本表由施工单位填写一式三份，建设单位、施工单位、监理单位各保存一份
安全附件安装检查记录 （C6.3.8）	1. 记录形成：锅炉的高、低水位报警器和超温、超压报警器及联锁保护装置必须按设计要求安装齐全，并进行启动、联动试验，并做记录。 2. 相关规定与要求：锅炉的高低水位报警器和超温、超压报警器及联锁保护装置必须按设计要求安装齐全和有效。检验方法：启动、联动试验并做好试验记录。 3. 注意事项：根据试验的实际情况填写实测数据，要准确，内容齐全，不得漏项。 4. 本表由施工单位填写一式两份，监理单位、施工单位各保存一份
锅炉烘炉试验记录 （C6.3.9）	1. 记录形成：锅炉安装完成后，在试运行前，应进行烘炉试验，并做记录。 2. 相关规定与要求： （1）锅炉火焰烘炉应符合下列规定： ① 火焰应在炉膛中央燃烧，不应直接烧烤炉墙及炉拱。 ② 甲烘炉时间一般不少于4d，升温应缓慢，后期烟温不应高于160℃，且持续时间不应少于24h。 ③ 链条炉排在烘炉过程中应定期转动。 ④ 烘炉的中、后期应根据锅炉水水质情况排污。 检验方法：计时测温、操作观察检查。 （2）烘炉结束后应符合下列规定： ① 炉墙经烘烤后没有变形、裂纹及坍落现象。 ② 炉墙砌筑砂浆含水率达到7%以下。检验方法：测试及观察检查。 3. 注意事项：根据试验的实际情况填写实测数据，表格数字和曲线对照好，内容齐全，不得漏项。 4. 本表由施工单位填写一式两份，监理单位、施工单位各保存一份
锅炉煮炉试验记录 （C6.3.10）	1. 记录形成：锅炉安装完成后，在试运行前，应进行煮炉试验，并做记录。 2. 相关规定与要求：煮炉时间一般应为2~3d，如蒸汽压力较低，可适当延长煮炉时间。非砌筑或浇筑保温材料保温的锅炉，安装后可直接进行煮炉。煮炉结束后，锅筒和集（水）箱内壁应无油垢，擦去附着物后金属表面应无锈斑。检验方法：打开锅筒和集（水）箱检查孔检查。 3. 本表由施工单位填写一式两份，施工单位、监理单位各保存一份

锅炉试运行记录 （C6.3.11）	1. 记录形成：锅炉在烘炉、煮炉合格后，应进行48h的带负荷连续试运行，同时应进行安全阀的热状态定压检验和调整，并做记录。 2. 相关规定与要求：检验方法为检查烘炉、煮炉及试运行全过程。 3. 本表由施工单位填写一式三份，建设单位、施工单位、监理单位各保存一份
安全阀定压 合格证书 （C6.3.12）	1. 安全阀调试记录由试验单位提供。 2. 填表说明： （1）形成流程：锅炉安全阀在投入运行前应由有资质的试验单位按设计要求进行调试，并出具调试记录。表格由试验单位提供。 （2）相关规定与要求：锅炉和省煤器安全阀的定压和调整应符合规范的规定。锅炉上装有两个安全阀时，其中的一个按表中较高值定压，另一个按较低值定压。装有一个安全阀时，应按较低值定压。检验方法：检查定压合格证书。 3. 本表由施工单位填写一式三份，建设单位、施工单位、监理单位各保存一份
自动喷水灭火系统 联动试验记录 （C6.3.13）	本表由施工单位填写一式四份，建设单位、施工单位、监理单位、城建档案馆各保存一份

148

5.6.14　电气设备空载试运行记录（C6.4.3）

电气设备空载试运行记录应符合现行国家标准《建筑电气工程施工质量验收规范》GB 50303—2015 的有关规定。建筑电气设备安装完毕后应进行耐压及调试试验，主要包括：高压电器装置及其保护系统、发电机组、低压电器动力设备和低压配电箱等。

施工单位填写的电气设备空载试运行记录应一式四份，并应由建设单位、监理单位、施工单位、城建档案馆各保存一份。电气设备空载试运行记录宜采用表 1-5-58 的格式。

电气设备空载试运行记录（C6.4.3）　　　　　　　　　表 1-5-58

工程名称	××市×中学教学楼			编号		06-04-C6.4.3-×××	
设备名称	YH系列高转差率三相异步电动机		设备型号	YH系列 H28020kW		设计编号	动力5号
额定电流（A）	380		额定电压	50		填写日期	××××年×月×日
试运时间	由×日10时00分开始至×日12时00分结束						

运行负荷记录	运行时间	运行电压（V）			运行电流（A）			温度（℃）
		L_1-N （L_1-L_2）	L_2-N （L_2-L_3）	L_3-N （L_3-L_1）	L_1 相	L_2 相	L_3 相	
	10：00	380	382	381	45	45	44	35
	11：00	379	381	382	45	46	47	36
	12：00	382	381	383	44	46	45	37

试运行情况记录：

经2h通电运行，电动机转向和机械转动无异常情况，检查机身和轴承的温升符合技术条件要求，配电线路和开关、仪表等运行正常，符合设计要求和《建筑电气工程程施工质量验收规范》GB 50303—2015 的规定。

签字栏	施工单位	××建筑安装有限公司	专业技术负责人	专业质检员	专业工长
			×××	×××	×××
	监理或建设单位	××监理有限责任公司		专业工程师	×××

5.6.15 大型照明灯具承载试验记录（C6.4.5）

大型照明灯具承载试验记录应符合现行国家标准《建筑电气工程施工质量验收规范》GB 50303—2015 的有关规定。施工单位填写的大型照明灯具承载试验记录应一式三份，并应由建设单位、监理单位、施工单位各保存一份。大型照明灯具承载试验记录宜采用表 1-5-59 的格式。

大型照明灯具承载试验记录（C6.4.5）　　　　　　　　表 1-5-59

工程名称	××市×中学教学楼		编号		06-05-C6.4.5-×××
楼层部位	一层大厅		试验日期		××××年×月×日
灯具名称	安装部位	数量	灯具自重（kg）		试验载重（kg）
花灯	大厅	1	35		70
检查结论： 　一层大厅使用灯具的规格、型号符合设计要求，预埋螺栓直径符合规范要求，经做承载试验，试验载重 70kg，试验时间 15min，预埋件牢固可靠，符合规范规定。					
签字栏	施工单位	××建筑安装有限公司	专业技术负责人	专业质检员	专业工长
			×××	×××	×××
	监理或建设单位	××监理有限责任公司	专业工程师		×××

5.6.16 智能建筑工程子系统检测记录（C6.5.4）

智能建筑工程子系统检测记录应符合现行国家标准《智能建筑工程施工质量验收规范》GB 50339—2013 的有关规定。施工单位填写的智能建筑工程子系统检测记录应一式四份，并应由建设单位、监理单位、施工单位、城建档案馆各保存一份。智能建筑工程子系统检测记录宜采用表 1-5-60 的格式。

智能建筑工程子系统检测记录（C6.5.4）　　　　　　　表 1-5-60

工程名称	××市×中学教学楼				编号		08-11-C6.5.4-×××	
子分部工程系统名称	安全防范系统	分项工程子系统名称	停车管理	序号	××	检查部位	停车场	
施工总承包单位	××建筑安装有限公司				项目经理		×××	
执行标准名称及编号	××××-×××××							
专业承包单位	××机电设备安装公司				项目经理		×××	
主控项目	系统检查内容	检查规范的规定	系统检查评定记录	检测结果		备注		
				合格	不合格			
	车辆探测器的探测灵敏度抗干扰性能	抽检 100%合格为系统合格	07-05-C6-×××	合格				
一般项目								
强制性条文								
检测机构的检测结论： 符合设计要求和规范规定。 　　　　　检测负责人：×××　　××××年×月×日								

注：1. 在检测结果栏，左列打"√"视为合格，右列打"√"视为不合格。

　　2. 备注栏内填写检测时出现的问题。

149

5.6.17　风管漏光检测记录（C6.6.1）

风管漏光检测记录应符合现行国家标准《通风与空调工程施工质量验收规范》GB 50243—2016 的有关规定。风管系统安装完毕后，应按系统类别进行严密性检验，漏风量应符合设计与规范的规定。施工单位填写的风管漏光检测记录应一式三份，并应由建设单位、监理单位、施工单位各保存一份。风管漏光检测记录宜采用表 1-5-61 的格式。

风管漏光检测记录（C6.6.1）　　　　　　　　　　表 1-5-61

工程名称	××市×中学教学楼	编号		08-01-C6.6.1-×××
		试验日期		××××年×月×日
系统名称	地下室送风系统	工作压力（Pa）		500
系统接缝总长度（m）	60.15	每 10m 接缝为一检测段的分段数		6 段
检查光源	150W 带保护罩低压照明			
分段序号	实测漏光点数（个）	每 10m 接缝的允许漏光点数（/10m）		结论
1	0	不大于 2		合格
2	1	不大于 2		合格
3	0	不大于 2		合格
4	0	不大于 2		合格
5	1	不大于 2		合格
6	0	不大于 2		合格
合计	总漏光点数（个）	每 100m 接缝的允许漏光点数（个/100m）		结论

检测结论：

经检验，符合设计要求及规范规定。

签字栏	施工单位	××建筑安装有限公司	专业技术负责人	专业质检员	专业工长
			×××	×××	×××
	监理或建设单位	××监理有限责任公司	专业工程师		×××

5.6.18　风管漏风检测记录（C6.6.2）

风管漏风检测记录应符合现行国家标准《通风与空调工程施工质量验收规范》GB 50243—2016 的有关规定。施工单位填写的风管漏风检测记录应一式三份，并应由建设单位、监理单位、施工单位各保存一份。风管漏风检测记录宜采用表 1-5-62 的格式。

风管漏风检测记录 （C6.6.2）　　　　　　　　　　　表 1-5-62

工程名称	××市×中学教学楼	编号		08-01-C6.6.2-×××
		试验日期		××××年×月×日
系统名称	×-5 新风系统	工作压力（Pa）		500
系统总面积（m²）	232.9	试验压力（Pa）		800
试验总面积（m²）	185.2	系统检测分段数		2 段
检测区段图示：（图略）		分段实测数值		
		序号	分段表面积（m²）	试验压力（Pa）	实际漏风量（m³/h）
		1	98	800	2.4
		2	87.2	800	1.96
系统允许漏风量 [m³/(m²·h)]	6.00	实测系统漏风量 [m³/(m²·h)]		2.18(各段平均值)

检测结论：
各段用漏风检测仪所测漏风量低于规范规定，检测评定合格。

签字栏	施工单位	××建筑安装有限公司	专业技术负责人	专业质检员	专业工长
			×××	×××	×××
	监理或建设单位	××监理有限责任公司	专业工程师		×××

5.7　施工质量验收文件（C7）

5.7.1　检验批质量验收记录（C7.1）

检验批质量验收记录应符合现行国家标准《建筑工程施工质量验收统一标准》GB 50300—2013 的有关规定。填写要求：施工单位填写的检验批质量验收记录应一式三份，"检查记录和检查结果"栏应由施工单位专业质量检查员填写，评定合格后交监理工程师验收。通常在验收前，监理人员应采用平行、旁站或巡回等方法进行监理，对施工质量抽查，对重要项目做见证检测，对新开工程、首件产品或样板间进行全面检查。"监理单位验收记录"栏应由专业监理工程师，经逐项抽查验收后填写验收结论，并应由建设单位、监理单位、施工单位各保存一份。检验批质量验收记录宜采用表 1-5-63

的格式（所有表格均应如此，划分到分部、子分部、分项，并应按规范术语填写）。

土方开挖工程检验批质量验收记录（C7.1） 编号 01-06-C7.1-×× 表 1-5-63

单位（子单位）工程名称	××市×中学教学楼				分部（子分部）工程名称		地基与基础（土方）	分项工程名称		土方开挖
施工单位	××建筑安装有限公司				项目负责人		×××	检验批容量		940m²
分包单位	/				分包单位项目负责人		/	检验批部位		①～⑪/ⓐ～ⓕ 土方开挖
施工依据	《建筑安装工程施工工艺规程》QB-××-××××					验收依据		《建筑地基与基础工程施工质量验收标准》GB 50202—2018		
验收项目		设计要求及规范规定					最小/实际抽样数量	检查记录		检查结果
		柱基基坑基槽	挖方场地平整		管沟	地（路）面基层				
			人工	机械						
主控项目	1	标高（mm）	−50	±30	±50	−50	−50	10/10	抽查10处，合格10处	100%
	2	长度、宽度（由设计中心线向两边量）（mm）	+200 −50	+300 −100	+500 −150	+100	—	10/10	抽查10处，合格10处	100%
	3	边坡	设计要求					10/10	抽查10处，合格10处	100%
一般项目	1	表面平整度（mm）	20	20	50	20	20	10/10	抽查10处，合格9处	90%
	2	基底土性	设计要求					10/10	抽查10处，合格9处	90%
施工单位检查结果	主控项目和一般项目质量经抽样检验合格，施工操作依据、质量检查记录完整。 专业工长：××× 项目专业质量检查员：××× ××××年×月×日									
监理单位验收结论	同意验收。 专业监理工程师： ××× ××××年×月×日									

5.7.2 分项工程质量验收记录（C7.2）

分项工程质量验收记录应符合现行国家标准《建筑工程施工质量验收统一标准》GB 50300—2013 的有关规定。分项工程完成，施工单位自检合格后，应填报____分项工程质量验收记录，并由专业监理工程师组织项目专业技术负责人等进行验收并签认。填写要求：表中部"施工单位检查结果"栏应由施工单位专业质量检查员填写，表下部"施工单位检查结果"由施工单位项目技术负责人填写。"监理单位验收记录"栏应由专业监理工程师，经逐项抽查审查后填写。施工单位填写的分项工程质量验收记录应一式三份，并应由建设单位、监理单位、施工单位各保存一份。分项工程质量验收记录宜采用表 1-5-64 的格式（表格填写均应按规范术语填写）。

填充墙分项工程质量验收记录（C7.2） 编号 02-02-C7.2×× 表 1-5-64

单位（子单位）工程名称	××市×中学教学楼		分部（子分部）工程名称		主体结构（砌体结构）	
分项工程数量	1		检验批数量		5	
施工单位	××建筑安装有限公司	项目负责人	×××		项目技术负责人	×××
分包单位	/	分包单位项目负责人	/		分包内容	/
序号	检验批名称	检验批容量	部位/区段	施工单位检查结果	监理单位验收结论	
1	填充墙	123m³	1层/（填充墙）	合格	验收合格	
2	填充墙	123m³	2层/（填充墙）	合格	验收合格	
3	填充墙	98m³	3层/（填充墙）	合格	验收合格	
4	填充墙	98m³	4层/（填充墙）	合格	验收合格	
5	填充墙	70m³	5层/（填充墙）	合格	验收合格	
6						
7						
说明：						
施工单位检查结果	所含检验批均符合合格质量的规定，质量验收记录完整。 项目专业技术负责人：××× ××××年×月×日					
监理单位验收结论	经检查合格，同意验收。 专业监理工程师：××× ××××年×月×日					

5.7.3 分部（子分部）工程质量验收记录（C7.3）

分部工程质量验收记录应符合现行国家标准《建筑工程施工质量验收统一标准》GB 50300—2013 的有关规定。分部工程完成，施工单位自检合格后，应填报_____分部工程质量验收记录。分部工程应由总监理工程师组织施工单位项目负责人和项目技术负责人验收并签认。施工单位填写分部工程质量验收记录时应注意：

（1）表中"施工单位检查结果"栏可按照各分项工程验收结论填。

（2）表中"质量控制资料验收"栏应按照《单位工程质量控制资料核查记录》来核查，各专业只需要检查该表内对应与本专业的那部分内容。核查时，主要查明资料是否齐全、有无不合格项、横向内容是否相互协调一致、分类整理是否符合要求、资料签字是否齐全。

（3）表中"安全和功能检验结果"的内容，可按照单位工程安全和（使用）功能检验资料核查及主要功能抽查记录及工程实际情况确定。核查时，要逐一对每份检测报告核查，主要核查每个检测项目的检测方法、程序是否符合有关标准规定，检测结论是否

153

达到规范的要求，检测报告的审批程序及签字时候否完整。

（4）表中"观感质量"栏只作定性评判，质量等级分"好、一般、差"，"好"、"一般"均为合格；"差"为不合格，需修理或返工。

（5）表中"综合验收结论"栏由总监理工程师与各方协商，出现意见不一致时，可对存在的问题提出处理意见和解决办法，直至意见一致并问题解决后可填写"验收合格"的相关内容。

施工单位填写的_____分部工程质量验收记录应一式四份，并应由建设单位、监理单位、施工单位、城建档案馆各保存一份。分部工程质量验收记录宜采用表 1-5-65 的格式。

主体结构分部工程质量验收记录（C7.3）　　　　　表 1-5-65

单位（子单位）工程名称	××市×中学教学楼		子分部工程数量	2	分项工程数量	8
施工单位	××建筑安装有限公司		项目负责人	×××	技术（质量）负责人	×××
分包单位	/		分包单位负责人	/	分包内容	/
序号	子分部工程名称	分项工程名称	检验批数量	施工单位检查结果		监理单位验收意见
1	砌体结构	配筋砌体	10	合格		验收合格
2	砌体结构	填充墙砌体	7	合格		验收合格
3	砌体结构	混凝土空心砌块砌体	10	合格		验收合格
4	砌体结构	砖砌体	3	合格		验收合格
5	混凝土结构	模板	16	合格		验收合格
6	混凝土结构	钢筋	17	合格		验收合格
7	混凝土结构	混凝土	12	合格		验收合格
8	混凝土结构	现浇结构	16	合格		验收合格
质量控制资料				资料共××份，完整		验收合格
安全和功能检验（检测）报告				检验和抽样检测结果共××份，符合有关规定		验收合格
观感质量验收				好		
综合验收结论		所含（子分部）分项的质量均验收合格；质量控制资料完整；安全功能检验和抽样检测结果符合有关规定；观感质量好。同意验收。				
施工单位：××建筑安装有限公司　　项目负责人：×××　　××××年×月×日		勘察单位：××勘察设计院　　项目负责人：×××　　××××年×月×日		设计单位：××勘察设计院　　项目负责人：×××　　××××年×月×日		监理单位：××建设监理公司　　总监理工程师：×××　　××××年×月×日

154

5.7.4 建筑节能分部工程质量验收记录（C7.4）

建筑节能分部工程的质量验收应在检验批、分项工程全部验收合格的基础上，质量控制资料完整时进行建筑围护结构节能构造现场实体检验；严寒、寒冷和夏热冬冷地区外窗气密性现场检测；风管及系统严密性检验；现场组装的组合式空调机组的漏风量测试记录；设备单机试运转及调试记录；系统联合试运转及调试记录；确认建筑节能工程质量达到验收条件后方可进行。建筑节能分部工程质量验收合格应符合规定：分项工程全部合格；外墙节能构造现场实体检验结果符合设计要求；外墙气密性现场实体检测结果合格；建筑设备工程系统节能性能检测结果合格。

建筑节能分部工程质量验收记录应符合现行国家标准《建筑节能工程施工质量验收标准》GB 50411—2019 的有关规定。施工单位填写的建筑节能分部工程质量验收记录应一式四份，并应由建设单位、监理单位、施工单位、城建档案馆各保存一份。建筑节能分部工程质量验收记录宜采用表 1-5-66 的格式。

建筑节能分部工程质量验收记录（C7.4）　　　　　　　表 1-5-66

单位（子单位工程名称）	××市×中学教学楼		子分部工程数量	4	分项工程数量	9
施工单位	××建筑安装有限公司		项目负责人	×××	技术（质量）负责人	×××
分包单位	/		分包单位负责人	/	分包内容	/
序号	子分部工程名称	分项工程名称	检验批数量	施工单位检查结果	监理单位验收意见	
1	围护结构节能工程	墙体节能工程	5	合格	验收合格	
2	围护结构节能工程	幕墙节能工程	5	合格	验收合格	
3	围护结构节能工程	门窗节能工程	5	合格	验收合格	
4	围护结构节能工程	屋面节能工程	2	合格	验收合格	
5	围护结构节能工程	地面节能工程	5	合格	验收合格	
6	供暖空调节能工程	供暖节能工程	5	合格	验收合格	
7	供暖空调节能工程	冷热源及管网节能过程	1	合格	验收合格	
8	配电照明节能工程	配电与照明节能工程	5	合格	验收合格	
9	监测控制节能工程	监测与控制节能工程	2	合格	验收合格	
质量控制资料			资料共××份，完整有效		验收合格	
安全和功能检验（检测）报告			检验和抽样检测结果共××份，符合设计及规范要求		验收合格	
观感质量验收			好			
综合验收结论		所含（子分部）分项工程均合格；质量控制资料完整；外墙节能构造现场实体检验结果符合设计要求；外墙气密性现场实体检测结果合格；建筑设备工程系统节能性能检测结果合格；观感好				
施工单位：××建筑安装有限公司项目负责人：×××××××年×月×日	勘察单位：××勘察设计院项目负责人：×××××××年×月×日		设计单位：××勘察设计院项目负责人：×××××××年×月×日		监理单位：××建设监理公司总监理工程师：×××××××年×月×日	

5.8 施工验收文件（C8）

依据《建设工程文件归档规范（2019 年版）》GB/T 50328—2014 的规定施工验收文件包括：单位（子单位）工程竣工预验收报验表、单位（子单位）工程质量竣工验收记录、单位（子单位）工程质量控制资料核查记录、单位（子单位）工程安全和使用功能检验资料核查及主要功能抽查记录、单位（子单位）工程观感质量检查记录、施工资料移交书及其他施工验收文件。

（1）工程竣工验收按照以下程序进行：

1）单位工程完工后，施工单位应组织有关人员进行自检。总监理工程师应组织各专业监理工程师对工程质量进行竣工预验收。存在施工质量问题时，应由施工单位整改。整改完毕后，由施工单位向建设单位提交工程竣工报告，申请工程竣工验收。

2）建设单位收到单位工程质量竣工报告后，由建设单位项目负责人组织监理、施工、设计、勘察等单位项目负责人进行单位工程验收。

（2）单位（子单位）工程竣工预验收报验表（C8.1）

单位（子单位）工程竣工预验收报验表应符合现行国家标准《建设工程监理规范》GB 50319—2013 的有关规定。总监理工程师应组织专业监理工程师依据有关法律法规、工程建设强制性标准设计文件及施工合同，对承包单位报送的竣工资料进行审查，并对工程质量进行竣工预验收，存在问题的，应及时要求承包单位整改；合格的，总监理工程师签认单位工程竣工验收报审表。工程竣工预验收合格后，项目监理机构应编写工程质量评估报告，并应经总监理工程师和监理单位技术负责人审核签字后报建设单位。施工单位填写的单位（子单位）工程竣工预验收报验表应一式三份，并应由建设单位、施工单位、城建档案馆各保存一份，单位（子单位）工程竣工预验收报验表宜采用表 1-5-67 的格式。

单位（子单位）工程竣工预验收报验表（C8.1）　　　　　　　表 1-5-67

工程名称	××市×中学教学楼	编号	00-00-C8.1-×××
致××监理有限责任公司（监理单位） 　我方已按合同要求完成了××市×中学教学楼工程，经自检合格，请予以检查和验收。 附件： （略） 　　　　　　　　　　　　　施工总承包单位（章）××建筑安装有限公司 　　　　　　　　　　　　　　　　　项目经理　××× 　　　　　　　　　　　　　　　　　××××年×月×日			
审查意见： 经预验收，该工程 1. 符合/不符合我国现行法律、法规要求； 2. 符合/不符合我国现行工程建设标准； 3. 符合/不符合设计文件要求； 4. 符合/不符合施工合同要求。 综上所述，该工程预验收合格/不合格，可以/不可以组织正式验收。 　　　　　　　　　　　　　　监理单位××监理有限责任公司 　　　　　　　　　　　　　　　总监理工程师　××× 　　　　　　　　　　　　　　　××××年×月×日			

（3）单位（子单位）工程质量竣工验收记录（C8.2）

单位工程质量（竣工）验收是建设工程投入使用前的最后一次验收，由施工单位填写，验收合格的条件包括五个方面：

1）构成单位工程的各个分部工程应验收合格。

2）有关的质量控制资料应完整。

3）涉及安全、节能、环境保护和主要使用功能的分部工程检验资料应复查合格。

4）对主要使用功能应进行抽查。抽查的项目是在检查资料文件的基础上由参加验收的各方人员商定，并用计量、计数的方法抽样检验。

5）观感质量应通过验收。

进行单位工程质量竣工验收时，施工单位应同时填报单位（子单位）工程质量控制资料核查记录、单位（子单位）工程安全和使用功能检验资料核查及主要功能抽查记录、单位（子单位）工程观感质量检查记录，作为单位（子单位）工程质量竣工验收记录的附表。

单位（子单位）工程质量竣工验收记录，应符合现行国家标准《建筑工程施工质量验收统一标准》GB 50300—2013 的有关规定。施工单位填写单位（子单位）工程质量竣工验收记录时，"分部工程""质量控制资料核查""安全和使用功能核查及抽查结果""观感质量验收"各栏内容均由验收组成员共同逐项核查，核查确认符合要求后，由监理单位填写验收结论。该表应一式四份，并应由建设单位、施工单位、城建档案馆各保存一份，设计单位选择性归档。单位（子单位）工程质量竣工验收记录宜采用表 1-5-68 的格式。

单位（子单位）工程质量竣工验收记录（C8.2）　　　　　　表 1-5-68

工程名称	××市×中学教学楼	结构类型	框架	层数/建筑面积	地下1层地上5层 6763.18m²
施工单位	××建筑安装有限公司	技术负责人	×××	开工日期	××××年×月×日
项目负责人	×××	项目技术负责人	×××	竣工日期	××××年×月×日

序号	项目	验收记录	验收结论
1	分部工程验收	共9分部，经查符合设计及标准规定9分部	全部合格
2	质量控制资料核查	共41项，经核查符合规定41项	完整
3	安全和主要使用功能核查及抽查结果	共核查22项，符合规定22项，共抽查16项，符合规定16项，经返工处理符合规定0项	资料完整，抽查结果符合相关专业质量验收规范的规定
4	观感质量验收	共抽查22项，达到"好"和"一般"的22项，经返修处理符合要求0项	好
5	综合验收结论		合格

参加验收单位	建设单位	监理单位	施工单位	设计单位	勘察单位
	（公章）项目负责人：×××××××年×月×日	（公章）总监理工程师：×××××××年×月×日	（公章）单位负责人：×××××××年×月×日	（公章）项目负责人：×××××××年×月×日	（公章）项目负责人：×××××××年×月×日

157

（4）单位（子单位）工程质量控制资料核查记录（C8.3）

单位（子单位）工程质量控制资料是单位工程综合验收的一项重要内容，核查目的是强调建筑结构及设备性能、使用功能方面主要技术性能的检验。其每一项资料包含的内容，就是单位工程包含的有关分项工程中检验批主控项目、一般项目要求内容的汇总。对一个单位工程全面进行质量控制资料核查，可以防止局部错漏，加强工程质量控制。施工单位填写的单位（子单位）工程质量控制资料核查记录应一式三份，并应由建设单位、施工单位、城建档案馆各保存一份。单位（子单位）工程质量控制资料核查记录宜采用表1-5-69的格式。

单位（子单位）工程质量控制资料核查记录（C8.3）　　　　表1-5-69

工程名称		××市×中学教学楼	施工单位		××建筑安装有限公司		
序号	项目	资料名称	份数	施工单位		监理单位	
				核查意见	核查人	核查意见	核查人
1	建筑与结构	图纸会审记录，设计变更通知单，工程洽商记录	×××	完整	×××	完整有效	×××
2		工程定位测量，放线记录	××	完整	××	完整有效	××
3		原材料出厂合格证书及进场检验、试验报告	×××	完整	××	完整有效	××
4		施工试验报告及见证检测报告	××	完整	××	完整有效	××
5		隐蔽工程验收记录	×××	完整	×××	完整有效	×××
6		施工记录	××	完整	××	完整有效	××
7		地基、基础、主体结构检验及抽样检测资料	×××	符合相关专业验收规范的规定	×××	完整有效	×××
8		分项、分部工程质量验收记录	××	合格	××	完整有效	××
9		工程质量事故调查处理资料	×××	完整	×××	完整有效	×××
10		新技术论证、备案及施工记录	××	完整	××	完整有效	××
1	给水排水与采暖	图纸会审记录，设计变更通知单，工程洽商记录	××	完整	××	完整有效	××
2		原材料出厂合格证书及进场检验、试验报告	×××	完整	×××	完整有效	×××
3		管道、设备强度试验、严密性试验记录	××	完整	××	完整有效	××
4		隐蔽工程验收记录	×××	完整	×××	完整有效	×××
5		系统清洗、灌水、通水、通球试验记录	××	完整	××	完整有效	××
6		施工记录	×××	完整	××	完整有效	××
7		分项、分部工程质量验收记录	××	合格	××	完整有效	××
8		新技术论证、备案及施工记录	/	/	/	/	/

续表

序号	项目	资料名称	份数	施工单位		监理单位	
				核查意见	核查人	核查意见	核查人
1	通风与空调	图纸会审记录，设计变更通知单，工程洽商记录	×××	完整	×××	完整有效	×××
2		原材料出厂合格证书及进场检验、试验报告	××	完整	××	完整有效	××
3		制冷、空调、水管道强度试验、严密性试验记录	×××	完整	×××	完整有效	×××
4		隐蔽工程验收记录	××	完整	××	完整有效	××
5		制冷设备运行调试记录	×××	完整	×××	完整有效	×××
6		通风、空调系统调试记录	××	完整	××	完整有效	××
7		施工记录	×××	完整	×××	完整有效	×××
8		分项、分部工程质量验收记录	××	合格	××	完整有效	××
9		新技术论证、备案及施工记录	/		/		/
1	建筑电气	图纸会审记录，设计变更通知单，工程洽商记录	×××	完整	×××	完整有效	×××
2		原材料出厂合格证书及进场检验、试验报告	××	完整	××	完整有效	××
3		设备调试记录	×××	完整	×××	完整有效	×××
4		接地、绝缘电阻测试记录	××	完整	××	完整有效	××
5		隐蔽工程验收记录	×××	完整	×××	完整有效	×××
6		施工记录	××	完整	××	完整有效	××
7		分项、分部工程质量验收记录	×××	合格	××	完整有效	×××
8		新技术论证、备案及施工记录	/		/		/
1	智能建筑	图纸会审记录，设计变更通知单，工程洽商记录	××	记录齐全	××	完整有效	××
2		原材料出厂合格证书及进场检验、试验报告	×××	完整	×××	完整有效	×××
3		隐蔽工程验收记录	××	完整	××	完整有效	××
4		施工记录	×××	完整	×××	完整有效	×××
5		系统功能测定及设备调试记录	××	完整	××	完整有效	××
6		系统技术、操作和维护手册	×××	完整	×××	完整有效	×××
7		系统管理、操作人员培训记录	××	完整	××	完整有效	××
8		系统检测报告	×××	完整	×××	完整有效	×××
9		分项、分部工程质量验收报告	××	完整	××	完整有效	××
10		新技术论证、备案及施工记录	/	合格	/		/
1	建筑节能	图纸会审记录，设计变更通知单，工程洽商记录	××			完整有效	
2		原材料出厂合格证书及进场检验、试验报告	××	完整	××	完整有效	××
3		隐蔽工程验收记录	×××	完整	×××	完整有效	×××
4		施工记录	××	完整	××	完整有效	××
5		外墙、外窗节能检验报告	×××	完整	×××	完整有效	×××
6		设备系统节能检测报告	××	完整	××	完整有效	××
7		分项、分部工程质量验收报告	×××	完整	×××	完整有效	×××
8		新技术论证、备案及施工记录	/		/		/

续表

序号	项目	资料名称	份数	施工单位 核查意见	施工单位 核查人	监理单位 核查意见	监理单位 核查人
1		图纸会审记录，设计变更通知单，工程洽商记录	/				
2		设备出厂合格证书及开箱检验记录	/				
3		隐蔽工程验收记录	/				
4	电梯	施工记录	/				
5		接地、绝缘电阻测试记录	/				
6		负荷试验、安全装置检查记录	/				
7		分项、分部工程质量验收记录	/				
8		新技术论证、备案及施工记录	/				

结论：完整。

施工单位项目负责人：×××　　　　　　　　　　　　　　　　总监理工程师：×××

×××× 年 × 月 × 日　　　　　　　　　　　　　　　　　　×××× 年 × 月 × 日

（5）单位（子单位）工程安全和使用功能检验资料核查及主要功能抽查记录（C8.4）

为确保建筑工程投入使用时的安全和满足功能性要求，涉及安全和使用功能的分部工程应有检验资料，并进行强化验收，对主要项目进行抽查和记录。安全和使用功能的检测，如果条件具备，应在分部工程验收时进行。分部工程验收时凡已做过的安全和使用功能检测项目，单位工程竣工验收时不再重复试测。只核查检测报告是否符合有关规定。施工单位填写的单位工程安全和使用功能检验资料核查及主要功能抽查记录应一式三份，并应由建设单位、施工单位、城建档案馆各保存一份。单位（子单位）工程安全和使用功能检验资料核查及主要功能抽查记录宜采用表 1-5-70 的格式。

单位（子单位）工程安全和使用功能检验资料核查及主要功能抽查记录（C8.4）　表 1-5-70

工程名称		××市×中学教学楼	施工单位	××建筑安装有限公司		
序号	项目	安全和使用功能检查项目	份数	核查意见	抽查结果	核查人（抽查）
1		地基承载力检验报告	××	完整	合格	
2		桩基承载力检验报告	××	完整	合格	
3		混凝土强度试验报告	××	完整	合格	
4		砂浆强度试验报告	××	完整	合格	
5		主体结构尺寸、位置抽查记录	××	符合规定	合格	
6		建筑物垂直度、标高、全高测量记录	××	符合规定	合格	
7		屋面淋水或蓄水试验记录	××	符合规定	合格	
8	建筑与结构	地下室渗漏水检测记录	××	符合规定	合格	×××
9		有防水要求的地面蓄水试验记录	××	符合规定	合格	
10		抽气（风）道检查记录	××	符合规定	合格	
11		外窗气密性、水密性、耐风压检测报告	××	完整	合格	
12		幕墙气密性、水密性、耐风压检测报告	××	完整	合格	
13		建筑物沉降观测测量记录	××	符合规定	合格	
14		节能、保温测试记录	××	符合规定	合格	
15		室内环境检测报告	××	完整	合格	
16		土壤氡气浓度监测报告	××	完整	合格	

续表

序号	项目	安全和使用功能检查项目	份数	核查意见	抽查结果	核查人（抽查）
1	给水排水与采暖	给水管道通水试验记录	××	符合规定	合格	×××
2		暖气管道、散热器压力试验记录	××	符合规定	合格	
3		卫生器具满水试验记录	××	符合规定	合格	
4		消防管道、燃气管道压力试验记录	××	符合规定	合格	
5		排水干管通球试验记录	××	符合规定	合格	
6		锅炉试运行、安全法及报警联动测试记录	××	符合规定	合格	
1	通风与空调	通风、空调系统试运行记录	××	符合规定	合格	×××
2		风量、温度测试记录	××	符合规定	合格	
3		空气能量回收装置测试记录	××	符合规定	合格	
4		洁净室洁净度测试记录	××	符合规定	合格	
5		制冷机组试运行调试记录	××	符合规定	合格	
1	建筑电气	建筑照明通电试运行记录	××	符合规定	合格	×××
2		灯具固定装置及悬吊装置的载荷强度试验记录	××	符合规定	合格	
3		绝缘电阻测试记录	××	符合规定	合格	
4		剩余电流动作保护器测试记录	××	符合规定	合格	
5		应急电源装置应急持续供电记录	××	符合规定	合格	
6		接地电阻测试记录	××	符合规定	合格	
7		接地故障回路阻抗测试记录	××	符合规定	合格	
1	智能建筑	系统试运行记录	××	符合规定	合格	×××
2		系统电源及接地检测报告	××	完整	合格	
3		系统接地检测报告	××	完整	合格	
1	建筑节能	外墙节能构造检查记录或热工性能检验报告	××	完整	合格	×××
2		设备系统节能性能检查记录	××	符合规定	合格	
1	电梯	运行记录	/	/	/	
2		安全装置检测报告	/	/	/	

结论：
　检验资料完整；抽查结果符合相关专业验收规范的规定。

施工单位项目负责人：×××　　　　　　　　　　　　　　总监理工程师：×××
　　　　　　　　×××× 年 × 月 × 日　　　　　　　　　　　　　　　　×××× 年 × 月 × 日

注：抽查项目由验收组协商确定。

（6）单位（子单位）工程观感质量检查记录（C8.5）

工程观感质量检查，是在工程全部竣工后进行的一项重要验收工作，是全面评价一个单位工程的外观及实用功能质量，促进施工管理、加强成品保护，提高社会效益和环境效益的有效措施。观感质量检查不仅是外观检查，而且是对工程的一个全面检查。表

161

中所列内容均由验收各方代表共同实际检查，协商评价和综合验收结论意见。

　　施工单位填写的单位（子单位）工程观感质量检查记录应一式四份，并应由建设单位、监理单位、施工单位、城建档案馆各保存一份。单位（子单位）工程观感质量检查记录宜采用表1-5-71的格式。

単位（子单位）工程观感质量检查记录（C8.5）　　　　　表1-5-71

工程名称		××市×中学教学楼	施工单位							××建筑安装有限公司	
序号		项目	抽查质量状况								质量评价
1	建筑与结构	主体结构外观	共检查 20 点	好 17 点	一般 3 点	差	点				好
2		室外墙面	共检查 20 点	好 18 点	一般 1 点	差	点				好
3		变形缝、雨水管	共检查 12 点	好 10 点	一般 2 点	差	点				好
4		屋面	共检查 16 点	好 15 点	一般 1 点	差	点				好
5		室内墙面	共检查 22 点	好 20 点	一般 2 点	差	点				好
6		室内顶棚	共检查 10 点	好 9 点	一般 1 点	差	点				好
7		室内地面	共检查 18 点	好 16 点	一般 2 点	差	点				好
8		楼梯、踏步、护栏	共检查 10 点	好 9 点	一般 1 点	差	点				好
9		门窗	共检查 30 点	好 28 点	一般 5 点	差	点				好
10		雨罩、台阶、坡道、散水	共检查 20 点	好 19 点	一般 3 点	差	点				好
1	给排水与采暖	管道接口、坡度、支架	共检查 8 点	好 7 点	一般 1 点	差	点				好
2		卫生器具、支架、阀门	共检查 15 点	好 13 点	一般 2 点	差	点				好
3		检查口、扫除口、地漏	共检查 12 点	好 11 点	一般 1 点	差	点				好
4		散热器、支架	共检查 15 点	好 13 点	一般 1 点	差 1 点					好
1	通风与空调	风管、支架	共检查 8 点	好 7 点	一般 1 点	差	点				好
2		风口、风阀	共检查 12 点	好 9 点	一般 3 点	差	点				好
3		风机、空调设备	共检查 14 点	好 12 点	一般 2 点	差	点				好
4		管道、阀门、支架	共检查 21 点	好 19 点	一般 2 点	差	点				好
5		水泵、冷却塔	共检查 8 点	好 8 点	一般	点	差	点			好
6		绝热	共检查 9 点	好 9 点	一般						好
1	建筑电气	配电箱、盘、板、接线盒	共检查 12 点	好 12 点	一般	点	差	点			好
2		设备器具、开关、插座	共检查 14 点	好 13 点	一般 1 点	差	点				好
3		防雷、接地、防火	共检查 8 点	好 8 点	一般	点	差	点			好
1	智能建筑	机房设备安装及布局	共检查 6 点	好 6 点	一般	点	差	点			好
2		现场设备安装	共检查 4 点	好 4 点	一般	点	差	点			好

续表

工程名称		××市×中学教学楼	施工单位					××建筑安装有限公司		质量评价
序号		项目	抽查质量状况							
1	电梯	运行、平层、开关门	共检查	点 好	点	一般	点	差	点	好
2		层门、信号系统	共检查	点 好	点	一般	点	差	点	好
3		机房	共检查	点 好	点	一般	点	差	点	好
观感质量综合评价										

结论：观感质量检查评价为好。

施工总承包单位项目负责人：×××　　　　　　　　　　　　　　总监理工程师：×××

　　　　　　　　　　　　　××××年××月××日　　　　　　　　　××××年×月×日

163

　　单位工程观感质量检查记录中的质量评价结果填写"好"、"一般"或"差"，可由各方协商确定，也可按以下原则确定：项目检查点中有一处或多于一处"差"可评价为"差"，有60%及以上的检查点"好"可评价为"好"，其余情况可评价为"一般"。

　　(7) 施工资料移交书（C8.6）

　　依据《建设工程文件归档规范（2019年版）》GB/T 50328—2014 的规定，勘察、设计、施工单位在收齐工程文件并整理立卷后，建设单位、监理单位应根据城建档案管理机构的要求，对归档文件完整、准确、系统情况和案卷质量进行审查。审查合格后方可向建设单位移交。向建设单位移交档案时，应编制移交清单，双方签字、盖章后方可交接。

　　列入城建档案管理机构接收范围的工程，建设单位在工程竣工验收备案前，必须向城建档案管理机构移交一套符合规定的工程档案。当建设单位向城建档案管理机构移交工程档案时，应提交移交案卷目录，办理移交手续，双方签字、盖章后方可交接。施工单位填写的施工资料移交书应一式二份，并应由建设单位、施工单位各保存一份。施工资料移交书宜采用表 1-5-72 的格式。

施工资料移交书（C8.6）　　　　　　　　　　　　　　　　表 1-5-72

工程资料移交书

　　××建筑安装有限公司按有关规定项与　××市×中学　办理　××市×中学教学楼（工程全称）的施工资料移交手续。共计＿＿＿＿＿册。其中：文字材料＿＿＿＿＿册，图片材料＿＿＿＿＿册，声像材料＿＿＿＿＿册，其他材料＿＿＿＿＿册。

附：施工资料移交目录

　　移交单位（公章）：　　　　　　　　　　　　接收单位（公章）：

　　单位负责人（签字）：　　　　　　　　　　　单位负责人（签字）：

　　技术负责人（签字）：　　　　　　　　　　　技术负责人（签字）：

　　移交人：　　　　　　　　　　　　　　　　　接收人：

　　　　　　　　　　　　　　　　移交日期：　　　　　　年　月　日

（8）房屋建筑工程质量保修书（示范文本）（E1.10）

依据《房屋建筑工程质量保修办法》建设部令第80号规定：房屋建筑工程质量保修，是指对房屋建筑工程竣工验收后在保修期限内出现的质量缺陷，予以修复。房屋建筑工程在保修范围和保修期限内出现质量缺陷，施工单位应当履行保修义务。施工单位填写的房屋建筑工程质量保修书应一式三份，并应由建设单位、监理单位、施工单位各保存一份。房屋建筑工程质量保修书可采用表1-5-73（示范文本）的格式。

房屋建筑工程质量保修书（E1.10）　　　　　　　　　　　　表1-5-73

房屋建筑工程质量保修书

发包人（全称）：××市×中学

承包人（全称）：××建筑安装有限公司

　　发包人、承包人根据《中华人民共和国建筑法》《建设工程质量管理条例》和《房屋建筑工程质量保修办法》，经协商一致，对××市×中学教学楼（工程全称）签订工程质量保修书。

一、工程质量保修范围和内容

承包人在质量保修期内，按照有关法律、法规、规章的管理规定和双方约定，承担本工程质量保修责任。

质量保修范围包括地基基础工程、主体结构工程，屋面防水工程、有防水要求的卫生间、房间和外墙面的防渗漏，供热与供冷系统，电气管线、给水排水管道、设备安装和装修工程，以及双方约定的其他项目。具体保修的内容，双方约定如下：保修的内容为本合同第二条规定的内容。

二、质量保修期

双方根据《建设工程质量管理条例》及有关规定，约定本工程的质量保修期如下：

1. 地基基础工程和主体结构工程为设计文件规定的该工程合理使用年限；

2. 屋面防水工程、有防水要求的卫生间、房间和外墙面的防渗漏为 10 年；

3. 装修工程为 2 年；

4. 电气系统、给排水管道、设备安装工程为 2 年；

5. 供热与供冷系统为 2 个采暖期、供冷期；

6. 住宅小区内的给排水设施、道路等配套工程为 2 年；

7. 其他项目保修期限约定如下 无 。

房屋建筑工程保修期自工程竣工验收合格之日起计算。

三、质量保修责任

1. 属于保修范围、内容的项目，承包人应当在接到保修通知之日起 7 天内派人保修。承包人不在约定期限内派人保修的，发包人可以委托他人修理。

2. 发生紧急抢修事故的，承包人在接到事故通知后，应当立即到达事故现场抢修。

3. 对于涉及结构安全的质量问题，应当按照《房屋建筑工程质量保修办法》的规定，立即向当地建设行政主管部门报告，采取安全防范措施；由原设计单位或者具有相应资质等级的设计单位提出保修方案，承包人实施保修。

4. 质量保修完成后，由发包人组织验收。

四、保修费用

保修费用由造成质量缺陷的责任方承担。

五、其他

双方约定的其他工程质量保修事项：＿＿＿＿／＿＿＿。

本工程质量保修书，由施工合同发包人、承包人双方在竣工验收前共同签署，作为施工合同附件，其有效期限至保修期满。

发 包 人（公章）：　　　　　承 包 人（公章）：

法定代表人（签字）：　　　　法定代表人（签字）：

　年　月　日　　　　　　　　年　月　日

6 建筑工程竣工验收备案管理

建设工程竣工验收备案制度是加强政府监督管理，防止不合格工程流向社会的一个重要手段。《建设工程质量管理条例》（2019 年修正版）规定：建设单位应当自建设工程竣工验收合格之日起 15 日内，将建设工程竣工验收报告和规划、公安消防、环保等部门出具的认可文件或者准许使用文件报建设行政主管部门或者其他有关部门备案。

建设单位应依据《建设工程质量管理条例》有关规定和《房屋建筑和市政基础设施工程竣工验收备案管理办法》（2000 年 4 月 4 日建设部令第 78 号发布，2009 年 10 月 19 日修正）实施备案管理工作。

6.1 建筑工程竣工验收备案的范围

凡在我国境内新建、扩建、改建各类房屋建筑工程及市政基础设施工程都实行竣工验收备案制度。国务院住房和城乡建设主管部门负责全国房屋建筑和市政基础设施工程（以下统称工程）的竣工验收备案管理工作。县级以上地方人民政府建设主管部门负责本行政区域内工程的竣工验收备案管理工作。建设单位应当自工程竣工验收合格之日起 15 日内，依照本办法规定，向工程所在地的县级以上地方人民政府建设主管部门（以下简称备案机关）备案。

抢险救灾工程、临时性房屋建筑工程和农民自建低层住宅工程，不适用本规定。军用房屋建筑工程竣工验收备案，按照中央军事委员会的有关规定执行。

6.2 建筑工程竣工验收备案的文件

建设单位应在单位工程竣工验收合格 15 日内将《建设工程竣工验收报告》和有关文件，报建设工程备案机关办理竣工工程验收备案手续。建设单位办理工程竣工验收备案应当提交下列文件，见表 1-6-1。

1. 工程竣工验收备案表。

2. 工程竣工验收报告。竣工验收报告应当包括工程报建日期，施工许可证号，施工图设计文件审查意见，勘察、设计、施工、工程监理等单位分别签署的质量合格文件及验收人员签署的竣工验收原始文件，市政基础设施的有关质量检测和功能性试验资料以及备案机关认为需要提供的有关资料。

3. 法律、行政法规规定应当由规划、环保等部门出具的认可文件或者准许使用文件。

4. 法律规定应当由公安消防部门出具的对大型的人员密集场所和其他特殊建设工程验收合格的证明文件。

5. 施工单位签署的工程质量保修书。

6. 法规、规章规定必须提供的其他文件。

7. 住宅工程还应当提交《住宅质量保证书》和《住宅使用说明书》。

8. 省、自治区、直辖市人民政府住房和城乡建设主管部门可以根据本办法制定实施细则。

建筑工程竣工验收备案提交的资料　　　　　　表 1-6-1

序号	材料名称	份数	材料形式	备　注
1	建设工程竣工验收备案表	4	原件	
2	建设工程竣工验收报告	6	原件	
3	工程施工许可证	1	复印件（核对原件）	
4	工程施工质量验收申请表	1	原件	
5	单位（子单位）工程质量验收记录	1	原件	
6	工程质量评估报告	1	原件	
7	设计文件质量检查报告	1	原件	
8	勘察文件质量检查报告	1	原件	
9	施工图设计文件审查报告	1	复印件（核对原件）	
10	建设工程规划许可证及规划验收合格证	1	复印件（核对原件）	
11	建筑工程消防验收意见书	1	复印件（核对原件）	
12	建设工程竣工验收档案认可书	1	复印件（核对原件）	
13	环境保护验收意见	1	复印件（核对原件）	
14	建设工程质量验收监督意见书	1	原件	
15	燃气工程验收文件	1	复印件（核对原件）	有该项工程内容的，提供
16	电梯安装分部工程质量验收证书	1	原件	有该项工程内容的，提供
17	室内环境污染物检测报告	1	复印件（核对原件）	照标准、规范需要实施该项工程内容的，提供
18	工程质量保修书	1	原件	
19	住宅质量保证书和住宅使用说明书	1	原件	属于商品住宅工程的，提供
20	单位工程施工安全评价书	1	复印件（核对原件）	
21	中标通知书（设计、监理、施工）	1	复印件（核对原件）	必须招标的工程，提供
22	建设施工合同	1	复印件（核对原件）	
23	工程款支附证明及发票复印件	1	复印件（核对原件）	
24	人防工程验收证明	1	复印件（核对原件）	依照标准、规范需要实施该项工程内容的，提供
25	工程质量安全监督报告	1	原件	监督站提供

6.3　建筑工程竣工验收备案的程序

（1）建设工程竣工验收备案需具备的条件

1）工程竣工验收已合格，并完成工程竣工验收报告；

2）工程质量监督机构已出具工程质量监督报告；

3）已办理工程监理合同登记核销及施工合同（总包、专业分包和劳务分包合同）备案核销手续；

4）各项专项资金等已结算。

（2）建设单位向备案机关领取《房屋建设工程和市政基础设施工程竣工验收备案表》。

（3）建设单位持加盖单位公章和单位项目负责人签名的《房屋建设工程和市政基础设施工程竣工验收备案表》一式四份及上述规定的材料，向备案机关备案。

（4）备案机关在收齐、验证备案材料后 15 个工作日内在《房屋建设工程和市政基础设施工程竣工验收备案表》上签署备案意见（盖章），建设单位、施工单位、监督站和备案机关各持一份。

7 建筑工程施工资料收集归档管理

建筑工程施工资料收集归档管理是指工程项目施工文件管理计划编制、收集、分类、组卷、移交和归档等过程的总称。其中，施工资料管理计划是指导施工单位施工文档资料收集、分类、组卷、移交和归档等资料管理工作的基础文件。施工资料管理计划又是从施工准备到施工验收全过程的施工文件归档资料管理目标的控制依据。施工单位签订施工合同之后，开工前，施工资料管理计划由项目经理组织项目技术负责人、资料管理等相关人员共同编制完成。

7.1 资料管理计划的特点

施工文件归档资料管理是建设工程项目管理任务之一，工程项目施工前应做好资料管理工作规划，详细编制工作计划。资料管理规划的主要作用是建立管理组织和方法体系，体现组织工具（组织结构、项目结构、任务与职能分工、工作流程）和管理方法（过程控制、动态控制）的指导性与前瞻性。编制资料管理计划的作用是明确在建项目资料管理过程中的主要工作和任务清单及时间节点。在资料管理计划中的主要工作和任务清单要清楚地描述出：项目各个实施阶段的工作重点和任务的内容，完成本阶段工作和任务的资源需求、时间期限和任务的成果形式。资料管理计划应具有预见性、针对性、可行性和约束性的特点。

（1）预见性：资料管理计划是在资料管理活动之前对活动的任务、目标、方法、措施所作出的预见性确认，是以相关的规定为指导，以在建项目实际条件为基础，以相关的技术文件为依据，对即将实施开展的资料管理任务的发展趋势作出科学预测。

（2）针对性：资料管理计划既是根据确定的工作任务而定，又是针对本单位的主客观条件和相应能力而定。

（3）可行性：可行性是和预见性、针对性紧密联系在一起的，预见准确、针对性强的计划，在现实中才真正可行。

（4）约束性：计划一经通过、批准或认定，在其所指向的范围内就具有了约束作用，在这一范围内任务执行者都必须按计划的内容开展工作和活动。

7.2 资料管理计划的编制

资料管理计划的编制是依据《建设工程文件归档规范（2019 年版）》GB/T 50328—2014、《建筑工程施工质量验收统一标准》GB 50300—2013 和建筑工程施工质量专业验收规范等指导性文件，并按照建筑工程项目的施工组织设计、质量验收计划、工程合同及相关文件、同类项目的相关资料等实施性文件进行编

制。编制施工资料管理计划的主要任务是依据资料归档的范围、类型和具体的施工过程，确定资料何时、向何单位（或责任人）收集何种符合要求的文件档案资料。

施工资料管理计划的编制要求包括：建立资料管理计划的构成体系（按照分部、分项工程确定资料类别，见表1-2-5），建立资料分类编码系统，确定资料种类、来源，拟定资料形成时间，复核资料传递途径和反馈的范围，确认负责人职能和工作流程等。

7.2.1 资料管理计划构成体系

施工文件档案资料管理计划的构成体系应符合施工文档文件立卷的原则。《建设工程文件归档规范（2019年版）》GB/T 50328—2014明确规定施工文件应按单位工程、分部（分项）工程进行立卷，分部、分项工程按照资料的类型（C1～C8类）立卷；专业分包施工的分部、（子分部）工程应分别单独立卷；室外工程应按室外建筑环境和室外安装工程单独立卷；当施工文件中部分内容不能按一个单位工程分类立卷时，可按建设工程立卷。施工文档资料管理计划分部、分项划分依据《建筑工程施工质量验收统一标准》GB 50300—2013划分原则进行划分，见表1-2-5。工程文件的具体归档范围应符合《建设工程文件归档规范（2019年版）》GB/T 50328—2014的要求，见表1-2-4。

《建设工程文件归档规范（2019年版）》GB/T 50328—2014规定的归档文件资料的范围和类型具有指导性和通用性，与具体的工程项目内容实际产生的文件资料是有差异的。实际中，施工文档资料主要来源于施工过程。特别是施工技术文件、施工物资出厂质量证明及进厂检测文件、施工记录文件、施工试验记录及检测文件、施工质量验收文件等都是在施工过程中产生的。所以，资料计划的编制必须明确资料的来源（施工过程和形成单位）。目前，建设工程项目都是依据施工组织设计组织项目施工，依据建筑工程施工质量验收规范进行工程质量验收。施工组织设计是针对施工过程确定的施工方案和时间安排，施工质量验收规范是针对施工过程的实体质量验收和资料检查，两个文件均与施工过程有关。所以，对照施工组织设计的施工过程和建筑工程施工质量验收的范围和单位、分部、分项工程验收的要求，结合归档规范确定的范围和资料类型，即可合理取舍与实际工程项目相关的各个分部工程施工管理、施工技术、进度造价、施工物资出厂质量证明及进场检测、施工记录、施工试验记录、施工质量验收、施工验收等八类施工资料的名录。各类施工文件形成时间均与施工过程的实施时间相一致，如此，在开工前编制形成由八类工程资料名录、资料来源、完成或提交时间、责任人或部门、审核、审批、签字等相关内容构成的资料管理计划。

7.2.2 资料分类编码系统

资料分类编码系统应符合《建设工程文件归档规范（2019年版）》GB/T 50328—2014编码体系和《建筑工程资料管理规程》JGJ/T 185—2009的编号的设定。施工资料编号可由分部、子分部、类别（子类别、文件序号）、顺序号4组代号组成，组与组之间应用横线隔开××（分部号）-××（子分部号）-××（类别号）.×（子类别号）.××（文件序号）-×××（顺序号）。资料编码应符合下列要求：

（1）××（分部号）-××（子分部号）应符合表 1-2-5 的要求。

（2）××（类别号）均应按照《建设工程文件归档规范（2019 年版）》GB/T 50328—2014 明确规定的资料分类要求编号。如工程准备阶段文件 A 类（又分 A1～A7 类）、监理文件 B 类（又分 B1～B6 类）、施工文件 C 类（C1～C8 类）、竣工图 D 类、工程竣工验收文件 E 类（又分 E1～E4 类）。

（3）×（子类别号）.××（文件序号）依据《建设工程文件归档规范（2019 年版）》GB/T 50328—2014 的规定仅设置在 C4 和 C6 两个分类中，如：C6.2.3 施工文件 C6 类（施工试验记录及检测文件）.2（建筑与结构工程）.3（桩机检测工程）；如：C5.1 施工文件 C5 类（施工记录文件）.1（隐蔽验收记录）。

（4）×××（顺序号）是指同种表格出现的先后顺序号。

7.2.3 资料传递途径和反馈的范围

根据资料传递的途径、反馈的范围和涉及的相关人员建立施工文件档案资料的工作职责和管理体系。资料管理计划既可以追溯施工文件档案资料的形成单位、传递途径、保存的范围和涉及的相关责任人，又可依据填写、编制、审核、审批、签字等资料的形成管理过程，对资料的形成质量进行监督和控制。同时，对收集、分类、整理、组卷、移交、归档等资料的收集归档管理及保管使用工作进行有效控制。

7.2.4 资料管理计划的编制过程

资料管理计划的编制过程具体应包括：建立资料形成管理的流程；分析项目施工过程、确定资料收集的范围；明确资料形成单位；依据资料的来源、完成时间要求编制资料收集目录；列出以分部工程为单位的资料管理计划，汇总各分部工程资料计划形成单位工程资料计划；确定岗位人员职责和工作程序进行资料技术交底。

（1）建立资料形成管理的流程

1）施工单位技术、管理、进度造价及相关报审文件资料形成管理流程

施工单位技术、管理、进度造价及相关报审文件资料形成管理流程，如图 1-7-1 所示。

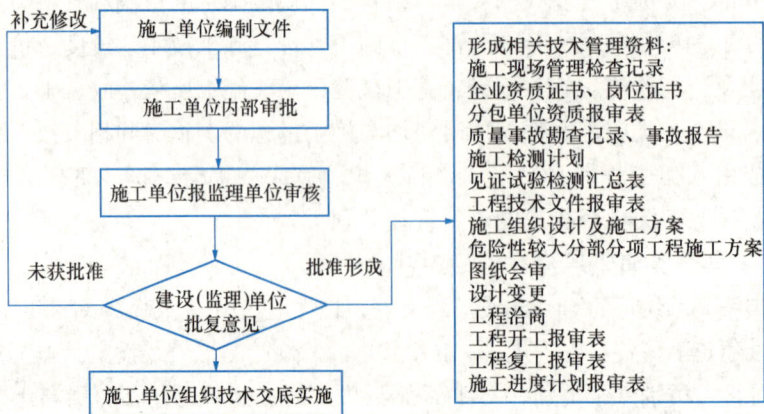

图 1-7-1　施工单位技术、管理、进度造价及相关报审文件资料形成管理流程

2）施工物资资料形成管理流程

施工物资资料形成管理流程，如图 1-7-2 所示。

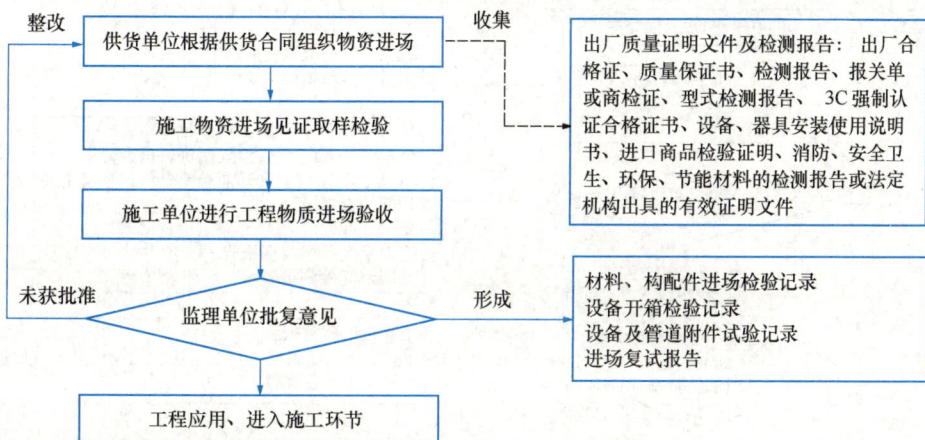

图 1-7-2　施工物资资料形成管理流程

3）施工记录、施工试验及检测报告、施工质量验收记录资料管理流程

施工记录、施工试验及检测报告、施工质量验收记录资料管理流程，如图 1-7-3 所示。

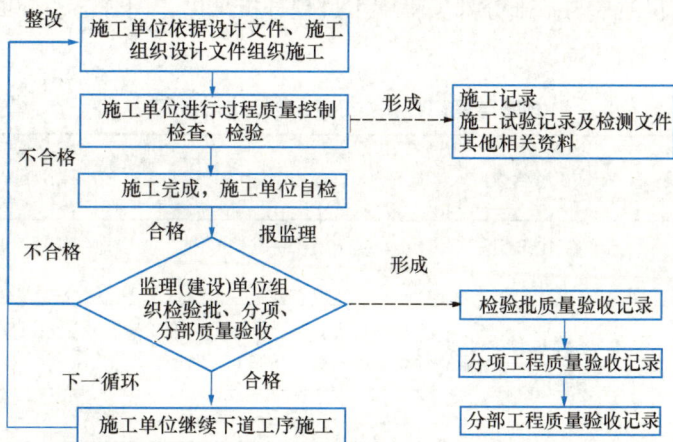

图 1-7-3　施工记录、施工试验及检测报告、施工质量验收记录资料管理流程

4）工程施工验收资料管理流程

工程施工验收资料管理流程，如图 1-7-4 所示。

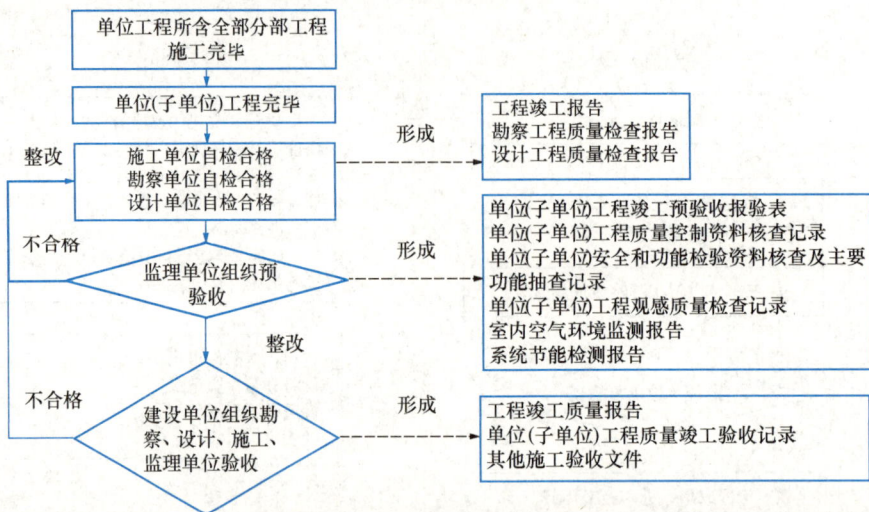

图 1-7-4　工程施工验收资料管理流程

（2）分析项目施工过程、确定资料收集的类型和名称

编制施工资料管理计划是依据《建设工程文件归档规范（2019 年版）》GB/T 50328—2014、《建筑工程施工质量验收统一标准》GB 50300—2013 等基础文件，结合设计文件和施工组织设计文件、以分部工程为基本组卷单位，详细分析项目的施工过程和基本的工艺流程，可列出分部、分项、检验批划分表。同时依据《建设工程文件归档规范（2019 年版）》GB/T 50328—2014 规定的资料范围和内容，结合分析的施工过程确定资料收集的类型和名称。

例如，某工程地基与基础分部工程施工过程分析结果，用分部、分项、检验批划分表表示，见表 1-7-1。

地基与基础分部、分项、检验批划分表　　　　　　　　　　　表 1-7-1

分部工程	子分部工程	分项工程名称	检验批	检验批数量
01 地基与基础	01 地基	土和灰土挤密桩复合地基	土和灰土挤密桩（CFG 桩）复合地基检验批质量验收记录	1
	02 钢筋混凝土扩展基础	模板	基础模板安装、拆除检验批质量验收记录（防水板、独立基础、墙下条基）	2
		钢筋	钢筋原材（防水板、独立基础、地梁）	按批次
			钢筋加工（防水板、独立基础、地梁）按楼层	1
			钢筋连接、安装（防水板、独立基础、地梁）按楼层	1

续表

分部工程	子分部工程	分项工程名称		检验批	检验批数量
01地基与基础	02钢筋混凝土扩展基础	混凝土		混凝土原材	按批次
				防水板 C30 S6、独立基础 C30 S6、墙下条基 C30 S6、混凝土原材及配合比设计检验批质量验收记录（配合比设计按强度等级和耐久性及工作性能划分）	1
				垫层；防水层保护层混凝土；独立基础、防水板、施工检验批质量验收记录	2
		现浇结构（可不列）		现浇结构外观质量检验批质量验收记录（基础）	2
				现浇结构尺寸偏差检验批质量验收记录（基础）	2
	03基坑支护	锚杆		锚喷支护检验批质量验收记录（分两层支护）	2
	04地下水控制	降水与排水		降水与排水检验批质量验收记录	1
		回灌		回灌检验批质量验收记录	
	05土方	土方开挖		土方开挖检验批质量验收记录（分两层开挖）	2
		土方回填		室内回填检验批质量验收记录（分两层）	2
				室外回填检验批质量验收记录（按规范分层）	15
		场地平整		施工前期场地平整、施工后期场地平整检验批质量验收记录	2
	06边坡	边坡开挖		边坡开挖质量检验批质量验收记录	1
		挡土墙		砖砌体（防水保护层）质量检验批质量验收记录	1
	07地下防水	主体结构防水	防水混凝土	防水混凝土工程检验批质量验收记录（防水底板，地下室挡土墙）	2
			卷材防水层	卷材防水层检验批质量验收记录（垫层上水平防水、地下室挡土墙立面防水）	2
		细部构造防水	变形缝	变形缝检验批质量验收记录	1
			施工缝	施工缝检验批质量验收记录	1
			穿墙管	穿墙管检验批质量验收记录	1
			坑、池	坑、池检验批质量验收记录	1

（3）按规定收集的资料范围和名称、施工过程、资料来源和完成时间要求编制资料计划汇总资料收集目录

按资料的范围、施工过程、资料来源和完成时间要求编制资料计划主要过程如下：

1）在各分部工程的施工过程确定后即可参照表 1-7-4 设置的项目结构，以分部工程为单位对照肯定发生的资料类别和可能发生的资料类别，依次填写每项资料的类别、

名称、分目、细目资料来源、填写或编制、形成和提交时间、审核、审批、签字等内容。

2）将分析筛选出的肯定发生的文件资料类别和可能发生的文件资料类别视具体情况列出资料的名称、分目或细目，舍去肯定不发生的资料类别。当每个分部按照计划编制导则的分类组合，形成新的有类别、名称、分目和细目的汇总计划表。

3）在表中还可以明确文件档案资料的来源单位、保存追溯单位、形成和提交时间、填写编制单位、审核、审批、签字等责任人以便于资料的形成、交底和收集管理。

4）施工文件档案资料完成或提交的时间应与常规要求相一致，施工文件档案资料管理计划应以分部工程为基本单位，按时间和质量要求完成资料收集分类、整理、组卷形成归档文件。

施工文件档案资料管理计划，见表 1-7-2（节选）。将施工文件档案资料移交归档时，按照工程文件立卷的要求参照文件计划的内容和顺序进行排列、编目、装订所有案卷，形成案卷目录，见表 1-7-3（节选）。

施工文件档案资料管理计划 表 1-7-2

工程资料类别	工程资料名称	资料分目录	细目	保存单位					工程资料单位来源	完成或提交时间	填写或编制	审核审批签字
				建设单位	设计单位	施工单位	监理单位	城建档案馆				
施工管理文件 C1	工程概况表			▲		▲	▲	△	施工单位	与施工组织设计编制同步完成	项目负责人	项目经理
	施工现场质量管理检查记录					△	△		施工单位	进场后、开工前填写	项目负责人	总监
	企业资质证书及相关专业人员岗位证书			△		△	△	△	施工单位	进场后、开工前提交核验	项目负责人	专业监理/总监
	分包单位资质报审表	按分包单位列分目录		▲		▲	▲		施工单位	分包工程开工前	项目经理	专业监理/总监
	建设工程质量事故勘查记录	按事故发生次数列分目录		▲		▲	▲	▲	调查单位	事故发生后 48h 内提交	调查人	被调查人

工程资料类别	工程资料名称	资料分目录	细目	保存单位					工程资料单位来源	完成或提交时间	填写或编制	审核审批签字
				建设单位	设计单位	施工单位	监理单位	城建档案馆				
施工管理文件 C1	建设工程质量事故报告书	按事故发生次数列分目录		▲		▲	▲	▲	调查单位	事故发生后48h内提交	报告人	调查负责人
	施工检测计划	HPB300钢筋原材送检	××批次	△		△	△		施工单位	分部、分项工程开工前提交	项目负责人	专业监理
		HRB400钢筋原材送检	××批次									
		普通32.5级水泥送检	××批次									
		矿渣32.5级水泥送检	××批次									
		砂送检	××批次									
		石子送检	××批次									
		C30混凝土试块送检	××批次									
		C40混凝土试块送检	××批次									
		C30混凝土配合比送检	××批次									
		……										
	见证试验检测汇总表	钢筋原材		▲		▲	▲	▲	施工单位	随工程进度按周或月提交	试验员	制表人/技术负责人
		水泥										
		砂										
		……										
	施工日志	按专业归类				▲			施工单位	从工程开工起至工程竣工逐日记载	记录人	专业工长项目负责人

地基基础分部工程资料收集总目录 表 1-7-3

工程名称							
		地基基础分部工程资料总目录					
序号	工程资料类别	工程资料名称	编制单位	编制日期	页次	备注	
	施工管理文件 C1	工程概况表（表 C1.1）	施工单位	××××年×月×日			
		施工现场质量管理检查记录（表 C1.2）	施工单位	××××年×月×日			
		企业资质证书及相关专业人员岗位证书	施工单位	××××年×月×日			
		分包单位资质报审表（表 C1.3）	施工单位	××××年×月×日		有分目录	
		建设单位质量事故勘查记录（表 C1.4）	调查单位	××××年×月×日		有分目录	
		建设工程质量事故报告书	调查单位	××××年×月×日		有分目录	
		施工检测计划	施工单位	××××年×月×日		有分目录	
		见证记录	监理单位	××××年×月×日		有分目录	
		见证试验检测汇总表（表 C1.5）	施工单位	××××年×月×日		有分目录	

（4）岗位人员职责和工作程序

根据《建筑与市政工程施工现场专业人员职业标准》JGJ/T 250—2011 的规定，资料管理过程中依据资料传递途径、反馈的范围和涉及的相关人员应建立工作职责和管理程序。

1）资料员的工作职责

① 参与制定施工资料管理计划，建立施工资料管理规章制度；

② 建立完整的资料控制管理台账，进行施工资料交底；

③ 负责施工资料的及时收集、审查、整理；

④ 负责施工资料的来往传递、追溯及借阅管理，负责提供管理数据、信息资料；

⑤ 负责工程完工后资料的立卷、归档、验收、移交、封存和安全保密工作；

⑥ 参与建立施工资料管理系统，负责管理系统的运用、服务和管理。

2）资料管理工作控制程序（PDCA）

提出资料管理计划（P 即计划、台账、交底）→资料管理实施（D 即收集、审查、整理）→检查（C 即检索、处理、存储、传递、追溯、应用）→处理（A 即立卷、验收、移交、备案和归档）。

3）施工单位相关人员职责

项目经理主要职责为主持编制项目管理实施规划，归集工程资料，准备结算资料，参与工程竣工验收。

项目技术负责人负责组织对施工组织设计、施工技术措施和施工资料管理计划的编制，指导、检查各项施工资料的正确填写和收集管理。

其他相关人员的职责为：

① 施工员负责编写施工日志、施工记录等相关施工资料；

② 质量员负责质量检查记录、编制质量资料；

③ 安全员负责安全生产的记录、安全资料的编制；

④ 材料员负责材料、设备资料的编制，负责汇总、整理移交材料、设备资料；

⑤ 标准员负责工程建设标准实施的信息管理；

⑥ 机械员负责编制施工机械设备安全、技术管理资料；

⑦ 劳务员负责编制劳务队伍和劳务人员管理资料。

（5）资料管理岗位人员工作要求

1）工程项目图纸档案的收集、管理

负责工程项目所有图纸的接收、清点、登记、发放、归档、管理工作，在收到工程图纸并进行登记以后，按规定向有关单位和人员签发，由收件方签字确认。负责收存全部工程项目图纸，且每一项目应收存不少于两套正式图纸，其中至少一套图纸有设计单位图纸专用章。竣工图采用散装方式折叠，按资料目录的顺序，对建筑平面图、立面图、剖面图、建筑详图、结构施工图、设备施工图等建筑工程图纸进行分类管理。

收集整理施工过程中的工程资料并归档。负责对每日收到的管理文件、技术文件进行分类、登录、归档；负责项目文件资料的登记、分办、催办、签收、用印、传递、立卷、归档和销毁等工作；负责做好各类资料积累、整理、处理、保管和归档立卷等工作，注意保密的原则。来往文件资料收发应及时登记台账，视文件资料的内容和性质准确及时递交项目经理批阅，并及时送有关部门办理。确保设计变更、洽商的完整性，要求各方严格执行接收手续，所接收到的设计变更、洽商须经各方签字确认，并加盖公章。设计变更（包括图纸会审纪要）原件存档。所收存的技术资料须为原件，无法取得原件的，应有详细的文字说明和经手人签名详细背书，并加盖公章。做好信息收集、汇编工作，确保管理目标的全面实现。

2）参加分部分项工程的验收工作

负责备案资料的填写、会签、整理、报送、归档；负责工程备案管理，实现对竣工验收相关指标（包括质量资料审查记录、单位工程综合验收记录）作备案处理。对桩基工程、基础工程、主体工程、结构工程备案资料核查。严格遵守资料整编要求，符合分类方案、编码规则，资料份数应满足资料存档的需要。

监督检查施工单位施工资料的编制、管理，做到完整、及时，与工程进度同步：对施工单位形成的管理资料、技术资料、物资资料及验收资料，按施工顺序进行全程督查，保证施工资料的真实性、完整性、有效性。

按时向公司档案室移交：在工程竣工后，负责将工程文件资料立卷移交公司。文件材料移交与归档时，应有"归档文件材料交接表"，交接双方必须根据移交目录清点核对，履行签字手续。移交目录一式两份，双方各持一份。

指导工程技术人员对施工技术资料（包括设备进场开箱资料）的保管：指导工程技术人员对工作活动中形成的，经过办理完毕的，具有保存价值的文件材料进行鉴定验收；对已竣工验收的工程项目的工程资料分级保管交资料室。

3）负责计划、统计的管理工作

① 参与资料管理计划的编制工作，依据资料管理计划按分部工程的资料分类要求完成资料的交底和收集整理工作。

② 负责对施工部位、产值完成情况的汇总、申报，按月编制施工统计报表：在平时统计资料基础上，编制整个项目当月进度统计报表和其他信息统计资料。编报的统计报表要按现场实际完成情况严格审查核对，不得多报、早报、重报、漏报。

③ 负责与项目有关的各类合同的档案管理：负责对签订完成的合同进行收编归档，并开列编制目录。作好借阅登记，不得擅自抽取、复制、涂改，不得遗失，不得在案卷上随意画线、抽拆。

④ 负责向销售策划提供工程主要形象进度信息：向各专业工程师了解工程进度、随时关注工程进展情况，为销售策划提供确实、可靠的工程信息。

4）负责工程项目的内业管理工作

① 协助项目经理做好对外协调、接待工作：协助项目经理对内协调公司、部门间，对外协调施工单位间的工作。做好与有关部门及外来人员的联络接待工作，树立企业形象。

② 负责工程项目的内业管理工作：汇总各种内业资料，及时准确统计，登记台账，报表按要求上报。通过实时跟踪、反馈监督、信息查询、经验积累等多种方式，保证汇总的内业资料反映施工过程中的各种状态和责任，能够真实地再现施工时的情况，从而找到施工过程中的问题所在。对产生的资料进行及时收集和整理，确保工程项目的顺利进行。有效地利用内业资料记录、参考、积累，为企业发挥它们的潜在作用。

③ 负责工程项目的后勤保障工作：负责做好文件收发、归档工作。负责对竣工工程档案整理、归档、保管，便于有关部门查阅调用。负责公司文字及有关表格等打印。保管工程印章，对工程盖章登记，并留存备案。

7.2.5　施工资料管理计划、交底编制导则

《建筑工程施工资料计划、交底编制导则》是依据《建筑工程文件归档规范（2019年版）》GB/T 50328—2014 的分类标准设计成一个资料计划、交底编制模版。依据导则即可按照分部工程为基本组卷单位，每个分部工程按照四级目录分级设置，分别为总目录（实际发生的工程资料类别数 C1～C8 类）、子目录（C1～C8 各类有多少项）、分目录（每项有多少种）、细目录（每种有多少批次）。编制资料计划、交底文件时本着"确实发生的事项详细列，可能发生的事项简约列，不发生的事项就不列"的基本原则。建筑工程施工资料计划、交底编制时还需标注出资料来源、完成或提交的时间、责任人或部门、审核人、审批人、签字人形成一个完整的资料管理计划系统。《建筑工程施工资料计划、交底编制导则》见表 1-7-4。

注：资料按资料类别、子目录、分目录、细目分层标注，细目分层标注，空项则为没有分目录或细目

建筑工程施工资料计划、交底编制导则

表 1-7-4

资料类别	工程资料名称（子目录）	资料分目录	细目	工程资料填写单位	完成或提交时间	责任人或部门	审核、审批、签字
C1				施工文件 C 类			
				施工管理文件			
1	工程概况表			施工单位	与施工组织设计编制同步完成	项目技术部	项目经理
2	施工现场质量管理检查记录			施工单位	进场后、开工前填写	项目经理部	工程参与方项目负责人/总监
3	企业资质证书及相关专业人员岗位证书			施工单位	进场后、开工前提交核验	项目经理部	专业监理/总监
4	分包单位资质报审表	按分包单位列分目录		施工单位	分包工程开工前	项目经理部	项目经理/专业监理/总监
5	建设工程质量事故勘查记录	按事故发生事项列分目录		调查单位	事故发生后 48h 内提交	项目质量管理部门	项目经理或项目主要负责人、调查负责人
6	建设工程质量事故报告书	按事故发生事项列分目录		调查单位	事故发生后 48h 内提交	项目质量管理部门	项目经理、调查负责人
7	施工检测计划	按检测项目列分目录		施工单位	分部、分项工程开工前提交	项目技术部	专业监理
8	见证试验检测汇总表	按检测项目列分目录		施工单位	随工程进度按周或月提交	施工单位/监理单位	取样人和见证人
9	施工日志	按专业归类（不单列分目录和细目）		施工单位	从工程开工起至工程竣工逐日记载	工程部	专业工长、施工员

资料类别	工程资料名称（子目录）	资料分目录	细目	工程资料填写单位	完成或提交时间	责任人或部门	审核、审批、签字
C2	施工技术文件						
1	工程技术文件报审表	施工组织设计文件报审表	按首次和修改次列细目	施工单位	工程项目开工前	项目总工 项目技术部	项目总工、技术部/专业监理、总监
		施工方案文件报审表	按专业列细目				
		重点部位、关键工序施工工艺文件报审表	按部位、工序列细目				
		专项技术方案文件报审表	按专业列细目				
2	施工组织设计及施工方案	施工组织设计文件	按专业列细目	施工单位	单位或分项工程开工10d前完成	项目总工 项目技术部	单位总工或项目技术负责人、专业监理、总监
		施工方案文件					
		重点部位、关键工序施工工艺文件	按部位、工序列细目				
		专项技术方案文件	按专业列细目				
3	危险性较大的分部分项工程施工方案专家论证表	基坑支护、降水工程施工方案专家论证表		施工单位	单位或分项工程开工前完成	项目总工 项目技术部	单位总工、项目技术负责人/组长、专家
		土方开挖工程施工方案专家论证表					
		模板工程及支撑体系施工方案专家论证表					
		起重吊装及安装拆卸工程施工方案专家论证表					
		脚手架工程施工方案专家论证表					
		拆除爆破工程施工方案专家论证表					

续表

资料类别	工程资料名称（子目录）	资料分目录	细　目	工程资料填写单位	完成或提交时间	责任人或部门	审核、审批、签字
3	危险性较大的分部分项工程施工方案专家论证证表	幕墙安装工程施工方案专家论证表		施工单位	单位或分项工程开工前完成	项目总工项目技术部	单位总工、项目技术负责人/组长、专家
		钢结构、网架、索膜结构安装工程施工方案专家论证表					
		人工挖扩孔桩工程施工方案专家论证表					
		地下暗挖、顶管及水下作业工程施工方案专家论证表					
		预应力工程施工方案专家论证表					
		其他四新及尚无技术标准工程施工方案专家论证表					
4	技术交底记录	按专业工程设分目录	按分项设项目	施工单位	单位或分项工程开工 2d 前完成	项目总工项目技术部	工长、技术、分包等相关责任人
5	图纸会审记录	按专业归类（不单列分目录和细目）		施工单位	图纸会审后 7d 内整理完成并提交	项目总工项目技术部	各方技术、专业负责人
6	设计变更通知单	按专业列分目录	按事项列细目	设计单位	与设计或建设方协商确定	项目总工项目技术部	各方技术、专业人员
7	工程洽商记录（技术核定单）	按专业列分目录	按事项列细目	提出单位	洽商提出后 7d 内完成	项目总工项目技术部	各方技术、专业人员

续表

资料类别	工程资料名称（子目录）	资料分目录	细目	工程资料填写单位	完成或提交时间	责任人或部门	审核、审批、签字
C3	进度造价文件						
1	工程开工报审表	按次数列表分目录		施工单位	满足开工条件正式开工前	施工单位	施工项目经理/总监/建设单位代表
2	工程复工报审表	按工程暂停令设分目录		施工单位	施工单位自检符合复工条件	施工单位	施工项目经理/总监/建设单位代表
3	施工进度计划报审表	总进度计划报审表 施工阶段性进度计划报审表		施工单位	完成施工年、季、月进度计划编制	施工单位	施工项目经理/总监/建设单位代表
4	施工进度计划	总进度计划 施工阶段性进度计划		施工单位	完成施工年、季、月进度计划编制	施工单位	施工项目经理/总监/建设单位代表
5	人、机、料动态表	按月列表分目录		施工单位	每月25日前提交	施工单位	项目经理
6	工程延期申请表	按延期事项设分目录		施工单位	符合工程延期要求	施工单位	施工项目经理/总监/建设单位代表
7	工程款支付申请表	按合同约定设分目录		施工单位	合同约定日期或工程完成并验收合格	施工单位	施工项目经理/总监/建设单位代表
8	工程变更费用报审表	按事项设分目录		施工单位	工程变更完成并经项目监理部验收合格	施工单位	施工项目经理/总监/建设单位代表
9	费用索赔申请表	按事项设分目录		施工单位	索赔事件发生后28d内提交	施工单位	施工项目经理/总监/建设单位代表

续表

资料类别	工程资料名称（子目录）	资料分目录	细目	工程资料填写单位	完成或提交时间	责任人或部门	审核、审批、签字
C4			施工物资出厂质量证明及进场检测文件				
C4.1			出厂质量证明文件及检测报告				
1	砂、石、砖、水泥、钢筋、隔热保温、防腐材料、轻骨料出厂质量证明文件	按砂材料品种设分目录	按砂材料进场批次设细目	供货单位	随物资进场提交	供应单位提供，项目物资部收集	供应单位技术负责人
		按石材料品种设分目录	按石材料进场批次设细目				
		按砖材料品种设分目录	按砖材料进场批次设细目				
		按水泥材料品种设分目录	按水泥材料进场批次设细目	供货单位	随物资进场提交	供应单位提供，项目物资部收集	供应单位技术负责人
		按钢筋材料品种设分目录	按钢筋材料进场批次设细目				
		按隔热保温材料品种设分目录	按热保温材料进场批次设细目	供货单位	随物资进场提交	供应单位提供，项目物资部收集	供应单位技术负责人
		按防腐材料品种设分目录	按防腐材料进场批次设细目				
		按轻骨料材料品种设分目录	按轻骨料材料进场批次设细目	供货单位	随物资进场提交	供应单位提供，项目物资部收集	供应单位技术负责人

183

184

资料类别	工程资料名称（子目录）	资料分目录	细　目	工程资料填写单位	完成或提交时间	责任人或部门	审核、审批、鉴字
2	其他物资出厂合格证、质量保证书、检测报告和报关单或商检证	按半成品钢筋类别设分目录	按各类物资进场批次设细目	供货单位	随物资进场提交	供应单位提供，项目物资部收集	供应单位技术负责人
		按预制混凝土构件类别设分目录					
		按钢构件类别设分目录					
		按木结构材料类别设分目录					
		按外加剂类别设分目录					
		按防水材料类别设分目录					
		按门窗材料类别设分目录					
		按板材材料类别设分目录					
		按吊顶材料类别设分目录					
		装饰面板材料类别设分目录					
		装饰面石材材料类别设分目录					

续表

资料类别	工程资料名称（子目录）	资料分目录	细目	工程资料填写单位	完成或提交时间	责任人或部门	审核、审批、签字
2	其他物资出厂合格证、质量保证书、检测报告和报关单或商检证	按饰面墙地砖材料类别设分目录	按各类物资进场批次设细目	供货单位	随物资进场提交	供应单位提供，项目物资部收集	供应单位技术负责人
		按涂料材料类别设分目录					
		按玻璃材料类别设分目录					
		按粘结材料类别设分目录					
		按焊接材料类别设分目录					
		按幕墙材料类别设分目录					
		按保温隔热材料类别设分目录					
		按吸声隔声材料类别设分目录					
		按防火材料类别设分目录					
		按设备材料类别设分目录					

资料类别	工程资料名称（子目录）	资料分目录	细目	工程资料填写单位	完成或提交时间	责任人或部门	审核、审批、签字
3	材料、设备的相关检验报告、型式检测认证合格报告、3C强制认证合格证书或3C标志	按材料、设备类别相关检验报告设分目录	按各类材料、设备进场批次设细目	供货单位	随物资进场提交	供应单位提供，项目物资部收集	供应单位技术负责人
		按材料、设备类别型式检测报告设分目录					
		按材料、设备类别3C强制认证合格证书或3C标志设分目录					
4	主要设备、器具的安装使用说明书	按设备、器具类别设分目录	按类别进场批次设细目	供货单位	随物资进场提交	供应单位提供，项目物资部收集	供应单位技术负责人
5	进口的主要材料设备的商检证明文件	按进口材料类别设分目录	按类别进场批次设细目	供货单位	随物资进场提交	供应单位提供，项目物资部收集	供应单位技术负责人
6	涉及消防、安全、卫生、环保、节能的材料、设备的检测报告或法定机构出具的有效证明文件	按消防材料、设备类别设分目录	按类别进场批次设细目	供货单位	随物资进场提交	供应单位提供，项目物资部收集	供应单位技术负责人
		按安全材料、设备类别设分目录	按类别进场批次设细目		随物资进场提交		
		按卫生材料、设备类别设分目录	按类别进场批次设细目		随物资进场提交		
		按环保材料、设备类别设分目录	按类别进场批次设细目	供货单位	随物资进场提交		
		按节能材料、设备类别设分目录	按类别进场批次设细目		随物资进场提交		

资料类别	工程资料名称（子目录）	资料分目录	细目	工程资料填写单位	完成或提交时间	责任人或部门	审核、审批、签字
C4.2				进场检验通用表格			
1	材料、构配件进场检验记录	按材料、构配件类别设分目录	按类别进场批次设细目	施工单位	进场验收通过后 1d 内提交		
2	设备开箱检验记录	按设备类别设分目录	按类别进场批次设细目	施工单位	进场验收通过后 1d 内提交	项目物资部、机电部	材料员/专业质检员/监理工程师
3	设备及管道附件试验记录	按设备及管道附件类别设分目录	按类别进场批次设细目	施工单位	进场验收通过后 1d 内提交		
C4.3				进场复试报告			
1	钢材试验报告	按钢材品种设分目录	按进场批次设细目	检测单位	正式使用前提交、复验时间 3d 左右	试验单位提供、项目试验员收集	试验单位试验人员、审核人、负责人签认
2	水泥试验报告	按水泥品种、强度等级设分目录	按进场批次设细目	检测单位	正式使用前提交、快测 4d；常规 28d	试验单位提供、项目试验员收集	试验单位试验人员、审核人、负责人签认
3	砂试验报告	按砂品种设分目录	按进场批次设细目	检测单位	正式使用前提交、复试时间 3d 左右	试验单位提供、项目试验员收集	试验单位试验人员、审核人、负责人签认
4	碎（卵）石试验报告	按碎（卵）石品种设分目录	按进场批次设细目	检测单位	正式使用前提交、复试时间 3d 左右	试验单位提供、项目试验员收集	试验单位试验人员、审核人、负责人签认
5	外加剂试验报告	按外加剂品种设分目录	按进场批次设细目	检测单位	正式使用前提交、复试时间 3～28d	试验单位提供、项目试验员收集	试验单位试验人员、审核人、负责人签认
6	防水涂料试验报告	按防水涂料品种设分目录	按进场批次设细目	检测单位	正式使用前提交、复试时间 7d 左右	试验单位提供、项目试验员收集	试验单位试验人员、审核人、负责人签认
7	防水卷材试验报告	按防水卷材品种设分目录	按进场批次设细目	检测单位	正式使用前提交、复试时间 7d 左右	试验单位提供、项目试验员收集	试验单位试验人员、审核人、负责人签认

188

资料类别	工程资料名称（子目录）	资料分目录	细目	工程资料填写单位	完成或提交时间	责任人或部门	审核、审批、签字
8	砖（砌块）试验报告	按砖（砌块）品种设分目录	按进场批次设细目	检测单位	正式使用前提交，复试时间7d左右	试验单位提供，项目试验员收集	试验单位试验人员，审核人、负责人签认
9	预应力筋复试报告	按预应力筋品种分目录	按进场批次设细目	检测单位	正式使用前提交，复试时间1~3d	试验单位提供，项目试验员收集	试验单位试验人员，审核人、负责人签认
10	预应力锚具、夹具和连接器复试报告	按预应力锚具、夹具和连接器品种设分目录	按进场的批次设细目	检测单位	正式使用前提交，复试时间1~3d	试验单位提供，项目试验员收集	试验单位试验人员，审核人、负责人签认
11	装饰装修用门窗复试报告	按门窗类别设规格设分目录	按进场的批次设细目	检测单位	正式使用前提交	试验单位提供，项目试验员收集	试验单位试验人员，审核人、负责人签认
12	装饰装修用人造木板复试报告	按人造木板品种类别设分目录	按进场的批次设细目	检测单位	正式使用前提交	试验单位提供，项目试验员收集	试验单位试验人员，审核人、负责人签认
13	装饰装修用花岗石复试报告	按花岗石品种类别设分目录	按进场的批次设细目	检测单位	正式使用前提交	试验单位提供，项目试验员收集	试验单位试验人员，审核人、负责人签认
14	装饰装修用安全玻璃复试报告	按安全玻璃品种类别设分目录	按进场的批次设细目	检测单位	正式使用前提交	试验单位提供，项目试验员收集	试验单位试验人员，审核人、负责人签认
15	装饰装修用外墙面砖复试报告	按外墙面品种类别设分目录	按进场的批次设细目	检测单位	正式使用前提交	试验单位提供，项目试验员收集	试验单位试验人员，审核人、负责人签认
16	钢结构用钢材复试报告	按钢结构用钢材炉罐品种类别设分目录	按进场的批次设细目	检测单位	正式使用前提交，复试时间28d左右	试验单位提供，项目试验员收集	试验单位试验人员，审核人、负责人签认
17	钢结构用防火涂料复试报告	按防火涂料品种类别设分目录	按进场的批次设细目	检测单位	正式使用前提交，复试时间3d左右	试验单位提供，项目试验员收集	试验单位试验人员，审核人、负责人签认
18	钢结构用焊接材料复试报告	按焊接材料品种类别设分目录	按进场的批次设细目	检测单位	正式使用前提交，复试时间3d左右	试验单位提供，项目试验员收集	试验单位试验人员，审核人、负责人签认

资料类别	工程资料名称（子目录）	资料分目录	细目	工程资料填写单位	完成或提交时间	责任人或部门	审核、审批、签字
19	钢结构用高强度大六角头螺栓连接副复试报告	按高强度大六角头螺栓连接副品种类别设分目录	按进场的批次设细目	检测单位	正式使用前提交复试时间3d左右	试验单位提供、项目试验员收集	试验单位试验人员、审核人、负责人签认
20	钢结构用扭剪型高强螺栓连接副复试报告	按扭剪型高强螺栓连接副品种类别设分目录	按进场的批次设细目	检测单位	正式使用前提交复试时间3d左右	试验单位提供、项目试验员收集	试验单位试验人员、审核人、负责人签认
21	幕墙用铝塑板、石材、玻璃、结构胶复试报告	按铝塑板品种类别设分目录 按石材品种类别设分目录 按玻璃品种类别设分目录 按结构胶品种类别设分目录	按进场的批次设细目	检测单位	正式使用前提交	试验单位提供、项目试验员收集	试验单位试验人员、审核人、负责人签认
22	散热器、采暖系统与风机盘管、通风材料、保温材料、低压配电系统电缆的见证取样复试报告	按散热器品种设分目录 按采暖系统保温材料品种类别设分目录 按绝热材料品种类别设分目录 按风机盘管机品种类别设分目录 按低压配电系统电缆品种类别设分目录	按进场的批次设细目	检测单位	随物资进场提交	试验单位提供、项目试验员收集	试验单位试验人员、审核人、负责人签认
23	节能工程材料复试报告	按节能工程材料品种类别设分目录	按进场的批次设细目	检测单位	随物资进场提交	试验单位提供、项目试验员收集	试验单位试验人员、审核人、负责人签认
24	其他物资进场复试报告						

190

续表

资料类别	工程资料名称（子目录）	资料分目录	细目	工程资料填写记录单位	完成或提交时间	责任人或部门	审核、审批、签字
C5			施工记录文件				
1	隐蔽工程验收记录	按隐蔽工程分项列分目录	按隐蔽工程检验部位设细目	施工单位	检查合格1d内、检验批验收前	项目工程部、质量部	质量员、工长专业/监理工程师
2	施工检查记录	按施工检查分项列分目录	按项目检查部位、批次设细目	施工单位	检查合格后1d内、检验批验收前	项目工程部、质量部	专业技术负责人/专业工长
3	交接检查记录	按交接分部分项列分目录	按交接的工序设细目	施工单位	交接检查合格后1d内提交	移交单位	接收单位/见证单位
4	工程定位测量记录	按部位列分目录		施工单位	定位测量完成后2d内提交	项目测量员或委托测量单位	技术、质量、测量相关人员专业工程师
5	基槽验线记录	按部位列分目录		施工单位	验线完成后2d内提交	项目测量员	技术、质量、测量专业工程师
6	楼层平面放线记录	按楼层、部位列分目录		施工单位	楼层抄测完成后1d内提交	项目测量员	相关人员专业工程师
7	楼层标高抄测记录	按楼层、部位列分目录		施工单位	每次测量结束后1d内提交	项目测量员	技术、质量、测量专业工程师
8	建筑物垂直度、标高观测记录	按楼层、部位列分目录		施工单位	每次测量结束后7d内提交	项目测量员	相关人员专业工程师
9	沉降观测记录	按规定或约定列分目录		建设单位委托测量单位提供	每次沉降观测结束后7d内提交	建设单位委托的观测测量单位	沉降观测单位相关责任人签认
10	基坑支护水平位移监测记录	按规定或约定列分目录		施工单位	支护工程验收前10d内提交	施测人	测量单位负责人/施工技术负责人/监理工程师

资料类别	工程资料名称（子目录）	资料分目录	细目	工程资料填写单位	完成或提交时间	责任人或部门	审核、审批、签字
11	桩基、支护测量放线记录	按部位列分目录		施工单位	桩基、测量放线完成后 2d 内提交	施测人	施工技术负责人/监理工程师
12	地基验槽记录	按部位列分目录		施工单位	地基验槽通过后提交	项目部	施工、设计、勘察、监理、建设单位项目负责人、总监
13	地基轻探记录	按部位列分目录		施工单位勘察单位	地基验槽前 3d 提交	项目部	专业工长/技术负责人/勘察单位项目负责人
14	混凝土浇灌申请书	按浇筑部位设分目录	按强度等级、批次设细目	施工单位	每批次混凝土浇筑前提交	项目部	工长、专业技术负责人
15	预拌混凝土运输单	按浇筑部位设分目录	按强度等级、批次设细目	供应单位	随混凝土运输车提交	供应单位提供	供应单位/现场工长
16	混凝土开盘鉴定	按混凝土强度等级列分目录		施工单位	每次鉴定通过的当日完成，混凝土原材料及配合比设计检验批验收前 1d 提交	混凝土试配单位负责人	施工技术负责人/监理工程师

续表

资料类别	工程资料名称（子目录）	资料分目录	细目	工程资料填写单位	完成或递交时间	责任人或部门	审核、审批、签字
17	混凝土拆除申请单	按楼层、部位设分目录	按检验批设细目	施工单位	每次拆模前完成，模板拆除检验批验收前提交	专业工长	
18	混凝土预拌测温记录	按楼层、部位设分目录	按检验批设细目	施工单位	冬期施工期间按周或月提交	记录人	
19	混凝土养护测温记录	按楼层、部位设分目录	按检验批设细目	施工单位	冬期施工期间按周或月提交	测温员	专业工长/质量员/技术负责人
20	大体积混凝土测温记录	按楼层、部位设分目录	按检验批设细目	施工单位	按周或月提交	测温员	
21	大型构件吊装记录	按楼层、部位设分目录	按检验批设细目	施工单位	吊装期间及时完成或按周或月提交	专业质量员	
22	焊接材料烘焙记录	按楼层、部位设分目录	按检验批设细目	施工单位	焊接使用前完成	专业质量员	
23	地下工程防水效果检查记录	按楼层、部位设分目录	按检验批设细目	施工单位	检查通过当日内完成，地下防水工程验收前提交	专业工长/专业技术负责人/专业质检员	专业工程师
24	防水工程试水检查记录	按楼层、部位设分目录	按检验批设细目	施工单位	检查通过当日内完成，防水层检验批验收前1d提交	专业工长/专业技术负责人/专业质检员	专业工程师
25	通风道、烟道、垃圾道检查记录	按类设分目录		施工单位	检查通过当日内完成	专业质量员	专业工长/技术负责人

续表

资料类别	工程资料名称（子目录）	资料分目录	细目	工程资料填写单位	完成或提交时间	责任人或部门	审核、审批、签字
26	预应力筋张拉记录	按楼层、部位设目录	按检验批设细目	施工单位	张拉结束后的2d内完成，预应力张拉检验批验收前1d提交		
27	有粘结预应力结构灌浆记录	按楼层、部位设目录	按检验批设细目	施工单位	灌浆结束后2d内完成，预应力灌浆检验批验收前1d提交		
28	钢结构施工记录	按楼层、部位设分目录	按检验批设细目	施工单位	钢结构安装检验批验收前1d提交	工程部	专业工长、质量员
29	网架（索膜）施工记录	按楼层、部位设目录	按检验批设细目	施工单位	网架索膜安装检验批验收前1d提交		
30	木结构施工记录	按楼层、部位设目录	按检验批设细目	施工单位	木结构安装检验批验收前1d提交		
31	幕墙注胶检查记录	按楼层、部位设目录	按检验批设细目	施工单位	幕墙注胶安装检验批验收前1d提交		
32	自动扶梯、自动人行道的相邻区域检查记录	按部位设分目录	按检验批设细目	施工单位	安装检验批验收前1d提交		
33	电梯电气装置安装检查记录	按部位设分目录	按检验批设细目	施工单位	安装检验批验收前1d提交		
34	自动扶梯、自动人行道电气装置安装检查记录	按楼层、部位设目录	按检验批设细目	施工单位	安装检验批验收前1d提交	专业分包公司	专业技术负责人/专业监理工程师
35	自动扶梯、自动人行道整机安装质量检查记录	按楼层、部位设目录	按检验批设细目	施工单位	安装检验批验收前1d提交		
36	其他施工记录文件						

续表

资料类别	工程资料名称（子目录）	资料分目录	细目	工程资料填写单位	完成或提交时间	责任人或部门	审核、审批、签字
C6				施工试验记录及检测文件			
C6.1				通用表格			
1	设备单机试运转记录	按设备厂家类别规格设分目录	按一台（组）设备设细目	施工单位	在设备安装完毕后进行，合格后1d内完成	项目机电部	专业工长/专业质检员/机电部经理
2	系统试运转调试记录	按系统类别层级设分目录	按批次设细目	施工单位	在系统管道和设备安装完毕后进行，合格后1d内完成	项目机电部	专业工长/专业质检员/机电部经理
3	接地电阻测试记录	按接地类别（中性点、重复、防雷）设分目录	按批次设细目	施工单位	接地装置完成后进行，若未达到设计要求，增设人工接地体后再次测试	专业质量员/专业测试人	专业工长/专业质检员/机电部经理
4	绝缘电阻测试记录	按子分部分项设分目录	按检验批设细目	施工单位	配管及管内穿线分项质量验收前和单位工程竣工验收前完成	项目机电部	专业工长/专业质检员/机电部经理
C6.2				建筑与结构工程			
1	锚杆试验报告	按部位列分目录	按检验批设细目	检（试）验单位	工程验收前10d提交	有资质检测单位提供、专业分包单位负责收集汇总	
2	地基承载力检验报告	按部位列分目录	按检验批设细目	检（试）验单位	工程验收前10d提交		专业检测员/专业检测单位
3	桩基检测报告	按部位列分目录	按检验批设细目	检（试）验单位	工程验收前10d提交		

续表

资料类别	工程资料名称（子目录）	资料分目录	细目	工程资料填写单位	完成或提交时间	责任人或部门	审核、审批、签字
4	土工击实试验报告（应附图）	按土的类别列分目录		检（试）验单位	回填施工前完成，击石试验3~7d	有资质试验单位提供试验员收集	专业试验员/专业试验单位
5	回填土试验报告	按部位列分目录	按检验批设细目	检（试）验单位	随回填施工进度完成，干密度试验3d左右	有资质试验单位提供试验员收集	专业试验员/专业试验单位
6	钢筋机械连接试验报告	按钢筋类别设分目录	按检验批设细目	检（试）验单位	钢筋隐蔽验收前完成，力学试验1~3d	有资质试验单位提供试验员收集	专业试验员/专业试验单位负责人
7	钢筋焊接连接试验报告	按钢筋类别设分目录	按检验批设细目	检（试）验单位	正式焊接施工前完成第一次焊接工程检验批验收前提交	有资质试验单位提供试验员收集	专业试验员/专业试验单位
8	砂浆配合比申请单、通知单	按砂浆强度设分目录		施工单位	砂浆砌筑开始前提交	有资质试验单位提供试验员收集	专业试验员/专业试验单位
9	砂浆抗压强度试验报告	按砂浆强度设分目录	按批次设细目	检（试）验单位	标养30d内提交；同条件养护视龄期而定	有资质试验单位提供试验员收集	专业试验员/专业试验单位
10	砌筑砂浆试块强度统计、评定记录	按砂浆强度设分目录		施工单位	同一验收批强度报告全后评定，分项质量验收前1d提交	现场试验员统计	质量员/项目技术负责人
11	混凝土配合比申请单、通知单	按混凝土强度设分目录		施工单位	混凝土浇筑前开始提交	有资质试验单位提供试验员收集	专业试验员/专业试验单位

196

资料类别	工程资料名称（子目录）	资料分目录	细 目	工程资料填写单位	完成或提交时间	责任人或部门	审核、审批、签字
12	混凝土抗压强度试验报告	按混凝土强度设分目录	按批次设细目	检测单位	标养 30d 内提交；同条件养护视龄期而定	有资质试验单位提供试验员收集	专业试验员/专业试验单位
13	混凝土试块强度统计、评定记录	按混凝土强度设分目录		施工单位	同一验收批强度报告齐全后评定，分项质量验收前 1d 提交	现场试验员统计	质量员/项目技术负责人
14	混凝土抗渗试验报告	按混凝土抗渗等级、混凝土强度设分目录	按批次设细目	检测单位	混凝土分项工程质量验收前提交抗渗试验 30～90d	有资质试验单位提供试验员收集	专业试验员/专业试验单位
15	砂、石、水泥放射性指标报告	按材料类别设分目录	按批次设细目	施工单位检测单位	使用前完成并提交	有资质试验单位提供试验员收集	专业试验员/专业试验单位
16	混凝土碱总量计算书	按强度等级设分目录		施工单位	配合比基本相同混凝土第一次使用时提供	有资质试验单位提供试验员收集	专业试验员/专业试验单位
17	外墙饰面砖样板粘结强度试验报告	按品种规格列分目录	按批次设细目	检测单位	饰面砖粘贴检验批验收前 1d 提交；粘贴强度试验 28d 左右	有资质试验单位提供试验员收集	专业试验员/专业试验单位
18	后置埋件抗拔试验报告	按部位列分目录	按检验批列细目	检测单位	饰面板粘贴检验批验收前 1d 提交	有资质试验单位提供试验员收集	专业试验员/专业试验单位
19	超声波探伤报告、探伤记录	按部位列分目录	按检验批列细目	检测单位	焊接完成后 24h 后进行，钢结构子分部工程验收前提交	有资质试验单位提供试验员收集	专业试验员/专业试验单位

197

资料类别	工程资料名称（子目录）	资料分目录	细　目	工程资料填写单位	完成或提交时间	责任人或部门	审核、审批、签字
20	钢构件射线探伤报告	按部位分目录	按检验批列细目	检测单位	焊接完成后 24h 后进行，钢结构子分部工程验收前提交	有资质试验单位提供试验员收集	专业试验员/专业试验单位
21	磁粉探伤报告	按部位列分目录	按检验批列细目	检测单位	焊接完成后 24h 后进行，钢结构子分部工程验收前提交	有资质试验单位提供试验员收集	专业试验员/专业试验单位
22	高强度螺栓抗滑移系数检测报告	按部位列分目录	按检验批列细目	检测单位	高强螺栓正式使用前完成，连接检验批验收前 1d 提交	有资质试验单位提供试验员收集	专业试验员/专业试验单位
23	钢结构焊接工艺评定	按部位列分目录	按检验批列细目	检测单位	正式焊接施工前完成，第一次钢结构焊接工程检验批验收前提交	有资质试验单位提供试验员收集	专业试验员/专业试验单位
24	网架节点承载力试验报告	按部位列分目录	按检验批列细目	检测单位	正式施工前按设计制定规格完成	有资质试验单位提供试验员收集	专业试验员/专业试验单位
25	钢结构防腐、防火涂料厚度检测报告	按部位列分目录	按检验批列细目	检测单位	钢结构防腐、防火涂装检验批验收前提交	有资质试验单位提供试验员收集	专业试验员/专业试验单位
26	木结构胶缝试验报告	按部位列分目录	按检验批列细目	检测单位	正式施工前完成，检验批验收前提交	有资质试验单位提供试验员收集	专业试验员/专业试验单位

资料类别	工程资料名称（子目录）	资料分目录	细目	工程资料填写单位	完成或提交时间	责任人或部门	审核、审批、签字
27	木结构构件力学性能试验报告	按部位列分目录	按检验批列细目	检测单位	正式施工前按设计规定完成	有资质试验员供试验收集	专业试验员/专业试验单位
28	木结构防护剂试验报告	按部位列分目录	按检验批列细目	检测单位	木结构防护剂检验批完成	有资质试验员供试验收集	专业试验员/专业试验单位
29	幕墙双组分硅酮结构密封胶混匀性及拉断试验报告	按部位列分目录	按检验批列细目	检测单位	正式施工前完成，检验批验收前提交	有资质试验员供试验收集	专业试验员/专业试验单位
30	幕墙的抗风压性能、空气渗透性能、雨水渗透性能及平面内变形性能检测报告	按部位列分目录	按品种规格类别检验批列细目	检测单位	正式施工前完成，检验批验收前提交	有资质试验员供试验收集	专业试验员/专业试验单位
31	外门窗的抗风压性能、空气渗透性能和雨水渗透性能检测报告	按部位列分目录	按品种规格检验批设细目	检测单位	正式施工前完成，检验批验收前提交	有资质试验员供试验收集	专业试验员/专业试验单位
32	墙体节能工程保温板材与基层粘结强度现场拉拔试验	按部位列分目录	按品种规格检验批列细目	检测单位	正式施工前完成，检验批验收前提交	有资质试验员供试验收集	专业试验员/专业试验单位
33	外墙保温浆料同条件养护试件试验报告	按部位列分目录	按检验批列细目	检测单位	正式施工前完成，检验批验收前提交	有资质试验员供试验收集	专业试验员/专业试验单位
34	结构实体混凝土强度检验记录	按强度等级分目录		施工单位	地基、主体分部工程验收前提交	项目质量部	专业试验员/专业试验单位

资料类别	工程资料名称（子目录）	资料分目录	细目	工程资料填写单位	完成或提交时间	责任人或部门	审核、审批、签字
35	结构实体钢筋保护层厚度检验记录	按部位、构件类型列分目录	按检验批列细目	施工单位	地基、结构分部工程验收前提交	项目质量部	专业试验员/专业试验单位
36	围护结构现场实体检验	按部位列分目录	按检验批列细目	检测单位	围护结构现场实体检验前提交	项目质量部	专业试验员/专业试验单位
37	室内环境检测报告	按部位列分目录	按检验批列细目	检测单位	工程完成后7d，单位工程竣工验收前提交	委托有资质检测单位	建设单位提供
38	节能性能检测报告	按节能部位列分目录	按检验批列细目	检测单位			
39	其他建筑与结构施工试验记录与检测文件						
C6.3	给水排水及采暖工程						
1	灌（满）水试验记录	按非承压系统工程设分目录	按系统列细目	施工单位	在系统管道和设备安装完毕后进行，并要在暗装、埋地、有绝热层的室内外排水管道进行隐蔽验收前完成	机电部经理、质检员、专业工长	专业工长/专业技术负责人/专业监理工程师
2	强度严密性试验记录	按承压系统工程设分目录	按系统列细目	施工单位	承压管道、设备安装完毕后进行，隐蔽之前完成	机电部经理、质检员、专业工长	专业工长/专业技术负责人/专业监理工程师

资料类别	工程资料名称（子目录）	资料分目录	细目	工程资料填写单位	完成或提交时间	责任人或部门	审核、审批、签字
3	通水试验记录	按系统工程设分目录	按分项（区、段）列细目	施工单位	在各系统管道、卫生洁具、地漏及地面清扫口的分系统（区、段）施工完成后进行，隐蔽前完成	机电部经理、质检员、专业工长	专业工长/专业技术负责人/专业监理工程师
4	冲（吹）洗试验记录	按系统分项工程设分目录	按分项（区、段）列细目	施工单位	各系统管道在分系统（区、段）施工完成后试验，在隐蔽后完成之前完成	机电部经理、质检员、专业工长	专业工长/专业技术负责人/专业监理工程师
5	通球试验记录	按系统工程设分目录	按分项列细目	施工单位	排水平干管、主立管施工完成后进行，隐蔽起完成	机电部经理、质检员、专业工长	
6	补偿器安装记录	按系统工程设分目录	按分项列细目	施工单位	在补偿器安装完成后进行	机电部经理、质检员、专业工长	专业工长/专业技术负责人/专业监理工程师
7	消火栓试射记录	按系统工程设分目录	按分项列细目	施工单位	在消火栓系统安装完成后进行	机电部经理、质检员、专业工长	
8	安全附件安装检查记录	按热源及辅助设备列分目录	按检验批列细目	施工单位	各安全附件安装齐全，并进行启动、联动试验后进行	机电部经理、质检员、专业工长	专业工长/专业技术负责人/专业监理工程师
9	锅炉烘炉试验记录	按热源及辅助设备列分目录	按检验批列细目	施工单位	锅炉安装完成后进行	机电部经理、质检员、专业工长	专业工长/专业技术负责人/专业监理工程师
10	锅炉煮炉试验记录	按热源及辅助设备列分目录	按检验批列细目	施工单位	锅炉烘炉完成后、要在试运行前完成	机电部经理、质检员、专业工长	专业工长/专业技术负责人/专业监理工程师

续表

资料类别	工程资料名称（子目录）	资料分类目录	细目	工程资料填写单位	完成或提交时间	责任人或部门	审核、审批、签字
11	锅炉试运行记录	按热源及辅助设备列分目录	按检验批列细目	施工单位	在锅炉烘炉、煮炉合格后进行	机电部经理、质检员、专业工长	专业工长/专业技术负责人/专业监理工程师
12	安全阀定压合格证书	按热源及辅助设备列分目录	按检验批列细目	检测单位	在锅炉安全阀投入运行前进行	实验单位	试验单位提供，专业分包单位收集电部
13	自动喷水灭火系统联动试验记录	按给水系统列分目录	按检验批列细目	施工单位	自动喷水灭火系统完成后进行，要在试运行前完成	实验单位	建设、监理、施工单位项目负责人
14	其他给水排水及供暖施工试验记录与检测文件	按子分部分项分目录	按检验批列细目	施工单位		专业技术负责人	建设、监理、施工单位项目负责人
C6.4				建筑电气工程			
1	电气接地装置平面示意图表	按接地类别（中性点、重复、防雷）设分目录	按图次设细目	施工单位	接地装置安装完成后，测试接地装置前完成	项目机电部	
2	电气器具通电安全检查记录	按子分部各系统设分目录	按批次列细目	施工单位	电气器具安装完成后	项目机电部	专业工长/专业质检员
3	电气设备空载试运行记录	按子分部设备类型设分目录	按批次列细目	施工单位	电气器具安装完成后	专业分包及项目机电部	专业工长/专业技术负责人/专业监理工程师

201

资料 类别	工程资料名称 （子目录）	资料分目录	细 目	工程资料 填写单位	完成或提交时间	责任人或部门	审核、审批	审核、审批、签字
4	建筑物照明通电试运行记录	按室外电气、电气照明子分部列分目录	按每2小时列细目	施工单位	单位工程竣工验收前	项目机电部	专业工长/专业技术负责人/专业质检员	
5	大型照明灯具承载试验记录	按电气照明子分部列分目录	按批次列细目	施工单位	在灯具安装前完成			
6	漏电开关模拟试验记录	按室外电气、变配电室、电气动力、电气照明备用和不间断电源子分部列分目录	按分项检验批列细目	施工单位	漏电开关安装完毕，分项工程质量验收前完成	项目机电部	专业工长/专业技术负责人/专业质检员	
7	大容量电气线路结点测温记录	按子分部列分目录	按分项批次列细目	施工单位	分项工程安装完毕，分项质量验收单或单位工程质量竣工验收前完成	项目机电部	专业工长/专业技术负责人/专业质检员	
8	低压配电电源质量测试记录	按电源电压列分目录	按批次列细目	施工单位	安装完成后调试，调试合格通过质量检测完成后提交			
9	建筑物照明系统照度测试记录	按电气照明子分部列分目录	按批次列细目	施工单位				
10	其他建筑电气施工试验记录与检测文件	按子分部各系统设分目录	按批次列细目					

续表

资料类别	工程资料名称（子目录）	资料分目录	细目	工程资料填写单位	完成或提交时间	责任人或部门	审核、审批、鉴字
智能建筑工程							
C6.5							
1	综合布线测试记录	按系统设分目录	按批次列细目	施工单位			专业工长/专业技术负责人/专业部门经理
2	光纤损耗测试记录	按系统设分目录	按用途批次列细目	施工单位			
3	视频系统末端测试记录	按系统设分目录	按用途批次列细目	施工单位	安装完成后调试，调试合格通过质量检测完成后提交	专业质量员	检测负责人
4	子系统检测记录	按子系统工程设计目录	按用途批次列细目	施工单位			专业工长/专业技术负责人/专业部门经理
5	系统试运行记录	按系统工程设计目录	按用途批次列细目	施工单位			
6	其他智能建筑施工试验记录与检测文件	按系统设分目录	按用途批次列细目	施工单位			
通风与空调工程							
C6.6							
1	风管漏光检测记录	按系统设分目录	按用途批次列细目	施工单位	风管系统安装完成后，隐蔽之前完成	项目机电部	专业工长/专业技术负责人/专业部门经理
2	风管漏风检测记录	按系统设分目录	按用途批次列细目	施工单位	风管系统安装完成后，隐蔽之前完成		
3	现场组装除尘器、空调机漏风检测记录	按系统设分目录	按用途批次列细目	施工单位	设备安装完成后		
4	各房间室内风量测量记录	按系统设分目录	按用途批次列细目	施工单位	在无生产负荷联合试运转时进行		
5	管网风量平衡记录	按系统设分目录	按用途批次列细目	施工单位	在无生产负荷联合试运转时进行		

204

资料类别	工程资料名称（子目录）	资料分目录	细目	工程资料填写单位	完成或提交时间	责任人或部门	审核、审批、签字
6	空调系统运转调试记录	按系统设分目录	按用途批次列细目	施工单位	在无生产负荷联合试运转机调试时进行	项目机电部	专业工长/专业技术负责人/专业部门经理
7	空调水系统试运转调试记录	按系统设分目录	按用途批次列细目	施工单位	在无生产负荷联合试运转机调试时进行		
8	制冷系统气密性试验记录	按系统设分目录	按用途批次列细目	施工单位	在系统安装完成后进行		
9	净化空调系统检测记录	按系统设分目录	按用途批次列细目	施工单位	在无生产负荷联合试运转时进行		
10	防排烟系统联合运行试运行记录	按系统设分目录	按用途批次列细目	施工单位	在联合运行和调试时进行		
11	其他通风空调施工试验记录与检测文件	按系统设分目录	按用途批次列细目				
C6.7				电梯工程			
1	轿厢平层准确度测量记录	按部设分目录	按批次列细目	施工单位	在电梯具备运行条件后进行	电梯安装单位	专业工长/专业技术负责人/专业部门经理
2	电梯层门安全装置检测记录	按部设分目录	按批次列细目	施工单位	电梯层门安装完成后进行	电梯安装单位	专业工长/专业技术负责人/专业部门经理
3	电梯电气安全装置检测记录	按部设分目录	按批次列细目	施工单位	电梯安装完毕，在电梯调试后进行	电梯安装单位	专业工长/专业技术负责人/专业部门经理
4	电梯整机功能检测记录	按部设分目录	按批次列细目	施工单位	电梯调试结束后，在交付使用前进行	电梯安装单位	专业工长/专业技术负责人/专业部门经理

续表

资料类别		工程资料名称（子目录）	资料分目录	细目	工程资料填写单位	完成或提交时间	责任人或部门	审核、审批、签字
	5	电梯主要功能检测记录	按部设分目录	按批次列细目	施工单位	电梯调试结束后，在交付使用前进行	电梯安装单位	专业工长/专业技术负责人/专业部门经理
	6	电梯负荷运行试验记录	按部设分目录	按批次列细目	施工单位	电梯调试完成后	电梯安装单位	专业工长/专业技术负责人/专业部门经理
	7	电梯负荷运行试验曲线图表	按部设分目录	按批次列细目	施工单位	电梯调试完成后	电梯安装单位	审核人、绘制人
	8	电梯噪声测试记录	按部设分目录	按批次列细目	施工单位	电梯具备运行条件后	电梯安装单位	审核人、安装工长
	9	自动扶梯、自动人行道安全装置检测记录	按部设分目录	按批次列细目	施工单位	自动扶梯、自动人行道安装完毕后进行	自动扶梯、自动人行道安装单位	专业工长/专业质检员/专业技术负责人
	10	自动扶梯、自动人行道整机性能、运行试验记录	按部设分目录	按批次列细目	施工单位	自动扶梯、自动人行道调试结束后，在交付使用前进行	自动扶梯、自动人行道安装单位	专业工长/专业质检员/专业技术负责人
	11	其他电梯施工试验记录与检测文件	按部设分目录	按批次列细目				

续表

施工质量验收文件

资料类别	工程资料名称（子目录）	资料分目录	细目	工程资料填写单位	完成或提交时间	责任人或部门	审核、审批、签字
C7							
1	检验批质量验收记录	按分项工程设目目录	按检验批列细目	施工单位	随施工同步完成按周、月提交	项目质量部	专业质量员/专业工长/专业监理工程师
2	分项工程质量验收记录	按子分部工程设目目录	按分项设细目	施工单位	分项工程验收前3d提交（混凝土除外）	项目质量部	项目技术负责人/专业监理工程师
3	分部（子分部）工程质量验收记录			施工单位	分部工程验收前3d提交（混凝土除外）	项目质量部	施工项目经理、设计勘察项目负责人/总监
4	建筑节能分部工程质量验收记录			施工单位	分部工程验收前3d提交	项目质量部	施工项目经理、设计勘察项目负责人/总监
5	自动喷水系统验收缺陷项目划分记录	按室内给水系统列分目录		施工单位	自动喷水系统验收缺陷项目验收前提交	项目质量部	施工单位项目负责人/建设单位项目负责人、专业监理工程师
6	程控电话交换系统分项工程质量验收记录	按分项工程设目目录		施工单位	分项工程验收前3d提交	项目质量部	
7	会议电视系统分项工程质量验收记录	按分项工程设目目录		施工单位	分项工程验收前3d提交	项目质量部	专业技术负责人/专业监理工程师
8	卫星数字电视系统分项工程质量验收记录	按分项工程设目目录		施工单位	分项工程验收前3d提交	项目质量部	

续表

资料类别	工程资料名称（子目录）	资料分目录	细目	工程资料填写单位	完成或提交时间	责任人或部门	审核、审批、签字
9	有线电视系统分项工程质量验收记录	按分项工程设目录		施工单位	分项工程验收前3d提交	项目质量部	
10	公共广播与紧急广播系统分项工程质量验收记录	按分项工程设目录		施工单位	分项工程验收前3d提交	项目质量部	
11	计算机网络系统分项工程质量验收记录	按分项工程设目录		施工单位	分项工程验收前3d提交	项目质量部	
12	应用软件系统分项工程质量验收记录	按分项工程设目录		施工单位	分项工程验收前3d提交	项目质量部	
13	网络安全系统分项工程质量验收记录	按分项工程设目录		施工单位	分项工程验收前3d提交	项目质量部	
14	空调与通风系统分项工程质量验收记录	按分项工程设目录		施工单位	分项工程验收前3d提交	项目质量部	
15	变配电系统分项工程质量验收记录	按分项工程设目录		施工单位	分项工程验收前3d提交	项目质量部	专业技术负责人/专业监理工程师
16	公共照明系统分项工程质量验收记录	按分项工程设目录		施工单位	分项工程验收前3d提交	项目质量部	

续表

资料类别	工程资料名称（子目录）	资料分目录	细 目	工程资料填写单位	完成或提交时间	责任人或部门	审核、审批、签字
17	给排水系统分项工程质量验收记录	按分项工程设分目录		施工单位	分项工程验收前 3d 提交	项目质量部	
18	热源和热交换系统分项工程质量验收记录	按分项工程设分目录		施工单位	分项工程验收前 3d 提交	项目质量部	
19	冷冻和冷却水系统分项工程质量验收记录	按分项工程设分目录		施工单位	分项工程验收前 3d 提交	项目质量部	专业技术负责人/专业监理工程师
20	电梯和自动扶梯系统分项工程质量验收记录	按分项工程设分目录		施工单位	分项工程验收前 3d 提交	项目质量部	
21	数据通信接口分项工程质量验收记录	按分项工程设分目录		施工单位	分项工程验收前 3d 提交	项目质量部	
22	中央管理工作站及操作分项工程质量验收记录	按分项工程设分目录		施工单位	分项工程验收前 3d 提交	项目质量部	
23	系统实时性、可维护性、可靠性分项工程质量验收记录	按分项工程设分目录		施工单位	分项工程验收前 3d 提交	项目质量部	
24	现场设备安装及检测分项工程质量验收记录	按分项工程设分目录		施工单位	分项工程验收前 3d 提交	项目质量部	专业技术负责人/专业监理工程师
25	火灾自动报警及消防联动系统分项工程质量验收记录	按分项工程设分目录		施工单位	分项工程验收前 3d 提交	项目质量部	
26	综合防范功能分项工程质量验收记录	按分项工程设分目录		施工单位	分项工程验收前 3d 提交	项目质量部	

资料类别	工程资料名称（子目录）	资料分目录	细 目	工程资料填写单位	完成或提交时间	责任人或部门	审核、审批、签字
27	视频安防监控系统分项工程质量验收记录	按分项工程设分目录		施工单位	分项工程验收前 3d 提交	项目质量部	专业技术负责人/专业监理工程师
28	入侵报警系统分项工程质量验收记录	按分项工程设分目录		施工单位	分项工程验收前 3d 提交	项目质量部	
29	出入口控制（门禁）系统分项工程质量验收记录	按分项工程设分目录		施工单位	分项工程验收前 3d 提交	专业质量员	专业技术负责人/专业监理工程师
30	巡更管理系统分项工程质量验收记录	按分项工程设分目录		施工单位	分项工程验收前 3d 提交	专业质量员	
31	停车场（库）管理系统分项工程质量验收记录	按分项工程设分目录		施工单位	分项工程验收前 3d 提交	专业质量员	
32	安全防范综合管理系统分项工程质量验收记录	按分项工程设分目录		施工单位	分项工程验收前 3d 提交	专业质量员	
33	综合布线系统安装分项工程质量验收记录	按分项工程设分目录		施工单位	分项工程验收前 3d 提交	专业质量员	
34	综合布线系统性能检测分项工程质量验收记录	按分项工程设分目录		施工单位	分项工程验收前 3d 提交	专业质量员	专业技术负责人/专业监理工程师
35	系统集成网络连接分项工程质量验收记录	按分项工程设分目录		施工单位	分项工程验收前 3d 提交	专业质量员	

续表

资料类别	工程资料名称（子目录）	资料分目录	细　目	工程资料填写单位	完成或提交时间	责任人或部门	审核、审批、签字
36	系统数据集成分项工程质量验收记录	按分项工程设分目录		施工单位	分项工程验收前 3d 提交	专业质量员	
37	系统集成整体协调分项工程质量验收记录	按分项工程设分目录		施工单位	分项工程验收前 3d 提交	专业质量员	
38	系统集成综合管理及冗余功能分项工程质量验收记录	按分项工程设分目录		施工单位	分项工程验收前 3d 提交	专业质量员	专业技术负责人/专业监理工程师
39	系统集成可维护性和安全性分项工程质量验收记录	按分项工程设分目录		施工单位	分项工程验收前 3d 提交	专业质量员	
40	电源系统分项工程质量验收记录	按分项工程设分目录		施工单位	分项工程验收前 3d 提交	专业质量员	
41	其他工程质量验收文件						
C8	施工验收文件						
1	单位（子单位）工程竣工预验收报验表			施工单位	施工企业内部竣工预验收完成后，组织竣工单位竣工验收前完成	质量部、技术部	项目经理/总监
2	单位（子单位）工程质量竣工验收记录			施工单位	业主组织单位竣工验收前完成	项目技术负责人/项目经理/施工单位技术负责人	建设单位（项目）负责人、总监、施工单位（项目）负责人签字并盖公章

续表

资料类别	工程资料名称（子目录）	资料分目录	细目	工程资料填写单位	完成或提交时间	责任人或部门	审核、审批、签字
3	单位（子单位）工程质量控制资料核查记录			施工单位	施工企业内部竣工预验收前完成	各专业技术负责人	项目经理/总监
4	单位（子单位）工程安全和使用功能检验资料核查及主要功能抽查记录			施工单位	施工企业内部竣工预验收前完成	各专业技术负责人	项目经理/总监
5	单位（子单位）工程观感质量检查记录			施工单位	工程档案预验收前完成	各专业技术负责人	项目经理/总监
6	施工资料移交文书			施工单位	按照合同或协议约定的时间移交给建设单位	移交单位技术负责人	移交单位技术负责人/接受单位技术负责人
7	其他施工验收文件						

211

第 2 部分

建筑工程施工资料管理技能实训

本部分提要

建筑工程施工资料管理技能实训的主要内容是以实际工程项目施工图作为案例背景，完成地基与基础、主体结构、建筑屋面、建筑装饰装修等建筑与结构相关分部工程资料计划编制实训任务。

建筑工程施工资料管理实训的基本要求，一是在具有施工图的识读和施工技术、施工组织等专业知识基础上，通过完成分部、分项、检验批的质量验收任务划分的方式确定施工过程，培养工程资料信息采集和任务分解的能力。二是依据施工过程和计划编制导则完成施工资料管理计划的编制，培养资料收集、分类、技术交底的施工资料管理的方法和能力。

建筑工程施工资料管理技能实训的主要方法，首先是以实际工程项目施工图为训练背景，以项目实际分部工程为实训任务单元，在每个实训任务中依据施工组织设计和建筑工程施工质量验收规范，确定分析主要施工过程；其次是依据《建设工程文件归档规范（2019 年版）》GB/T 50328—2014，参照《建筑工程施工资料计划、交底编制导则》（表 1-7-4），确定归档文件的范围、类型和资料的名称，制定资料技术交底方案并编制资料收集汇总目录，最后汇总形成资料管理计划。

1 ××市第××中学教学楼施工资料管理实训背景资料

　　××市第××中学教学楼工程位于×××路××市第××中学校区内，地下一层，地上四层，局部五层，建筑高度21.00m，总建筑面积6763.18m²，其中地下建筑面积1313.64m²，地上建筑面积5449.54m²，建筑基底面积1329.51m²。

　　建筑结构形式为框架结构，建筑结构的类别为乙类，合理使用年限为50年，抗震设防烈度为9度（计算8度）；建筑耐火等级地上为二级，地下为一级；屋面防水等级为Ⅱ级，地下防水等级为Ⅰ级。

1.1 建筑设计概况

1.1.1 建筑设计标高

　　本工程室内外高差为600mm，±0.000标高为相对标高944.16m；基础类型为独立基础加防水筏板；地基基础设计等级为乙类，无人防。

1.1.2 地下室防水

　　地下室防水等级为Ⅰ级，防水层为合成高分子防水卷材两层，基础防水底板厚300mm，混凝土强度等级为C30，抗渗强度等级为P6，其上为C30、P6独立基础加条形基础，地下室四周为C30、P6混凝土挡土墙，其他构件混凝土强度等级详见表2-1-1、表2-1-2所列。

1.1.3 墙体工程

　　本工程非承重外围护墙采用250mm厚MU2.5陶粒混凝土空心砌块，M5砂浆砌筑，外贴80mm厚聚苯板保温，内隔墙采用150mm厚MU7.5陶粒混凝土空心砌块，M5砂浆砌筑。

1.1.4 屋面工程

1. 非上人屋面

（1）两层1.2mm厚自带保护层合成高分子防水卷材；

（2）30mm厚C20细石混凝土找平层；

（3）最薄处30mm厚CL7.5轻集料混凝土找坡层；

（4）150mm厚聚苯板保温层；

（5）1.5mm厚聚氨酯隔气层；

（6）钢筋混凝土屋面板。

2. 上人屋面

（1）10mm厚防滑地砖用1:1水泥砂浆（加建筑胶）粘贴，缝宽3mm1:1水泥浆（加建筑胶）勾缝；

（2）20mm厚的1:3水泥砂浆找平层；

（3）3mm 厚麻刀灰隔离层；

（4）以下同非上人屋面。

1.1.5　装修工程

室内外装修工程做法见表 2-1-1、表 2-1-2 所列。

室内装修工程做法表　　　　　　　　　表 2-1-1

编号	房间名称	工程做法						备注
		楼地面	踢脚	墙裙	窗台板	内墙面	顶棚	
地下室	走廊	地2	踢1	裙2	窗台2	内墙3	棚3	
	戊类物品房间	地2	踢1	裙1	窗台2	内墙3	棚1	
	配电室	地1	踢2		窗台1	内墙1	棚1	
	换热站	地2	踢2		窗台1	内墙1	棚1	
一层	门厅、走道	楼1	踢1	裙2	窗台2	内墙3	棚3	
	教室	楼1	踢1	裙1	窗台2	内墙3	棚3	
	行政办公室	楼1	踢1	裙1	窗台2	内墙3	棚3	
	教师办公室	楼1	踢1	裙1	窗台2	内墙3	棚1	
	卫生间	楼3	踢1		窗台2	内墙3	棚2	内墙砖贴至吊顶底
	盥洗室	楼2	踢1	裙2		内墙3	棚3	
	消防值班室	楼1	踢1	裙1	窗台2	内墙3	棚3	
二层	教室	楼1	踢1	裙1	窗台2	内墙3	棚1	
	行政办公室	楼1	踢1	裙1	窗台2	内墙3	棚3	
	教师办公室	楼1	踢1	裙1	窗台2	内墙3	棚1	
	卫生间	楼3	踢1		窗台2	内墙3	棚2	内墙砖贴至吊顶底
	盥洗室	楼2	踢1	裙2		内墙3	棚3	
	走道	楼1	踢1	裙2	窗台2	内墙3	棚3	
三~四层	教室	楼1	踢1	裙2	窗台2	内墙3	棚1	
	教师办公室	楼1	踢1	裙1	窗台2	内墙3	棚1	
	卫生间	楼3	踢1		窗台2	内墙3	棚2	内墙砖贴至吊顶底
	盥洗室	楼2	踢1	裙2		内墙3	棚3	
	走道	楼1	踢1	裙2	窗台2	内墙3	棚3	
五层	电子教室	楼1	踢1	裙1	窗台2	内墙3	棚1	
	教师办公室	楼1	踢1	裙1	窗台2	内墙3	棚1	
	走道	楼1	踢1	裙2	窗台2	内墙3	棚3	
楼梯间		楼4	踢1	裙2	窗台2	内墙3	棚1	

工程做法汇总表　　　　　　　　　表 2-1-2

名称	做法	名称	做法
散水	1. 60mm 厚 C20 细石混凝土撒 1：1 水泥砂子，压实赶光； 2. 素土夯实向外坡 5%	外墙	喷（刷）涂料墙面（轻质墙） 1. 喷（刷）外墙防水涂料； 2. 抹 5~6mm 厚聚合物砂浆； 3. 专用尼龙胀管螺钉固定耐碱玻纤网格布一层（一楼二层）； 4. 专用聚合物粘结砂浆贴 80mm 厚 B1 级硬泡聚氨酯板； 5. 基层处理（水泥砂浆找平）

215

续表

名称	做 法	名称	做 法
台阶	花岗石条石台阶	坡道	花岗石坡道
	1. 100～150mm 厚花岗石条石； 2. 30mm 厚 1∶3 干硬水泥砂浆结合层，向外坡 1%； 3. 水泥浆一道； 4. 100mm 厚 C20 现浇钢筋混凝土，φ6 双向钢筋中距 200mm（厚度不包括踏步三角部分），台阶面向外坡 1%； 5. 150mm 厚 5～32mm 粒径卵石灌 M5 混合砂浆； 6. 素土夯实		1. 50mm 厚花岗石面层，表面剁平（三道成活）； 2. 30mm 厚 1∶3 干硬性水泥砂浆结合层； 3. 水泥浆结合层一道（内掺建筑胶）； 4. 60mm 厚 C20 混凝土； 5. 150mm 厚 5～32mm 粒径卵石灌 M5 混合砂浆； 6. 素土夯实（坡度按工程设计）
地1	砂浆地面（燃烧性能：A 级）	地2	低温热水地板辐射采暖地面（无防水要求）
	1. 20mm 厚 1∶2 水泥砂浆压实抹光； 2. 水泥浆一道（内掺建筑胶）； 3. 100mm 厚 C15 混凝土垫层； 4. 素土夯实		1. 面层现浇水磨石（由设计人员定）； 2. C15 细石混凝土垫层随打随抹平，加热管上皮厚度＞30mm； 3. 沿外侧贴 20mm 厚聚苯乙烯泡沫塑料保温层（材料或由设计人定），高与垫层上皮平； 4. 铺 18 号镀锌低碳钢丝网，用 12 号低碳钢丝与加热管绑牢（或铺真空镀铝聚酯薄膜一层）（或铺玻璃布基铝箔膜一层）； 5. 40mm 厚聚苯乙烯泡沫塑料保温层； 6. 1.5mm 厚涂膜防潮层（按工程设计）； 7. 80mm 厚 C15 混凝土随打随抹平； 8. 素土夯实，压实系数 0.90
楼1	低温热水地板辐射采暖楼面（适用于采暖分户计量无防潮、防水要求的楼面）	楼2、3	低温热水地板辐射采暖楼面（适用于采暖分户计量无防潮、防水要求的楼面）
	1. 面层水泥浆一道（内参建筑胶）10～15mm 厚 1∶2.5 水泥磨石面磨光打蜡； 2. C15 细石混凝土垫层随打随抹平，加热管上皮厚度≥30mm； 3. 沿墙外内侧 20mm×50mm 聚苯乙烯泡沫塑料保温层（材料或由设计人定），高与垫层上皮平； 4. 铺 18 号镀锌低碳钢丝网，用 12 号低碳钢丝网与加热管绑牢（或铺真空镀铝聚酯薄膜一层）； 5. 30mm 厚聚苯乙烯泡沫塑料保温层（材料由设计人员定）； 6. 10mm 厚 1∶3 水泥砂浆找平层； 7. 现浇钢筋混凝土楼板		1. 面层贴 10mm 厚 100mm×100mm 防滑地砖； 2. 20mm 厚 1∶3 水泥砂浆保护层（装修一步到位无此道工序）； 3. 1.5mm 厚合成高分子涂抹防水层（材料或由设计人员定）； 4. C15 细石混凝土垫层随打随抹平，从门口向地漏找 1% 坡（无地漏不找坡），加热管上皮最薄处≥30mm； 5. 沿墙外内侧 20mm×50mm 聚苯乙烯泡沫塑料保温层（材料或由设计人定），高与垫层上皮平； 6. 铺 18 号镀锌低碳钢丝网，用 15 号低碳网丝与加热管绑牢（或铺真空镀铝聚酯薄膜一层）； 7. 30mm 厚聚苯乙烯泡沫塑料保温层（材料由设计人员定）； 8. 10mm 厚 1∶3 水泥砂浆找平层； 9. 现浇钢筋混凝土楼板

续表

名称	做 法	名称	做 法
楼 4	现浇水磨石楼面（无垫层）（燃烧性能：A 级） 1.10～15mm 厚 1：2.5 水泥磨石面磨光打蜡； 2. 水泥浆一道（内掺建筑胶）； 3.20mm 厚 1：3 水泥砂浆找平层，上卧分格条 10 高； 4. 水泥浆一道（内掺建筑胶）； 5. 现浇钢筋泥土楼板	踢 1	瓷砖踢脚（轻型墙）（燃烧性能：A 级） 1.8～10mm 厚瓷砖踢脚，稀水泥浆（或彩色水泥浆）擦缝； 2.12mm 厚 1：2 水泥砂浆（内掺建筑胶）粘结层； 3. 界面剂一道刷毛，刷前将墙面用水润湿
踢 2	水泥踢脚（混凝土墙）（燃烧性能：A 级） 1.6mm 厚 1：2.5 水泥砂浆罩面压实赶光； 2. 水泥浆一道； 3.8mm 厚 1：3 水泥砂浆打底扫毛或划出纹道； 4. 水泥浆一道刷毛（内掺建筑胶）	裙 1	瓷砖墙裙（轻型墙基）（燃烧性能：A 级） 1. 白水泥擦缝； 2. 贴 5mm 厚面砖（粘贴前将墙面砖浸水 2h 以上）； 3.5mm 厚 1：2 建筑胶水泥砂浆（或专用胶）粘结层； 4. 水泥浆一道（用专用胶粘贴时无此道工序）； 5.6mm 厚 1：0.5：2.5 水泥石灰膏砂浆木抹子抹平； 6.6mm 厚 1：1：6 水泥石灰膏砂浆打底扫毛或刮出纹道； 7.3mm 厚外加剂专用砂浆抹基地或界面剂一道甩毛（抹前将墙面用水湿润）； 8. 聚合物水泥砂浆修补墙面； 9. 刷界面处理剂一道
裙 2	油漆墙裙（轻型墙基）（燃烧性能：B1 级） 1. 刷无光油漆； 2.6mm 厚 1：0.5：2.5 水泥石灰膏砂浆压实赶光； 3.12mm 厚 1：1：6 水泥石灰膏砂浆打底扫毛划出纹道； 4. 3mm 厚外加剂专用砂浆抹基底部剖糙或界面剂一道甩毛（抹前先撑墙面用水润湿）； 5. 聚合物水泥砂浆修补墙面； 6. 刷界面处理剂一道		
棚 1	板底喷涂顶棚（现浇混凝土板）燃烧性能：A 级 1. 刷（喷）内墙涂料 2.5mm 厚 1：2.5 水泥砂浆抹面 3.5mm 厚 1：3 水泥砂浆打底 4. 刷素水泥浆一道 5. 现浇钢筋混凝土板	棚 2	硬质 PVC 条板吊顶（不上人）燃烧性能：B1 级 1. 预制 PVC 成品板 2. 铝合金横撑┴25×22×1.3 或┴23×23×1.3，中距等于板材宽度 3. 铝合金中龙骨┴25×22×1.3 或┴23×23×1.3，中距等于板材宽度（边龙骨 L35×1×0.75 或 L25×25×1） 4. 轻质大龙骨 45×15×1.2（吊点附吊挂），中距≤1200mm 5.φ3 螺栓吊杆、双向吊点（中距 900～1200mm），吊杆上部与预埋钢筋环固定 6. 钢筋混凝土板内预留 φ10 钢筋环，双向中距 900～1200mm
棚 3	纸面石膏板吊顶（喷涂料）燃烧性能：A 级 1. 刷（喷）内墙涂料 2. 棚面刮腻子找平 3. 刷专用防潮层涂料一道 4.6 厚纸面石膏板自攻螺丝拧牢 5. 轻钢横撑龙骨 U19×50×0.5 中距 3000mm 6. 轻质小龙骨 U19×50×0.5 中距等于板长 1/3 宽度（板宽内放两根） 7. 轻质大龙骨（分上人与不上人两种） ① 60×30×1.5（吊点附吊挂），中距＜1200mm（上人） ② 45×15×1.2 或 50×15×1.5（吊点附吊挂），中距＜1200mm（不上人） 8.φ8 螺栓吊杆双向吊点，中距 900～1200mm 吊杆上都与预埋钢筋固定 9. 钢筋混凝土板内留钢筋环，双向中距 900～1200mm		

1.1.6 节能设计

（1）总建筑面积：6763.18m²；建筑层数：地上 5 层，地下 1 层。

（2）该工程项目为教学楼，属于公共建筑。

（3）项目地处气候分区：严寒地区 B 区。

（4）建筑物体形系数（具体计算详计算书）：建筑物外表面积 $F=4850.29\text{m}^2$；建

筑物体积 $V=22050.83\mathrm{m}^3$；建筑物体形系数 $S=F/V=0.22/\mathrm{m}$。

（5）单一朝向外窗（包括透明幕墙）墙面积比（具体计算详计算书）：西南向 0.31；东北向 0.32；东南向 0.09；西北向 0.18；总窗墙比 0.27。

（6）屋面：保温层 EPS 板 150mm 厚，K_i 值经查表计算得，传热系数 $K_i=0.29$，满足 $K_i\leqslant K=0.45$。

外墙：保温层 EPS 板 80mm 厚，K_i 值经查表计算得，传热系数 $K_i=0.45$，满足 $K_i\leqslant K=0.50$。

外窗：单框双玻塑钢窗，$(4+12+4)$ mm 空气间隔层；需提供检验报告 K_i 值必须 $\leqslant 2.5$，满足 $K_i\leqslant K$。

外门：采用成品节能外门需提供检验报告，K_i 值必须 $\leqslant 2.5$，满足 $K_i\leqslant K$。

1.1.7 消防设计

（1）建筑特征：本工程为多层教学楼，其耐火等级为地上二级，地下一级。

（2）消防控制室设在首层，由 200mm 厚陶粒空心砌块墙分隔，设直接对外出口。

（3）楼梯共设有三部楼梯，楼梯总疏散宽度为：6.935m。

本工程由××勘察设计研究院勘察设计；××建筑安装有限公司施工；××监理有限责任公司监理。以上单位均通过招投标方式与建设单位签订了合同。

建设单位与施工单位间签订的合同约定：计划×××× 年××月××日开工，××××年××月××日完工，施工天数 214d。

1.2 结构设计概况

1.2.1 工程概况

本项目位于××市第××中学院内。

由五层教学楼和两层办公楼组成，地下为一层，无人防，教学楼与办公楼之间设有抗震缝，结构概况见表 2-1-3 所列。

结构概况表　　　　　表 2-1-3

项目名称	地上层数	地下层数	高度（m）	宽度（m）	长度（m）	结构形式	基础类型
教学楼	5	1	21.00	18.000	72.400	框架	独立基础加防水底板

1.2.2 地基基础

（1）本工程根据上部结构荷载及工程地基情况采用人工复合地基，CFG 桩法。处理后的复合地基承载力特征值 300 kPa（由有资质的岩土工程部门设计处理）。

（2）地基局部超深时采用 C20 素混凝土垫层升台，地基大部分超深时另行处理。

（3）钢筋混凝土基础底面应做强度为 C15 的 100mm 厚混凝土垫层，垫层宜比基础每侧宽出 100mm。

（4）基础施工完毕（有地下室时在地下室顶板施工完毕，基础外侧防水、防腐施工完成后），用不含对基础有侵蚀作用的戈壁土、角砾土或黄土分层回填夯实，工程周围回填应按《地下工程防水技术规范》GB 50108—2008 中相关要求施工。回填土压实系数不小于 0.97。

（5）地下室为主体结构的嵌固层，按建筑保温要求外墙防水层在冻土深度以上可采用厚度不大于 70mm 的挤塑聚苯板兼防护，在冻土深度以下严禁用低密度材料防护（包括挤塑聚苯板）。

1.2.3　地下结构防水、防腐蚀

（1）地下结构防水等级为二级。

（2）如基底有地下水出现，施工时应采取有效措施降低地下水位，保证正常施工。

（3）地下钢筋混凝土防水结构，应采用防水混凝土。

（4）基础埋置深度≤10m 时基础底板、挡土墙、水箱、水池及地下一层顶与土接触的梁板抗渗设计等级为 P6 。防水混凝土的施工配合比应通过试验确定，抗渗等级应比设计要求提高一级（0.2MPa）。

（5）与非腐蚀性水、土直接接触的钢筋混凝土挡土墙、柱、梁（不包括有建筑防水做法的一侧）在接触面刷冷底子油一道，涂改性沥青两道。

（6）与弱腐蚀性水、土直接接触的钢筋混凝土挡土墙、柱、梁、基础（不包括有建筑防水做法的一侧）在接触面涂冷底子油两遍和沥青胶泥两遍。

1.2.4　主要结构材料

（1）钢筋：原材料应符合国家有关标准、规程、规范的规定。

（2）混凝土强度等级见表 2-1-4 所列。

地基与基础混凝土强度等级　　　　　　　　　表 2-1-4

项目名称	独立柱基及墙下条基	防水底板	素混凝土垫层
教学楼	C30　P6	C30　P6	C15

（3）主体结构构件混凝土强度等级见表 2-1-5 所列。

主体结构构件混凝土强度等级　　　　　　　　　表 2-1-5

项目名称	部　位	挡土墙	框架柱	梁	板	楼梯
教学楼	地下室（基础面～－0.120）	C30　P6	C40	C30	C30	C30
	一～二层（－0.120～7.680）		C40	C30	C30	C30
	三层（7.680～11.580）		C35	C30	C30	C30
	四～顶层（11.580 标高以上）		C30	C30	C30	C30

（4）构造柱、填充墙水平系梁、填充墙洞口边框、压顶、现浇过梁混凝土强度等级采用 C20，并须符合使用环境条件下的混凝土耐久性基本要求。女儿墙等外露现浇构件及其他未注明的现浇混凝土构件均采用 C30 混凝土浇筑。

（5）填充墙

填充墙所用材料详见建筑施工图，其材料强度按以下要求施工：

直接置于基础顶面上的填充墙，防潮层以下用 M10 水泥砂浆砌强度等级为 MU10 的烧结普通砖（当用多孔砖时须用 M5 水泥砂浆灌孔）。

（6）所有外露铁件应涂刷防锈漆二底二面。

1.3　给水、排水、采暖设计概况

1.3.1　主要设计参数

散热器采用：CRMT-Ⅱ-600 型。标准散热量 130W/柱。

1.3.2　防腐与保温

（1）管沟及顶棚或地下室管道井内敷设的热水采暖供、回水管，除锈后刷防锈漆两遍后做保温，保温材料采用复合硅酸盐，厚度 30mm，保护层采用玻璃布外刷乳胶漆。

（2）不采暖房间的膨胀水箱及设备，刷防锈漆两遍后进行保温，设计未规定时，可采用复合硅酸镁保温涂料，厚 30mm，外抹防水涂料两遍。

（3）明露热水管金属支、吊、托架、设备等，在表面除锈后刷防锈底漆两遍，调合面漆两遍。

（4）热水供、回水管（集）分水管阀门设备等进行保温。

（5）热水管穿越墙身和楼板时，保温层不间断，在墙体或楼板的两侧，应设置夹板，中间的空间，应用松散保温材料填充。

1.3.3　试压与冲洗

（1）安装完毕后应进行水压试验，试验压力按系统顶点工作压力加 0.1MPa，但不得小于 0.3MPa，在 10min 内压降不大于 0.02MPa 为合格。

（2）水系统水压试验时，若系统低点的压力大于所能承受的压力时，应分层进行水压试验。

（3）经试压合格后，投入使用前热水供回水管用以系统能达到的最大压力和流量进行冲洗，直到排出水中不夹带泥砂、铁屑等杂物且水色和透明度与入水口目测一致为合格。

（4）在冲洗之前，应先除去过滤网，待冲洗工作结束后再装上，管路系统冲洗时水流不得经过所有设备。

1.3.4　室内给水

1. 防腐及保温

（1）明设不保温钢管、铸铁给水管刷防锈漆两遍，再刷银粉或由设计确定的面漆两遍，保温管仅刷防锈漆两遍。

（2）硬聚氯乙烯管（UPVC）不另刷漆，镀锌钢管根据装修要求刷面漆一遍，镀锌层破坏部分，应刷防锈漆一遍，再刷面漆两遍。

（3）暗设在管沟及顶棚或地下室内，不保温的钢管，刷防锈漆两遍，铸铁管刷沥青两遍。

（4）埋在地下的铸铁管，刷热沥青两遍，当为钢管时再包扎一层玻璃丝布后，再刷热沥青一遍。

（5）明设钢支、吊架，刷防锈漆一遍，面漆一遍，暗设钢支吊架、套管均刷防锈漆两遍。

（6）管沟及顶棚或地下室管道井内敷设的热水管，除锈后刷防锈漆两遍后做保温，保温材料采用复合硅酸盐，厚度 30mm，保护层采用玻璃布外刷乳胶漆。

2. 试压及冲洗

（1）给水管的水压试验，一般按系统工作压力的 1.5 倍，但不小于 0.6MPa，然后

降至工作压力，做外观检查，不渗不漏为合格，本工程工作压力为 0.25MPa。

（2）给水系统冲洗时，以系统内最大设计流量为冲洗流量或以不小于 1.5m/s 的流速冲洗，直到出水口水色和透明度与入水口目测一致为合格。

（3）热水系统同给水系统。

1.3.5　室内排水及雨水

1. 防腐

（1）明设铸铁管，刷防锈漆两遍银粉漆或灰铅油两遍；埋地铸铁管刷热沥青两遍，埋地钢管先刷热沥青两遍，包扎玻璃布一层后再刷热沥青一遍。

（2）明设钢支、吊架刷防锈漆一遍，再刷灰铅油一遍。

2. 试验与回填土

（1）系统投入使用前须做灌水试验。灌水高度：当为生活排水管时，其高度为不低于底层的地面，以不渗不漏为合格，当为雨水管时，其高度为最高雨水斗至立管底部出口，以灌满水后 15min 再灌满延续 5min，液面不降，不渗不漏为合格。

（2）暗设或埋设的排水管，须在隐蔽前做灌水试验。

（3）回填土必须在试验合格后进行，回填土须分层夯实。

1.3.6　消防给水

1. 防腐及保温

（1）明设不保温钢管刷防锈漆两遍，再刷面漆两遍，保温管仅刷防锈漆两遍。

（2）镀锌钢管根据装修要求刷面漆一遍，镀锌层破坏部分，应刷防锈漆一遍，再刷面漆两遍。

（3）暗设在管沟及顶棚或地下室内，不保温的钢管，刷防锈漆两遍。

（4）明设钢支、吊架，刷防锈漆一遍，面漆一遍，暗设钢支吊架、套管均刷防锈漆两遍。

2. 试压及冲洗

（1）消防系统试验压力以工作压力加 0.4MPa，但最低不得小于 1.4MPa，其力保持 2h，无渗漏为合格，消火栓系统工作压力为 0.5MPa。

（2）室内消火栓系统应将室内管道，以最大消防设计流量冲洗干净。

（3）室内消火栓系统，在与室外给水管道连接之前，必须将室外地下管道，以消防时的最大设计流量冲洗干净。

1.3.7　通风及防排烟

（1）防烟送风及排烟管道

各层送风管、送风竖风道、排风管及排烟支管和部件制作材料采用镀锌钢板。制作按《通风与空调工程施工质量验收规范》GB 50243—2016 和新 02-N2《通风与空调工程》详图。保温材料的选择应符合《建筑设计防火规范（2018 年版）》GB 50016—2014 的要求，当允许采用难燃材料时，其指标应经试验，并经当地消防管理部门同意。本工程未设保温层。

（2）消防正压送风竖风道、排风竖风道及排烟竖风道采用土建风道。

1）土建风道材料，可采用砖、混凝土、石膏板，风道尺寸以内直径或内边长为准。

2）土建风道，应内壁光滑，严密不漏风，在穿过楼板、顶棚和墙壁处风道应连续。砖砌风道风壁应抹 C25 水泥砂浆或内涂玻璃钢，最薄处 10mm。

3）垂直土建风道断面长或宽大于等于 800mm 时，应在穿过每层楼板处，设置直径中距 200mm 钢筋安全网，并距各层地板 200mm 设置密闭检查门。

1.3.8 换热站设计

应甲方要求，将原校区的换热站设于本工程地下室（重新设计），热源由热力公司提供 70～130℃的高温水进行换热。本校区建筑物的采暖方式有两种形式（且建筑物大多为非节能建筑）：一种是供回水温度为 70～95℃的散热器采暖方式，采暖面积为：30000m²；另一种是供回水温度 40～50℃的低温地板辐射采暖方式，面积为 20000m²，故在本工程地下室设计了两套换热机组，以满足该校区的采暖供热。

1.4 电气设计工程概况

1.4.1 中压配电系统图

中压配电系统图见表 2-1-6 所列。

中压配电系统图　　　　　　　　　　　　　　　表 2-1-6

开关柜型号	ZPJ1-12（D）	ZPJ1-12	ZPJ1-12	ZPJ1-12
开关柜编号	AH1	AH2	AH3	AH4
开关柜用途	进线	计量	互感器	出线
母线规格 TMY-3×（63mm×6.3mm） 一次接线				
真空断路器 AZD-12/630-25	1			
真空断路器 AZD-12/630-20				1
永磁操作机构 DC/AC220	1			
高压熔断器 XRNP1-12/0.5A		3	3	
刀开关 XGN-10/630	2		1	2
电流互感器 LZZQB2-10Q	2	2		3
电压互感器 JDZJ-10		2	3	
避雷器 HY5WS-17/45	3	3	1	1
带电显示装置 KC006	1	1	1	1
接地开关 HXTN-10/630			3	3
消谐器 WXZ196-4			1	
综控单元 保护装置 XL100D	1			1
综控单元 显示单元 XL100D	1			1

续表

开关柜型号	ZPJ1-12（D）	ZPJ1-12	ZPJ1-12	ZPJ1-12
电度表 DSSD331-2（IF）		1		
电压表 42l6-12kV		1		
设备容量（kVA）	400			400
计算电流（A）	23.1			23.1
导线型号及截面	ZR-YJV-10kV-3×50			ZR-YJV-10kV-3×25
用途	进线	计量	互感器	1 号变压器送电
柜体尺寸（宽×深×高）（mm）	500×960×1800	600×960×1800	500×960×1800	500×960×1800

注：1. 计量柜中电流互感器为 0.2S 级，其余为 0.5 级。

2. 操作电源及二次保护电源采用 1kVA/2h/UPS 电源。

3. 计量柜电流互感器变比由供电部门确定。

1.4.2　设计范围

本工程设计包括红线内的以下电气系统：

（1）10/0.4kV 供配电系统；

（2）低压配电系统；

（3）正常照明与应急照明系统；

（4）动力配电系统；

（5）建筑物防雷、接地系统及安全措施；

（6）综合布线系统；

（7）有线电视系统；

（8）广播系统；

（9）火灾报警及联动系统。

1.4.3　供配电系统

（1）本工程为二级供电负荷，由市电网引来一 10kV 电源，自备柴油发电机，作为应急电源能够负担全部二级负荷。

（2）低压配电电压为 220/380V，低压电源均由中、低压变电所送出采用单母线分段，平时分段运行，发生事故时应急段母线运行。

1.4.4　照明系统

（1）光源：有装修要求的场所视装修要求商定，一般场所为荧光灯、金属卤化物灯或其他节能灯具。

（2）应急照明：本工程在消防控制室、变配电所、门厅、走廊设置应急照明系统，各层走道及出入口均设置疏散指示标志灯，灯具应符合消防局的有关规定。

（3）照度标准

教室：300lx；办公室：300lx；走道：50lx；中压变电所：200lx；柴油发电机房：200lx。

（4）装饰灯具须与装修设计及甲方商定，功能型灯具如：荧光灯、出口标志灯、疏散指示标志灯。

1.4.5 防雷、接地系统及安全措施

（1）本工程属三类防雷建筑，设整体综合防雷保护，做法见图集。

（2）屋顶设避雷带、避雷网保护（详见平面图）以防直击雷。凡突出屋面的金属物体、构架等均应与避雷带连接。

（3）采用柱内 2 根直径大于 16mm 的主筋相互连通做引下线，所有引下线上下可靠焊接，做法参见图集，引下线组数及位置见平面图注。在建筑物图示位置的防雷引下线，距地 0.5m 处做测试端子。

（4）进、出建筑物的埋地金属管道；入户电缆金属外皮及建筑物内主干金属管道均应与防雷装置相连，以防雷电电磁波引入。

（5）本工程采用 TN-S 保护接地系统，所有配电箱内 PE-N 接地端子均分开设置。

（6）电视、网络、火灾报警、防雷等系统与保护接地共用一组联合接地装置，接地装置利用基础内钢筋网主筋并辅之以 40mm×4mm 热镀锌扁钢可靠焊接做接地装置，接地电阻不大于 1Ω，若实测达不到应引出室外加装人工接地极。

（7）在地下层设总等电位联结端子，总等电位联结做法见图集。建筑内竖向金属管道应与跨越楼层的楼板结构主筋做等电位联结。

1.4.6 线缆选择及敷设方式

（1）一般配电干线为交联阻燃铜芯电缆，消防设备（消防电梯、消防泵、排烟机等）用电干线采用交联耐火铜芯缆线。其余导线型号见图注。

（2）直埋电力电缆进出建筑物做法参见图集。

（3）系统干线金属桥架，在电气竖井内明敷。做法见图集。强、弱电竖井地面高出本层地面 50mm。

（4）其余管线安装见平面图注。

1.5 消防设计工程概况

1. 工程概况

（1）本工程为二类多层建筑，为二级保护对象。设置火灾报警和消防联动控制系统，采用总体保护。

（2）集中报警器及联动控制装置设在一层消防控制室，各层设置楼层显示盘。

2. 系统设计

本系统包括：集中报警器柜（包括电源单元、通信单元、联动控制单元）、楼层显示盘、消防电话系统、消防广播系统等。火灾自动报警及联动控制系统均采用总线制。

2　施工资料管理实训

项目 1　地基与基础分部工程资料管理

项目实训目标

任务 1　地基与基础分部工程资料信息的采集与分部、分项、检验批的划分

1. 实训目的：在具有地基与基础工程施工图的识读和施工技术、组织等专业知识基础上，通过施工任务分解，培养工程资料信息采集和任务分解的能力。

2. 实训内容及成果：依据《建筑工程施工质量验收统一标准》GB 50300—2013 及《建筑地基与基础工程施工质量验收标准》GB 50202—2018 中有关分项、检验批划分的规定，完成地基与基础分部工程分部、子分部、分项、检验批的划分并填写表 2-2-2。

3. 实训步骤、指导与评价：见表 2-2-1。

实训步骤、指导与评价

表 2-2-1

<table>
<tr>
<td rowspan="11">一、针对工作任务搜集有关资料及采集相关信息</td>
<td colspan="5">1. 工作准备：搜集相关资料、文件、规范、技术标准、教材、参考书。
2. 背景资料：分部工程概况（下表按工程实际发生项在□内打√或在空格内填写）</td>
</tr>
<tr>
<td>工程名称</td>
<td colspan="4"></td>
</tr>
<tr>
<td>地基类型</td>
<td>天然■　人工□</td>
<td>基础埋深（m）</td>
<td colspan="2"></td>
</tr>
<tr>
<td>地下室</td>
<td>有■　无□</td>
<td>地下室顶板构造</td>
<td colspan="2">现浇混凝土■　预制混凝土□</td>
</tr>
<tr>
<td>地下室墙体结构</td>
<td colspan="4">砖砌体■　石砌体□　配筋砌体■　砌块砌体□　混凝土■</td>
</tr>
<tr>
<td>地下室防水、防潮</td>
<td>有■　无□</td>
<td>构造做法</td>
<td colspan="2"></td>
</tr>
<tr>
<td>地基</td>
<td colspan="4">素土、灰土地基□砂和砂石地基□土工合成材料地基□粉煤灰地基□强夯地基□注浆地基□预压地基□砂石桩复合地基□高压喷射注浆地基□水泥土搅拌桩地基□土和灰土挤密桩复合地基■水泥粉煤灰碎石桩复合地基□夯实水泥土桩复合地基□</td>
</tr>
<tr>
<td>基础</td>
<td colspan="4">无筋扩展基础（素混凝土、砖、石等基础）■钢筋混凝土扩展基础（钢结构基础，钢管混凝土结构基础，型钢混凝土结构基础）■筏形与箱形基础□钢结构基础□钢管混凝土结构基础□型钢混凝土结构基础□钢筋混凝土预制桩基础□泥浆护壁成孔灌注桩基础□干作业成孔桩基础□长螺旋钻孔压灌桩基础□沉管灌注桩基础□钢桩基础□锚杆静压桩基础□岩石锚杆基础□沉井与沉箱基础□</td>
</tr>
<tr>
<td>特殊土地基基础</td>
<td colspan="4">湿陷性黄土、冻土、膨胀土、盐渍土</td>
</tr>
<tr>
<td>基坑支护</td>
<td colspan="4">灌注桩排桩围护墙□板桩围护墙□咬合桩围护墙□型钢水泥土搅拌墙□土钉墙□地下连续墙□重力式水泥土墙□内支撑□锚杆■与主体结构相结合的基坑支护□</td>
</tr>
</table>

<table>
<tr><td rowspan="26">一、针对工作任务搜集有关资料及采集相关信息</td><td colspan="2">工程名称</td><td colspan="2"></td></tr>
<tr><td colspan="2">地下水控制</td><td colspan="2">降水与排水■　回灌□</td></tr>
<tr><td colspan="2">土方</td><td colspan="2">土方开挖■　土方回填■　场地平整□</td></tr>
<tr><td colspan="2">边坡</td><td colspan="2">喷锚支护□　挡土墙□　边坡开挖■</td></tr>
<tr><td rowspan="6">地下防水</td><td>结构防水</td><td colspan="2">防水混凝土■　水泥砂浆防水层□　卷材防水层■　涂料防水层□　塑料防水板防水层□　金属板防水层□　膨润土防水材料防水层□</td></tr>
<tr><td>细部构造防水</td><td colspan="2">施工缝■　变形缝■　后浇带□　穿墙管■　埋设件□　预留通道接头□　桩头□　孔口□　坑■　池■</td></tr>
<tr><td>特殊施工法结构防水</td><td colspan="2">喷锚支护■　地下连续墙□　盾构隧道□　沉井□　逆筑结构□</td></tr>
<tr><td>排水</td><td colspan="2">渗排水□　盲沟排水□　隧道排水□　坑道排水□　塑料排水板排水□</td></tr>
<tr><td>注浆</td><td colspan="2">预注浆□　后注浆□　结构裂缝注浆□</td></tr>
<tr><td colspan="2">基础主要施工工序</td><td colspan="2">基坑一层开挖→一层锚杆→二层开挖→二层锚杆→垫层→砖砌保护墙→卷材水平防水层→保护层→防水底板、独立基础、墙下条基（模板、钢筋、混凝土）→房心土方回填</td></tr>
<tr><td colspan="2">施工工艺标准代号</td><td colspan="2">QB 00151—2015</td></tr>
<tr><td colspan="2">混凝土基础强度等级</td><td colspan="2">独基■C30　条基■C30　井格基础□C　筏基□C　箱基□C　桩基■C30　板梯□C　垫层■C15　柱□C　墙□C　抗渗混凝土■C30 P6</td></tr>
<tr><td colspan="2">砌体基础强度等级</td><td colspan="2">砖砌体□MU　石砌体□MU　砌块砌体□MU</td></tr>
<tr><td colspan="2">砂浆强度等级</td><td colspan="2">M5□　M7.5□　M10□　M15□</td></tr>
<tr><td colspan="2">钢筋类型及规格</td><td colspan="2">HPB300■　HRB400□　CRB□
钢筋规格：φ6■　φ8■　φ10■　φ12■　φ14■　φ16■　φ20□　φ22□
φ25□　φ28□</td></tr>
</table>

二、进行分项、检验批划分	1. 熟悉《建筑工程施工质量验收统一标准》及《建筑地基与基础工程施工质量验收标准》中有关分项、检验批划分的规定：参见本书第 1 部分分部（子分部）工程、分项工程、检验批划分及代号索引表 1-2-5。 2. 逐项确认地基与基础工程各子分部的分项工程、检验批数量并填写表 2-2-2 的内容。

	工作任务	分值 M_i	评分标准（指标内涵）		评分等级 K_i				学生自评	教师评价
			A	C	A	B	C	D	N_1	N_2
					1	0.8	0.6	0.4		
三、检查评价	信息采集	20	采集相关信息非常准确、齐全	基本准确、有缺项或错选						
	分项检验批划分	20	分项、检验批划分：科学、合理、符合施工方案要求，便于检验和资料管理实施，表 2-2-2 填写准确	分项检验批划分：表 2-2-2 填写基本准确						
	合计	40			得分 $N=\sum K_i M_i$					
	检查评价				师生评价权重				0.2	0.8
					实得分 $=0.2N_1+0.8N_2=$					

分部、子分部、分项、检验批划分和数量确定（样表）　　　　表 2-2-2

子分部名称	分项名称	检验批名称	检验批数量

4. 案例分析

（1）工程概况：××市第××中学教学楼工程概况，见表 2-2-3。

227

工程概况表　　　　表 2-2-3

工程名称		××市第××中学教学楼	编号	00-00-C1.1-×××
一般情况	建设单位	××市第××中学		
	建设用途	用于教学办公	设计单位	××勘察设计研究院
	建设地点	××市××路×号	勘察单位	××勘察设计研究院
	建筑面积	6763.18m²	监理单位	××监理有限责任公司
	工期	214 天	施工单位	××建筑安装有限公司
	计划开工日期	××××年××月××日	计划竣工日期	××××年××月××日
	结构类型	框架	基础类型	独立基础加防水底板
	层次	地下 1 层、地上 5 层	建筑檐高	21.00m
	地上面积	5449.54m²	地下面积	1313.64m²
	人防等级		抗震等级	抗震设防烈度 9 度
构造特征	地基与基础	C30 P6 防水底板厚 300mm，其上为 C30 P6 独立基础加条形基础，地下室为 C30 P6 混凝土挡土墙		
	柱、内外墙	地下室至二层构架柱混凝土强度等级为 C40，地上外墙 M5.0 水泥砂浆砌 250mm 厚 MU2.5 陶粒混凝土空心砌块，外贴 80mm 厚聚苯板保温层，内墙 M5.0 水泥浆砌 150mm 厚 MU7.5 陶粒混凝土空心砌块		
	梁、板、楼盖	梁、板、楼盖采用 C30 混凝土现浇，板为现浇空心板		
	外墙装饰	外墙外贴 80mm 厚聚苯板保温层，外墙饰面为防水涂料		
	内墙装饰	室内乳胶漆，过道、卫生间吊顶，详见装饰表		
	楼地面装饰	配电室为水泥砂浆地面，卫生间为防滑地面砖，其余房间地面为现浇水磨石		
	屋面构造	150mm 厚保温层、30mm 厚 CL7.5 轻骨料混凝土找坡层，30mm 厚 C20 细石混凝土找平层、两层 1.2mm 厚自带保护层合成高分子防水卷材		
	防火设备	设置火灾报警和消防联动控制系统、消火栓灭火系统、自动喷淋灭火系统、感烟探测器、消防风机、应急照明、疏散指示标志灯、消防广播		
	机电系统名称	10/0.4kV 供配电系统、低压配电系统、照明与应急系统、动力配电系统、防雷接地系统、综合布线系统、有线电视系统、广播系统、火灾报警及联动系统		
	其他			

（2）分部、分项、检验批划分

××市第××中学教学楼地基与基础分部、分项、检验批划分，见表2-2-4所列。地基与基础分部工程的主要施工工艺流程为：基坑一层开挖→一层锚杆→二层开挖→二层锚杆→垫层→砖砌保护墙→卷材水平防水层→保护层→防水底板、独立基础、墙下条基（模板、钢筋、混凝土）→房心土方回填。

地基与基础分部、分项、检验批划分表　　　　　　　表2-2-4

分部工程	子分部工程	分项工程名称	检验批	检验批数量
01 地基与基础	01 地基	土和灰土挤密桩复合地基	土和灰土挤密桩（CFG桩）复合地基检验批质量验收记录	1
	02 钢筋混凝土扩展基础	模板	基础模板安装、拆除检验批质量验收记录（防水板、独立基础、墙下条基）	2
		钢筋	钢筋原材（防水板、独立基础、地梁）	按批次
			钢筋加工（防水板、独立基础、地梁）	1
			钢筋连接、安装（防水板、独立基础、地梁）	1
		混凝土	混凝土原材	按批次
			防水板 C30 P6、独立基础 C30 P6、墙下条基 C30 P6、混凝土原材及配合比设计检验批质量验收记录（配合比设计按强度等级和耐久性及工作性能划分）	1
			垫层；防水层保护层混凝土；独立基础、防水板、施工检验批质量验收记录	2
		现浇结构（可不列）	现浇结构外观质量检验批质量验收记录（基础）	2
			现浇结构尺寸偏差检验批质量验收记录（基础）	2
	03 基坑支护	锚杆	锚喷支护检验批质量验收记录（分两层支护）	2
	04 地下水控制	降水与排水	降水与排水检验批质量验收记录	1
		回灌	回灌检验批质量验收记录	1
	05 土方	土方开挖	土方开挖检验批质量验收记录（分两层开挖）	2
		土方回填	室内回填检验批质量验收记录（分两层）	2
			室外回填检验批质量验收记录（按规范分层、均厚30cm一个回填层）	15
		场地平整	施工前期场地平整、施工后期场地平整检验批质量验收记录	2

续表

分部工程	子分部工程	分项工程名称		检验批	检验批数量
01 地基与基础	06 边坡	边坡开挖		边坡开挖质量检验批质量验收记录	1
		挡土墙		砖砌体（防水保护层）质量检验批质量验收记录	1
	07 地下防水	主体结构防水	防水混凝土	防水混凝土工程检验批质量验收记录（防水底板，地下室挡土墙）	2
			卷材防水层	卷材防水层检验批质量验收记录（垫层上水平防水、地下室挡土墙立面防水）	2
		细部构造防水	变形缝	变形缝检验批质量验收记录	1
			施工缝	施工缝检验批质量验收记录	1
			穿墙管	穿墙管检验批质量验收记录	1
			坑、池	坑、池检验批质量验收记录	1

任务 2　地基与基础分部工程施工资料管理计划编制

1. 实训目的：地基与基础分部工程施工资料管理计划编制的目的是针对任何施工项目，依据施工部位、施工工艺、空间和时间的不同确定施工资料形成和收集管理任务的范围和内容，重点是培养施工资料收集管理的方法与能力。

2. 实训内容及成果（表 2-2-5）：依据《建设工程文件归档规范（2019 年版）》GB/T 50328—2014 的规定，参照《建筑工程施工资料计划、交底编制导则》（表 1-7-4），编制完成某工程项目地基与基础分部工程资料管理计划及技术交底工作。

《建筑工程施工资料计划、交底编制导则》是依据建筑工程资料管理规程的分类标准设计成一个资料计划、交底编制模版，依据这个编制模版结合分部、分项、检验批划分文件，以分部工程为基本组卷单位，每个分部工程按照四级目录设置，并分为总目录（实际发生的工程资料类别 C1～C8 类）、子目录（C1～C8 各类有多少项）、分目录（每项有多少种）、细目录（每种有多少批次），编制资料计划、交底文件时本着"确实发生的项目详细列，可能发生的事项简约列，不发生的事项就不列"的基本要求。有些资料的份数事先不好确定均以现场实际发生数量确定，在列目录时均以"数份"简约表示，待实际发生数量确定后，可按实际发生数量填写（安全和功能检验资料、观感资料还是以分部工程组卷）。建筑工程施工资料计划，交底编制时还需标注出资料来源、填表人、审核人，审批人形成一个完整的资料管理计划。

实训步骤、指导与评价　　　　　　　　　　　　　　　表 2-2-5

一、施工管理资料计划的编制	参见《建筑工程施工资料计划、交底编制导则》，选择该工程地基与基础工程各子分部工程施工资料内容编制资料管理计划
二、资料目录编制	依照资料管理计划的顺序列出主体结构各子分部工程施工资料组卷目录表的内容。填写时应参照表 1-7-4 的内容进行选项，并按照组卷的方式汇总。有细目的项，应分级填写

三、检查评价

工作任务	分值 M_i	评分标准（指标内涵）		评分等级 K_i				学生自评	教师评价
		A	C	A	B	C	D		
				1	0.8	0.6	0.4	N_1	N_2
计划编制	30	资料分类正确、内容完整	资料分类正确、内容不完整						
目录编制	10	目录正确，内容完整	目录正确，内容不完整						
态度	20	态度端正，独立完成；具有独立解决问题的能力；工作任务完善，具有较强的持续性	态度端正，与他人合作完成；独立解决问题的能力不够；工作有时缺乏持续性						
合计	60			得分 $N=\sum K_i M_i$					
		检查评价		师生评价权重				0.2	0.8
				实得分 $=0.2N_1+0.8N_2=$					

3. 案例分析

（1）施工资料管理计划、交底编制案例（××市第××中学教学楼）见表 2-2-6。

表 2-6

地基与基础分部工程施工资料管理计划（交底）一览表

资料类别	工程资料名称（子目录）	资料分目录	细目	工程资料单位来源	完成或提交时间	责任人或部门	审核、审批、签字
C1			施工管理文件				
1	工程概况表			施工单位	与施工组织设计编制同步完成	项目技术部	项目经理
2	施工现场质量管理检查记录			施工单位	进场后、开工前填写	项目经理部	工程参与方项目负责人/总监
3	企业资质证书及相关专业人员岗位证书			施工单位	进场后、开工前提交核验	项目经理部	专业监理/总监
4	分包单位资质报审表	××岩土工程公司资质报审表 ××防水工程公司资质报审表		施工单位	分包工程开工前	项目经理部	项目经理/专业监理/总监
5	建设工程质量事故勘查记录	按事故发生次数列分目录		调查单位	事故发生后 48h 内提交	项目质量管理部门	项目经理或项目主要负责人/调查负责人
6	建设工程质量事故报告书	按事故发生次数列分目录		调查单位	事故发生后 48h 内提交	项目质量管理部门	项目经理、调查负责人
7	施工检测计划	HPB300 钢筋原材检测计划 HRB400 钢筋原材检测计划 硅酸盐水泥 52.5 水泥检测计划 普通硅酸盐 42.5 水泥检测计划 矿渣硅酸盐 32.5 水泥检测计划 火山灰硅酸盐 32.5 水泥检测计划 粉煤灰硅酸盐 32.5 水泥检测计划		施工单位	分部、分项工程开工前提交	项目技术部	专业监理

资料类别	工程资料名称（子目录）	资料分目录	细 目	工程资料单位来源	完成或提交时间	责任人或部门	审核、审批、签字
7	施工检测计划	砂检测计划		施工单位	分部、分项工程开工前提交	项目技术部	专业监理
		5～20mm，20～40mm 石子检测计划（卵石）					
		基础防水卷材检测计划					
		基础钢筋焊接（闪光对焊）检测计划					
		外加剂检测计划					
		混凝土试块（C30 P6、C40、C15）检测计划		施工单位	分部、分项工程开工前提交	项目技术部	专业监理
		混凝土配合比（C30 P6、C40、C15）检测计划					
		冷底子油检测（地下室外墙）计划					
		改性沥青检测（地下室外墙）计划					
8	见证试验检测汇总表	砂见证试验检测汇总表		施工单位	随工程进度按周或月提交	施工单位/监理单位	取样人和见证人
		5～20mm，20～40mm 石子见证试验检测汇总表					
		基础防水卷材见证试验检测汇总表					

续表

资料类别	工程资料名称（子目录）	资料分目录	细目	工程资料单位来源	完成或提交时间	责任人或部门	审核、审批、签字
8	见证试验检测汇总表	基础钢筋焊接见证试验检测汇总表		施工单位	随工程进度按周或月提交	施工单位/监理单位	取样人和见证人
		外加剂见证试验检测汇总表					
		混凝土试块见证试验检测汇总表					
		混凝土配合比见证试验检测汇总表					
		冷底子油见证试验检测汇总表					
		改性沥青胶泥见证试验检测汇总表					
9	施工日志	土建专业施工日志		施工单位	从工程开工起至工程竣工逐日记载	工程部	专业工长、施工员
		水电设备专业施工日志					
C2			施工技术文件				
1	工程技术文件报审表	施工组织设计报审表	施工组织设计报审表	施工单位	工程项目开工前	项目总工、项目技术部	项目总工、技术部/专业监理、总监
		施工方案文件报审表	安全施工组织设计报审表	施工单位	工程项目开工前	项目总工、项目技术部	项目总工、技术部/专业监理、总监
			临时用电施工方案报审表				
			基坑支护施工方案报审表				
			降排水工程施工方案报审表				
			脚手架工程施工方案报审表				
			模板工程施工方案报审表				
			地下防水工程施工方案报审表				
			塔式起重机安装、拆除施工方案报审表				
		重点部位、关键工序施工工艺文件报审表					

续表

资料类别	工程资料名称（子目录）	资料分目录	细　目	工程资料单位来源	完成或提交时间	责任人或部门	审核、审批、签字
2	施工组织设计及施工方案	施工组织设计	施工组织设计	施工单位	单位或分项工程开工10d前完成	项目总工 项目技术部	单位总工或项目技术负责人、专业监理/总监
		施工方案	安全施工组织设计				
			临时用电施工方案				
			基坑支护施工方案				
			降排水工程施工方案				
			脚手架工程施工方案				
			模板工程施工方案				
			地下防水工程施工方案				
			塔式起重机安装、拆除施工方案				
		重点部位、关键工序施工方案		施工单位	单位或分项工程开工10d前完成	项目总工 项目技术部	单位总工或项目技术负责人、专业监理/总监
3	危险性较大的分部分项工程施工方案专家论证表	基坑支护、降水工程专家论证表		施工单位	单位或分项工程开工前完成	项目总工 项目技术部	单位总工、项目技术负责人/组长、专家
		土方开挖工程方案专家论证表					
		模板工程及支撑体系方案专家论证表					
		起重吊装及安装拆卸工程方案专家论证表					
		脚手架工程方案专家论证表					
		人工挖扩孔桩工程方案专家论证表					

续表

资料类别	工程资料名称（子目录）	资料分目录	细目	工程资料单位来源	完成或提交时间	责任人或部门	审核、审批、签字
4	技术交底记录	土方开挖工程技术交底 锚杆支护工程技术交底 降排水工程技术交底 土方回填工程技术交底 基础模板工程技术交底 基础钢筋工程技术交底 基础混凝土工程技术交底 地基处理工程技术交底 地下防水工程技术交底 基础砌体工程技术交底		施工单位	单位或分项工程开工 2d 前完成	项目总工 项目技术部	工长、技术、分包等相关责任人
5	图纸会审记录	建筑专业图纸会审记录 结构专业图纸会审记录 水、暖、电气专业图纸会审记录 设备专业图纸会审记录	按事项列细目	施工单位	图纸会审后 7d 内整理完成并提交	项目总工 项目技术部	各方技术、专业负责人
6	设计变更通知单	建筑专业设计变更通知单 结构专业设计变更通知单 水、暖、电气专业设计变更通知单 设备专业设计变更通知单	按事项列细目	施工单位	图纸会审后 7d 内整理完成并提交	项目总工 项目技术部	各方技术、专业负责人
7	工程洽商记录（技术核定单）	建筑专业洽商记录 结构专业洽商记录 水、暖、电气专业洽商记录 设备专业洽商记录	按事项列细目	提出单位	洽商提出后 7d 内完成	项目总工 项目技术部	各方技术、专业人员

续表

资料类别	工程资料名称（子目录）	资料分目录	细目	工程资料单位来源	完成或提交时间	责任人或部门	审核、审批、签字
C3			进度造价文件				
1	工程开工报审表	××市第××中学教学楼工程开工报审表		施工单位	满足开工条件正式开工前	施工单位项目部	施工项目经理/总监/建设单位代表
2	工程复工报审表	按工程暂停令设分目录		施工单位	施工单位自检符合复工条件	施工单位项目部	施工项目经理/总监/建设单位代表
3	施工进度计划报审表	地基与基础工程施工进度计划报审表 地基与基础工程月进度计划报审表		施工单位	完成施工年、季、月进度计划	施工单位项目部	施工项目经理/总监/建设单位代表
4	施工进度计划	地基与基础工程施工进度计划 地基与基础工程月进度计划	××月进度计划 ××月进度计划	施工单位	完成施工年、季、月进度计划	施工单位项目部	项目经理
5	人、机、料动态表	××月人、机、料动态表 ……		施工单位	每月25日前提交	机械员、材料员、劳务员	总监
6	工程延期申请表	按延期事项设分目录		施工单位	符合工程延期要求	施工单位项目经理	
7	工程款支付申请表	××月工程款支付申请表 ……		施工单位	合同约定日期或工程完成并验收合格	施工单位项目经理	施工项目经理/总监/建设单位代表
8	工程变更费用报审表	按工程变更事项设分目录		施工单位	工程变更完成经项目监理部验收合格	项目经理责任人	施工项目经理/总监/建设单位代表
9	费用索赔申请表	按费用索赔事项设分目录		施工单位	索赔事件发生后28d内提交	项目经理责任人	施工项目经理/总监/建设单位代表

资料类别	工程资料名称（子目录）	资料分目录	细目	工程资料单位来源	完成或提交时间	责任人或部门	审核、审批、签字
C4		施工物资出厂质量证明及进场检测文件					
CA.1		出厂质量证明文件及检测报告					
1	砂、石、砖、水泥、钢筋、隔热保温、防腐材料、轻骨料出厂质量证明文件	砂材料出厂质量证明文件	按砂材料进场批次设细目				
		卵石材料出厂质量证明文件	按石材料进场批次设细目				
		烧结空心砖出厂质量证明文件	按砖材料进场批次设细目				
		普通硅酸盐水泥出厂质量证明文件	按水泥材料进场批次设细目	供货单位	随物资进场提交	供应单位提供，项目物资部收集	供应单位技术负责人
		矿渣硅酸盐水泥出厂质量证明文件					
		粉煤灰酸盐水泥出厂质量证明文件					
		HPB300 钢筋出厂质量证明文件	按钢筋材料进场批次设细目				
		HRB400 钢筋出厂质量证明文件					
		陶粒混凝土空心砌块出厂质量证明文件	按陶粒混凝土空心砌块进场批次设细目	供货单位	随物资进场提交	供应单位提供，项目物资部收集	供应单位技术负责人
		聚苯板隔热保温材料出厂质量证明文件	按隔热保温材料进场批次设细目				
		冷底子油防腐材料出厂质量证明文件	按防腐冷底子油进场批次设细目				
		沥青胶泥防腐材料出厂质量证明文件	按沥青胶泥防腐材料冷底子油进场批次设细目				

238

续表

资料类别	工程资料名称（子目录）	资料分目录	细目	工程资料单位来源	完成或提交时间	责任人或部门	审核、审批、签字
2	其他物资出厂合格证、质量保证证书、检测报告和报关单或商检证	外加剂	按各类物资进场批次设细目	供货单位	随物资进场提交	供应单位提供、项目物资部收集	供应单位技术负责人
		防水材料					
		焊接材料					
3	材料、设备的相关检验报告、型式检测报告、3C强制认证证书或3C标志		新型防腐材料型式检测报告	供货单位	随物资进场提交	供应单位提供、项目物资部收集	供应单位技术负责人
6	涉及消防、安全、卫生、环保、节能的材料、设备的检测报告或法定机构出具的有效证明文件	沥青胶泥防腐材料有效证明文件	按各类物资进场批次设细目	供货单位	随物资进场提交	供应单位提供、项目物资部收集	供应单位技术负责人
		冷底子油防腐材料有效证明文件					
		聚苯板隔热保温材料有效证明文件					
C4.2			进场检验通用表格				
1	材料、构配件进场检验记录	钢材进厂检验记录	按类别进场批次设细目	施工单位	进场验收通过后1d内提交	项目物资部、机电部	材料员/专业质检员/监理工程师
		水泥进厂检验记录					
		砂进厂检验记录					
		卵石进厂检验记录					
		防水涂料进厂检验记录					
		防水卷材进厂检验记录					
		普通烧结砖进厂检验记录					
		陶粒混凝土空心小型砌块进厂检验记录					
		聚苯板隔热保温材料进厂检验记录					
		冷底子油防腐材料进厂检验记录					
		沥青胶泥防腐材料进厂检验记录					

资料类别	工程资料名称（子目录）	资料分目录	细目	工程资料单位来源	完成或提交交时间	责任人或部门	审核、审批、签字
C4.3			进场复试报告				
1	钢材试验报告	HPB300 钢筋原材试验报告	按进场的批次和抽样检验方案确定	检测单位	正式使用前提交，复验时间 3d 左右	试验单位提供，项目试验员收集	试验单位试验人员，审核人，批准人签认
		HRB400 钢筋原材试验报告					
		CRB550 钢筋原材试验报告					
2	水泥试验报告	硅酸盐水泥试验报告	按进场的批次和抽样检验方案确定	检测单位	正式使用前提交，快测 4d；常规 28d	试验单位提供，项目试验员收集	试验单位试验人员，审核人，批准人签认
		普通硅酸盐水泥试验报告	按进场的批次和抽样检验方案确定				
		粉煤灰硅酸盐水泥试验报告	按进场的批次和抽样检验方案确定				
3	砂试验报告		按进场批次设细目	检测单位	正式使用前提交，复试时间 3d 左右		
4	碎（卵）石试验报告	碎石试验报告	按进场批次设细目	检测单位	正式使用前提交，复试时间 3d 左右		
		卵石试验报告					
5	外加剂试验报告	缓凝剂试验报告	按进场批次设细目	检测单位	正式使用前提交，复试时间 3~28d 左右	试验单位提供，项目试验员收集	试验单位试验人员，审核人，批准人签认
		泵送剂试验报告	按进场批次设细目				
6	防水涂料试验报告	SBS 橡胶改性沥青防水涂料试验报告	按进场批次设细目	检测单位	正式使用前提交，复试时间 7d 左右		
		聚氨酯防水涂料试验报告					

续表

资料类别	工程资料名称（子目录）	资料分目录	细 目	工程资料单位来源	完成或提交时间	责任人或部门	审核、审批、签字
7	防水卷材试验报告	SBS橡胶改性沥青防水卷材试验报告	按进场批次设目	检测单位	正式使用前提交，复试时间7d左右	试验单位提供，项目试验员收集	试验单位试验人员、审核人、批准人签认
		聚氨酯防水卷材试验报告					
8	砖（砌块）试验报告	普通烧结砖试验报告	按进场批次设目	检测单位	正式使用前提交，复试时间7d左右	试验单位提供，项目试验员收集	试验单位试验人员、审核人、批准人签认
		陶粒混凝土空心小型砌块试验报告	按进场批次设目				
23	节能工程材料复试报告	陶粒混凝土空心小型砌块复试报告	按进场的批次设细目	检测单位	随物资进场提交	试验单位提供，项目试验员收集	试验单位试验人员、审核人、批准人签认
		聚苯板隔热保温材料复试报告					
24	其他物资进场复试报告						
C5			施工记录文件				
1	隐蔽工程验收记录	基础土方工程隐蔽验收记录	按隐蔽工程检验部位设细目	施工单位	检查合格1d内，检验批验收前	项目工程部、质量部	质量员、工长专业/监理工程师
		基础CFG桩隐蔽工程验收记录					
		基础地下防水隐蔽工程验收记录					
		基础钢筋隐蔽工程验收记录					
		基础土方回填隐蔽工程验收记录					
2	施工检查记录	基础土方开挖工程施工检查记录	一层土方开挖工程施工检查记录	施工单位	检查合格1d内，检验批验收前	项目工程部、质量部	质量员、工长专业/监理工程师
			二层土方开挖工程施工检查记录				

资料类别	工程资料名称（子目录）	资料分目录	细　目	工程资料单位来源	完成或提交时间	责任人或部门	审核、审批、签字
2	施工检查记录	基坑锚杆支护工程施工检查记录	一层基坑锚杆支护工程施工检查记录	施工单位	检查合格 1d 内、检验批验收前	项目工程部、质量部	质量员、工长专业/监理工程师
			二层基坑锚杆支护工程施工检查记录				
		基坑降水排水工程施工检查记录					
		基础垫层及砖胎墙施工检查记录					
		基础防水层及保护层施工检查记录					
		基础钢筋工程施工检查记录		施工单位	检查合格 1d 内、检验批验收前	项目工程部、质量部	质量员、工长专业/监理工程师
		基础模板工程施工检查记录					
		基础混凝土工程施工检查记录					
		地下室防水层及保护层施工检查记录					
		房心及室外回填施工检查记录					
3	交接检查记录	土方开挖班组—锚杆支护班组交接检查记录	土方开挖—锚杆支护交接检查记录	施工单位	交接检查合格后 1d 内提交	移交单位	接收单位见证单位
		锚杆支护班组—土建班组交接检查记录	锚杆支护—地基处理、基础垫层交接检查记录				
		土建班组—防水班组交接检查记录	基础垫层—基础水平防水层交接检查记录				
		防水班组—土建班组交接检查记录	基础水平防水层—防水混凝土保护层交接检查记录				

续表

资料类别	工程资料名称（子目录）	资料分目录	细　目	工程资料单位来源	完成或提交时间	责任人或部门	审核、审批、签字
3	交接检查记录	土建班组—钢筋班组交接检查记录	防水混凝土保护层—筏板、地梁、独立基础钢筋连接安装交接检查记录	施工单位	交接检查合格后1d内提交	移交单位	接收单位、见证单位
		钢筋班组—木工班组交接检查记录	基础钢筋—基础模板交接检查记录				
		钢筋工、木工班组—土建班组交接检查记录	基础模板—基础混凝土交接检查记录				
		钢筋班组—木工班组交接检查记录	地下室挡土墙、柱钢筋—模板交接检查记录	施工单位	交接检查合格后1d内提交	移交单位	接收单位、见证单位
		木工班组—钢筋班组交接检查记录	地下室梁、板、楼梯模板—钢筋交接检查记录				
		钢筋、木工班组—土建班组交接检查记录	地下室梁、板、楼梯模板、钢筋—地下室混凝土交接检查记录				
		土建班组—防水班组交接检查记录	地下室混凝土—地下室立面防水层交接检查记录				
		钢筋班组—土建瓦工班组交接检查记录	地下室构造柱、拉结筋—砌体、配筋砌体交接检查记录				
4	工程定位测量记录			施工单位	定位测量完成后2d内提交	项目测量员或委托测量单位	技术、质量、测量相关人员专业工程师
5	基槽验线记录			施工单位	验线完成后2d内提交	项目测量员	

242

续表

资料类别	工程资料名称（子目录）	资料分目录	细目	工程资料单位来源	完成或提交时间	责任人或部门	审核、审批、签字
6	楼层平面放线记录	基础平面放线记录					
7	楼层标高抄测记录	基础标高抄测记录		施工单位	楼层抄测完成后1d内提交	项目测量员	技术、质量、测量相关人员
8	建筑物垂直度、标高观测记录	基础垂直度、标高观测记录*					专业工程师
12	地基验槽记录	①～⑧轴、（A）～⑥轴地基验槽记录　⑨～⑩轴、©～⑥轴地基验槽记录		施工单位	地基验槽完成后1d内提交	专业质量员	施工、设计、勘察、监理、建设单位项目负责人、总监
13	地基钎探记录	①～⑧轴、（A）～⑥轴地基钎探记录　⑨～⑩轴、©～⑥轴地基钎探记录		施工单位、勘察单位	地基钎探完成后1d内提交	记录人	专业工长/技术负责人、勘察单位项目负责人
14	混凝土浇灌申请书	垫层C15浇灌申请书　防水层防水底板C30 P6浇灌申请书　独立基础墙下条基C30 P6浇灌申请书		施工单位	每批次混凝土浇筑前提交	项目部	工长、专业技术负责人
15	预拌混凝土运输单	垫层C15混凝土运输单　防水层防水底板C30 P6混凝土运输单　独立基础墙下条基C30 P6混凝土运输单		混凝土供应商	随混凝土运输车提交	供应单位提供	供应单位/现场工长

续表

资料类别	工程资料名称（子目录）	资料分目录	细目	工程资料单位来源	完成或提交时间	责任人或部门	审核、审批、鉴字
16	混凝土开盘鉴定	C30 P6混凝土开盘鉴定		施工单位	每次鉴定通过的当日完成，混凝土原材料及配合比设计检验批检验收前1d提交	混凝土试配单位负责人	施工技术负责人/监理工程师
		C15混凝土开盘鉴定					
		C30混凝土开盘鉴定					
17	混凝土拆模申请单	①~⑧轴（A~⑤轴基础、条基拆模申请单		施工单位	每次拆模前完成，模板拆除检验批验收前提交	专业工长	专业工长/质量员/技术负责人
		⑨~⑪轴C~⑥轴基础、条基拆模申请单					
23	地下工程防水效果检查记录	①~⑧轴、（A~⑤轴防水底板防水效果检查记录		施工单位	检查通过当日内完成，地下防水工程验收前提交	专业工长/专业技术负责人/专业质检员	专业工程师
		⑨~⑪轴、C~⑥轴防水底板效果检查记录					
C6			施工试验记录及检测文件				
C6.2			建筑与结构工程				
1	锚杆试验报告	一层（−0.6~−3.0m）锚杆试验报告		检测单位	支护、桩（地）基工程验收前10d提交	有资质检测单位提供、专业分包单位负责汇总	专业试验员/试验单位负责人
		二层（−3.0~−5.2m）锚杆试验报告					
2	地基承载力检验报告	①~⑧轴地基承载力检验报告					
		⑨~⑪轴C~⑥轴地基承载力检验报告					
3	桩基检测报告	①~⑧轴桩基检测报告					
		⑨~⑪轴C~⑥轴桩基检测报告					

续表

资料类别	工程资料名称（子目录）	资料分目录	细目	工程资料单位来源	完成或提交时间	责任人或部门	审核、审批、签字
4	土工击实试验报告	基础房心回填土击实试验报告		检（试）验单位	回填施工前完成，击实试验3~7d		专业试验员/专业试验单位负责人
5	回填土试验报告（应附图）	基础房心回填土试验报告		检（试）验单位	随回填土施工进度完成干密度试验3d左右	有资质的试验单位提供，专业分包单位负责人汇总	
6	钢筋机械连接试验报告	基础梁钢筋机械连接试验报告		检（试）验单位	钢筋隐蔽验收前完成力学试验1~3d		专业试验员/专业试验单位负责人
7	钢筋焊接连接试验报告	基础梁钢筋焊接连接试验报告					
11	混凝土配合比申请单，通知单	C15混凝土配合比申请单，通知单 / C30 P6混凝土配合比申请单，通知单 / C40混凝土配合比申请单，通知单		施工单位	混凝土浇筑前开始提交	有资质试验单位提供，试验员收集	专业试验员/专业试验单位负责人
12	混凝土抗压强度等级试验报告	C15混凝土抗压强度等级试验报告 / C30 P6混凝土抗压强度等级试验报告 / C40混凝土抗压强度等级试验报告	基础垫层 / 独立柱基、墙下条基、防水底板	检测单位	标养30d内提交，同条件养护视龄期而定	有资质试验单位提供，试验员收集	专业试验员/专业试验单位负责人
13	混凝土试块强度等级统计、评定记录	C15混凝土抗压强度等级统计、评定记录 / C30 P6混凝土抗压强度等级统计、评定记录 / C40混凝土抗压强度等级统计、评定记录		施工单位	同一验收批强度报告齐全后评定，分项质量验收前1d提交	现场试验员统计	质量员/项目技术负责人

续表

资料类别	工程资料名称（子目录）	资料分目录	编　目	工程资料单位来源	完成或提交时间	责任人或部门	审核、审批、签字
14	混凝土抗渗试验报告	C30 P6 混凝土抗压强度等级试验报告	独立柱基、墙下条基、防水底板	检测单位	混凝土分项工程质量验收前提交 抗渗试验30~90d	有资质试验单位提供 试验员收集	专业试验员/专业试验单位
16	混凝土碱总量计算书	C15混凝土碱总量计算书 C30 P6 混凝土碱总量计算书 C40混凝土碱总量计算书		施工单位	配合比基本相同混凝土第一次使用时提供	有资质试验单位提供 试验员收集	专业试验员/专业试验单位
34	结构实体混凝土强度验收记录	C30 P6 结构实体混凝土强度验收记录		施工单位	地基分部工程验收前提交	项目质量部	专业试验员/专业试验单位负责人
35	结构实体钢筋保护层厚度验收记录	结构实体钢筋保护层厚度验收记录（基础钢筋）					
39	其他建筑与结构施工试验记录与检测文件						
C7	施工质量验收文件						
1	检验批质量验收记录	土方开挖（分项）	土方开挖检验批工程质量验收记录（-0.6~3.0m） 土方开挖检验批工程质量验收记录（-3.0~5.2m）	施工单位	随施工同步完成 按周、月提交	项目质量部	专业质量员/专业工长/专业监理工程师
		土方回填（分项）	室内土方回填检验批质量验收记录（-4.8~4.5m） 室内土方回填检验批质量验收记录（-4.5~4.2m） 室外土方回填检验批质量验收记录（-5.2~4.9m）	施工单位	随施工同步完成 按周、月提交	项目质量部	专业质量员/专业工长/专业监理工程师

续表

资料类别	工程资料名称（子目录）	资料分目录	细目	工程资料单位来源	完成或提交时间	责任人或部门	审核、审批、签字
1	检验批质量验收记录	土方回填（分项）	室外土方回填检验批质量验收记录（-4.9～-4.6m）	施工单位	随施工同步完成、按周、月提交	项目质量部	专业质量员/专业工长/专业监理工程师
			室外土方回填检验批质量验收记录（-4.6～-4.3m）				
			室外土方回填检验批质量验收记录（-4.3～-4.0m）		随施工同步完成、按周、月提交	项目质量部	专业质量员/专业工长/专业监理工程师
		降水与排水（分项）	降水与排水检验批质量验收记录（1份）				
		锚杆（分项）	锚杆支护检验批质量验收记录（-0.6～-3.0m）	施工单位	随施工同步完成、按周、月提交	项目质量部	专业质量员/专业工长/专业监理工程师
			锚杆支护检验批质量验收记录（-3.0～-5.2m）	施工单位			
		土和灰土挤密桩（CFG桩）	土和灰土挤密桩复合地基检验批质量验收记录	施工单位	随施工同步完成、按周、月提交	项目质量部	专业质量员/专业工长/专业监理工程师
		结构防水	防水混凝土工程检验批质量验收记录（防水板、条基、独立基础）	施工单位	随施工同步完成、按周、月提交	项目质量部	专业质量员/专业工长/专业监理工程师
		卷材防水层	卷材防水层检验批质量验收记录（基础水平防水层）	施工单位	随施工同步完成、按周、月提交	项目质量部	专业质量员/专业工长/专业监理工程师

248

续表

资料类别	工程资料名称（子目录）	资料分目录		细目	工程资料单位来源	完成或提交时间	责任人或部门	审核、审批、鉴字
1	检验批质量验收记录	细部构造防水	变形缝	变形缝检验批质量验收记录	施工单位	随施工同步完成按周、月提交	项目质量部	专业质量员/专业工长/专业监理工程师
			施工缝	施工缝检验批质量验收记录				
			穿墙管	穿墙管检验批质量验收记录				
			坑、池	坑、池检验批质量验收记录				
		模板		基础模板安装、拆除检验批质量验收记录（2个）	施工单位	随施工同步完成按周、月提交	项目质量部	专业质量员/专业工长/专业监理工程师
		钢筋		基础钢筋原材料记录（按批次） 防水板、独立基础、地梁钢筋加工检验批质量验收记录（1个） 防水板、独立基础、地梁钢筋连接、安装工程检验批质量验收记录（1个）	施工单位	随施工同步完成按周、月提交	项目质量部	专业质量员/专业工长/专业监理工程师
		混凝土		防水板、独立基础、墙下条基防水混凝土检验批质量验收记录（C30 P6）	施工单位	随施工同步完成按周、月提交	项目质量部	专业质量员/专业工长/专业监理工程师
				垫层混凝土原材及配合比检验批质量验收记录（C15）	施工单位	随施工同步完成按周、月提交	项目质量部	专业质量员/专业工长/专业监理工程师
				混凝土施工检验批质量验收记录（C40、C30、C15）（3个）				
		现浇结构		基础现浇结构外观质量验收记录（1个） 基础现浇结构尺寸偏差检验批质量验收记录（1个）	施工单位	随施工同步完成按周、月提交	项目质量部	专业质量员/专业工长/专业监理工程师
		砖砌体		防水保护层砖砌体质量验收记录（1个）	施工单位	随施工同步完成按周、月提交	项目质量部	专业质量员/专业工长/专业监理工程师

续表

资料类别	工程资料名称（子目录）	资料分目录	细　目	工程资料单位来源	完成或提交时间	责任人或部门	审核、审批、签字
2	分项工程质量验收记录	土方	土方开挖分项工程质量验收记录	施工单位	分项工程验收前 3d 提交（混凝土除外）	项目质量部	项目技术负责人/ 专业监理工程师
			土方回填分项工程质量验收记录				
		地下水控制	降水、排水分项工程质量验收记录				
		基坑支护	锚杆分项工程质量验收记录				
		地基	（CFG 桩）土和灰土挤密桩地基分项工程质量验收记录				
		地下防水	防水混凝土分项工程质量验收记录	施工单位	分项工程验收前 3d 提交（混凝土除外）	项目质量部	项目技术负责人/ 专业监理工程师
			卷材防水层分项工程质量验收记录				
			细部构造分项工程质量验收记录				
		混凝土基础	模板分项工程质量验收记录	施工单位	分项工程验收前 3d 提交（混凝土除外）	项目质量部	项目技术负责人/ 专业监理工程师
			钢筋分项工程质量验收记录				
			混凝土分项工程质量验收记录				
			现浇结构分项工程质量验收记录				
3	分部（子分部）工程质量验收记录	地基与基础分部（子分部）工程质量验收记录		施工单位	分部工程验收前 3d 提交（混凝土除外）	项目质量部	施工项目经理、设计勘察项目负责人/总监

249

（2）施工资料目录汇总编制案例（限于篇幅，本书仅以地基与基础分部为例，其余分部均省略）。

1）地基与基础分部工程资料总目录见表 2-2-7。

地基与基础分部工程资料总目录　　　　　　表 2-2-7

工程名称		××市第××中学教学楼			
序号	工程资料类别	编制单位	编制日期	页次	备注
1	施工管理文件 C1	××建筑工程有限公司××项目部	××××年××月××日	××	
2	施工技术文件 C2	××建筑工程有限公司××项目部	××××年××月××日	××	
3	进度造价文件 C3	××建筑工程有限公司××项目部	××××年××月××日	××	
4	施工物资出厂质量证明及进场检测文件 C4	××建筑工程有限公司××项目部	××××年××月××日	××	
5	施工记录文件 C5	××建筑工程有限公司××项目部	××××年××月××日	××	
6	施工试验记录及检测文件 C6	××建筑工程有限公司××项目部	××××年××月××日	××	
7	施工质量验收文件 C7	××建筑工程有限公司××项目部	××××年××月××日	××	
8	竣工验收文件 C8	××建筑工程有限公司××项目部	××××年××月××日	××	

2）地基与基础分部工程资料子目录见表 2-2-8。

地基与基础分部工程资料子目录　　　　　　表 2-2-8

工程名称		××市第××中学教学楼				
序号	工程资料类别	工程资料名称（子目录）	编制单位	编制日期	页次	备注
1	施工管理文件 C1	工程概况表	施工单位	××××年××月××日		
		施工现场质量管理检查记录	施工单位	××××年××月××日		
		企业资质证书及相关专业人员岗位证书	施工单位	××××年××月××日		
		分包单位资质报审表	施工单位	××××年××月××日		按事故发生次数列分目录
		建设单位质量事故勘查记录	调查单位	××××年××月××日		按事故发生次数列分目录
		建设工程质量事故报告书	调查单位	××××年××月××日		按事故发生次数列分目录
		施工检测计划	施工单位	××××年××月××日		按检测项目列分目录
		见证试验检测汇总表	施工单位	××××年××月××日		
		施工日志	施工单位	××××年××月××日		按专业归类（不单列分目和细目）

续表

工程名称				××市第××中学教学楼		
序号	工程资料类别	工程资料名称（子目录）	编制单位	编制日期	页次	备注
2	施工技术文件 C2	工程技术文件报审表	施工单位	××××年××月××日		按施工组织设计、施工方案、重点部位、关键工序施工工艺、四新内容列分目录
		施工组织设计及施工方案	施工单位	××××年××月××日		按专项方案设分目录
		危险性较大的分部分项工程施工方案	施工单位	××××年××月××日		按分项设细目
		技术交底记录	施工单位	××××年××月××日		按分项工程设分目录
		图纸会审记录	施工单位	××××年××月××日		按专业归类（不单列分目和细目）
		设计变更通知单	设计单位	××××年××月××日		
		工程洽商记录（技术核定单）	施工单位	××××年××月××日		按事项列分目录
3	进度造价文件 C3	工程开工报审表	施工单位	××××年××月××日		
		工程复工报审表	施工单位	××××年××月××日		按工程暂停令设分目录
		施工进度计划报审表	施工单位	××××年××月××日		按约定设分目录
		施工进度计划	施工单位	××××年××月××日		按约定设分目录
		人、机、料动态表	施工单位	××××年××月××日		按月列分目录
		工程延期申请表	施工单位	××××年××月××日		按延期事项设分目录
		工程款支付申请表	施工单位	××××年××月××日		按合同约定设分目录
		工程变更费用报审表	施工单位	××××年××月××日		按事项设分目录
		费用索赔申请表	施工单位	××××年××月××日		按事项设分目录

续表

工程名称			××市第××中学教学楼			
序号	工程资料类别	工程资料名称（子目录）	编制单位	编制日期	页次	备注
4	施工物资出厂质量证明及进场检测文件 C4	出厂质量证明文件及检测报告				
		砂、石、砖、水泥、钢筋、隔热保温、防腐材料、轻骨料出厂质量证明文件	施工单位	××××年××月××日		按类别设分目录；分批次按品种、规格列细目
		其他物资出厂合格证、质量保证书、检测报告和报关单或商检证	施工单位	××××年××月××日		
		材料、设备的相关检验报告、型式检测报告、3C强制认证合格证书或3C标志	检测单位	××××年××月××日		
		进口的主要材料设备的商检证明文件	检测单位	××××年××月××日		
		进场检验通用表格				
		材料、构配件进场检验记录	检测单位	××××年××月××日		按类别设分目录；分批次按品种、规格列细目
		进场复试报告				
		钢材试验报告	检测单位	××××年××月××日		按品种设分目录；分批次按规格列细目
		水泥试验报告	检测单位	××××年××月××日		
		砂试验报告	检测单位	××××年××月××日		按品种设分目录；分批次列细目
		碎（卵）石试验报告	检测单位	××××年××月××日		按品种设分目录；分批次按规格列细目
		外加剂试验报告	检测单位	××××年××月××日		按品种设分目录；分批次列细目
		防水涂料试验报告	检测单位	××××年××月××日		
		防水卷材试验报告	检测单位	××××年××月××日		
		砖（砌块）试验报告	检测单位	××××年××月××日		按品种设分目录；分批次按强度等级、规格列细目
5	施工记录文件 C5	通用表格				
		隐蔽工程验收记录	施工单位	××××年××月××日		按项目列分目录；按部位列细目
		施工检查记录	施工单位	××××年××月××日		
		交接检查记录	施工单位	××××年××月××日		按项目列分目录；按部位列细目
		工程定位测量记录	施工单位	××××年××月××日		
		专用表格				
		基槽验线记录	施工单位	××××年××月××日		

续表

工程名称		××市第××中学教学楼				
序号	工程资料类别	工程资料名称（子目录）	编制单位	编制日期	页次	备注
5	施工记录文件 C5	楼层平面放线记录	施工单位	××××年××月××日		按楼层列分目录
		楼层标高抄测记录	施工单位	××××年××月××日		
		基坑支护水平位移监测记录	施工单位	××××年××月××日		
		地基验槽记录	施工单位	××××年××月××日		按施工段列分目录
		地基钎探记录	施工单位	××××年××月××日		按检验批列分目录
		混凝土浇灌申请书	施工单位	××××年××月××日		按混凝土强度等级列分目录；按检验批设细目
		预拌混凝土运输单	施工单位	××××年××月××日		
		混凝土开盘鉴定	施工单位	××××年××月××日		按混凝土强度等级列分目录
		混凝土拆模申请单	施工单位	××××年××月××日		按检验批设分目录
		混凝土预拌测温记录	施工单位	××××年××月××日		
		焊接材料烘焙记录	施工单位	××××年××月××日		
		地下工程防水效果检查记录	施工单位	××××年××月××日		
		防水工程试水检查记录	施工单位	××××年××月××日		
6	施工试验记录及检测文件 C6	专用表格				
		建筑与结构工程				
		锚杆试验记录	检测单位	××××年××月××日		按检验批（次）列分目
		地基承载力检验报告	检测单位	××××年××月××日		
		桩基检测报告	检测单位	××××年××月××日		
		土工击实试验报告	检测单位	××××年××月××日		
		回填土试验报告（应附图）	检测单位	××××年××月××日		
		钢筋机械连接试验报告	检测单位	××××年××月××日		
		钢筋焊接连接试验报告	检测单位	××××年××月××日		
		混凝土配合比申请单、通知单	检测单位	××××年××月××日		按强度等级列分目录

续表

工程名称		××市第××中学教学楼				
序号	工程资料类别	工程资料名称（子目录）	编制单位	编制日期	页次	备注
6	施工试验记录及检测文件 C6	混凝土抗压强度试验报告	检测单位	××××年××月××日		按强度等级列分目录；按检验批次列细目
		混凝土试块强度统计、评定记录	施工单位	××××年××月××日		按强度等级列分目录
		混凝土抗渗试验报告	检测单位	××××年××月××日		按强度等级列分目录；按检验批次列细目
		混凝土碱总量计算书	施工单位	××××年××月××日		
		结构实体混凝土强度验收记录	施工单位	××××年××月××日		按检验批列细目
		结构实体钢筋保护层厚度验收记录	施工单位	××××年××月××日		按检验批列细目
7	施工质量验收文件 C7	检验批质量验收记录	施工单位	××××年××月××日		按分项列分目录；按检验批列细目
		分项工程质量验收记录	施工单位	××××年××月××日		按子分部列分目录；按分项列细目
		分部（子分部）工程质量验收记录	施工单位	××××年××月××日		
8	竣工验收文件 C8					

3）地基与基础分部工程施工技术交底分目录资料见表2-2-9。

地基与基础分部工程施工技术交底分目录资料表　　　　表2-2-9

施工技术交底（分目录）						
工程名称		××市第××中学教学楼				
序号	工程资料名称	编制单位	编制日期	份数	填写或编制	审核、审批、签字
1	土方开挖工程技术交底	××建筑工程有限公司 ××项目部	××××年××月××日	××	施工员或项目技术负责人	机械工、普工
2	锚杆支护工程技术交底	××建筑工程有限公司 ××项目部	××××年××月××日	××	施工员或项目技术负责人	木工、普工

254

续表

施工技术交底（分目录）						
工程名称		××市第××中学教学楼				
序号	工程资料名称	编制单位	编制日期	份数	填写或编制	审核、审批、签字
3	降排水工程技术交底	××建筑工程有限公司××项目部	××××年××月××日	××	施工员或项目技术负责人	混凝土浇筑工、瓦工
4	回填工程技术交底	××建筑工程有限公司××项目部	××××年××月××日	××	施工员或项目技术负责人	普工
5	基础模板工程技术交底	××建筑工程有限公司××项目部	××××年××月××日	××	施工员或项目技术负责人	木工
6	基础钢筋工程技术交底	××建筑工程有限公司××项目部	××××年××月××日	××	施工员或项目技术负责	钢筋工
7	基础混凝土工程技术交底	××建筑工程有限公司××项目部	××××年××月××日	××	施工员或项目技术负责	混凝土浇筑工、普工
8	地基处理工程技术交底	××建筑工程有限公司××项目部	××××年××月××日	××	施工员或项目技术负责人	普工
9	地下防水工程技术交底	××建筑工程有限公司××项目部	××××年××月××日	××	施工员或项目技术负责人	防水工
10	基础砌体工程技术交底	××建筑工程有限公司××项目部	××××年××月××日	××	施工员或项目技术负责人	混凝土浇筑工、瓦工
11	基础配筋砌体（填充墙砌体、空心陶粒混凝土砌体）工程技术交底	××建筑工程有限公司××项目部	××××年××月××日	××	施工员或项目技术负责人	混凝土浇筑工、瓦工

4）地基与基础分部工程隐蔽工程验收记录分目录资料见表2-2-10。

地基与基础分部工程隐蔽工程验收记录分目录资料表　　　　表2-2-10

隐蔽工程验收记录（分目录）						
工程名称		××市第××中学教学楼				
序号	工程资料名称	编制单位	编制日期	页次	填写、编制人	审核、审批、签字
1	基础CFG桩隐蔽工程验收记录	××建筑工程有限公司××项目部	××××年××月××日	××	专业工长、质量员、专业技术负责人	专业监理工程师
2	地下防水隐蔽工程验收记录	××建筑工程有限公司××项目部	××××年××月××日	××	专业工长、质量员、专业技术负责人	专业监理工程师
3	基础钢筋隐蔽工程验收记录	××建筑工程有限公司××项目部	××××年××月××日	××	专业工长、质量员、专业技术负责人	专业监理工程师

隐蔽工程验收记录（分目录）					
工程名称	××市第××中学教学楼				
序号	工程资料名称	编制单位	编制日期	页次	填写、编制人	审核、审批、签字
4	土方回填隐蔽工程验收记录	××建筑工程有限公司××项目部	××××年××月××日	××	专业工长、质量员、专业技术负责人	专业监理工程师
5	基础配筋砌体隐蔽工程验收记录	××建筑工程有限公司××项目部	××××年××月××日	××	专业工长、质量员、专业技术负责人	专业监理工程师

5）地基与基础分部工程见证记录分目录资料见表 2-2-11。

地基与基础分部工程见证记录分目录资料表　　　　　表 2-2-11

见证记录（分目录）					
工程名称	××市第××中学教学楼				
序号	工程资料名称	编制单位	编制日期	页次	填写或编制	审核、审批、签字
1	钢筋原材见证记录（按检验批次）	××监理公司××项目部	××××年××月××日	××	监理见证人	取样人
2	不同种类水泥见证记录（强度等级为 32.5 级、42.5 级）	××监理公司××项目部	××××年××月××日	××	监理见证人	取样人
3	水洗砂、普通用砂见证记录	××监理公司××项目部	××××年××月××日	××	监理见证人	取样人
4	5～20、20～40 石子见证记录（卵石）	××监理公司××项目部	××××年××月××日	××	监理见证人	取样人
5	地下防水卷材见证记录	××监理公司××项目部	××××年××月××日	××	监理见证人	取样人
6	基础钢筋焊接见证记录（闪光对焊）	××监理公司××项目部	××××年××月××日	××	监理见证人	取样人
7	地下室柱钢筋焊接见证记录（电渣压力焊）	××监理公司××项目部	××××年××月××日	××	监理见证人	取样人
8	外加剂见证记录	××监理公司××项目部	××××年××月××日	××	监理见证人	取样人
9	普通烧结砖见证记录（MU10）	××监理公司××项目部	××××年××月××日	××	监理见证人	取样人

序号	工程资料名称	编制单位	编制日期	页次	填写或编制	审核、审批、签字
			见证记录（分目）			
	工程名称		××市第××中学教学楼			
10	MU2.5、MU7.5 陶粒空心砌块见证记录	××监理公司××项目部	××××年××月××日	××	监理见证人	取样人
11	砂浆试块见证记录（不同强度等级）	××监理公司××项目部	××××年××月××日	××	监理见证人	取样人
12	混凝土试块见证记录（C30P6、C15、C40、C30 不同强度等级）	××监理公司××项目部	××××年××月××日	××	监理见证人	取样人
13	砂浆、混凝土配合比见证记录	××监理公司××项目部	××××年××月××日	××	监理见证人	取样人

6）地基与基础分部工程施工检查记录细目资料见表 2-2-12。

地基与基础分部工程施工检查记录细目资料表　　　　　表 2-2-12

序号	工程资料名称	施工部位	编制单位	编制日期	页次	填写或编制	审核、审批、签字
			施工检查记录目录（细目）				
	工程名称		××市第××中学教学楼				
1	土方开挖工程施工检查记录	基坑	××建筑工程有限公司××项目部	××××年××月××日	××	专业质检员	专业技术负责人、专业工长
2	基坑锚杆支护工程施工检查记录	基础	××建筑工程有限公司××项目部	××××年××月××日	××	专业质检员	专业技术负责人、专业工长
3	基坑降水排水工程施工检查记录	基础	××建筑工程有限公司××项目部	××××年××月××日	××	专业质检员	专业技术负责人、专业工长
4	基础垫层及矮挡墙施工检查记录	基础	××建筑工程有限公司××项目部	××××年××月××日	××	专业质检员	专业技术负责人、专业工长
5	基础防水层及保护层施工检查记录	基坑	××建筑工程有限公司××项目部	××××年××月××日	××	专业质检员	专业技术负责人、专业工长
6	基础钢筋工程施工检查记录	基础	××建筑工程有限公司××项目部	××××年××月××日	××	专业质检员	专业技术负责人、专业工长
7	基础模板工程施工检查记录	基础	××建筑工程有限公司××项目部	××××年××月××日	××	专业质检员	专业技术负责人、专业工长
8	基础混凝土工程施工检查记录	基础	××建筑工程有限公司××项目部	××××年××月××日	××	专业质检员	专业技术负责人、专业工长

257

续表

施工检查记录目录（细目）							
工程名称			××市第××中学教学楼				
序号	工程资料名称	施工部位	编制单位	编制日期	页次	填写或编制	审核、审批、签字
9	房心及室外回填施工检查记录	房心及室外	××建筑工程有限公司××项目部	××××年××月××日	××	专业质检员	专业技术负责人、专业工长

7）地基与基础分部工程交接检查记录细目资料见表 2-2-13。

地基与基础分部工程交接检查记录细目资料表　　　　表 2-2-13

交接检查记录（细目）							
工程名称			××市第××中学教学楼				
序号	工程资料名称	施工工序	编制单位	编制日期	页次	填写、编制人	审核、审批、签字
1	土方开挖班组-锚杆支护班组交接检查记录	土方开挖-锚杆支护	××建筑工程有限公司××项目部	××××年××月××日	××	移交单位（土方开挖班组长）	接收单位（锚杆支护班组长）/见证单位（专业工长、质量员）
2	锚杆支护班组-土建班组交接检查记录	锚杆支护-地基处理、基础垫层及挡墙	××建筑工程有限公司××项目部	××××年××月××日	××	移交单位（锚杆支护班组长）	接收单位（土建班组长）/见证单位（专业工长、质量员）
3	土建班组-防水班组交接检查记录	基础垫层-基础水平防水层	××建筑工程有限公司××项目部	××××年××月××日	××	移交单位（土建班组长）	接收单位（防水班组长）/见证单位（专业工长、质量员）
4	防水班组-土建班组交接检查记录	基础水平防水层-防水混凝土保护层	××建筑工程有限公司××项目部	××××年××月××日	××	移交单位（防水班组长）	接收单位（土建班组长）/见证单位（专业工长、质量员）
5	土建班组-钢筋班组交接检查记录	防水混凝土保护层-筏板、地梁、独立基础钢连接安装	××建筑工程有限公司××项目部	××××年××月××日	××	移交单位（土建班组长）	接收单位（钢筋工班组长）/见证单位（专业工长、质量员）
6	钢筋班组-木工班组交接检查记录	基础钢筋-基础模板	××建筑工程有限公司××项目部	××××年××月××日	××	移交单位（钢筋班组长）	接收单位（木工班组长）/见证单位（专业工长、质量员）
7	钢筋工、木工班组-土建班组交接检查记录	基础模板-基础混凝土	××建筑工程有限公司××项目部	××××年××月××日	××	移交单位（钢筋、木工班组长）	接收单位（土建班组长）/见证单位（专业工长、质量员）

8）地基与基础分部工程检验批工程质量验收记录细目资料见表 2-2-14。

地基与基础分部工程检验批工程质量验收记录细目资料表　　表 2-2-14

分项、检验批工程质量验收记录（细目）						
工程名称		××市第××中学教学楼				
序号	工程资料名称		编制单位	编制日期	页次	填写或编制	审核、审批、签字
1	土方开挖（分项）	土方开挖检验批工程质量验收记录（2 份）	××建筑工程有限公司××项目部	××××年××月××日	××	专业质检员	专业技术负责人、专业监理
2	土方回填（分项）	土方回填检验批质量验收记录（20 份）	××建筑工程有限公司××项目部	××××年××月××日	××	专业质检员	专业技术负责人、专业监理
3	降水与排水（分项）	降水与排水检验批质量验收记录（1 份）	××建筑工程有限公司××项目部	××××年××月××日	××	专业质检员	专业技术负责人、专业监理
4	锚杆（分项）	锚喷支护检验批质量验收记录（2 份）	××建筑工程有限公司××项目部	××××年××月××日	××	专业质检员	专业技术负责人、专业监理
5	CFG 桩	土和灰土挤密桩复合地基检验批质量验收记录（1 份）	××建筑工程有限公司××项目部	××××年××月××日	××	专业质检员	专业技术负责人、专业监理
6	防水混凝土	防水混凝土工程检验批质量验收记录（1 份）	××建筑工程有限公司××项目部	××××年××月××日	××	专业质检员	专业技术负责人、专业监理
7	卷材防水层	卷材防水层检验批质量验收记录（2 份）	××建筑工程有限公司××项目部	××××年××月××日	××	专业质检员	专业技术负责人、专业监理
8	变形缝	变形缝检验批质量验收记录（1 份）	××建筑工程有限公司××项目部	××××年××月××日	××	专业质检员	专业技术负责人、专业监理
	施工缝	施工缝检验批质量验收记录	××建筑工程有限公司××项目部	××××年××月××日	××	专业质检员	专业技术负责人、专业监理
	穿墙管	穿墙管检验批质量验收记录	××建筑工程有限公司××项目部	××××年××月××日	××	专业质检员	专业技术负责人、专业监理
	坑、池	坑、池检验批质量验收记录	××建筑工程有限公司××项目部	××××年××月××日	××	专业质检员	专业技术负责人、专业监理

序号	工程资料名称		编制单位	编制日期	页次	填写或编制	审核、审批、签字
	分项、检验批工程质量验收记录（细目）						
工程名称		××市第××中学教学楼					
9	模板	基础模板安装、拆除检验批质量验收记录（2个）	××建筑工程有限公司××项目部	××××年××月××日	××	专业质检员	专业技术负责人、专业监理
10	钢筋	防水板、独立基础、地梁钢筋连接、安装工程检验批质量验收记录（1个）	××建筑工程有限公司××项目部	××××年××月××日	××	专业质检员	专业技术负责人、专业监理
11	混凝土	防水板、独立基础、墙下条基、地下室挡土墙混凝土原材及配合比C30检验批质量验收记录（1个）	××建筑工程有限公司××项目部	××××年××月××日	××	专业质检员	专业技术负责人、专业监理
		垫层混凝土原材及配合比C15检验批质量验收记录（1个）	××建筑工程有限公司××项目部	××××年××月××日	××	专业质检员	专业技术负责人、专业监理
		防水混凝土原材及配合比P6检验批质量验收记录（1个）	××建筑工程有限公司××项目部	××××年××月××日	××	专业质检员	专业技术负责人、专业监理
		混凝土施工检验批质量验收记录（5个）	××建筑工程有限公司××项目部	××××年××月××日	××	专业质检员	专业技术负责人、专业监理
12	现浇结构	基础现浇结构外观质量检验批质量验收记录（3个）	××建筑工程有限公司××项目部	××××年××月××日	××	专业质检员	专业技术负责人、专业监理
		基础现浇结构尺寸偏差检验批质量验收记录（3个）	××建筑工程有限公司××项目部	××××年××月××日	××	专业质检员	专业技术负责人、专业监理
13	砖砌体	防水保护层砖砌体检验批质量验收记录（1个）	××建筑工程有限公司××项目部	××××年××月××日	××	专业质检员	专业技术负责人、专业监理

9）地基与基础分部工程施工进度计划报审表细目资料见表2-2-15。

地基与基础分部工程施工进度计划报审表细目资料表　　　　　表 2-2-15

施工进度计划报审表（细目）						
工程名称		××市第××中学教学楼				
序号	工程资料名称	编制单位	编制日期	份数	填写或编制	审核、审批、签字
1	××月××日施工进度计划报审表	××建筑工程有限公司××项目部	××××年××月××日	××	项目经理	专业监理工程师
2	……					

（3）地基与基础分部工程相关资料样表见表 2-2-16。

土方回填工程检验批质量验收记录　　　　　表 2-2-16

编号 01-05-C7.1-×××

单位（子单位工程名称）		××市第××中学教学楼	分部（子分部）工程名称	地基与基础（土方）	分项工程名称		土方回填
施工单位		××建筑安装有限公司	项目负责人	×××	检验批容量		2230m^2 77m×29m×4.5m
分包单位		/	分包单位项目负责人	/	检验批部位		①~⑪/Ⓐ~轴
施工依据		《建筑安装工程施工工艺规程》QB-××-××××		验收依据			《建筑地基基础工程施工质量验收标准》GB 50202—2018
项目			设计要求规范规定		最小/实际抽样数量	检查记录	验收结果
主控项目	1	标高	柱基基坑基槽	−50	12/12	抽查12处，合格12处	合格
			场地平整　人工	±30	12/12	抽查12处，合格12处	合格
			场地平整　机械	±50			
			管沟	−50			
			地（路）面基层	−50			
	2	分层压实系数	设计要求		12/12	抽查12处，合格12处	合格
一般项目	1	回填土料	设计要求		12/12	抽查12处，合格12处	100%
	2	分层厚度及含水量	设计要求		12/12	抽查12处，合格11处	92%
	3	表面平整度	柱基基坑基槽	20	12/12	抽查12处，合格10处	83%
			场地平整　人工	20	12/12	抽查12处，合格12处	100%
			场地平整　机械	30			
			管沟	30			
			地（路）面基层	30			
施工单位检查结果		主控项目和一般项目质量经抽样检验合格，施工操作依据、质量检查记录完整。 专业工长：××× 项目专业质量检查员：××× ××××年××月××日					
监理单位验收结论		同意验收。 专业监理工程师：××× ××××年××月××日					

项目 2　主体分部工程资料管理

项目实训目标

任务 1　主体分部工程资料信息的采集与分部、分项、检验批的划分

1. 实训目的：在具有主体工程施工图的识读和施工技术、施工组织专业知识基础上，通过施工任务分解，培养工程资料信息采集和施工方案执行的能力。

2. 实训内容及成果：依据《建筑工程施工质量验收统一标准》GB 50300—2013 及《混凝土结构工程施工质量验收规范》GB 50204—2015、《砌体结构工程施工质量验收规范》GB 50203—2011 的规定，完成主体分部工程资料信息采集与分部、子分部、分项、检验批的划分并填写表 2-2-18。

3. 实训步骤与指导：见表 2-2-17。

实训步骤、指导与评价　　　　　　　　　　　　　　　　　　　表 2-2-17

	1. 工作准备：搜集相关资料、文件、规范、技术标准、教材、参考书。 2. 背景资料：分部工程概况（下表按工程实际发生项在□内打√或在空格内填写）	
一、针对工作任务搜集有关资料及采集相关信息	工程名称	
	主体结构发生子分部项	混凝土结构■　砌体结构■　钢结构□　钢管混凝土结构□ 型钢混凝土结构□　铝合金结构木结构□
	主体结构防水	有■　无□　　　　防水做法
	混凝土结构发生分项	模板□　钢筋□　混凝土■　预应力□　现浇结构■　装配式结构□
	砌体结构发生分项	砖砌体■　混凝土小型空心砌块砌体■　石砌体□　配筋砌体■　填充墙砌体■
	钢结构（单独组卷）	原材料及成品验收□　焊接工程□　紧固件连接工程□　钢零件及钢部件加工□　钢构件组装工程□　钢构件预拼装工程□　单层多高层钢结构安装工程□　空间结构安装工程□　压型金属板工程□　涂装工程□
	钢管混凝土结构	钢管构件进场验收□　钢管混凝土构件现场拼装□　钢管混凝土柱柱脚锚固□　钢筋混凝土构件安装□　钢管混凝土柱与钢筋混凝土梁连接□　钢管内钢筋骨架□　钢管内混凝土浇筑□
	钢-混凝土组合结构	型钢（钢管）焊接□　螺栓连接□　型钢（钢管）与钢筋连接□　型钢（钢管）制作□　型钢（钢管）安装□　混凝土□
	铝合金结构	原材料及成品进场□　铝合金焊接□　紧固件连接□　铝合金零部件加工□　铝合金构件组装□　铝合金构件预拼装□　铝合金框架结构安装□　铝合金空间网格结构安装□　铝合金面板□　铝合金幕墙结构安装□　防腐处理□
	木结构 （单独组卷）	方木与原木结构□　胶合木结构□　轻型木结构□　木构件防护□
	砌体工程主要施工过程	抄平、放线、摆砖样、立皮数杆、挂准线、铺灰、砌砖
	钢筋混凝土工程主要施工过程	水平构件施工：安装模板、绑扎钢筋、浇筑混凝土；竖向构件：绑扎钢筋、安装模板、浇筑混凝土
	钢结构工程主要施工过程	

	工程名称	
一、针对工作任务搜集有关资料及采集相关信息	木结构工程主要施工过程	
	网架和索膜结构主要施工过程	
	主体结构检验及抽样检测内容	
	混凝土结构强度等级	梁板梯■C30　　柱■C40、C35、C30　　墙■C30 P6　构造柱■C20
	砌体结构强度等级	砖砌体■MU10　石砌体□MU　砌块砌体■MU7.5、2.5
	砂浆强度等级	M5■　　M10■　　M15□
	钢筋类型及规格	HPB300■　HRB400■　CRB□ 钢筋规格：$\phi6$■　$\phi8$■　$\phi10$■　$\phi12$□　$\phi14$■　$\phi16$■　$\phi20$■ $\phi22$■　$\phi25$■　$\phi28$■
	资料管理软件名称	
	施工工艺标准代号	QB 153—2015

二、进行分项、检验批划分和数量确定	1. 熟悉《建筑工程施工质量验收统一标准》及《混凝土结构工程施工质量验收规范》、《砌体结构工程施工质量验收规范》中有关分项、检验批划分的规定：参见分部（子分部）工程、分项工程、检验批划分及代号索引表 1-2-5。 2. 逐项确认主体结构工程各子分部的分项工程、检验批数量并填写表 2-2-18 的内容

	工作任务	分值 M_i	评分标准（指标内涵）		评分等级 K_i				学生自评	教师评价
			A	C	A	B	C	D	N_1	N_2
					1	0.8	0.6	0.4		
三、检查评价	信息采集	20	采集相关信息非常准确、齐全	基本准确、有缺项或错选						
	分项检验批划分	20	分项、检验批划分：科学、合理、符合工艺要求，便于检验和资料管理实施	分项检验批划分基本准确						
	合计	40			得分 $N=\sum K_i M_i$					
	检查评价				师生评价权重				0.2	0.8
					实得分 $=0.2N_1+0.8N_2=$					

分部、子分部、分项、检验批划分和数量确定（样表） 表 2-2-18

子分部名称	分项名称	检验批名称	检验批数量

4. 案例分析

××市第××中学教学楼主体结构分部、分项、检验批划分见表 2-2-19。主体分部工程采用分段施工，主要施工工艺流程：地下室挡土墙、柱（钢筋、模板、混凝土）→地下室外墙立面防水→地下室顶梁板梯（模板、钢筋、混凝土）→室外土方回填；主体1~2 层分①~⑧轴、⑨~⑪轴两段，3 层以上仅为一段即①~⑧轴；1~5 层及屋面花房柱钢筋安装；梁、板、梯模板安装→梁板梯钢筋安装→柱、梁、板、梯混凝土浇筑→模板拆除→墙体砌筑。

主体结构分部、分项、检验批划分表 表 2-2-19

分部工程	子分部工程	分项工程名称	检验批	检验批数量
主体结构	混凝土结构	模板	地下室墙、柱模板安装、拆除检验批质量验收记录	2
			地下室梁板、楼梯模板安装、拆除检验批质量验收记录	2
			一层①~⑧轴模板安装、拆除检验批质量验收记录	2
			一层⑨~⑪轴模板安装、拆除检验批质量验收记录	2
			二层①~⑧轴模板安装、拆除检验批质量验收记录（按楼层、施工段）	2
			二层⑨~⑪轴模板安装、拆除检验批质量验收记录（按楼层、施工段）	2
			三层①~⑧轴模板安装、拆除检验批质量验收记录（按楼层、施工段）	2
			四层①~⑧轴模板安装、拆除检验批质量验收记录（按楼层、施工段）	2
			五层①~⑧轴模板安装、拆除检验批质量验收记录（按楼层、施工段）	2
			屋面花房模板安装、拆除检验批质量验收记录（按楼层、施工段）	2

分部工程	子分部工程	分项工程名称	检验批	检验批数量
主体结构	混凝土结构	钢筋	钢筋原材检验批质量验收记录（主体）	按批次
			钢筋加工检验批质量验收记录（地下室挡土墙、柱、梁、板、楼梯）	1
			钢筋连接、安装（地下室挡土墙、柱）	1
			钢筋连接、安装检验批质量验收记录（地下室梁、板、楼梯）	1
			一层①～⑧轴钢筋加工；连接、安装检验批质量验收记录（按楼层、施工段）	2
			一层⑨～⑪轴钢筋加工；连接、安装检验批质量验收记录（按楼层、施工段）	2
			二层①～⑧轴钢筋加工；连接、安装检验批质量验收记录（按楼层、施工段）	2
			二层⑨～⑪轴钢筋加工；连接、安装检验批质量验收记录（按楼层、施工段）	2
			三层①～⑧轴钢筋加工；连接、安装检验批质量验收记录（按楼层、施工段）	2
			四层①～⑧轴钢筋加工；连接、安装检验批质量验收记录（按楼层、施工段）	2
			五层①～⑧轴钢筋加工；连接、安装检验批质量验收记录（按楼层、施工段）	2
			屋面花房钢筋加工；连接、安装（按楼层、施工段）	2
		混凝土	混凝土原材	按批次
			混凝土配合比：地下室挡土墙 C30 P6、柱 C40、配筋砌体 C20 混凝土原材及配合比设计检验批质量验收记录（配合比设计按强度等级和耐久性及工作性能划分）	4
			1～5 层及屋面花房混凝土配合比：柱 C30、C35、C40；梁板梯 C30；二次结构室内 C20、室外 C30 配合比设计检验批质量验收记录（配合比设计按强度等级和耐久性及工作性能划分）	4
			地下室混凝土施工；独立柱、挡土墙；梁板梯混凝土、二次结构施工检验批质量验收记录（按楼层、施工段）	4
			一层①～⑧轴混凝土施工检验批质量验收记录（按楼层、施工段）	2
			一层⑨～⑪轴混凝土施工检验批质量验收记录（按楼层、施工段）	2
			二层①～⑧轴混凝土施工检验批质量验收记录（按楼层、施工段）	2
			二层⑨～⑪轴混凝土施工检验批质量验收记录（按楼层、施工段）	2
			三层①～⑧轴混凝土施工检验批质量验收记录（按楼层、施工段）	2
			四层①～⑧轴混凝土施工检验批质量验收记录（按楼层、施工段）	2
			五层①～⑧轴混凝土施工检验批质量验收记录（按楼层、施工段）	2
			屋面花房混凝土施工检验批质量验收记录（按楼层、施工段）	2
		现浇结构	现浇结构外观质量检验批质量验收记录（基础；地下室剪力墙、柱；地下室梁、板、楼梯）	3
			现浇结构尺寸偏差检验批质量验收记录（基础；地下室剪力墙、柱；地下室梁、板、楼梯）	3
			一层①～⑧轴现浇结构外观质量、尺寸偏差检验批质量验收记录（按楼层、施工段）	2
			一层⑨～⑪轴现浇结构外观质量、尺寸偏差检验批质量验收记录（按楼层、施工段）	2

265

分部工程	子分部工程	分项工程名称	检验批	检验批数量
主体结构	混凝土结构	现浇结构	二层①～⑧轴现浇结构外观质量、尺寸偏差检验批质量验收记录（按楼层、施工段）	2
			二层⑨～⑪轴现浇结构外观质量、尺寸偏差检验批质量验收记录（按楼层、施工段）	2
			三层①～⑧轴现浇结构外观质量、尺寸偏差检验批质量验收记录（按楼层、施工段）	2
			四层①～⑧轴现浇结构外观质量、尺寸偏差检验批质量验收记录（按楼层、施工段）	2
			五层①～⑧轴现浇结构外观质量、尺寸偏差检验批质量验收记录（按楼层、施工段）	2
			屋面花房现浇结构外观质量、尺寸偏差检验批质量验收记录（按楼层、施工段）	2
	砌体结构子分部	配筋砌体	配筋砌体检验批质量验收记录（地下室构造柱、边框柱、水平系梁）	1
			一层①～⑧轴配筋砌体检验批质量验收记录（按楼层、施工段）	1
			一层⑨～⑪轴配筋砌体检验批质量验收记录（按楼层、施工段）	1
			二层①～⑧轴配筋砌体检验批质量验收记录（按楼层、施工段）	1
			二层⑨～⑪轴配筋砌体检验批质量验收记录（按楼层、施工段）	1
			三层①～⑧轴配筋砌体检验批质量验收记录（按楼层、施工段）	1
			四层①～⑧轴配筋砌体检验批质量验收记录（按楼层、施工段）	1
			五层①～⑧轴配筋砌体检验批质量验收记录（按楼层、施工段）	1
			三层屋面女儿墙配筋砌体检验批质量验收记录（按楼层、施工段）	1
			四层屋面女儿墙配筋砌体检验批质量验收记录（按楼层、施工段）	1
			五层屋面女儿墙配筋砌体检验批质量验收记录（按楼层、施工段）	1
		填充砌体	填充墙砌体检验批质量验收记录（地下室）	1
			一层①～⑧轴填充砌体检验批质量验收记录（按楼层、施工段）	1
			一层⑨～⑪轴填充砌体检验批质量验收记录（按楼层、施工段）	1
			二层①～⑧轴填充砌体检验批质量验收记录（按楼层、施工段）	1
			二层⑨～⑪轴填充砌体检验批质量验收记录（按楼层、施工段）	1
			三层①～⑧轴填充砌体检验批质量验收记录（按楼层、施工段）	1
			四层①～⑧轴填充砌体检验批质量验收记录（按楼层、施工段）	1
			五层①～⑧轴填充砌体检验批质量验收记录（按楼层、施工段）	1
		混凝土空心砌块砌体	混凝土空心砌块砌体检验批质量验收记录（地下室）	1
			一层①～⑧轴混凝土空心砌块砌体检验批质量验收记录（按楼层、施工段）	1
			一层⑨～⑪轴混凝土空心砌块砌体检验批质量验收记录（按楼层、施工段）	1
			二层①～⑧轴混凝土空心砌块砌体检验批质量验收记录（按楼层、施工段）	1
			二层⑨～⑪轴混凝土空心砌块砌体检验批质量验收记录（按楼层、施工段）	1
			三层①～⑧轴混凝土空心砌块砌体检验批质量验收记录（按楼层、施工段）	1
			四层①～⑧轴混凝土空心砌块砌体检验批质量验收记录（按楼层、施工段）	1
			五层①～⑧轴混凝土空心砌块砌体检验批质量验收记录（按楼层、施工段）	1

续表

分部工程	子分部工程	分项工程名称	检验批	检验批数量
主体结构	砌体结构子分部	砖砌体	砖砌体（防水保护层）	1
			三层屋面女儿墙砖砌体检验批质量验收记录（按楼层、施工段）	1
			四层屋面女儿墙砖砌体检验批质量验收记录（按楼层、施工段）	1
			五层屋面女儿墙砖砌体检验批质量验收记录（按楼层、施工段）	1

任务 2　主体分部工程资料管理计划编制

1. 实训目的：主体分部工程资料管理计划编制目的是针对任何施工项目主体分部工程，依据结构特点、施工工艺、空间和时间的不同确定施工资料形成和收集管理任务的范围和内容，重点是培养施工资料收集管理的方法和能力。

2. 实训内容及成果：依据《建设工程文件归档规范（2019 年版）》GB/T 50328—2014 的规定，参照《建筑工程施工资料计划、交底编制导则》（表 1-7-4），编制完成某工程项目主体分部工程资料管理计划及技术交底工作。

3. 实训步骤、指导与评价：见表 2-2-20。

实训步骤、指导与评价　　　　　　表 2-2-20

一、施工管理资料计划的编制	1. 参见《建筑工程施工资料管理计划、交底编制导则》，编制该项目主体分部工程施工资料管理计划								
二、资料目录编制	2. 依照资料管理计划的顺序列出主体结构各子分部工程施工资料组卷目录表的内容。填写时应参照表 1-7-4 的内容进行选项，并按照组卷的方式汇总。有细目的项，应分级填写								

	工作任务	分值 M_i	评分标准（指标内涵）		评分等级 K_i				学生自评	教师评价
			A	C	A	B	C	D		
					1	0.8	0.6	0.4	N_1	N_2
三、检查评价	计划编制	30	资料分类正确、内容完整	资料分类正确、内容不完整						
	目录编制	10	目录正确，内容完整	目录正确，内容不完整						
	态度	20	态度端正，独立完成；具有独立解决问题的能力；工作任务完善，具有较强的持续性	态度端正，与他人合作完成；独立解决问题的能力不够；工作有时缺乏持续性						
	合计	60			得分 $N=\Sigma K_i M_i$					
	检查评价	师生评价权重	0.2		0.8					
		实得分＝$0.2N_1+0.8N_2$＝								

4. 案例分析

（1）主体结构分部工程施工资料管理计划（交底）见表 2-2-21。

表 2-2-21

主体结构分部工程施工资料管理计划（交底）一览表

资料类别		工程资料名称（子目录）	资料分目录	细 目		工程资料填写单位	完成或提交时间	责任人或部门	审核、审批、签字
C1				施工管理文件					
	5	建设工程质量事故勘查记录	按主体工程事故发生事项列分目录			调查单位	事故发生后48h内提交	项目质量管理部门	项目经理或项目主要负责人/调查负责人
	6	建设工程质量事故报告书	按主体工程事故发生事项列分目录			调查单位	事故发生后48h内提交	项目质量管理部门	项目经理、调查负责人
	7	施工检测计划	HPB300 钢筋原材检测	按检测批次列细目		施工单位	分部、分项工程开工前提交	项目技术部	专业监理
			HRB400 钢筋原材检测						
			硅酸盐水泥 52.5 水泥检测计划						
			普通硅酸盐 42.5 水泥检测计划						
			矿渣硅酸盐 42.5 水泥检测计划						
			火山灰质硅酸盐 32.5 水泥检测计划	按检测批次列细目					
			粉煤灰硅酸盐 32.5 水泥检测计划						
			砂检测计划	按检测批次列细目					
			5～20mm, 20～40mm 石子检测（卵石）	按检测批次列细目					
			地下防水卷材检测计划	按检测批次列细目					
			地下室、一～五层梁钢筋焊接检测计划（闪光对焊）	按检测批次列细目					
			地下室、一～五层柱钢筋焊接检测计划（电渣压力焊）	按检测批次列细目					

续表

资料类别	工程资料名称（子目录）	资料分目录	细目	工程资料填写单位	完成或提交时间	责任人或部门	审核、审批、签字
7	施工检测计划	外加剂检测计划	按检测批次列细目	施工单位	分部、分项工程开工前提交	项目技术部	专业监理
		普通烧结砖检测计划（MU10）	按检测批次列细目				
		MU7.5、MU2.5 空心陶粒混凝土砌块检测计划	按检测批次列细目				
		砂浆试块检测计划（M10、M5）	按检测批次列细目				
		混凝土试块检测计划（C30、C35、C40、C20、CL15）	按检测批次列细目				
		砂浆配合比检测计划（M10、M5）	按检测批次列细目				
		混凝土配合比检测计划（C30、C35、C40、C20）	按检测批次列细目				
		冷底子油检测计划（地下室外墙）	按检测批次列细目				
		改性沥青检测（地下室外墙）	按检测批次列细目				
		拉结筋植筋拉拔试验检测计划	按检测批次列细目				
8	见证试验检测汇总表	钢筋原材（每一品种、规格型号）		施工单位	随工程进度按周或月提交	施工单位/监理单位	取样人和见证人
		水泥（不同品种、强度等级）					
		砂					
		5～20mm、20～40mm 石子（卵石）					

资料类别	工程资料名称（子目录）	资料分目录	细目	工程资料填写单位	完成或提交时间	责任人或部门	审核、审批、签字
8	见证试验检测汇总表	地下室、一～五层梁钢筋焊接（闪光对焊）		施工单位	随工程进度按周或月提交	施工单位/监理单位	取样人和见证人
		地下室、一～五层柱钢筋焊接（电渣压力焊）					
		外加剂					
		普通烧结砖（MU10）					
		MU10、M7.5空心陶粒混凝土砌块					
		砂浆试块（M10、M5）		施工单位	随工程进度按周或月提交	施工单位/监理单位	取样人和见证人
		混凝土试块（C30、C35、C40、C20、CL15）					
		砂浆配合比（M10、M5）					
		混凝土配合比 C30、C35、C40、C20					
		冷底子油（地下室外墙）					
		改性沥青（地下室外墙）					
		拉结筋植筋拉拔试验					
9	施工日志	土建专业施工日志		施工单位	从工程开工至工程竣工逐日记载	工程部	专业工长、施工员
		水电设备专业施工日志					

资料类别	工程资料名称（子目录）	资料分目录	细目	工程资料填写单位	完成或提出时间	责任人或部门	审核、审批、签字
C2			施工技术文件				
1	工程技术文件报审表	施工方案文件报审表	结构工程施工方案文件报审表	施工单位	工程项目开工前		
			水电安装工程施工方案文件报审表	施工单位	工程项目开工前	项目总工 项目技术部	项目总工、技术部/专业监理、总监
		专项技术方案文件报审表	主体模板工程及支撑体系报审表	施工单位	工程项目开工前		
			起重吊装及安装拆卸工程报审表	施工单位	工程项目开工前		
			主体脚手架工程报审表				
			主体专项技术方案文件报审表				
2	施工组织设计及施工方案	专项技术方案	主体模板工程及支撑体系施工方案	施工单位	单位或分项工程开工 10d 前完成	项目总工 项目技术部	单位总工或项目技术负责人、专业监理/总监
			起重吊装及安装拆卸工程施工方案				
			主体脚手架工程施工方案				
			其他四新及尚无技术标准工程				
3	危险性较大的分部分项工程施工方案专家论证表		主体模板工程及支撑体系方案专家论证表	施工单位	单位或分项工程开工前完成	项目总工 项目技术部	单位总工、项目技术负责人、组长、专家
			主体起重吊装及安装拆卸工程方案专家论证表				
4	技术交底记录		主体脚手架工程方案技术交底				
			主体土方回填技术交底记录				
			主体模板技术交底记录	施工单位	单位或分项工程开工 2d 前完成	项目总工 项目技术部	工长、技术、分包相关责任人
			主体钢筋技术交底记录				
			主体混凝土技术交底记录				
			主体砖砌体技术交底记录				
			主体填充墙砌体技术交底记录	施工单位	单位或分项工程开工 2d 前完成	项目总工 项目技术部	工长、技术、分包等相关责任人
			主体混凝土小型空心砌块砌体				

续表

资料类别	工程资料名称（子目录）	资料分目录	细目	工程资料填写单位	完成或提交时间	责任人或部门	审核、审批、签字
5	图纸会审记录	建筑专业图纸会审记录	按事项列细目	施工单位	图纸会审后7d内整理完成并提交	项目总工项目技术部	各方技术、专业负责人
		结构专业图纸会审记录					
		水、暖、电气专业图纸会审记录					
		设备专业图纸会审记录					
6	设计变更通知单	主体分部建筑专业设计变更通知单	按事项列细目	设计单位	与设计或建设方协商确定	项目总工项目技术部	各方技术、专业人员
		主体分部结构专业设计变更通知单					
		主体分部水、暖、电气专业设计变更通知单					
		主体分部设备专业设计变更通知单					
7	工程洽商记录（技术核定单）	主体分部建筑专业洽商记录	按事项列细目	提出单位	洽商提出后7d内完成	项目总工项目技术部	各方技术、专业人员
		主体分部结构专业洽商记录					
		主体分部水、暖、电气专业洽商记录					
		主体分部设备专业洽商记录					
C3			进度造价文件				
2	工程复工报审表	按主体分部工程暂停令设及目录		施工单位	施工单位自检符合复工条件	施工单位	施工项目经理/总监理单位/建设单位代表
3	施工进度计划报审表	主体工程进度计划报审表		施工单位	完成施工年、季、月进度计划	施工单位	施工项目经理/总监理单位/建设单位代表
		主体工程月进度计划报审表					
4	施工进度计划	主体工程进度计划	按月进度计划名称列细目	施工单位	完成施工年、季、月进度计划	施工单位	施工项目经理/总监理单位/建设单位代表
		主体工程月进度计划					

续表

资料类别	工程资料名称（子目录）	资料分目录	细目	工程资料填写单位	完成或提交时间	责任人或部门	审核、审批、签字
5	人、机、料动态表	第 n 月人、机、料动态表……		施工单位	每月 25 日前提交	施工单位	项目经理
6	工程延期申请表	按主体分部工程延期事项设分目录		施工单位	符合工程延期要求	施工单位	施工项目经理/总监/建设单位代表
7	工程款支付申请表	第 n 月工程款支付申请表……		施工单位	合同约定日期或工程完成并验收合格	施工单位	施工项目经理/总监/建设单位代表
8	工程变更费用报审表	按主体分部事项设分目录		施工单位	工程变更完成并经项目监理部验收合格	施工单位	施工项目经理/总监/建设单位代表
9	费用索赔申请表	按主体分部事项设分目录		施工单位	索赔事件发生后 28d 内提交	施工单位	施工项目经理/总监/建设单位代表
C4		施工物资出厂质量证明及进场检测文件					
C4.1		出厂质量证明文件及进场检测报告		供货单位			
1	砂、石、砖、水泥、钢筋、隔热保温、防腐材料、轻骨料出厂证明文件	砂材料出厂质量证明文件	按砂材料进场批次设细目			供应单位提供，项目物资部收集	供应单位技术负责人
		卵石材料出厂质量证明文件	按石材料进场批次设细目				
		烧结空心砖出厂质量证明文件	按砖材料进场批次设细目			随物资进场提交	
		普通硅酸盐水泥出厂质量证明文件					
		矿渣硅酸盐水泥出厂质量证明文件	按水泥材料进场批次设细目				
		粉煤灰硅酸盐水泥出厂质量证明文件					

274

资料类别	工程资料名称（子目录）	资料分目录	细目	工程资料填写单位	完成或提交时间	责任人或部门	审核、审批、签字
1	砂、石、砖、水泥、钢筋、隔热保温、防腐材料、轻骨料出厂证明文件	HPB300 钢筋出厂质量证明文件	按钢筋材料进场批次设细目	供货单位	随物资进场提交	供应单位提供，项目物资部收集	供应单位技术负责人
		HRB400 钢筋出厂质量证明文件					
		陶粒混凝土空心砌块出厂质量证明文件	按陶粒混凝土空心砌块进场批次设细目				
		聚苯板隔热保温材料出厂质量证明文件	按隔热保温材料进场批次设细目				
		冷底子油防腐材料出厂质量证明文件	按防腐材料冷底子油进场批次设细目				
		沥青胶泥防腐材料出厂质量证明文件	按沥青胶泥防腐材料冷底子油进场批次设细目				
2	其他物资出厂合格证、质量保证证书、检测报告和报关单或商检证	外加剂	按各类别物资进场批次设细目	供货单位	随物资进场提交	供应单位提供，项目物资部收集	供应单位技术负责人
		防水材料					
		焊接材料					
6	涉及消防、安全、卫生、环保、节能的材料、设备的检测报告或法定机构出具的有效证明文件	沥青胶泥防腐材料	按类别进场批次设细目	供货单位	随物资进场提交	供应单位提供，项目物资部收集	供应单位技术负责人
		冷底子油防腐材料					
		聚苯板隔热保温材料					

续表

资料类别		工程资料名称（子目录）	资料分目录	细目	工程资料填写单位	完成或提交时间	责任人或部门	审核、审批、签字
C4.2		进场检验通用表格						
	1	材料、构配件进场检验记录	钢材进厂检验记录	按材料、构配件进场批次设细目	施工单位	进场验收通过后1d内提交	项目物资部、机电部	材料员/专业质检员/监理工程师
			水泥进厂检验记录					
			砂进厂检验记录					
			卵石进厂检验记录					
			防水涂料进厂检验记录					
			防水卷材进厂检验记录					
			普通烧结砖进厂检验记录					
			陶粒混凝土空心小型砌块进厂检验记录					
			聚苯板隔热保温材料进厂检验记录					
			冷底子油防腐材料进厂检验记录					
			沥青胶泥防腐材料进厂检验记录					
C4.3		进场复试报告						
	1	钢材试验报告	HPB300 钢材试验报告	按进场批次设细目	检测单位	正式使用前提交、复验时间3d左右	试验单位提供、项目试验员收集	试验单位试验人员、审核人、批准人签认
			HRB400 钢材试验报告					
	2	水泥试验报告	普通硅酸盐水泥试验报告	42.5级、52.5级水泥试验报告	检测单位	正式使用前提交、快测4d；常规28d	试验单位提供、项目试验员收集	试验单位试验人员、审核人、批准人签认
			矿渣硅酸盐水泥试验报告	32.5级、42.5级水泥试验报告				
			火山灰质硅酸盐水泥试验报告	42.5级水泥试验报告数份				
			粉煤灰硅酸盐水泥试验报告	32.5级水泥试验报告数份				

资料类别	工程资料名称（子目录）	资料分目录	细 目	工程资料填写单位	完成或提交时间	责任人或部门	审核、审批、签字
3	砂试验报告	砂试验报告	按进场批次设细目	检测单位	正式使用前提交、复试时间3d左右	试验单位提供、项目试验员收集	试验单位试验人员、审核人、批准人签认
4	碎（卵）石试验报告	碎石试验报告	按进场批次设细目	检测单位	正式使用前提交、复试时间3d左右	试验单位提供、项目试验员收集	试验单位试验人员、审核人、批准人签认
		卵石试验报告					
5	外加剂试验报告	泵送剂试验报告	按进场批次设细目	检测单位	正式使用前提交、复试时间3~28d左右	试验单位提供、项目试验员收集	试验单位试验人员、审核人、批准人签认
		减水剂试验报告					
		微沫剂试验报告					
6	防水涂料试验报告	SBS橡胶改性沥青防水涂料试验报告	按进场批次设细目	检测单位	正式使用前提交、复试时间7d左右	试验单位提供、项目试验员收集	试验单位试验人员、审核人、批准人签认
		聚氨酯防水涂料试验报告					
7	防水卷材试验报告	三元乙丙橡胶防水卷材	按进场批次设细目	检测单位	正式使用前提交、复试时间7d左右	试验单位提供、项目试验员收集	试验单位试验人员、审核人、批准人签认
		SBS改性沥青防水卷材					
8	砖（砌块）试验报告	普通烧结砖试验报告	按进场批次设细目	检测单位	正式使用前提交、复试时间7d左右	试验单位提供、项目试验员收集	试验单位试验人员、审核人、批准人签认
		陶粒混凝土空心小型砌块试验报告					
23	节能工程材料复试报告	陶粒混凝土空心小型砌块复试报告	按进场的批次设细目	检测单位	随物资进场提交	试验单位提供、项目试验员收集	试验单位试验人员、审核人、批准人签认
		聚苯板网格热保温材料复试报告					
24	其他物资进场复试报告						

续表

资料类别		工程资料名称（子目录）	资料分目录	细目	工程资料填写单位	完成或提交时间	责任人或部门	审核、审批、签字
				施工记录文件				
C5	1	隐蔽工程验收记录	地下室挡土墙、柱钢筋隐蔽工程验收记录	按隐蔽工程检验批次设细目	施工单位	检查合格 1d 内、检验批验收前	项目工程部、质量部	质量员、工长专业、监理工程师
			地下室梁、板、楼梯钢筋隐蔽工程验收记录					
			地下室外墙土方回填隐蔽工程验收记录					
			地下室配筋砌体隐蔽工程验收记录					
			一层柱、梁板楼梯钢筋隐蔽工程验收记录					
			二层柱、梁板楼梯钢筋隐蔽工程验收记录					
			三层柱、梁板楼梯钢筋隐蔽工程验收记录					
			四层柱、梁板楼梯钢筋隐蔽工程验收记录					
			五层柱、梁板楼梯钢筋隐蔽工程验收记录					
			一层配筋砌体钢筋隐蔽工程验收记录	按隐蔽工程检验批次设细目	施工单位	检查合格 1d 内、检验批验收前	项目工程部、质量部	质量员、工长专业、监理工程师
			二层配筋砌体钢筋隐蔽工程验收记录					
			三层配筋砌体钢筋隐蔽工程验收记录					
			四层配筋砌体钢筋隐蔽工程验收记录					
			五层配筋砌体钢筋隐蔽工程验收记录					
			一层屋面女儿墙钢筋隐蔽工程验收记录					
			四层屋面女儿墙钢筋隐蔽工程验收记录					
			五层屋面女儿墙钢筋隐蔽工程验收记录					

277

续表

资料类别	工程资料名称（子目录）	资料分目录	细目	工程资料填写单位	完成或提交时间	责任人或部门	审核、审批、签字
2	施工检查记录	钢筋工程施工检查记录	地下室挡土墙、柱钢筋工程施工检查记录 地下室梁、板、楼梯钢筋工程施工检查记录 一层柱、梁板楼梯钢筋工程施工检查记录 二层柱、梁板楼梯钢筋工程施工检查记录 三层柱、梁板楼梯钢筋工程施工检查记录 四层柱、梁板楼梯钢筋工程施工检查记录 五层柱、梁板楼梯钢筋工程施工检查记录	施工单位	检查合格后1d内，检验批验收前	项目工程部、质量部	专业技术负责人/专业工长
		模板工程施工检查记录	地下室挡土墙、柱模板工程施工检查记录 地下室梁、板、楼梯模板工程施工检查记录 一层柱、梁板楼梯模板工程施工检查记录 二层柱、梁板楼梯模板工程施工检查记录 三层柱、梁板楼梯模板工程施工检查记录 四层柱、梁板楼梯模板工程施工检查记录 五层柱、梁板楼梯模板工程施工检查记录	施工单位	检查合格后1d内，检验批验收前	项目工程部、质量部	专业技术负责人/专业工长

资料类别	工程资料名称（子目录）	资料分目录	细　目	工程资料填写单位	完成或提交时间	责任人或部门	审核、审批、签字
2	施工检查记录	混凝土工程施工检查记录	地下室挡土墙、柱混凝土工程施工检查记录	施工单位	检查合格后1d内、检验批验收前	项目工程部、质量部	专业技术负责人/专业工长
			地下室梁、板、楼梯混凝土工程施工检查记录				
			一层柱、梁板楼梯混凝土工程施工检查记录				
			二层柱、梁板楼梯混凝土工程施工检查记录				
			三层柱、梁板楼梯混凝土工程施工检查记录				
			四层柱、梁板楼梯混凝土工程施工检查记录				
			五层柱、梁板楼梯混凝土工程施工检查记录				
		砖砌体工程施工检查记录	地下室砌体工程施工检查记录	施工单位	检查合格后1d内、检验批验收前	项目工程部、质量部	专业技术负责人/专业工长
			二层砖墙砌体工程施工检查记录				
			四层砖墙砌体工程施工检查记录				
			五层女儿墙砖砌体工程施工检查记录				

续表

资料类别	工程资料名称（子目录）	资料分目录	细目	工程资料填写单位	完成或提交时间	责任人或部门	审核 审批、签字
2	施工检查记录	配筋砌体（混凝土小型空心砌块）施工检查记录	地下室配筋砌体工程施工检查记录	施工单位	检查合格后1d内、检验批验收前	项目工程部、质量部	审核 专业技术负责人／审批 专业工长
			一层配筋砌体（空心陶粒混凝土砌块）施工检查记录				
			二层配筋砌体（空心陶粒混凝土砌块）施工检查记录				
			三层配筋砌体（空心陶粒混凝土砌块）施工检查记录				
			四层配筋砌体（空心陶粒混凝土砌块）施工检查记录				
			五层配筋砌体（空心陶粒混凝土砌块）施工检查记录				
3	交接检查记录	（钢筋班组—木工班组）交接检查记录	地下室挡土墙、柱钢筋工程交接检查记录	施工单位	交接检查合格后1d内提交	移交单位	接收单位／见证单位
			一层柱钢筋—模板工程交接检查记录				
			二层柱钢筋—模板工程交接检查记录				
			三层柱钢筋—模板工程交接检查记录				
			四层柱钢筋—模板工程交接检查记录				
			五层柱钢筋—模板工程交接检查记录				

续表

资料类别	工程资料名称（子目录）	资料分目录	细目	工程资料填写单位	完成或提交时间	责任人或部门	审核、审批、签字
3	交接检查记录	（木工班组—钢筋班组）交接检查记录	地下室梁、板、楼梯模板—钢筋工程交接检查记录	施工单位	交接检查合格后1d内提交	移交单位	接收单位/见证单位
			一层梁、板、楼梯模板—钢筋工程交接检查记录				
			二层梁、板、楼梯模板—钢筋工程交接检查记录				
			三层梁、板、楼梯模板—钢筋工程交接检查记录				
			四层梁、板、楼梯模板—钢筋工程交接检查记录				
			五层梁、板、楼梯模板—钢筋工程交接检查记录				
		（钢筋、木工班组—土建班组）交接检查记录	地下室挡土墙、柱楼板、楼梯板、钢筋—混凝土工程交接检查记录	施工单位	交接检查合格后1d内提交	移交单位	接收单位/见证单位
			地下室梁、板、楼梯板、钢筋—混凝土工程交接检查记录				
			一层梁、板、楼梯板、钢筋—混凝土工程交接检查记录				
			二层梁、板、楼梯板、钢筋—混凝土工程交接检查记录				
			三层梁、板、楼梯板、钢筋—混凝土工程交接检查记录				
			四层梁、板、楼梯板、钢筋—混凝土工程交接检查记录				
			五层梁、板、楼梯板、钢筋—混凝土工程交接检查记录				

281

续表

资料类别	工程资料名称（子目录）	资料分目录	细目	工程资料填写单位	完成或提交时间	责任人或部门	审核、审批、签字
3	交接检查记录	（钢筋班组—土建瓦工班组）交接检查记录	地下室构造柱、拉结筋—配筋砌体交接检查记录	施工单位	交接检查合格后1d内提交	移交单位	接收单位/见证单位
			一层构造柱、拉结筋—配筋砌体交接检查记录				
			二层构造柱、拉结筋—配筋砌体交接检查记录				
			三层构造柱、拉结筋—配筋砌体交接检查记录				
			四层构造柱、拉结筋—配筋砌体交接检查记录				
			五层构造柱、拉结筋—配筋砌体交接检查记录				
6	楼层平面放线记录	地下室平面放线记录		施工单位	楼层抄测完成后1d内提交	项目测量员	
		一层楼层平面放线记录					
		二层楼层平面放线记录					
		三层楼层平面放线记录					
		四层楼层平面放线记录					
		五层楼层平面放线记录					
7	楼层标高抄测记录	地下室楼层标高抄测记录		施工单位	每次测量结束后1d内提交	项目测量员	技术、质量、测量相关人员专业工程师
		一层楼层标高抄测记录					
		二层楼层标高抄测记录					
		三层楼层标高抄测记录					
		四层楼层标高抄测记录					
		五层楼层标高抄测记录					

资料类别	工程资料名称（子目录）	资料分目录	细目	工程资料填写单位	完成或提交时间	责任人或部门	审核、审批、签字
8	建筑物垂直度、标高观测记录	地下室垂直度、标高观测记录		施工单位	每次测量结束后7d内提交	项目测量员	技术、质量、测量相关人员专业工程师
		一层楼垂直度、标高观测记录					
		二层垂直度、标高观测记录					
		三层垂直度、标高观测记录					
		四层垂直度、标高观测记录					
		五层垂直度、标高观测记录					
14	混凝土浇灌申请书	地下室混凝土浇灌申请书	挡土墙 C30 P6、柱 C40、梁板梯 C30、二次结构室内 C20	施工单位	每批次混凝土浇筑前提交	项目部	工长、专业技术负责人
		一层①～⑧轴浇灌申请书	柱 C40、梁板梯 C30、二次结构室内 C20				
		一层⑨～⑪轴浇灌申请书	柱 C40、梁板梯 C30、二次结构室内 C20				
		二层①～⑧轴浇灌申请书	柱 C40、梁板梯 C30、二次结构室内 C20				
		二层⑨～⑪轴浇灌申请书	柱 C40、梁板梯 C30、二次结构室内 C20				
		三层①～⑧轴浇灌申请书	柱 C35、梁板梯 C30、二次结构室内 C20				
		四层①～⑧轴浇灌申请书	柱 C30、梁板梯 C30、二次结构室内 C20				
		五层①～⑧轴浇灌申请书	柱 C30、梁板梯 C30、二次结构室内 C20				
		屋面花房混凝土（按楼层、施工段）	柱 C30、梁 C30				

续表

资料类别	工程资料名称（子目录）	资料分目录	细目	工程资料填写单位	完成或提交时间	责任人或部门	审核、审批、签字
15	预拌混凝土运输单	地下室预拌混凝土运输单	挡土墙 C30 P6、柱 C40、梁板梯 C30、二次结构室内 C20	混凝土供应商	随混凝土运输车提交	供应单位	供应单位/现场工长
		一层①~⑧轴预拌混凝土运输单	柱 C40、梁板梯 C30、二次结构室内 C20				
		一层⑨~⑪轴预拌混凝土运输单	柱 C40、梁板梯 C30、二次结构室内 C20				
		二层①~⑧轴预拌混凝土运输单	柱 C40、梁板梯 C30、二次结构室内 C20				
		二层⑨~⑪轴预拌混凝土运输单	柱 C40、梁板梯 C30、二次结构室内 C20				
		三层①~⑧轴预拌混凝土运输单	柱 C35、梁板梯 C30、二次结构室内 C20				
		四层①~⑧轴预拌混凝土运输单	柱 C30、梁板梯 C30、二次结构室内 C20				
		五层①~⑧轴预拌混凝土运输单	柱 C30、梁板梯 C30、二次结构室内 C20				
		屋面花房混凝土（按楼层、施工段）	柱 C30、梁 C30				
16	混凝土开盘鉴定	C30 P6混凝土开盘鉴定		施工单位	每次鉴定通过的当日完成，混凝土原材料及配合比设计检验批收验前1d提交	混凝土试配单位负责人	施工技术负责人/监理工程师
		C40混凝土开盘鉴定					
		C35混凝土开盘鉴定					
		C30混凝土开盘鉴定					
		C20混凝土开盘鉴定					

续表

资料类别	工程资料名称（子目录）	资料分目录	细目	工程资料填写单位	完成或提交时间	责任人或部门	审核、审批	签字
17	混凝土拆模申请单	地下室拆模申请单		施工单位	每次拆模前完成，模板拆除检验批验收前提交	专业工长	专业工长/质量员/技术负责人	
			一层①~⑧轴拆模申请单					
			一层⑨~⑩轴拆模申请单					
			二层①~⑧轴拆模申请单					
			二层⑨~⑩轴拆模申请单					
			三层①~⑧轴拆模申请单					
			四层①~⑧轴拆模申请单					
			五层①~⑧轴拆模申请单					
23	地下工程防水效果检查记录	地下室挡土墙防水效果检查记录		施工单位	检查通过当日内完成，地下防水工程验收前提交	专业工长/专业技术负责人/专业质检员	专业工程师	
36	其他施工记录文件							
C6	施工试验记录及检测文件							
C6.1	建筑与结构工程							
4	土工击实试验报告	地下室外墙回填土工击实试验报告		检（试）验单位	回填施工前完成击石试验3~7d	有资质试验单位提供试验员收集	专业试验员/专业试验单位负责人	
5	回填土试验报告（应附图）	地下室外墙回填土试验报告		检（试）验单位	随回填施工进度完成干密度试验3d左右	有资质试验单位提供试验员收集	专业试验员/专业试验单位负责人	
6	钢筋机械连接试验报告	地下室梁钢筋机械连接试验报告		检（试）验单位	钢筋隐蔽验收前完成力学试验1~3d	有资质试验单位提供试验员收集	专业试验员/专业试验单位负责人	
		一层①~⑧轴梁钢筋机械连接试验报告						

续表

资料类别	工程资料名称（子目录）	资料分目录	细　目	工程资料填写单位	完成或提交时间	责任人或部门	审核、审批、签字
6	钢筋机械连接试验报告	一层⑨～⑪轴梁钢筋机械连接试验报告		检（试）验单位	钢筋隐蔽验收前完成力学试验 1~3d	有资质试验单位提供试验员收集	专业试验员/专业试验单位负责人
		二层①～⑧轴梁钢筋机械连接试验报告					
		二层⑨～⑪轴梁钢筋机械连接试验报告					
		三层①～⑧轴梁钢筋机械连接试验报告					
		三层①～⑧轴梁钢筋机械连接试验报告					
		四层①～⑧轴梁钢筋机械连接试验报告					
		五层①～⑧轴梁钢筋机械连接试验报告					
		屋面花房梁钢筋机械连接试验报告					
7	钢筋焊接连接试验报告	地下室柱钢筋焊接连接试验报告	按检验批设细目	检（试）验单位	钢筋隐蔽验收前完成力学试验 1~3d	有资质试验单位提供试验员收集	专业试验员/专业试验单位负责人
		一层①～⑧轴柱钢筋焊接连接试验报告					
		一层⑨～⑪轴柱钢筋焊接连接试验报告					
		二层①～⑧轴柱钢筋焊接连接试验报告					
		二层⑨～⑪轴柱钢筋焊接连接试验报告					
		三层①～⑧轴柱钢筋焊接连接试验报告					
		四层①～⑧轴柱钢筋焊接连接试验报告					
		五层①～⑧轴柱钢筋焊接连接试验报告					
		屋面花房柱钢筋焊接连接试验报告					

续表

资料类别	工程资料名称（子目录）	资料分目录	细目	工程资料填写单位	完成或提交时间	责任人或部门	审核、审批、签字
8	砂浆配合比申请单、通知单	M10 砂浆配合比申请、通知单		检（试）验单位	砂浆砌筑开始前提交	有资质试验单位提供试验员收集	专业试验员/专业试验单位负责人
		M5 砂浆配合比申请单、通知单					
9	砂浆抗压强度试验报告	M10 砂浆抗压强度试验报告	地下室砂浆抗压强度试验报告	检（试）验单位	标养 30d 内提交；同条件养护视龄期而定	有资质试验单位提供试验员收集	专业试验员/专业试验单位负责人
		M5 砂浆抗压强度试验报告	一~五层砂浆抗压强度试验报告				
10	砌筑砂浆试块强度统计、评定记录	M10 砂浆试块强度统计、评定记录		施工单位	同一验收批强度报告齐全后评定，分项质量验收前 1d 提交	现场试验员统计	质量员/项目技术负责人
		M5 砂浆试块强度统计、评定记录					
11	混凝土配合比申请单、通知单	C30 P6 混凝土配合比申请、通知单		施工单位	混凝土浇筑前开始提交	有资质试验单位提供试验员收集	专业试验员/专业试验单位负责人
		C40 混凝土配合比申请单、通知单					
		C35 混凝土配合比申请单、通知单					
		C30 混凝土配合比申请单、通知单					
		C20 混凝土配合比申请单、通知单					
12	混凝土抗压强度试验报告	C30 P6 混凝土抗压强度试验报告	地下室	检测单位	标养 30d 内提交；同条件养护视龄期而定	有资质试验单位提供试验员收集	专业试验员/专业试验单位负责人
		C40 混凝土抗压强度试验报告	1~二层				
		C35 混凝土抗压强度试验报告	三层				
		C30 混凝土抗压强度试验报告	地下室、1~五层、屋面花房				
		C20 混凝土抗压强度试验报告	1~五层、屋面花房				

资料类别	工程资料名称（子目录）	资料分目录	细目	工程资料填写单位	完成或提交时间	责任人或部门	审核、审批、签字
13	混凝土试块强度统计、评定记录	C30 P6 混凝土试块强度统计、评定记录		施工单位	同一验收批强度报告齐全后评定，分项质量验收前1d提交	现场试验员统计	质量员/项目技术负责人
		C40混凝土试块强度统计、评定记录					
		C35混凝土试块强度统计、评定记录					
		C30混凝土试块强度统计、评定记录					
		C20混凝土试块强度统计、评定记录					
14	混凝土抗渗试验报告	C30 P6 混凝土抗渗试验报告	地下室	检测单位	混凝土分项工程质量验收前提交 抗渗试验30~90d	有资质试验单位提供试验员收集	专业试验员/专业试验单位负责人
16	混凝土碱总量计算书	C30 P6 混凝土碱总量计算书		施工单位	配合比基本相同混凝土第一次使用时提供	有资质试验单位提供试验员收集	专业试验员/专业试验单位负责人
		C40混凝土碱总量计算书					
		C35混凝土碱总量计算书					
		C30混凝土碱总量计算书					
		C20混凝土碱总量计算书					
34	结构实体混凝土强度验收记录	C30 P6 结构实体混凝土强度验收记录		施工单位	主体分部工程验收前提交	项目质量部	专业试验员/专业试验单位负责人
		C40结构实体混凝土强度验收记录					
		C35结构实体混凝土强度验收					
		C30结构实体混凝土强度验收记录					
		C20结构实体混凝土强度验收记录					

续表

资料类别	工程资料名称（子目录）	资料分目录	细目	工程资料填写单位	完成或提交时间	责任人或部门	审核、审批、签字
35	结构实体钢筋保护层厚度验收记录	地下室结构实体钢筋保护层厚度验收记录		施工单位	地基、结构子分部工程验收前提交	项目质量部	专业试验员／专业试验单位负责人
		1～5 层结构实体钢筋保护层厚度验收记录					
		屋顶花房结构实体钢筋保护层厚度验收记录					
36	围护结构现场实体检验	地下室围护结构实体检验		检测单位	围护结构现场实体检验前提交	项目质量部	专业试验员／专业试验单位负责人
		1～5 层围护结构现场实体检验					
39	其他建筑与结构施工试验记录与检测文件						
C7			施工质量验收文件				
1	检验批质量验收记录	土方回填	室外土方回填检验批质量验收记录（-4.0～-3.7m）	施工单位	随施工同步完成，按月，月提交	项目质量部	专业质量员／专业工长／专业监理工程师
			室外土方回填检验批质量验收记录（-3.7～-3.4m）				
			室外土方回填检验批质量验收记录（-3.4～-3.1m）				
			室外土方回填检验批质量验收记录（-3.1～-2.9m）				
			室外土方回填检验批质量验收记录（-2.9～-2.6m）				
			室外土方回填检验批质量验收记录（-2.6～-2.3m）				

资料类别	工程资料名称（子目录）	资料分目录	细目	工程资料填写单位	完成或提交时间	责任人或部门	审核、审批、签字
1	检验批质量验收记录	土方回填	室外土方回填检验批质量验收记录（−2.3～−2.0m）	施工单位	随施工同步完成 按周、月提交	项目质量部	专业质量员/专业工长/专业工程师 监理工程师
			室外土方回填检验批质量验收记录（−2.0～−1.7m）				
			室外土方回填检验批质量验收记录（−1.7～−1.4m）				
			室外土方回填检验批质量验收记录（−1.4～−1.1m）				
			室外土方回填检验批质量验收记录（−1.1～−0.8m）				
		防水混凝土	防水混凝土工程检验批质量验收记录（地下室挡土墙）	施工单位	随施工同步完成 按周、月提交	项目质量部	专业质量员/专业工长/专业工程师 监理工程师
		卷材防水层	卷材防水层检验批质量验收记录（基础、地下室立面防水层）	施工单位	随施工同步完成 按周、月提交	项目质量部	专业质量员/专业工长/专业工程师 监理工程师
		模板	地下室挡土墙、柱模板安装、拆除检验批质量验收记录（2个）	施工单位	随施工同步完成 按周、月提交	项目质量部	专业质量员/专业工长/专业工程师 监理工程师
			地下室梁、板、楼梯模板安装拆除检验批质量验收记录（2个）				
			地下室二次构造安装、拆除检验批质量验收记录（2个）				
			一层①～⑧轴模板安装、拆除检验批质量验收记录				

资料类别	工程资料名称（子目录）	资料分目录	细　目	工程资料填写单位	完成或提交时间	责任人或部门	审核、审批、签字
1	检验批质量验收记录	模板	一层⑨～⑪轴模板安装、拆除检验批质量验收记录	施工单位	随施工同步完成 按周、月提交	项目质量部	专业质量员/专业工长/专业工程师 审核、监理工程师
			二层①～⑧轴模板安装、拆除检验批质量验收记录				
			三层⑨～⑪轴模板安装、拆除检验批质量验收记录				
			三层①～⑧轴模板安装、拆除检验批质量验收记录				
			四层①～⑧轴模板安装、拆除检验批质量验收记录				
			五层①～⑧轴模板安装、拆除检验批质量验收记录				
			（屋面花房）模板安装、拆除检验批质量验收记录				
		钢筋	地下室挡土墙、柱钢筋加工检验批质量验收记录（2个）	施工单位	随施工同步完成 按周、月提交	项目质量部	专业质量员/专业工长/专业工程师 审核、监理工程师
			地下室挡土墙、楼梯钢筋连接检验批质量验收记录				
			地下工程检验批质量验收记录 安装钢筋连接检验批质量验收记录（2个）				
			地下室梁、板、楼梯钢筋连接、安装工程检验批质量验收记录（1个）				

302

资料类别	工程资料名称（子目录）	资料分目录	细　目	工程资料填写单位	完成或提交时间	责任人或部门	审核、审批、签字
1	检验批质量验收记录	钢筋	一层①～⑧轴钢筋原材加工、连接、安装检验批质量验收记录	施工单位	随施工同步完成按周、月提交	项目质量部	专业质量员/专业工长/专业工程师/监理工程师
			一层⑨～⑪轴钢筋原材加工、连接、安装检验批质量验收记录				
			二层①～⑧轴钢筋原材加工、连接、安装检验批质量验收记录				
			二层⑨～⑪轴钢筋原材加工、连接、安装检验批质量验收记录				
			三层①～⑧轴钢筋原材加工、连接、安装检验批质量验收记录				
			四层①～⑧轴钢筋原材加工、连接、安装检验批质量验收记录				
			五层①～⑧轴钢筋原材加工、连接、安装检验批质量验收记录				
			屋面花房钢筋原材加工、连接、安装检验批质量验收记录				
		混凝土	地下室柱混凝土原材料及配合比检验批质量验收记录（C40）	施工单位	随施工同步完成按周、月提交	项目质量部	专业质量员/专业工长/专业工程师/监理工程师
			地下室梁、板混凝土原材及配合比检验批质量验收记录（C30）（1个）				
			地下室混凝土墙、柱、梁板施工检验批质量验收记录（C30 P6、C40、C30）（3个）				

资料类别	工程资料名称（子目录）	资料分目录	细　目	工程资料填写单位	完成或提交时间	责任人或部门	审核、审批、签字
1	检验批质量验收记录	混凝土	一层①~⑧轴混凝土原材及配合比、施工检验批质量验收记录	施工单位	随施工同步完成按周、月提交	项目质量部	专业质量员/专业工长/专业监理工程师
			一层⑨~⑩轴混凝土原材及配合比、施工检验批质量验收记录				
			二层①~⑧轴混凝土原材及配合比、施工检验批质量验收记录				
			二层⑨~⑩轴混凝土原材及配合比、施工检验批质量验收记录				
			三层①~⑧轴混凝土原材及配合比、施工检验批质量验收记录				
			四层①~⑧轴混凝土原材及配合比、施工检验批质量验收记录				
			五层①~⑧轴混凝土原材及配合比、施工检验批质量验收记录				
			层面花房混凝土原材及配合比、施工检验批质量验收记录				
		现浇结构	地下室剪力墙、柱、地下室梁板、楼梯现浇结构外观质量检验批质量验收记录（3个）	施工单位	随施工同步完成按周、月提交	项目质量部	专业质量员/专业工长/专业监理工程师
			地下室剪力墙、柱、地下室梁板、楼梯现浇结构尺寸偏差检验批质量验收记录（3个）	施工单位	随施工同步完成按周、月提交	项目质量部	专业质量员/专业工长/专业监理工程师

续表

资料类别	工程资料名称（子目录）	资料分目录	细　目	工程资料填写单位	完成或提交时间	责任人或部门	审核、审批、签字
1	检验批质量验收记录	现浇结构	一层①~⑧轴现浇结构外观质量、尺寸偏差检验批质量验收记录	施工单位	随施工同步完成按周、月提交	项目质量部	专业质量员/专业工长/专业监理工程师
			一层⑨~⑩轴现浇结构外观质量、尺寸偏差检验批质量验收记录				
			二层①~⑧轴现浇结构外观质量、尺寸偏差检验批质量验收记录				
			二层⑨~⑩轴现浇结构外观质量、尺寸偏差检验批质量验收记录				
			三层①~⑧轴现浇结构外观质量、尺寸偏差检验批质量验收记录				
			四层①~⑧轴现浇结构外观质量、尺寸偏差检验批质量验收记录				
			五层①~⑧轴现浇结构外观质量、尺寸偏差检验批质量验收记录				
			层面花房现浇结构外观质量、尺寸偏差检验批质量验收记录				
		砖砌体	防水保护层砖砌体（1个）检验批质量验收记录	施工单位	随施工同步完成按周、月提交	项目质量部	专业质量员/专业工长/专业监理工程师
			二层屋面女儿墙砖砌体检验批质量验收记录				
			四层屋面女儿墙砖砌体检验批质量验收记录				
			五层屋面女儿墙砖砌体检验批质量验收记录				

续表

资料类别	工程资料名称（子目录）	资料分目录	细 目	工程资料填写单位	完成或提交时间	责任人或部门	审核、审批、签字
1	检验批质量验收记录	配筋砌体	地下室构造柱、边框柱、水平系梁配筋砌体检验批质量验收记录（1个）				
			一层①～⑧轴配筋砌体检验批质量验收记录	施工单位	随施工同步完成按周，月提交	项目质量部	专业质量员/专业工长/专业监理工程师
			一层⑨～⑪轴配筋砌体检验批质量验收记录				
			二层①～⑧轴配筋砌体检验批质量验收记录				
			二层⑨～⑪轴配筋砌体检验批质量验收记录				
			三层①～⑧轴配筋砌体检验批质量验收记录	施工单位	随施工同步完成按周，月提交	项目质量部	专业质量员/专业工长/专业监理工程师
			四层①～⑧轴配筋砌体检验批质量验收记录	施工单位	随施工同步完成按周，月提交	项目质量部	专业质量员/专业工长/专业监理工程师
			五层①～⑪轴配筋砌体检验批质量验收记录	施工单位	随施工同步完成按周，月提交	项目质量部	专业质量员/专业工长/专业监理工程师
			二层屋面女儿墙配筋砌体检验批质量验收记录				
			四层屋面女儿墙配筋砌体检验批质量验收记录	施工单位	随施工同步完成按周，月提交	项目质量部	专业质量员/专业工长/专业监理工程师
			五层屋面女儿墙配筋砌体检验批质量验收记录				

296

资料类别	工程资料名称（子目录）	资料分目录	细　目	工程资料填写单位	完成或提交时间	责任人或部门	审核、审批、签字
1	检验批质量验收记录	填充墙砌体	地下室至填充墙砌体检验批质量验收记录（1个）	施工单位	随施工同步完成按周、月提交	项目质量部	专业质量员/专业工长/专业工程师监理工程师
			一层①～⑧轴填充墙砌体检验批质量验收记录				
			一层⑨～⑪轴填充墙砌体检验批质量验收记录				
			二层①～⑧轴填充墙砌体检验批质量验收记录				
			二层⑨～⑪轴填充墙砌体检验批质量验收记录				
			三层①～⑧轴填充墙砌体检验批质量验收记录				
			四层①～⑧轴填充墙砌体检验批质量验收记录				
			五层①～⑧轴配筋砌体检验批质量验收记录				
		小型混凝土砌块砌体	地下室至陶粒混凝土小型空心砌块检验批质量验收记录（1个）	施工单位	随施工同步完成按周、月提交	项目质量部	专业质量员/专业工长/专业工程师监理工程师
			一层①～⑧轴混凝土小型空心砌体检验批质量验收记录				
			一层⑨～⑪轴混凝土小型空心砌块检验批质量验收记录				

续表

资料类别	工程资料名称（子目录）	资料分目录	细　目	工程资料填写单位	完成或提交时间	责任人或部门	审核、审批、签字
1	检验批质量验收记录	小型混凝土砌块砌体	二层①~⑧轴混凝土小型空心砌块检验批质量验收记录	施工单位	随施工同步完成按周、月提交	项目质量部	专业质量员/专业工长/专业监理工程师
			二层⑩~⑪轴混凝土小型空心砌块检验批质量验收记录				
			三层①~⑧轴混凝土小型空心砌块检验批质量验收记录				
			四层①~⑧轴混凝土小型空心砌块检验批质量验收记录				
			五层①~⑧轴混凝土小型空心砌块检验批质量验收记录				
2	分项工程质量验收记录	混凝土	模板分项工程质量验收记录	施工单位	分项工程验收前3d提交（混凝土除外）	项目质量部	项目技术负责人/专业监理工程师
			钢筋分项工程质量验收记录				
			混凝土分项工程质量验收记录				
			现浇结构分项工程质量验收记录				
		砌体基础	砖砌体分项工程质量验收记录				
			配筋砌体分项工程质量验收记录				
			填充墙砌体分项工程质量验收记录				
			空心陶粒混凝土砌块分项工程质量验收记录				
3	分部（子分部）工程质量验收记录	主体分部工程质量验收记录		施工单位	分部工程验收前3d提交（混凝土除外）	项目质量部	施工项目经理、设计勘察项目负责人/总监

（2）主体分部工程相关资料样表见表2-2-22～表2-2-29。

模板安装检验批质量验收记录

表 2-2-22

编号 02-01-C7.1-×××

298

单位（子单位工程名称）	××市第××中学教学楼		分部（子分部）工程名称	主体结构（混凝土结构）	分项工程名称		模板
施工单位	××建筑安装有限公司		项目负责人	×××	检验批容量		柱：43 梁：35 板：27间
分包单位	/		分包单位项目负责人	/	检验批部位		1层①～⑧/ⓐ～ⓕ
施工依据	《建筑安装工程施工工艺规程》QB-××-××××			验收依据	《混凝土结构工程施工质量验收规范》GB 50204—2015		

		验收项目		设计要求及规范规定	最小/实际抽样数量	检查记录	检查结果
主控项目	1	模板支撑、立柱位置和垫板		第4.2.1条	全数/12	共12处，全数检查，合格12处	合格
	2	避免隔离剂沾污		第4.2.2条	全数/12	共12处，全数检查，合格12处	合格
一般项目	1	模板安装的一般要求		第4.2.3条	全数/12	共12处，全数检查，合格11处	92%
	2	用做模板地坪、胎膜质量		第4.2.4条	/		
	3	模板起拱高度		第4.2.5条	/		
	4	预埋件、预留孔允许偏差	预埋钢板中心线位置（mm）	3	10/10	共10处，合格9处	90%
			预埋管、预留孔中心线位置（mm）	3	5/5	共5处，合格5处	100%
			插筋 中心线位置（mm）	5	/		
			插筋 外露长度（mm）	+10，0	/		
			预埋螺栓 中心线位置（mm）	2	/		
			预埋螺栓 外露长度（mm）	+10，0	/		
			预留洞 中心线位置（mm）	10	9/9	共9处，合格9处	100%
			预留洞 尺寸（mm）	+10，0	6/6	共6处，合格6处	100%
	5	模板安装允许偏差	轴线位置（mm）	5	8/8	共8处，合格8处	100%
			底模上表面标高（mm）	±5	8/8	共8处，合格8处	100%
			截面内部尺寸（mm） 基础	±10	/		
			截面内部尺寸（mm） 柱、墙、梁	+4，−5	9/9	共9处，合格9处	100%
			层高垂直度（mm） 不大于5m	6	5/5	共9处，合格9处	100%
			层高垂直度（mm） 大于5m	8			
			相邻两板表面高低差（mm）	2	5/5	共5处，合格5处	100%
			表面平整度（mm）	5	5/5	共10处，合格9处	90%
施工单位检查结果		主控项目和一般项目质量经抽样检验合格，施工操作依据、质量检查记录完整。<div align="center">专业工长：××× 项目专业质量检查员：××× ××××年××月××日</div>					
监理单位验收结论		同意验收。<div align="center">专业监理工程师：××× ××××年××月××日</div>					

模板拆除检验批质量验收记录 　　　表 2-2-23

编号 02-01-C7.1-×××

单位（子单位工程名称）	××市第××中学教学楼			分部（子分部）工程名称		主体结构（混凝土结构）	分项工程名称	模板
施工单位	××建筑安装有限公司			项目负责人		×××	检验批容量	柱：43 梁：35 板：27 间
分包单位	/			分包单位项目负责人		/	检验批部位	1层①～⑧/Ⓐ～Ⓕ
施工依据	《建筑安装工程施工工艺规程》QB-××-××××					验收依据	《混凝土结构工程施工质量验收规范》GB 50204—2015	

		验收项目		设计要求及规范规定	最小/实际抽样数量	检查记录	检查结果
主控项目	1	底模及其支架拆除时的混凝土强度	构件类型	构件跨度（m）	达到设计强度标准值的百分率（%）	/	/	/
			板	≤2	≥50	/	/	/
				8≥，>2	≥75	全/5	共5处，全数检查，合格5处	合格
				>8	≥100	/	/	/
			梁拱壳	≤8	≥75	全/4	共4处，全数检查，合格4处	合格
				>8	≥100	/	/	/
			悬臂构件	—	≥100	/	/	/
	2	后张法预应力构件侧模和底模的拆除时间		第4.3.2条	/	/	/
	3	后浇带拆模和支顶		第4.3.3条	/	/	/
一般项目	1	避免拆模损伤		第4.3.4条	全/12	共12处，全数检查、合格11处	92%
	2	模板拆除、堆放和清运		第4.3.5条	全/12	共12处，全数检查、合格12处	100%

施工单位检查结果	主控项目和一般项目质量经抽样检验合格，施工操作依据、质量检查记录完整。 专业工长：××× 项目专业质量检查员：××× ××××年××月××日
监理单位验收结论	同意验收。 专业监理工程师：××× ××××年××月××日

299

钢筋原材料及加工检验批质量验收记录　　　　表 2-2-24

编号 02-01-C7.1-×××

单位（子单位）工程名称		××市第××中学教学楼	分部（子分部）工程名称		主体结构（混凝土结构）	分项工程名称	钢筋
施工单位		××建筑安装有限公司	项目负责人		×××	检验批容量	6批
分包单位		/	分包单位项目负责人		/	检验批部位	1层①～⑧/Ⓐ～Ⓕ轴
施工依据		《建筑安装工程施工工艺规程》QB-××-××××		验收依据		《混凝土结构工程施工质量验收规范》GB 50204—2015	

		验收项目	设计要求及规范规定	最小/实际抽样数量	检查记录	检查结果
主控项目	1	力学性能和重量偏差检验	第5.2.1条	/	检查结果符合要求，见检测报告编号×××号	合格
	2	抗震用钢筋强度实测值	第5.2.2条	/	检查结果符合要求，见复试报告编号×××号	
	3	化学成分等专项检验	第5.2.3条	/		
	4	受力钢筋的弯钩和弯折	第5.3.1条	6/6	抽查6处，合格6处	合格
	5	箍筋弯钩形式	第5.3.2条	6/6	抽查6处，合格6处	合格
	6	钢筋调直后应进行力学性能和重量偏差检验	第5.3.2A条		抽查6处，合格6处	合格
一般项目	1	外观质量	第5.2.4条	全/6	共12处，全数检查、合格12处	100%
	2	钢筋调直	第5.3.3条	6/6	抽查6处，合格6处	100%
	3 钢筋加工的形状、尺寸	受力钢筋顺长度方向全长的净尺寸	±10	6/6	抽查6处，合格6处	100%
		弯起钢筋的弯折位置	±20	6/6	抽查6处，合格6处	100%
		箍筋内净尺寸	±5	6/6	抽查6处，合格6处	100%
施工单位检查结果		主控项目和一般项目质量经抽样检验合格，施工操作依据、质量检查记录完整。 专业工长：××× 项目专业质量检查员：××× ××××年××月××日				
监理单位验收结论		同意验收。 专业监理工程师：××× ××××年××月××日				

钢筋连接、安装检验批质量验收记录　　　　　　表 2-2-25

编号 02-01-C7.1-×××

单位（子单位）工程名称	××市第××中学教学楼	分部（子分部）工程名称	主体结构（混凝土结构）	分项工程名称	钢筋
施工单位	××建筑安装有限公司	项目负责人	×××	检验批容量	柱：43　梁：35　板：27 间
分包单位	/	分包单位项目负责人	/	检验批部位	1 层①～⑧/Ⓐ～Ⓕ轴
施工依据	《建筑安装工程施工工艺规程》QB-××-××××		验收依据	《混凝土结构工程施工质量验收规范》GB 50204—2015	

		验收项目		设计要求及规范规定	最小/实际抽样数量	检查记录	检查结果
主控项目	1	纵向受力钢筋的连接方式		第 5.4.1 条	全/12	共 12 处，全数检查、合格 12 处	合格
	2	机械连接和焊接接头的力学性能		第 5.4.2 条	/	详见试验报告单编号×××号	合格
	3	受力钢筋的品种、级别、规格和数量		第 5.5.1 条	全/12	共 12 处，全数检查、合格 12 处	合格
一般项目	1	接头位置和数量		第 5.4.3 条	全/12	共 12 处，全数检查、合格 11 处	92%
	2	机械连接、焊接的外观质量		第 5.4.4 条	全/12	共 12 处，全数检查、合格 11 处	92%
	3	机械连接、焊接的接头面积百分率		第 5.4.5 条	12/12	抽查 12 处，合格 12 处	100%
	4	绑扎搭接接头面积百分率和搭接长度		第 5.4.6 条附录 B	/	/	/
	5	搭接长度范围内的箍筋		第 5.4.7 条	/	/	合格
	6	绑扎钢筋网	长、宽（mm）	±10	12/12	抽查 12 处，合格 12 处	100%
			网眼尺寸（mm）	±20	12/12	抽查 12 处，合格 12 处	100%
		绑扎钢筋骨架	长（mm）	±10	12/12	抽查 12 处，合格 12 处	100%
			宽、高（mm）	±5	12/12	抽查 12 处，合格 11 处	92%
		受力钢筋	间距（mm）	±10	12/12	抽查 12 处，合格 12 处	100%
			排距（mm）	±5			
			保护层厚度（mm）　基础	8/10			
			保护层厚度（mm）	±5	12/12	抽查 12 处，合格 12 处	100%
			保护层厚度（mm）	±3	12/12	抽查 12 处，合格 12 处	100%
		绑扎箍筋、横向钢筋间距（mm）		±20	12/12	抽查 12 处，合格 11 处	92%
		钢筋弯起点位置（mm）		20	/		
		预埋件	中心线位置（mm）	5	/		
			水平高差（mm）	+3	/		
施工单位检查结果		主控项目和一般项目质量经抽样检验合格，施工操作依据、质量检查记录完整。 专业工长：××× 项目专业质量检查员：××× ××××年××月××日					
监理单位验收结论		同意验收。 专业监理工程师：××× ××××年××月××日					

混凝土原材料及配合比设计检验批质量验收记录　　　表 2-2-26

编号 02-01-C7.1-×××

单位（子单位工程名称）		××市第××中学教学楼	分部（子分部）工程名称	主体结构（混凝土结构）	分项工程名称	混凝土
施工单位		××建筑安装有限公司	项目负责人	×××	检验批容量	350m³
分包单位		/	分包单位项目负责人	/	检验批部位	1层①～⑧/Ⓐ～Ⓕ轴梁板
施工依据		《建筑安装工程施工工艺规程》QB-××-××××		验收依据	《混凝土结构工程施工质量验收规范》GB 50204—2015	

		验收项目	设计要求及规范规定	最小/实际抽样数量	检查记录	检查结果
主控项目	1	水泥进场检验	第7.2.1条	2/2	审查合格详见合格证、复试检验报告编号×××号	合格
	2	外加剂质量及应用	第7.2.2条	2/2	审查合格详见合格证、复试检验报告编号×××号	
	3	混凝土中氯化物、碱的总含量控制	第7.2.3条	2/2	审查合格详见合格证、复试检验报告编号×××号	
	4	配合比设计	第7.3.1条	1/1	符合设计要求，见配合比通知单编号×××号	合格
一般项目	1	矿物掺合料质量及掺量	第7.2.4条		/	合格
	2	粗细骨料的质量	第7.2.5条	2/2	经复试符合要求，见复试报告编号×××号	
	3	拌制混凝土用水	第7.2.6条	2/2		
	4	开盘鉴定	第7.3.2条	/	检验合格，见强度试验报告编号×××号	
	5	依砂、石含水率调整配合比	第7.3.3条	/	检验合格，见含水率测试报告编号×××号，施工配合比通知单编号×××号	

施工单位检查结果	主控项目和一般项目质量经抽样检验合格，施工操作依据、质量检查记录完整。 专业工长：××× 项目专业质量检查员：××× ××××年××月××日
监理单位验收结论	同意验收。 专业监理工程师：××× ××××年××月××日

混凝土施工检验批质量验收记录　　表 2-2-27

编号 02-01-C7.1-×××

单位（子单位工程名称）	××市第××中学教学楼	分部（子分部）工程名称	主体结构（混凝土结构）	分项工程名称	混凝土
施工单位	××建筑安装有限公司	项目负责人	×××	检验批容量	200m³
分包单位	/	分包单位项目负责人	/	检验批部位	1层①～⑧/Ⓐ～Ⓕ轴梁、板，梯
施工依据	《建筑安装工程施工工艺规程》QB-××-××××		验收依据	《混凝土结构工程施工质量验收规范》GB 50204—2015	

验收项目			设计要求及规范规定	最小/实际抽样数量	检查记录	检查结果
主控项目	1	混凝土强度等级及试件的取样和留置	第7.4.1条	2/3	审查合格，见试件强度试验报告编号×××号	合格
	2	混凝土抗渗及试件取样和留置	第7.4.2条	/		/
	3	原材料每盘称量的偏差	第7.4.3条	2/3	审查合格详见合格证、复试检验报告编号×××号	合格
	4	初凝时间控制	第7.4.4条	全/5	采用商混	合格
一般项目	1	施工缝的位置和处理	第7.4.5条	全/5	共5处，全部检查，合格5处	100%
	2	后浇带的位置和浇筑	第7.4.6条	全/		/
	3	混凝土养护	第7.4.7条	全/5	共5处，全部检查，合格5处	100%

施工单位检查结果	主控项目和一般项目质量经抽样检验合格，施工操作依据、质量检查记录完整。 专业工长：××× 项目专业质量检查员：××× ××××年××月××日
监理单位验收结论	同意验收。 专业监理工程师：××× ××××年××月××日

现浇结构外观及尺寸偏差检验批质量验收记录　　表 2-2-28

编号 02-01-C7.1-×××

单位（子单位工程名称）	××市第××中学教学楼		分部（子分部）工程名称		主体结构（混凝土结构）	分项工程名称	现浇结构
施工单位	××建筑安装有限公司		项目负责人		×××	检验批容量	一层柱：43 梁：35 板：27 间
分包单位	/		分包单位项目负责人		/	检验批部位	一层①～⑧/Ⓐ～Ⓕ轴梁、板，梯
施工依据	《建筑安装工程施工工艺规程》QB-××-××××				验收依据	《混凝土结构工程施工质量验收规范》GB 50204—2015	

		验收项目		设计要求及规范规定	最小/实际抽样数量	检查记录	检查结果
主控项目	1	外观质量不应有严重缺陷		第8.2.1条	全/9	共9处，全部检查，合格9处	合格
	2	过大尺寸偏差处理及验收		第8.3.1条	全/9	共9处，全部检查，合格9处	合格
一般项目	1	外观质量一般缺陷		第8.2.2条	全/9	抽查9处，合格9处	100%
	2	轴线位置（mm）	基础	15			
			独立基础	10			
			墙、柱、梁	8	5/5	抽查5处，合格5处	100%
			剪力墙	5			
	3	垂直度（mm）	层高 ≤5m	8	5/5	抽查5处，合格5处	100%
			层高 >5m	10			
			全高（H）	H/1000 且 ≤30			
	4	标高（mm）	层高	±10	9/9	抽查9处，合格9处	100%
			全高	±30			
	5	截面尺寸（mm）		+8，−5	9/9	抽查9处，合格9处	100%
	6	电梯井	进筒长、宽对定位中心线（mm）	+25，0			
			井筒全高（H）垂直度（mm）	H/1000 且 ≤30			
	7	表面平整度（mm）		8	9/9	抽查9处，合格9处	100%
	8	预埋设施中心线位置（mm）	预埋件	10			
			预埋螺栓	5			
			预埋管	5	3/3	抽查3处，合格3处	100%
	9	预留洞中心线位置（mm）		15	3/3	抽查3处，合格3处	100%

施工单位检查结果	主控项目和一般项目质量经抽样检验合格，施工操作依据、质量检查记录完整。 专业工长：××× 项目专业质量检查员：××× ××××年××月××日
监理单位验收结论	同意验收。 专业监理工程师：××× ××××年××月××日

304

配筋砌体检验批质量验收记录　　　表 2-2-29

编号 02-02-C7.1-×××

单位（子单位工程名称）	××市第××中学教学楼		分部（子分部）工程名称	主体结构（砌体结构）	分项工程名称	配筋砌体
施工单位	××建筑安装有限公司		项目负责人	×××	检验批容量	95m³
分包单位	/		分包单位项目负责人	/	检验批部位	一层①～⑧/Ⓐ～Ⓕ轴墙
施工依据	《建筑安装工程施工工艺规程》QB-××-××××			验收依据	《砌体结构工程施工质量验收规范》GB 50203—2011	

		验收项目	设计要求及规范规定	最小/实际抽样数量	检查记录	检查结果
主控项目	1	钢筋品种、规格、数量和设置部位	8.2.1条		合格证及复试试验报告编号×××号，符合规范及设计要求	合格
	2	混凝土强度等级	设计要求 C	/	混凝土试块强度合格，试验报告编号××号	合格
	3	砂浆强度等级	设计要求 M	/	砂浆试块强度合格，试验报告编号××号	合格
	4	马牙槎尺寸	8.2.3条	5/5	抽查5处，合格5处	合格
		预留拉结钢筋设置	8.2.3条	5/5	抽查5处，合格5处	合格
		不得任意弯折拉接钢筋设置	8.2.3条	5/5	抽查5处，合格5处	合格
	5	钢筋连接方式	8.2.4条	5/5	抽查5处，合格5处	合格
		钢筋锚固长度	8.2.4条	5/5	抽查5处，合格5处	合格
		钢筋搭接长度	8.2.4条	5/5	抽查5处，合格5处	合格
一般项目	1	构造柱中心线位置	≤10mm	5/5	/	/
	2	构造柱层间错位	≤8mm	5/5	/	/
	3	构造柱垂直度（每层）	≤10mm	5/5	/	/
	4	灰缝钢筋防腐保护	8.3.2条	5/5	抽查5处，合格5处	100%
		灰缝钢筋保护层			抽查5处，合格4处	80%
	5	网状配筋规格（mm）	8.3.3条	5/5	抽查5处，合格5处	100%
		网状配筋位置		5/5	抽查5处，合格5处	100%
	6	受力钢筋保护层厚度　网状配筋砌体	±10mm 以内	5/5	抽查5处，合格4处	80%
		组合砖砌体	±5mm 以内	/	/	
		配筋小砌块砌体	±10mm 以内	/	/	
	7	配筋小砌块砌体凹槽中水平钢筋间距	±10mm 以内	5/5	抽查5处，合格5处	100%

施工单位检查结果	主控项目和一般项目质量经抽样检验合格，施工操作依据、质量检查记录完整。 专业工长：××× 项目专业质量检查员：××× ××××年××月××日
监理单位验收结论	同意验收。 专业监理工程师：××× ××××年××月××日

305

项目3 装饰装修分部工程资料管理

项目实训目标

任务1 装饰装修分部工程资料信息的采集与分部、分项、检验批的划分

1. 实训目的：在具有装饰装修工程施工图的识读、施工组织和施工技术专业知识基础上，通过施工任务分解，培养装饰装修工程资料信息采集和施工方案执行的能力。

2. 实训内容及成果：依据《建筑工程施工质量验收统一标准》GB 50300—2013 及《建筑装饰装修工程质量验收标准》GB 50210—2018 的规定，完成装饰装修分部工程资料信息采集与分部、子分部、分项、检验批的划分并填写表 2-2-31。

3. 实训步骤、指导与评价：见表 2-2-30。

实训步骤、指导与评价   表 2-2-30

一、针对工作任务搜集有关资料及采集相关信息	1. 工作准备：搜集相关资料、文件、规范、技术标准、教材、参考书。 2. 背景资料：分部工程概况（下表按工程实际发生项在□内打√或在空格内填写）	
	工程名称	
	建筑地面工程	基层铺设■ 整体面层铺设■ 板块面层铺设■ 木、竹面层铺设□
	抹灰工程	一般抹灰■ 保温层薄抹灰□ 装饰抹灰□ 清水砌体勾缝□
	外墙防水工程	外墙砂浆防水□ 涂膜防水■ 透气膜防水□
	门窗工程	木门窗安装■ 金属门窗安装■ 塑料门窗安装■ 特种门安装■ 门窗玻璃安装■
	吊顶工程	整体面层吊顶□ 板块面层吊顶■ 格栅吊顶□
	轻质隔墙工程	板材隔墙□ 骨架隔墙□ 活动隔墙□ 玻璃隔墙■
	饰面板工程	石板安装■ 陶瓷板安装□ 木板安装□ 金属板安装□ 塑料板安装□
	饰面砖工程	外墙饰面砖粘贴□ 内墙饰面砖粘贴■
	幕墙工程（单独组卷）	玻璃幕墙安装■ 金属幕墙安装□ 石材幕墙安装□ 陶板幕墙安装□
	涂饰工程	水性涂料涂饰■ 溶剂型涂料涂饰■ 美术涂饰□
	裱糊与软包工程	裱糊□ 软包□
	细部工程	橱柜制作与安装□ 窗帘盒和窗台板制作与安装■ 门窗套制作与安装□ 护栏和扶手制作与安装□ 花饰制作与安装□
	幕墙设计、材料、工艺和施工条件是否一致	是■ 否□ 同一单位工程幕墙连续■ 不连续□
	新工艺新材料	有□ 无■
	地面工程主要施工过程	抄平、弹线、基层（基土、垫层、垫层、找平层、隔离层、绝热层）、结合层、面层
	抹灰工程主要施工过程	基层处理、标筋、分层抹灰

续表

	工程名称	
	门窗工程主要施工过程	弹线、就位固定、门窗扇安装、安装玻璃
	吊顶工程主要施工过程	弹线、安装吊杆、安装主龙骨、安装次龙骨、饰面板安装
一、针对工作任务搜集有关资料及采集相关信息	轻质隔墙工程主要施工过程	轻钢龙骨安装：弹线、固定沿地、沿顶和沿墙龙骨，龙骨架装配及校正、石膏板固定、饰面处理
	饰面板（砖）工程主要施工过程	挑砖浸水、放线定位排砖、确定水平和竖向标志、铺贴
	幕墙工程主要施工过程	定位放线、骨架安装、玻璃安装、耐候胶嵌缝
	涂饰工程主要施工过程	基层处理、涂料施工
	裱糊与软包工程主要施工过程	
	细部工程主要施工过程	
	资料管理软件名称	
	施工工艺标准代号	
二、进行分项、检验批划分和数量确定	1. 熟悉《建筑工程施工质量验收统一标准》及《建筑装饰装修工程施工质量验收标准》中有关分项、检验批划分的规定：参见分部（子分部）工程、分项工程、检验批划分及代号索引 2. 逐项确认装饰装修工程各子分部的分项工程、检验批数量并填写表2-2-31的内容	

工作任务	分值 M_i	评分标准（指标内涵）		评分等级 K_i				学生自评	教师评价
		A	C	A	B	C	D	N_1	N_2
				1	0.8	0.6	0.4		
信息采集	20	采集相关信息非常准确、齐全	基本准确、有缺项或错选						
分项检验批划分	20	分项、检验批划分：科学、合理、符合施工方案要求，便于检验和资料管理实施	分项检验批划分基本准确						
合计	40			得分 $N = \sum K_i M_i$					
检查评价				师生评价权重		0.2	0.8		
				实得分 $= 0.2N_1 + 0.8N_2 =$					

三、检查评价

307

分部、子分部、分项、检验批划分和数量确定（样表）　　　　表 2-2-31

子分部名称	分项名称	检验批名称	检验批数量

4. 案例分析

装饰装修工程分部、分项、检验批划分见表 2-2-32。

××市第××中学教学楼装饰装修工程分部、分项、检验批划分表　　　　表 2-2-32

分部工程	子分部工程	分项工程名称	检验批（部位）	检验批数量
装饰装修分部	地面子分部	整体面层	基层：基土、水泥混凝土垫层、卵石灌浆垫层、找平层、隔离层、绝热层	基土检验批质量验收记录	
			地1、地2（按层、段分）	1
			散水、坡道、台阶（按层、段分）	1
			水泥混凝土垫层检验批质量验收记录	
			地1：100mm 厚 C15 混凝土垫层（按层、段分）	1
			地2：80mm 厚 C15 混凝土随打随抹平（按层、段分）	1
			卵石灌浆垫层检验批质量验收记录	
			台阶：150mm 厚 5～32mm 卵石灌 M5 混合砂浆（按层、段分）	1
			坡道：150mm 厚 5～32mm 卵石灌 M5 混合砂浆（按层、段分）	1
			混凝土找平层检验批质量验收记录	
			台阶：100mm 厚 C20 现浇钢筋混凝土，ϕ6 双向钢筋中距 200mm（厚度不包括踏步三角部分），台阶面向外坡 1%（按层、段分）	1
			坡道：60mm 厚 C20 混凝土（按层、段分）	1
			地2：C15 细石混凝土垫层随打随抹平，加热管上皮厚度≥30mm（按层、段分）	1
			楼1：C15 细石混凝土垫层随打随抹平，加热管上皮厚度≥30mm（按层、段分）	5

分部工程	子分部工程	分项工程名称	检验批（部位）	检验批数量
装饰装修分部	地面子分部	整体面层	水泥砂浆找平层检验批质量验收记录	
		基层：基土、水泥混凝土垫层、卵石灌浆垫层、找平层、隔离层、绝热层	楼 1：10mm 厚 1：3 水泥砂浆找平层（按层、段分）	5
			楼 4：20mm 厚 1：3 水泥砂浆找平层，上卧分格条高 10mm（按层、段分）	3
			隔离层检验批质量验收记录	
			地 2：5mm 厚涂膜防潮层（按工程设计）	1
			绝热层检验批质量验收记录	
			地 2：30mm 厚聚苯乙烯泡沫塑料绝热层（材料由设计人员定）；40mm 厚聚苯乙烯泡沫塑料保温层（按层、段分）	2
			楼 1：30mm 厚聚苯乙烯泡沫塑料绝热层；沿墙外内侧 20mm×50mm 聚苯乙烯泡沫塑料保温层，高与垫层上皮平（按层、段分）	10
		面层：水泥砂浆面层，水磨石面层、混凝土面层	水泥砂浆面层检验批质量验收记录	
			地 1：20mm 厚 1：2 水泥砂浆压实抹光（按层、段分）	1
			水磨石面层检验批质量验收记录	
			楼 1、楼 2、楼 4（按层、段分）	11
			地 2（按层、段分）	1
			无障碍通道检验批质量验收记录（一层通道）	1
			无障碍厕所和无障碍厕位检验批质量验收记录（一层盥洗室）	1
			混凝土面层检验批质量验收记录	
			散水：细石混凝土散水（按层、段分）	1
		板块面层	基层：找平层、隔离层	混凝土找平层检验批质量验收记录	
				水泥砂浆找平层检验批质量验收记录（4 个）	4
				隔离层检验批质量验收记录（3 个）	3
				绝热层检验批质量验收记录（4 个）	4
			板块面层	大理石面层和花岗石面层	
				台 1、台 2、台 3：大理石和花岗石面层检验批质量验收记录	3
				无障碍坡道检验批质量验收记录（残疾人坡道）	1
				无障碍厕所和无障碍厕位检验批质量验收记录（一层卫生间）	1
				砖面层检验批质量验收记录（上人屋面）（按层、段分）	1
				砖面层检验批质量验收记录（楼 3）（4 个）	4

309

续表

分部工程	子分部工程	分项工程名称	检验批（部位）	检验批数量
			一般抹灰检验批质量验收记录	
装饰装修分部	抹灰子分部	一般抹灰	外墙：6mm厚1∶2.5水泥砂浆抹面（简约按四面墙分）	4
			外墙：6mm厚1∶1∶6水泥石灰膏砂浆抹平扫毛（简约按四面墙分）	4
			外墙：6mm厚1∶0.5∶4水泥石灰膏砂浆打底扫毛；墙面基层刷加气混凝土界面处理剂一道（简约按四面墙分）	4
			踢2：6mm厚1∶2.5水泥砂浆罩面压实赶光；水泥浆一道（按工艺分）	1
			踢2：8mm厚1∶3水泥砂浆打底扫毛或划出纹道；水泥浆一道甩毛（内掺建筑胶）（按工艺分）	1
			裙2：12mm厚1∶1∶6水泥石灰膏砂浆打底扫毛划出纹；3mm厚外加剂专用砂浆抹基底部刮糙或界面剂一道甩毛（抹前先将墙面用水润湿）；聚合物水泥砂浆修补墙面；刷界面处理剂一道（按工艺、层分）	7
			裙2：6mm厚1∶0.5∶2.5水泥石灰膏砂浆压实赶光（按工艺、层分）	7
			内墙1：15mm厚1∶3水泥砂浆打底；刷混凝土界面处理剂一道（随刷随抹底灰）（按工艺分）	1
			内墙1：5mm厚1∶2.5水泥砂浆抹面，压实赶光（按工艺分）	1
			裙1：6mm厚1∶1∶6水泥石灰膏砂浆打底扫毛或刮出纹道；3mm厚外加剂专用砂浆抹基地或界面剂一道甩毛（抹前将墙面用水湿润）；聚合物水泥砂浆修补墙面；刷界面处理剂一道（按工艺、层分）	5
			裙1：6mm厚1∶0.5∶2.5水泥石灰膏砂浆木抹子抹平（按工艺、层分）	5
			内墙2：6mm厚1∶0.5∶4水泥石膏砂浆打底扫毛；刷加气混凝土界面处理剂一道（按工艺分）	1
			内墙2：6mm厚1∶1∶6水泥石膏砂浆抹平（按工艺分）	1
			内墙3：6mm厚1∶0.5∶4水泥石灰膏砂浆打底扫毛；刷混凝土界面处理剂一道（按工艺、层分）	7
			内墙3：5mm厚1∶1∶6水泥石灰膏砂浆扫毛（按工艺、层分）	7
			内墙3：5mm厚1∶2.5水泥砂浆抹面，压实赶光（按工艺、层分）	7
			棚1：5mm厚1∶3水泥砂浆打底；刷素水泥浆一道（内掺建筑胶）（按工艺、层分）	7
			棚1：5mm厚1∶2.5水泥砂浆抹面（按工艺、层分）	7

续表

分部工程	子分部工程	分项工程名称	检验批（部位）	检验批数量
装饰装修分部	门窗	特种门安装	特种门安装检验批质量验收记录（按不同规格）	17
		金属门窗安装	金属门窗安装检验批验质量验收记录（按不同规格）（M-1、MIC-1\2\3）	4
		木门窗制作与安装	木门窗安装检验批质量验收记录（按不同规格）	9
		塑料门窗安装	塑料门窗安装检验批质量验收记录（按不同规格）	23
		门窗玻璃安装	门窗玻璃安装检验批质量验收记录（按不同规格）	门14、窗25、
		门	门检验批质量验收记录（一层无障碍通道、厕所门）	3
	幕墙	玻璃幕墙	玻璃幕墙（明框）工程检验批质量验收记录（按500～1000m²；或是否连续）	1
	吊顶子分部	明龙骨吊顶	棚2：明龙骨吊顶工程检验批质量验收记录（按品种、自然间）	1
		暗龙骨吊顶	棚3：暗龙骨吊顶工程检验批质量验收记录（按品种、自然间）	6
	轻质隔墙	玻璃隔墙	玻璃隔墙工程检验批质量验收记录（按品种、自然间）	1
	饰面板	饰面砖粘贴	饰面砖粘贴工程检验批质量验收记录	
			踢1：按材料、工艺简约按层分	7
			裙1：按材料、工艺简约按层分	6
			内墙2：（按自然间分）	1
		饰面板安装	饰面板工程检验批质量验收记录（外墙勒脚按面积分）	1
	涂料	水性涂料涂饰	水性涂料涂饰工程（薄涂料）检验批质量验收记录	
			外墙（按4面墙）	4
			内墙1：（按自然间分）	1
			内墙3：（按层和楼梯间分）	7
		溶剂型涂料涂饰	溶剂型涂料涂饰工程（色漆）检验批质量验收记录	
			裙2：（按层和楼梯间分）	7
			楼梯间（按楼梯部数）	3
			木门漆（按规格）	9
			护栏和扶手（按楼梯部数）	1
			室内外明露金属件	1
	细部构造	窗台板	窗帘盒、窗台板制作与安装工程检验批质量验收记录（按层）	6
		护栏和扶手制作与安装	护栏和扶手制作与安装工程检验批质量验收记录（按楼梯部数）	3
		扶手	扶手检验批质量验收记录（无障碍通道、厕所、坡道）	3

任务2　装饰装修分部工程资料管理计划编制

1. 实训目的：装饰装修分部工程施工资料管理计划的编制的目的是针对任何施工项目根据装饰装修分部工程的结构特点，施工部位、施工工艺、空间和时间的不同确定施工资料管理任务的范围和基本内容，重点是培养施工资料收集管理的方法和能力。

2. 实训内容及成果：依据《建设工程文件归档规范（2019 年版）》GB/T 50328—2014 的规定，参照《建筑工程施工资料计划、交底编制导则》（表 1-7-4），完成某工程项目建筑装饰装修分部工程资料管理计划编制及技术交底工作（目录省略）。

3. 实训步骤、指导与评价：见表 2-2-33。

实训步骤、指导与评价　　　　　　　　　　　表 2-2-33

一、施工管理资料计划的编制	参见《建筑工程施工资料管理计划、交底编制导则》，编制该项目建筑装饰装修分部工程施工资料管理计划
二、资料目录编制	依照资料管理计划的顺序列出建筑装饰装修分部工程各子分部工程施工资料组卷目录表的内容。填写时应参照附表的内容进行选项，并按照组卷的方式汇总。有细目的项，应分级填写

工作任务	分值 M_i	评分标准（指标内涵）		评分等级 K_i				学生自评	教师评价
		A	C	A	B	C	D	N_1	N_2
				1	0.8	0.6	0.4		
计划编制	30	资料分类正确、内容完整	资料分类正确、内容不完整						
目录编制	10	目录正确，内容完整	目录正确，内容不完整						
态度	20	态度端正，独立完成；具有独立解决问题的能力；工作任务完善，具有较强的持续性	态度端正，与他人合作完成；独立解决问题的能力不够；工作有时缺乏持续性						
合计	60			得分 $N = \Sigma K_i M_i$					
		检查评价		师生评价权重				0.2	0.8
				实得分=$0.2N_1 + 0.8N_2$=					

三、检查评价

4. 案例分析

（1）建筑装饰装修分部工程施工资料管理计划（交底）

建筑装饰装修分部工程施工资料管理计划（交底）见表 2-2-34 所列。

装饰装修分部工程施工资料管理计划（交底）一览表

表 2-2-34

资料类别	工程资料名称（子目录）	资料分目录	细　目	工程资料填写单位	完成或提交时间	责任人或部门	审核、审批、签字
C1			施工管理文件				
4	分包单位资质审表	××装饰装修工程公司单位资质报审表		施工单位	分包工程开工前	项目经理部	项目经理/专业监理、总监
5	建设工程质量事故勘查记录	按事故发生事项分目录		调查单位	事故发生后 48h 内提交	项目质量管理部门	项目经理或项目主要负责人、调查负责人
6	建设工程质量事故报告书	按事故发生事项列分目录		调查单位	事故发生后 48h 内提交	项目质量管理部门	项目经理、调查负责人
7	施工检测计划	外墙保温苯板检测计划					
		外墙保温粘结砂浆检测计划					
		玻纤网格布检测计划					
		外墙保温苯板粘结拉拔实验检测计划					
		楼地面卫生间防水卷材检测计划	按检测项目的批次列细目	施工单位	分部、分项工程开工前提交	项目技术部	专业监理
		门窗检测计划					
		玻璃幕墙锚栓拉拔实验					
		装饰装修用水泥检测计划					
		装饰装修用水洗砂检测计划					
		装饰装修用石子检测计划					
		饰面墙地砖板材（大理石、花岗石、水磨石）检测计划					
		M5 混合砂浆检测计划					

313

314

续表

资料类别	工程资料名称（子目录）	资料分目录	细目	工程资料填写单位	完成或提交时间	责任人或部门	审核、审批、签字
7	施工检测计划	C15 细石混凝土配合比检测计划	按检测项目的批次列细目	施工单位	分部、分项工程开工前提交	项目技术部	专业监理
		C20 细石混凝土配合比检测计划					
		水溶性涂料检测计划					
		溶剂性涂料检测计划					
8	见证试验检测汇总表	外墙保温苯板见证试验检测汇总表		施工单位	随工程进度按周或月提交	施工单位/监理单位	取样人和见证人
		外墙保温粘结砂浆见证试验检测汇总表					
		玻纤网格布见证试验检测汇总表					
		外墙保温苯板粘结拉拔实验见证试验检测汇总表					
		楼地面卫生间防水卷材见证试验检测汇总表					
		门窗见证试验检测汇总表					
		玻璃幕墙锚栓拉拔实验					
		装饰装修用水泥见证试验检测汇总表					
		装饰装修用水洗砂见证试验检测汇总表					
		装饰装修用石子见证试验检测汇总表					
		饰面墙地砖板材（大理石、花岗石、水磨石）检测汇总表					

资料类别	工程资料名称（子目录）	资料分目录	细 目	工程资料填写单位	完成或提交时间	责任人或部门	审核、审批、签字
8	见证试验检测汇总表	M5 混合砂浆见证试验检测汇总表		施工单位	随工程进度按周或月提交	施工单位/监理单位	取样人和见证人
		C15 细石混凝土配合比见证试验检测汇总表					
		C20 细石混凝土配合比见证试验检测汇总表					
		水溶性涂料见证试验检测汇总表					
		溶剂性涂料见证试验检测汇总表					
9	施工日志	土建工长		施工单位	从工程开工起至工程竣工逐日记载	工程部	专业工长、施工员
		装修工长					
		水电设备工长					
C2			施工技术文件				
1	工程技术文件报审表	装饰工程施工组织设计文件报审表	按首次和修改次列细目	施工单位	工程项目开工前	项目总工项目技术部	项目总工、技术部/专业监理、总监
		装饰分部工程施工方案文件报审表			工程项目开工前		
		幕墙工程、吊顶工程、饰面板安装工程施工工艺文件报审表	按部位、工序列细目		工程项目开工前		
		特种门门安装工程施工工艺文件报审表					
		溶剂型涂料专项技术方案文件报审表	按专业列细目		工程项目开工前		

315

资料类别	工程资料名称（子目录）	资料分目录	细目	工程资料填写单位	完成或提交时间	责任人或部门	审核、审批、签字
2	施工组织设计及施工方案	装饰工程施工组织设计 装饰分部工程施工方案 幕墙工程、吊顶工程、饰面板安装工程施工工艺 特种门安装工程施工工艺 溶剂型涂料专项技术方案	按首次和修改次列细目	施工单位	单位或分项工程开工10d前完成	项目总工 项目技术部	单位总工或项目技术负责人、专业监理/总监
3	危险性较大的分部分项工程施工方案专家论证表	幕墙安装工程施工方案专家论证表		施工单位	单位或分项工程开工前完成	项目总工 项目技术部	单位总工、项目技术负责人/组长、专家
4	技术交底记录	门窗安装技术交底 墙面抹灰技术交底 水泥砂浆地面技术交底 水磨石地面技术交底 饰面砖技术交底 大理石、花岗石面层技术交底 楼地面防水层技术交底 水溶性涂料技术交底 溶剂性涂料技术交底 玻璃幕墙技术交底 门窗玻璃安装技术交底 扶手与栏杆制作安装技术交底 明、暗龙骨吊顶技术交底 外墙保温技术交底 外墙防水涂料技术交底 玻璃雨蓬安装技术交底 窗台板安装技术交底		施工单位	单位或分项工程开工2d前完成	项目总工 项目技术部	工长、技术、分包等相关责任人

续表

资料类别	工程资料名称（子目录）	资料分目录	细目	工程资料填写单位	完成或提交时间	责任人或部门	审核、审批、签字
5	图纸会审记录	建筑专业图纸会审记录		施工单位	图纸会审后7d内整理完成并提并	项目总工 项目技术部	各方技术、专业负责人
		结构专业图纸会审记录					
		水、暖、电气专业图纸会审记录					
		设备专业图纸会审记录					
6	设计变更通知单	建筑专业设计变更通知单	按事项列细目	设计单位	与设计或建设方协商确定	项目总工 项目技术部	各方技术、专业人员
		结构专业设计变更通知单					
		水、暖、电气专业设计变更通知单					
		设备专业设计变更通知单					
7	工程洽商记录（技术核定单）	建筑专业工程洽商记录	按事项列细目	提出单位	洽商提出后7d内完成	项目总工 项目技术部	各方技术、专业人员
		结构专业工程洽商记录					
		水、暖、电气专业工程洽商记录					
		设备专业图纸工程洽商记录					
C3			进度造价文件				
1	工程开工报审表	建筑装饰专业工程开工报审表		施工单位	满足开工条件正式开工前	施工单位	施工项目经理/总监/建设单位代表
2	工程复工报审表	按工程暂停令设计分目录		施工单位	施工单位自检符合复工条件	施工单位	施工项目经理/总监/建设单位代表
3	施工进度计划报审表	装饰装修工程施工进度计划报审表		施工单位	完成施工年、季、月进度计划	施工单位	施工项目经理/总监/建设单位代表
4	施工进度计划	装饰装修工程施工进度计划		施工单位	完成施工年、季、月进度计划	施工单位	施工项目经理/总监/建设单位代表
		装饰工程月进度计划					

317

续表

资料类别	工程资料名称（子目录）	资料分目录	细目	工程资料填写单位	完成或提交时间	责任人或部门	审核、审批、签字
5	人、机、料动态表	第 n 月人、机、料动态表 第 n+1 月人、机、料动态表 ……		施工单位	每月 25 日前提交	施工单位	项目经理
6	工程延期申请表	按延期事项设分目录		施工单位	符合工程延期要求	施工单位	施工项目经理/总监/建设单位代表
7	工程款支付申请表	第 n 月工程款支付申请表 第 n+1 月工程款支付申请表 ……		施工单位	合同约定日期或工程完成并验收合格	施工单位	施工项目经理/总监/建设单位代表
8	工程变更费用报审表	按事项设分目录		施工单位	工程变更完成并经项目监理部验收合格	施工单位	施工项目经理/总监/建设单位代表
9	费用索赔申请表	按事项设分目录		施工单位	索赔事件发生后 28d 内提交	施工单位	施工项目经理/总监/建设单位代表
C4	施工物资出厂质量证明及进场检测文件						
C4.1	出厂质量证明文件及进场检测报告			供货单位			
1	砂、石、砖、水泥、钢筋、隔热保温、防腐材料、轻骨料出厂证明文件	砂材料出厂质量证明文件	按砂材料进场批次设细目		随物资进场提交	供应单位提供，项目物资收集	供应单位技术负责人
		水泥材料出厂质量证明文件	按水泥材料进场批次设细目				
		钢筋材料出厂质量证明文件	按钢筋材料进场批次设细目				
		聚苯乙烯泡沫塑料（地板保温层）出厂质量证明文件	按聚苯乙烯泡沫塑料材料进场批次设细目				

续表

资料类别	工程资料名称（子目录）	资料分目录	细目	工程资料填写单位	完成或提交时间	责任人或部门	审核、审批、签字
2	其他物资出厂合格证、质量保证书、检测报告和报关单或商检证	石灰	按各类物资进场批次设细目	供货单位	随物资进场提交	供应单位提供，项目物资部收集	供应单位技术负责人
		石膏					
		门窗（金属门、木门、塑料门）材料					
		饰面墙地砖板材（大理石、花岗石、水磨石）材料					
		水性涂料材料					
		溶剂型涂料材料					
		涂抹防潮层材料					
		玻璃材料					
		粘结（建筑胶）材料					
		幕墙材料					
		金属吊顶龙骨材料					
3	材料、设备的相关检验报告、型式检测报告、3C强制认证报告或3C强制认证合格证书或3C标志	安全玻璃材料 3C 强制认证合格证书或 3C 标志	按各类材料、设备进场批次设细目	供货单位	随物资进场提交	供应单位提供，项目物资部收集	供应单位技术负责人
		幕墙玻璃材料 3C 强制认证合格证书或 3C 标志					
		特种门 3C 强制认证合格证书或 3C 标志					
4	主要设备、器具的安装使用说明书	特种门安装使用说明书		供货单位	随物资进场提交	供应单位提供，项目物资部收集	供应单位技术负责人
		幕墙安装使用说明书					
5	进口的主要材料设备的商检证明文件	乳胶漆商检证明文件	按类别进场批次设细目	供货单位	随物资进场提交	供应单位提供，项目物资部收集	供应单位技术负责人

续表

资料类别	工程资料名称（子目录）	资料分目录	细　目	工程资料填写单位	完成或提交时间	责任人或部门	审核、审批、签字
6	涉及消防、安全、卫生、环保、节能的材料、设备的检测报告或具法定机构出具的有效证明文件	塑料门窗、吊顶、饰面板板砖、涂料等环保材料检测报告	按各类材料进场批次设细目	供货单位	随物资进场提交	供应单位提供，项目物资部收集	供应单位技术负责人
		聚苯乙烯泡沫塑料、门窗节能材料	按类别进场批次设细目				
C4.2			进场检验通用表格				
1	材料、构配件进场检验记录	砂材料进场检验记录	按类别进场批次设细目	施工单位	进场验收通过后1d内提交	项目物资部、机电部	材料员/专业质检员/监理工程师
		水泥材料进场检验记录					
		钢筋材料进场检验记录					
		聚苯乙烯泡沫塑料（地板保温层）进场检验记录					
		石灰进场检验记录					
		石膏进场检验记录					
		门窗（金属门、木门、塑料门）材料进场检验记录					
		饰面墙地砖板材（大理石、花岗石、水磨石）材料进场检验记录					
		水性涂料材料进场检验记录					
		溶剂型涂料材料进场检验记录					
		涂抹防潮层材料进场检验记录					
		玻璃材料进场检验记录					

资料类别	工程资料名称（子目录）	资料分目录	细目	工程资料填写单位	完成或提交时间	责任人或部门	审核、审批、签字
1	材料、构配件进场检验记录	粘结（建筑胶）材料进场检验记录	按类别进场批次设细目	施工单位	进场验收通过后 1d 内提交	项目物资部、机电部	材料员/专业质检员/监理工程师
		幕墙材料进场检验记录					
		金属吊顶龙骨材料进场检验记录					
C4.3			进场复试报告				
1	钢材试验报告	HPB300 钢材试验报告	按进场批次设细目	检测单位	正式使用前提交、复验时间 3d 左右	试验单位提供、项目试验员收集	试验单位试验人员、审核人、批准人签认
		HRB400 钢材试验报告					
2	水泥试验报告	普通硅酸盐水泥试验报告	32.5 级水泥试验报告	检测单位	正式使用前提交、快测 4d；常规 28d	试验单位提供、项目试验员收集	试验单位试验人员、审核人、批准人签认
		矿渣硅酸盐水泥试验报告					
		火山灰质硅酸盐水泥试验报告					
		粉煤灰硅酸盐水泥试验报告					
3	砂试验报告	内、外墙面抹灰用砂试验报告	按进场批次设细目	检测单位	正式使用前提交、复验时间 3d 左右	试验单位提供、项目试验员收集	试验单位试验人员、审核人、批准人签认
4	碎（卵）石试验报告	散水、坡道、台阶混凝土卵石试验报告	按进场批次设细目	检测单位	正式使用前提交、复验时间 3d 左右	试验单位提供、项目试验员收集	试验单位试验人员、审核人、批准人签认
6	防水涂料试验报告	外墙面防水涂料试验报告	按进场批次设细目	检测单位	正式使用前提交、复试时间 7d 左右	试验单位提供、项目试验员收集	试验单位试验人员、审核人、批准人签认
7	防水卷材试验报告	楼板低温热水地板用防水卷材试验报告	按进场批次设细目	检测单位	正式使用前提交、复试时间 7d 左右	试验单位提供、项目试验员收集	试验单位试验人员、审核人、批准人签认
11	装饰装修用门窗复试报告	木门窗复试报告	按场批的批次设细目	检测单位	正式使用前提交	试验单位提供、项目试验员收集	试验单位试验人员、审核人、批准人签认
		金属门窗复试报告					
		塑料门窗复试报告					
		特种门窗复试报告					

续表

资料类别	工程资料名称（子目录）	资料分目录		细　目	工程资料填写单位	完成或提交时间	责任人或部门	审核、审批、签字
12	装饰装修用人造木板复试报告	胶合板复试报告		按进场的批次设细目	检测单位	正式使用前提交	试验单位提供，项目试验员收集	试验单位试验人员、审核人、批准人签认
		纤维板复试报告						
		刨花板复试报告						
		胶板加合板复试报告						
13	装饰装修用花岗石复试报告	普通板材复试报告	细面板材	按进场的批次设细目	检测单位	正式使用前提交	试验单位提供，项目试验员收集	试验单位试验人员、审核人、批准人签认
			镜面板材					
			粗面板材					
		异型板材复试报告	细面板材	按进场的批次设细目				
			镜面板材					
			粗面板材					
14	装饰装修用安全玻璃复试报告	防火玻璃复试报告	复合防火	按进场的批次设细目	检测单位	正式使用前提交	试验单位提供，项目试验员收集	试验单位试验人员、审核人、批准人签认
			单片防火					
		钢化玻璃复试报告						
		夹丝玻璃复试报告						
		夹层玻璃复试报告						
15	装饰装修用外墙面砖复试报告	釉面砖复试报告		按进场的批次设细目	检测单位	正式使用前提交复试时间28d左右	试验单位提供，项目试验员收集	试验单位试验人员、审核人、批准人签认
		墙地砖复试报告						
		陶瓷锦砖复试报告						
		瓷质砖复试报告						
21	幕墙用铝塑板、石材、玻璃、结构胶复试报告	幕墙玻璃结构胶复试报告		按进场的批次设细目	检测单位	正式使用前提交	试验单位提供，项目试验员收集	试验单位试验人员、审核人、批准人签认
		结构胶复试报告						

续表

资料类别	工程资料名称（子目录）	资料分目录	细　目	工程资料填写单位	完成或提交时间	责任人或部门	审核、审批、签字
23	节能工程材料复试报告	墙体节能工程材料复试报告	按进场的批次设项目	检测单位	随物资进场提交	试验单位提供，项目试验员收集	试验单位试验人员、审核人、批准人签认
		门窗节能工程材料复试报告					
		地面节能工程材料复试报告					
24	其他物资进场复试报告						
C5			施工记录文件				
1	隐蔽工程验收记录	地下室、1～5 层门窗安装隐蔽工程验收记录	塑料窗安装隐蔽工程验收记录	施工单位	检查合格 1d 内、检验批验收前	项目工程部、质量部	专业监理工程师
			塑料门安装隐蔽工程验收记录				
			金属门安装隐蔽工程验收记录				
			特种门安装隐蔽工程验收记录				
			木门安装隐蔽工程验收记录				
		地下室、1～5 层楼地面隔离层隐蔽工程验收记录	地面防潮层隐蔽工程验收记录（地 2）				
			一层卫生间、盥洗室防水层隐蔽工程验收记录				
			二层卫生间、盥洗室防水层隐蔽工程验收记录				
			三层卫生间、盥洗室防水层隐蔽工程验收记录				
			四层卫生间、盥洗室防水层隐蔽工程验收记录				

333

续表

资料类别	工程资料名称（子目录）	资料分录	细目	工程资料填写单位	完成或提交时间	责任人或部门	审核、审批	审核、审批、签字
1	隐蔽工程验收记录	扶手与栏杆制作安装隐蔽工程验收记录	1号楼梯扶手与栏杆制作安装隐蔽工程验收记录	施工单位	检查合格 1d 内、检验批验收前	项目工程部、质量部	专业监理工程师	
			2号楼梯扶手与栏杆制作安装隐蔽工程验收记录					
			3号楼梯扶手与栏杆制作安装隐蔽工程验收记录					
		玻璃幕墙隐蔽工程验收记录	玻璃幕墙隐蔽工程验收记录					
		外墙保温隐蔽工程验收记录	①～⑩轴外墙保温隐蔽工程验收记录					
			⑩～①轴外墙保温隐蔽工程验收记录					
			Ⓐ～Ⓕ轴外墙保温隐蔽工程验收记录					
			Ⓕ～Ⓐ轴外墙保温隐蔽工程验收记录					
2	施工检查记录	水磨石地面施工检查记录	按项目检查批次设细目	施工单位	检查合格后 1d 内、检验批验收前	项目工程部、质量部	专业技术负责人／专业工长	
		楼地面防水施工检查记录						
		门窗安装施工检查记录						
		玻璃幕墙施工检查记录						
		一般抹灰施工检查记录						
		内墙涂料施工检查记录						

续表

资料类别	工程资料名称（子目录）	资料分目录	细　目	工程资料填写单位	完成或提交时间	责任人或部门	审核、审批	审核、审批、签字
2	施工检查记录	明、暗骨龙吊顶施工检查记录	按项目检查批次设细目	施工单位	检查合格后 1d 内、检验批验收前	项目工程部、质量部		专业技术负责人/专业工长
		外墙保温施工检查记录						
		外墙涂料施工检查记录						
		饰面砖施工检查记录						
		大理石花岗石面层施工检查记录						
3	交接检查记录	抹灰、水暖班组　防水班组交接检查记录	地下室抹灰、管道安装　防水层交接检查记录	施工单位	交接检查合格后 1d 内提交	移交单位	接收单位/见证单位	接收单位/见证单位
			一层卫生间、盥洗室抹灰、管道安装　防水层交接检查记录					
			二层卫生间、盥洗室抹灰、管道安装　防水层交接检查记录					
			三层卫生间、盥洗室抹灰、管道安装　防水层交接检查记录					
			四层卫生间、盥洗室抹灰、管道安装　防水层交接检查记录					
		土建、门窗安装班组　抹灰班组交接检查记录	地下室墙体、门窗安装　一般抹灰交接检查记录	施工单位	交接检查合格后 1d 内提交	移交单位		接收单位/见证单位
			一层墙体、门窗安装　一般抹灰交接检查记录					
			二层墙体、门窗安装　一般抹灰交接检查记录					
			三层墙体、门窗安装　一般抹灰交接检查记录					
			四层墙体、门窗安装　一般抹灰交接检查记录					
			五层墙体、门窗安装　一般抹灰交接检查记录					

续表

资料类别	工程资料名称（子目录）	资料分目录	细 目	工程资料填写单位	完成或提交时间	责任人或部门	审核、审批、签字
3	交接检查记录	抹灰班组 外墙保温班组交接检查记录	①～⑪轴外墙抹灰 外墙保温交接检查记录	施工单位	交接检查合格后1d内提交	移交单位	接收单位/见证单位
			⑪～⑳轴外墙抹灰 外墙保温交接检查记录				
			⑭～⑰轴外墙抹灰 外墙保温交接检查记录				
			⑰～⑳轴外墙抹灰 外墙保温交接检查记录				
		抹灰班组 涂料班组交接检查记录	地下室墙面抹灰 墙面涂料交接检查记录	施工单位	交接检查合格后1d内提交	移交单位	接收单位/见证单位
			一层墙面抹灰 墙面涂料交接检查记录				
			二层墙面抹灰 墙面涂料交接检查记录				
			三层墙面抹灰 墙面涂料交接检查记录				
			四层墙面抹灰 墙面涂料交接检查记录				
			五层墙面抹灰 墙面涂料交接检查记录				
		吊顶装饰班组 涂料班组交接检查记录	室内棚1吊顶 顶棚涂料交接检查记录	施工单位	交接检查合格后1d内提交	移交单位	接收单位/见证单位
			室内棚2吊顶 顶棚涂料交接检查记录				

续表

资料类别	工程资料名称（子目录）	细目	工程资料填写单位	完成或提交时间	责任人或部门	审核、审批、签字
3	交接检查记录	防水班组　饰面砖装饰班组交接检查记录 — 一层卫生间、盥洗室防水层饰面砖粘贴交接检查记录 二层卫生间、盥洗室防水层饰面砖粘贴交接检查记录 三层卫生间、盥洗室防水层饰面砖粘贴交接检查记录 四层卫生间、盥洗室防水层饰面砖粘贴交接检查记录	施工单位	交接检查合格后 1d 内提交	移交单位	接收单位/见证单位
		土建班组　大理石装饰班组交接检查记录 — 室外台阶大理石镶嵌交接检查记录	施工单位	交接检查合格后 1d 内提交	移交单位	接收单位/见证单位
14	混凝土浇灌申请书	散水、坡道、台阶垫层 — C20混凝土浇灌申请书 散水、坡道、台阶垫层 — C15混凝土浇灌申请书	施工单位	每批次混凝土浇筑前提交	项目部	工长、专业技术负责人
15	预拌混凝土运输单	C20预拌混凝土运输单 C15预拌混凝土运输单	混凝土供应商	随预拌混凝土运输车提交	供应单位提供	供应单位/现场工长
16	混凝土开盘鉴定	C20混凝土开盘鉴定 C15混凝土开盘鉴定	施工单位	每次鉴定通过的当日完成，混凝土原材料及配合比设计检验批验收前 1d 提交	混凝土试配单位负责人	施工技术负责人/监理工程师
24	防水工程试水检查记录	地下室地面防水工程试水记录 一层楼地面防水工程试水记录	按检验批设细目	施工单位	检查通过当日内完成，防水层检验批验收前 1d 提交	专业工长/专业技术负责人/质检员	专业工程师

续表

资料类别	工程资料名称（子目录）	资料分目录	细目	工程资料填写单位	完成或提交时间	责任人或部门	审核、审批、签字
24	防水工程试水检查记录	二层楼地面防水工程试水检查记录	按检验批设细目	施工单位	检查通过当日内完成，防水层检验批验收前1d提交	专业工长/专业技术负责人/专业质检员	专业工程师
		三层楼地面防水工程试水检查记录					
		四层楼地面防水工程试水检查记录					
		五层楼地面防水工程试水检查记录					
31	幕墙注胶检查记录	②～③轴立面幕墙注胶检查记录		施工单位	幕墙注胶安装检验批验收前1d提交		
36	其他施工记录文件						
C6	施工试验记录及检测文件						
C6.1	建筑与结构工程						
11	混凝土配合比申请单、通知单	C20混凝土配合比申请单、通知单	按批次设细目	施工单位	混凝土浇筑前开始提交	有资质试验单位提供试验员收集	专业试验员/专业试验单位
		C15混凝土配合比申请单、通知单					
12	混凝土抗压强度试验报告	C20混凝土抗压强度试验报告		检测单位	标养30d内提交；同条件养护视龄期而定	有资质质检验单位提供试验员收集	专业试验员/专业试验单位
		C15混凝土抗压强度试验报告					
13	混凝土试块强度统计、评定记录	C20混凝土试块强度统计、评定记录		施工单位	同一验收批强度报告齐全后评定，分项质量验收前1d提交	现场试验员统计	质量员/项目技术负责人
		C15混凝土试块强度统计、评定记录					

资料类别	工程资料名称（子目录）	资料分目录	细　目	工程资料填写单位	完成或提交时间	责任人或部门	审核、审批、签字
15	砂、石、水泥放射性指标检测报告	砂放射性指标报告	按批次设细目	施工单位检测单位	使用前完成并提交	有资质试验单位提供试验员收集	专业试验员/专业试验单位
		石放射性指标报告					
		水泥放射性指标报告					
17	外墙饰面砖样板粘结强度试验报告	釉面砖样板粘结强度试验报告	按批次设细目	检测单位	饰面砖粘贴检验批验收前 1d 提交；粘贴强度试验 28d 左右	有资质试验单位提供试验员收集	专业试验员/专业试验单位
18	后置埋件抗拔试验报告	外墙后置埋件抗拔试验报告		检测单位	饰面板粘贴检验批验收前 1d 提交	有资质试验单位提供试验员收集	专业试验员/专业试验单位
29	幕墙双组分硅酮结构密封胶、混匀性及拉断试验报告			检测单位	正式施工前完成、检验批验收前提交	有资质试验单位提供试验员收集	专业试验员/专业试验单位
30	幕墙的抗风压性能、空气渗透性能、雨水渗透性能及平面内变形性能检测报告	正立面幕墙检测报告		检测单位	正式施工前完成、检验批验收前提交	有资质试验单位提供试验员收集	专业试验员/专业试验单位
31	外门窗的抗风压性能、空气渗透性能和雨水渗透性能检测报告	1～5 层单框双玻塑钢窗检测报告		检测单位	正式施工前完成、检验批验收前提交	有资质试验单位提供试验员收集	专业试验员/专业试验单位
32	墙体节能工程保温板材与基层粘结强度现场拉拔试验	B1 级硬泡聚氨酯板与基层粘结强度现场拉拔试验		检测单位	正式施工前完成、检验批验收前提交	有资质试验单位提供试验员收集	专业试验员/专业试验单位
33	外墙保温材料同条件养护试件试验报告	聚合物粘接砂浆同条件养护试件试验报告		检测单位	正式施工前完成、检验批验收收前提交	有资质试验单位提供试验员收集	专业试验员/专业试验单位

续表

资料类别	工程资料名称（子目录）	资料分目录	细 目	工程资料填写单位	完成或提交时间	责任人或部门	审核、审批、签字
37	室内环境检测报告	1~5层室内环境检测报告		检测单位	工程完成后 7d，单位工程竣工验收前提交	委托有资质检测单位	建设单位提供
38	节能性能检测报告	建筑门窗节能性能检测报告		检测单位	分部工程完成后，单位工程竣工验收前提交	有资质检测单位	检测单位提供，建设单位收集
		建筑幕墙节能性能检测报告					
		建筑地面节能性能检测报告					
39	其他建筑与结构试验验记录与检测文件						
C7			施工质量验收文件				
1	检验批质量验收记录	整体面层	基层：基土、水泥混凝土垫层、找平层、隔离层、绝热层	基土检验批质量验收记录（2 个）	施工单位	随施工同步完成，按周、月提交	项目质量部	专业质量员/专业工长/专业监理工程师
				水泥混凝土垫层检验批质量验收记录（2 个）				
				卵石灌浆垫层检验批质量验收记录（2 个）				
				混凝土找平层检验批质量验收记录（8 个）				
				水泥砂浆找平层检验批质量验收记录（8 个）				
				隔离层检验批质量验收记录（1 个）				
				绝热层检验批质量验收记录（12 个）				

续表

资料类别	工程资料名称（子目录）	资料分目录	细 目	工程资料填写单位	完成或提交时间	责任人或部门	审核、审批、签字
1	检验批质量验收记录	整体面层：水泥砂浆面层、混凝土面层、水磨石面层	水泥砂浆面层检验批质量验收记录（1个）	施工单位			
			水磨石面层检验批质量验收记录（7个）		随施工同步完成按周、月提交	项目质量部	专业质量员/专业工长/专业监理工程师
			混凝土面层检验批质量验收记录（1个）				
			无障碍通道检验批质量验收记录（1个）				
			无障碍厕所和无障碍厕位验收批质量验收记录（1个）				
		面层	大理石面层和花岗石面层检验批质量验收记录（2个）	施工单位			
			砖面层（楼2、楼3、上人屋面）检验批质量验收记录（5个）		随施工同步完成按周、月提交	项目质量部	专业质量员/专业工长/专业监理工程师
			轮椅坡道检验批质量验收记录（1个）				
	板块面层		无障碍厕所和无障碍厕位检验批质量验收记录（1个）				
		基层	混凝土找平层检验批质量验收记录（4个）	施工单位			
			水泥砂浆找平层检验批质量验收记录（5个）		随施工同步完成按周、月提交	项目质量部	专业质量员/专业工长/专业监理工程师
			隔离层检验批质量验收记录（5个）				
			填充层检验批质量验收记录（4个）				

331

续表

资料类别	工程资料名称（子目录）	资料分目录	细　目	工程资料填写单位	完成或提交时间	责任人或部门	审核、审批、签字
1	检验批质量验收记录	一般抹灰	外墙一般抹灰（4个）	施工单位	随施工同步完成按周、月提交	项目质量部	专业质量员/专业工长/专业监理工程师
			踢脚一般抹灰（2个）				
			墙裙一般抹灰（24个）				
			内墙一般抹灰（25个）				
			顶棚一般抹灰（14个）				
		特种门安装检验批质量验收记录	特种门安装检验批质量验收记录（17个检验批，按不同规格）	施工单位	随施工同步完成按周、月提交	项目质量部	专业质量员/专业工长/专业监理工程师
		金属门窗安装检验批质量验收记录	金属门窗安装检验批质量验收记录（4个检验批，M1、MIC-1、2、3）	施工单位	随施工同步完成月提交	项目质量部	专业质量员/专业工长/专业监理工程师
		木门窗安装检验批质量验收记录	木门窗安装检验批质量验收记录（9个检验批，按不同规格）	施工单位	随施工同步完成月提交	项目质量部	专业质量员/专业工长/专业监理工程师
		塑料门窗安装检验批质量验收记录	塑料门窗安装检验批质量验收记录（23个检验批，按不同规格）	施工单位	随施工同步完成按周、月提交	项目质量部	专业质量员/专业工长/专业监理工程师
		门窗玻璃安装检验批质量验收记录	门窗玻璃安装检验批质量验收记录（门14个检验批，窗25个安装检验批）	施工单位	随施工同步完成月提交	项目质量部	专业质量员/专业工长/专业监理工程师
		门安装检验批质量验收记录	门安装检验批质量验收记录（一层无障碍通道、厕所门）（3个检验批）	施工单位	随施工同步完成月提交	项目质量部	专业质量员/专业工长/专业监理工程师
		暗龙骨吊顶检验批质量验收记录	棚2（暗龙骨）暗龙骨吊顶工程检验批质量验收记录（1个）	施工单位	随施工同步完成月提交	项目质量部	专业质量员/专业工长/专业监理工程师
		明龙骨吊顶检验批质量验收记录	棚3（明龙骨按层分）明龙骨吊顶工程检验批质量验收记录（6个）	施工单位	随施工同步完成月提交	项目质量部	专业质量员/专业工长/专业监理工程师

续表

资料类别	工程资料名称（子目录）	资料分目录	细　目	工程资料填写单位	完成或提交时间	责任人或部门	审核、审批、签字
1	检验批质量验收记录	玻璃幕墙检验批质量验收记录	玻璃隔墙工程检验批质量验收记录（1个）	施工单位	随施工同步完成按周、月提交	项目质量部	专业质量员/专业工长/专业监理工程师
			饰面砖粘贴工程检验批质量验收记录（7个，踢1按层和楼梯间分）	施工单位		项目质量部	专业质量员/专业工长/专业监理工程师
		饰面砖粘贴检验批质量验收记录	饰面砖粘贴工程检验批质量验收记录（6个，裙1按层分）	施工单位	随施工同步完成按周、月提交	项目质量部	专业质量员/专业工长/专业监理工程师
			饰面砖粘贴工程检验批质量验收记录（4个，内墙2按层分）	施工单位		项目质量部	专业质量员/专业工长/专业监理工程师
		饰面板安装检验批质量验收记录	饰面板工程检验批质量验收记录（1个，外墙勒脚）	施工单位	随施工同步完成按周、月提交	项目质量部	专业质量员/专业工长/专业监理工程师
		玻璃幕墙检验批质量验收记录	玻璃幕墙（明框）工程检验批质量验收记录（1个）	施工单位	随施工同步完成按周、月提交	项目质量部	专业质量员/专业工长/专业监理工程师
			水性涂料涂饰工程（薄涂料）检验批质量验收记录（4个，外墙按4面墙）	施工单位		项目质量部	专业质量员/专业工长/专业监理工程师
		水溶性涂料检验批质量验收记录	水性涂料涂饰工程（薄涂料）检验批质量验收记录（1个，内墙1）	施工单位	随施工同步完成按周、月提交	项目质量部	专业质量员/专业工长/专业监理工程师
			水性涂料涂饰工程（薄涂料）检验批质量验收记录（7个，内墙3按层和楼梯间同）	施工单位		项目质量部	专业质量员/专业工长/专业监理工程师

333

续表

资料类别	工程资料名称（子目录）	资料分目录	细目	工程资料填写单位	完成或提交时间	责任人或部门	审核、审批、签字
1	检验批质量验收记录	溶剂性涂料检验批质量验收记录	溶剂型涂料涂饰工程（色漆）检验批质量验收记录（7个，裙2按层和楼梯间分）	施工单位	随施工同步完成按周、月提交	项目质量部	专业质量员/专业工长/专业监理工程师
			溶剂型涂料涂饰工程（色漆）检验批质量验收记录（1个，楼梯间地板漆）				
			溶剂型涂料涂饰工程（色漆）检验批质量验收记录（9个，木门漆按规格分）				
			溶剂型涂料涂饰工程（色漆）检验批质量验收记录（1个，护栏和扶手）				
			溶剂型涂料涂饰工程（色漆）检验批质量验收记录（1个，室内外明露金属件）				
		窗台板和暖气罩制作与安装检验批质量验收记录	窗帘盒、窗台板制作与安装检验批质量验收记录	施工单位	随施工同步完成按周、月提交	项目质量部	专业质量员/专业工长/专业监理工程师
		护栏和扶手制作与安装检验批质量验收记录	护栏和扶手制作与安装检验批质量验收记录	施工单位	随施工同步完成按周、月提交	项目质量部	专业质量员/专业工长/专业监理工程师
		扶手检验批质量验收记录	扶手检验批质量验收记录（无障碍通道、坡道、厕所）	施工单位	随施工同步完成按周、月提交	项目质量部	专业质量员/专业工长/专业监理工程师

续表

资料类别	工程资料名称（子目录）	资料分目录	细目	工程资料填写单位	完成或提交时间	责任人或部门	审核、审批、签字
2	分项工程质量验收记录	地面	整体面层分项工程质量验收记录	施工单位	分项工程验收前3d提交（混凝土除外）	项目质量部	项目技术负责人/专业监理工程师
			板块面层分项工程质量验收记录	施工单位	随施工同步完成按周、月提交	项目质量部	专业质量员/专业工长/专业监理工程师
		抹灰	一般抹灰分项工程质量验收记录	施工单位	随施工同步完成按周、月提交	项目质量部	专业质量员/专业工长/专业监理工程师
		门窗	特种门安装分项工程质量验收记录	施工单位	随施工同步完成按周、月提交	项目质量部	专业质量员/专业工长/专业监理工程师
			金属门窗安装分项工程质量验收记录				
			木门窗安装分项工程质量验收记录				
			塑料门窗安装分项工程质量验收记录				
			门窗玻璃安装分项工程质量验收记录				
		吊顶	暗龙骨吊顶分项工程质量验收记录	施工单位	随施工同步完成按周、月提交	项目质量部	专业质量员/专业工长/专业监理工程师
			明龙骨吊顶分项工程质量验收记录				
		轻质隔墙	玻璃隔墙分项工程质量验收记录	施工单位	随施工同步完成按周、月提交	项目质量部	专业质量员/专业工长/专业监理工程师
		饰面板	饰面板安装分项工程质量验收记录	施工单位	随施工同步完成按周、月提交	项目质量部	专业质量员/专业工长/专业监理工程师
			饰面砖粘贴分项工程质量验收记录				
		幕墙	玻璃幕墙分项工程质量验收记录	施工单位	随施工同步完成按周、月提交	项目质量部	专业质量员/专业工长/专业监理工程师
		涂饰	水溶性涂料分项工程质量验收记录	施工单位	随施工同步完成按周、月提交	项目质量部	专业质量员/专业工长/专业监理工程师
			溶剂性涂料分项工程质量验收记录				
		细部	窗台板和暖气罩制作与安装分项工程质量验收记录	施工单位	随施工同步完成按周、月提交	项目质量部	专业质量员/专业工长/专业监理工程师
			护栏和扶手制作与安装分项工程质量验收记录				
3	分部（子分部）工程质量验收记录		建筑装饰装修分部（子分部）工程质量验收记录	施工单位	分部工程验收前3d提交（混凝土除外）	项目质量部	施工项目经理、设计勘察项目负责人/总监
4	建筑节能分部工程质量验收记录			施工单位	分部工程验收前3d提交	项目质量部	施工项目经理、设计勘察项目负责人/总监

（2）装饰装修分部工程相关资料样表见表2-2-35～表2-2-43。

基土检验批质量验收记录　　　　　　　　　　　　　　　表 2-2-35

编号 03-01-C7.1-×××

单位（子单位）工程名称	××市第××中学教学楼	分部（子分部）工程名称	建筑装饰装修（建筑地面）	分项工程名称	基层铺设
施工单位	××建筑安装有限公司	项目负责人	×××	检验批容量	地下室 24 间
分包单位	/	分包单位项目负责人	/	检验批部位	地下室①～⑧/Ⓐ～Ⓕ地面
施工依据	《建筑安装工程施工工艺规程》QB-××-××××		验收依据	《建筑地面工程施工质量验收规范》GB 50209—2010	

验收项目			设计要求及规范规定	最小/实际抽样数量	检查记录	检查结果
主控项目	1	基土土料	第4.2.5条	3/4	查土质记录，符合要求	合格
	2	氡浓度	第4.2.6条	1组	查检测报告，符合要求	
	3	基土压实	第4.2.7条	3/3	查土壤压实度检测报告，符合要求	
一般项目	1	允许偏差	表面平整度 15mm	3/3	抽查3处，合格3处	合格
	2		标高 0，−50mm	3/3	抽查3处，合格3处	
	3		坡度 ≤2/1000L，且≤30mm	/	/	
	4		厚度 ≤1/10H，且≤20mm	/	/	
施工单位检查结果		主控项目和一般项目质量经抽样检验合格，施工操作依据、质量检查记录完整。 专业工长：××× 项目专业质量检查员：××× ××××年××月××日				
监理单位验收结论		同意验收。 专业监理工程师：××× ××××年××月××日				

水泥混凝土垫层检验批质量验收记录　　　　　　　　　　表 2-2-36

编号 03-01-C7.1-×××

单位（子单位）工程名称	××市第××中学教学楼	分部（子分部）工程名称	建筑装饰装修（建筑地面）	分项工程名称	基层铺设
施工单位	××建筑安装有限公司	项目负责人	×××	检验批容量	地下室 24 间
分包单位	/	分包单位项目负责人	/	检验批部位	地下室①～⑧/Ⓐ～Ⓕ地面
施工依据	《建筑安装工程施工工艺规程》QB-××-××××		验收依据	《建筑地面工程施工质量验收规范》GB 50209—2010	

验收项目			设计要求及规范规定	最小/实际抽样数量	检查记录	检查结果
主控项目	1	材料质量	第4.2.5条	3/4	材料均有合格证、检测报告和复试报告见编号×××××号，××××××号	合格
	2	混凝土强度等级	第4.2.6条	1组	检验合格，见试验报告编号×××××	合格
一般项目	1	允许偏差	表面平整度 10mm	3/3	抽查3处，合格3处	100%
	2		标高 ±10mm	3/3	抽查3处，合格3处	100%
	3		坡度 ≤2/1000L，且≤30mm	/	/	
	4		厚度 ≤1/10H，且≤20mm	3/3	抽查3处，合格3处	100%
施工单位检查结果		主控项目和一般项目质量经抽样检验合格，施工操作依据、质量检查记录完整。 专业工长：××× 项目专业质量检查员：××× ××××年××月××日				
监理单位验收结论		同意验收。 专业监理工程师：××× ××××年××月××日				

砖面层检验批质量验收记录　　　　　　　表 2-2-37

编号 03-01-C7.1-×××

单位（子单位 工程名称）	××市第××中学教学楼		分部（子分部） 工程名称	建筑装饰装修 （建筑地面）	分项 工程名称	板块面层 铺设
施工单位	××建筑安装有限公司		项目负责人	×××	检验批容量	一～五层5间
分包单位	/		分包单位项目负责人	/	检验批部位	⑦～⑧/ Ⓔ～Ⓕ地面
施工依据	《建筑安装工程施工工艺规程》QB-××-××××			验收依据	《建筑地面工程施工质量验收 规范》GB 50209—2010	

		验收项目		设计要求及 规范规定	最小/实际 抽样数量	检查记录	检查 结果
主控项目	1	材料质量		第6.2.5条	/	材料均有合格证、检测报告和复试报告见 编号×××××号，×××××××号	合格
	2	板块产品应有放射性限量 合格的检测报告		第6.2.6条	/	检验合格，见试验报告编号××××	合格
	3	面层余下一层结合		第6.2.7条	5/5	抽查5处，合格5处	100%
一般项目	1	面层表面质量		第6.2.8条	5/5	抽查5处，合格5处	100%
	2	邻接外镶边用料		第6.2.9条	5/5	抽查5处，合格5处	100%
	3	踢脚线质量		第6.2.10条	5/5	抽查5处，合格5处	100%
	4	楼梯台 阶踏步	踏步尺寸及面层质量	第6.2.11条	/	/	/
			楼层梯段相邻踏步 高度差	10mm	/	/	/
			每踏步两端宽度差	10mm	/	/	/
			旋转楼梯踏步两端宽度	5mm	/	/	/
	5	面层表面坡度		第6.2.12条	5/5	抽查5处，合格4处	80%
	6	表面允 许偏差	缸砖	4.0mm	5/5	抽查5处，合格5处	100%
			水泥花砖	3.0mm	/	/	/
			陶瓷锦砖、陶瓷地砖	2.0mm	/	/	/
		缝格平直		3.0mm	5/5	抽查5处，合格5处	100%
		接缝高 低差	陶瓷锦砖、陶瓷地砖、 水泥花砖	0.5mm	/	/	/
			缸砖	1.0mm	5/5	抽查5处，合格4处	80%
		踢脚线 上口 平直	陶瓷锦砖、陶瓷地砖	3.0mm	/	/	/
			缸砖	4.0mm	5/5	抽查5处，合格5处	100%
		板块间隙宽度		2.0mm	5/5	抽查5处，合格5处	100%

施工单位 检查结果	主控项目和一般项目质量经抽样检验合格，施工操作依据、质量检查记录完整。 专业工长：××× 项目专业质量检查员：××× ××××年××月××日
监理单位 验收结论	同意验收。 专业监理工程师：××× ××××年××月××日

337

一般抹灰检验批质量验收记录　　　　　表 2-2-38

编号 03-02-C7.1-×××

单位（子单位）工程名称	××市第××中学教学楼		分部（子分部）工程名称	建筑装饰装修（建筑地面）	分项工程名称	一般抹灰
施工单位	××建筑安装有限公司		项目负责人	×××	检验批容量	室外 550m²
分包单位	/		分包单位项目负责人	/	检验批部位	Ⓐ～Ⓕ立面
施工依据	《建筑安装工程施工工艺规程》QB-××-××××			验收依据	《建筑装饰装修工程质量验收标准》GB 50210—2018	

		验收项目	设计要求及规范规定	最小/实际抽样数量	检查记录	检查结果
主控项目	1	基层表面	第 6.2.5 条	/	表面清除干净，检查合格	合格
	2	材料品种和性能	第 6.2.6 条	/	检验合格，见试验报告编号×××××	合格
	3	操作要求	第 6.2.7 条	/	检验合格，资料齐全	合格
	4	层粘结及面层质量	第 4.2.5 条	5/5	检查各层间粘结牢固，合格	合格
一般项目	1	表面质量	第 4.2.6 条	5/5	抽查5处，合格5处	100%
	2	细部质量	第 4.2.7 条	5/5	抽查5处，合格5处	100%
	3	层与层间材料要求层总厚度	第 4.2.8 条	5/5	抽查5处，合格5处	100%
	4	分格缝	第 4.2.9 条	/	/	/
	5	滴水线（槽）	第 4.2.10 条	/	/	/

		项目	允许偏差		最小/实际抽样数量	检查数量	
			普通抹灰 □	高级抹灰 □			
	6	立面垂直度（mm）	4	3	5/5	抽查5处，合格5处	100%
	7	表面平整度（mm）	4	3	5/5	抽查5处，合格5处	100%
	8	阴阳角方正（mm）	4	3	5/5	抽查5处，合格5处	100%
	9	分格条（缝）直线度（mm）	4	3	/	/	/
	10	墙裙、勒脚上口直线度（mm）	4	3	/	/	/

施工单位检查结果	主控项目和一般项目质量经抽样检验合格，施工操作依据、质量检查记录完整。 　　　　　专业工长：××× 　　项目专业质量检查员：××× 　　　　　××××年××月××日
监理单位验收结论	同意验收。 　　　　　专业监理工程师：××× 　　　　　××××年××月××日

338

塑料门窗安装检验批质量验收记录　　　　　表 2-2-39

编号 03-03-C7.1-×××

单位（子单位 工程名称）	××市第××中学教学楼		分部（子分部） 工程名称	建筑装饰装修 （建筑地面）	分项 工程名称	一般抹灰
施工单位	××建筑安装有限公司		项目负责人	×××	检验批容量	54 樘
分包单位	/		分包单位项目负责人	/	检验批部位	1~2 层 C-1
施工依据	《建筑安装工程施工工艺规程》QB-××-××××			验收依据	《建筑装饰装修工程质量验收 标准》GB 50210—2018	

		验收项目	设计要求及 规范规定	最小/实际 抽样数量	检查记录	检查 结果
主控项目	1	门窗质量	第 5.4.2 条	/	质量证明文件齐全，符合要求	合格
	2	框、扇安装	第 5.4.3 条	5/5	抽查 5 处，合格 5 处	合格
	3	拼樘料与框连接	第 5.4.4 条	5/5	抽查 5 处，合格 5 处	合格
	4	门窗扇安装	第 5.4.5 条	5/5	抽查 5 处，合格 5 处	合格
	5	配件质量及安装	第 5.4.6 条	5/5	抽查 5 处，合格 5 处	合格
	6	框与墙体缝隙填嵌	第 5.4.7 条	5/5	抽查 5 处，合格 5 处	合格
一般项目	1	表面质量	第 5.4.8 条	5/5	抽查 5 处，合格 5 处	100%
	2	密封条及旋转门窗间隙	第 5.4.9 条	/	/	/
	3	门窗扇开关力	第 5.4.10 条	5/5	抽查 5 处，合格 5 处	100%
	4	玻璃密封条、玻璃槽口	第 5.4.11 条	5/5	抽查 5 处，合格 5 处	100%
	5	排水孔	第 5.4.12 条	/	/	/
	6	安装留缝限值及允许偏差（mm）门窗槽口宽度高度 ≤1500mm	2	/	/	/
		>1500mm	3	5/5	抽查 5 处，合格 5 处	100%
		门窗槽口对角线长度 ≤2000mm	3	5/5	抽查 5 处，合格 5 处	100%
		>2000mm	5	/	/	/
		门窗框的正侧面垂直度	3	5/5	抽查 5 处，合格 5 处	100%
		门窗横框的水平度	3	5/5	抽查 5 处，合格 5 处	100%
		门窗横框标高	5	5/5	抽查 5 处，合格 5 处	100%
		门窗竖向偏离中心	5	5/5	抽查 5 处，合格 5 处	100%
		双层门窗内外框间距	4	/	/	/
		同樘平开门窗相邻扇高度差	2	5/5	抽查 5 处，合格 5 处	100%
		平开门窗铰链部位配合间隙	+2，−1	5/5	抽查 5 处，合格 5 处	100%
		推拉门窗与框搭接量	+1.5，−2.5	/	/	/
		推拉门窗扇与竖框平行度	2	/	/	/

施工单位 检查结果	主控项目和一般项目质量经抽样检验合格，施工操作依据、质量检查记录完整。 专业工长：××× 项目专业质量检查员：××× ××××年××月××日
监理单位 验收结论	同意验收。 专业监理工程师：××× ××××年××月××日

339

整体面层暗龙骨吊顶检验批质量验收记录　　　　表 2-2-40

编号 03-04-C7.1-××

单位（子单位 工程名称）	××市第××中学教学楼		分部（子分部） 工程名称	建筑装饰 装修吊顶	分项 工程名称	整体面层 吊顶
施工单位	××建筑安装有限公司		项目负责人	×××	检验批容量	36 间
分包单位	/		分包单位项目负责人	/	检验批部位	1～2 层
施工依据	《建筑安装工程施工工艺规程》QB-××-××××			验收依据	《建筑装饰装修工程质量 验收标准》GB 50210—2018	

		验收项目	设计要求及 规范规定	最小/实际 抽样数量	检查记录	检查 结果
主控项目	1	标高、尺寸、起拱、造型	第 6.2.2 条	4/4	抽查 4 处，合格 4 处	合格
	2	饰面材料	第 6.2.3 条	/	质量证明文件齐全，符合要求 见报告编号×××××	合格
	3	吊杆、龙骨、饰面 材料安装	第 6.2.4 条	4/4	抽查 4 处，合格 4 处	合格
	4	吊杆、龙骨材质间距及 连接方式	第 6.2.5 条	4/4	抽查 4 处，合格 4 处	合格
	5	石膏板接缝	第 6.2.6 条	/	/	合格
一般项目	1	材料表面质量	第 6.2.7 条	4/4	抽查 4 处，合格 4 处	100%
	2	灯具等设备	第 6.2.8 条	/	抽查 4 处，合格 4 处	100%
	3	龙骨、吊杆接缝	第 6.2.9 条	4/4	抽查 4 处，合格 4 处	100%
	4	填充材料	第 6.2.10 条	/	/	/

一般项目 5 安装允许偏差

项目	允许偏差 (mm)				最小/ 实际抽 样数量	检查记录	检查 结果
	纸面 石膏	金属板	矿棉板	木板塑 料板 格栅			
	/				/	/	/
表面平整度	□3	□2	□2	□2	4/4	抽查 4 处，合格 4 处	100%
接缝直线度	□3	□1.5	□3	□3	/	/	/
接缝高低差	□1	□1	□1.5	□1	/	/	/

施工单位 检查结果	主控项目和一般项目质量经抽样检验合格，施工操作依据、质量检查记录完整。 专业工长：××× 项目专业质量检查员：××× ××××年××月××日
监理单位 验收结论	同意验收。 专业监理工程师：××× ××××年××月××日

陶瓷板安装检验批质量验收记录 表 2-2-41

编号 03-06-C7.1-×××

单位（子单位）工程名称	××市第××中学教学楼		分部（子分部）工程名称	建筑装饰装修（饰面板）	分项工程名称	陶瓷板安装
施工单位	××建筑安装有限公司		项目负责人	×××	检验批容量	36 间
分包单位	/		分包单位项目负责人	/	检验批部位	1～2 层
施工依据	《建筑安装工程施工工艺规程》QB-××-××××			验收依据	《建筑装饰装修工程质量验收标准》GB 50210—2018	

验收项目			设计要求及规范规定	最小/实际抽样数量	检查记录	检查结果
主控项目	1	饰面板品种、规格、质量	第 8.2.2 条	4/4	质量证明文件齐全，符合要求 见报告编号×××××	合格
	2	饰面板孔、槽、位置、尺寸	第 8.2.3 条	/		合格
	3	饰面板安装	第 8.2.4 条	4/4	抽查 4 处，合格 4 处	合格
一般项目	1	饰面板表面质量	第 8.2.5 条	4/4	抽查 4 处，合格 4 处	100%
	2	饰面板嵌缝	第 8.2.6 条	/	抽查 4 处，合格 4 处	100%
	3	湿作业施工	第 8.2.7 条	4/4	抽查 4 处，合格 4 处	100%
	4	饰面板孔洞套割	第 8.2.8 条	/	/	/

		项目	允许偏差（mm）	最小/实际抽样数量	检查记录	检查结果
一般项目	5 陶瓷板安装允许偏差	立面垂直度	2	4/4	抽查 4 处，合格 4 处	100%
		表面平整度	1.5			
		阴阳角方正	2			
		接缝直线度	2	/	/	/
		墙裙勒脚上口直线度	2			
		接缝高低差	0.5	/	/	/
		接缝宽度	1			

施工单位检查结果	主控项目和一般项目质量经抽样检验合格，施工操作依据、质量检查记录完整。 专业工长：××× 项目专业质量检查员：××× ××××年××月××日
监理单位验收结论	同意验收。 专业监理工程师：××× ××××年××月××日

341

水性涂料涂饰检验批质量验收记录　　　表 2-2-42

编号 03-10-C7.1-×××

单位（子单位）工程名称		××市第××中学教学楼	分部（子分部）工程名称	建筑装饰装修（涂饰）	分项工程名称		水性涂料
施工单位		××建筑安装有限公司	项目负责人	×××	检验批容量		36 间
分包单位		/	分包单位项目负责人	/	检验批部位		1～2 层
施工依据		《建筑安装工程施工工艺规程》QB-××-××××		验收依据		《建筑装饰装修工程质量验收标准》GB 50210—2018	

		验收项目		设计要求及规范规定	最小/实际抽样数量	检查记录	检查结果
主控项目	1	涂料品种、型号、性能		第10.2.2条	6/6	质量证明文件齐全，符合要求 见报告编号×××××	合格
	2	涂饰颜色和图案		第10.2.3条	6/6	抽查6处，合格6处	合格
	3	涂饰综合质量		第10.2.4条	6/6	抽查6处，合格6处	合格
	4	基层处理		第10.2.5条	6/6	抽查6处，合格6处	合格
一般项目	1	与其他材料和设备衔接处		第10.2.9条	6/6	抽查6处，合格6处	100%
	2	薄涂料涂饰质量允许偏差	颜色 普通涂饰	均匀一致	6/6	抽查6处，合格6处	100%
			颜色 高级涂饰	均匀一致		/	
			泛碱、咬色 普通涂饰	允许少量轻微	6/6	抽查6处，合格6处	100%
			泛碱、咬色 高级涂饰	不允许		/	
			流坠、疙瘩 普通涂饰	允许少量轻微	6/6	抽查6处，合格5处	83%
			流坠、疙瘩 高级涂饰	不允许		/	
			砂眼、刷纹 普通涂饰	允许少量轻微砂眼、刷纹通顺	6/6	抽查6处，合格6处	100%
			砂眼、刷纹 高级涂饰	无砂眼、无刷纹		/	
			装饰线、分色线直线度 普通涂饰	2mm	6/6	抽查6处，合格5处	83%
			装饰线、分色线直线度 高级涂饰	1mm		/	
	3	厚涂料涂饰质量允许偏差	颜色 普通涂饰	均匀一致			
			颜色 高级涂饰	均匀一致			
			泛碱、咬色 普通涂饰	允许少量轻微			
			泛碱、咬色 高级涂饰	不允许			
			点状分布 普通涂饰	—			
			点状分布 高级涂饰	疏密均匀			
	4	复层涂饰质量允许偏差	颜色	均匀一致			
			泛碱、咬色	不允许			
			喷点疏密程度	均匀，不允许连片			

施工单位检查结果	主控项目和一般项目质量经抽样检验合格，施工操作依据、质量检查记录完整。 专业工长：××× 项目专业质量检查员：××× ××××年××月××日
监理单位验收结论	同意验收。 专业监理工程师：××× ××××年××月××日

护栏和扶手制作与安装检验批质量验收记录　　　表 2-2-43

编号 03-10-C7.1-×××

单位（子单位工程名称）	××市第××中学教学楼		分部（子分部）工程名称	建筑装饰装修/细部	分项工程名称	护栏和扶手制作与安装
施工单位	××建筑安装有限公司		项目负责人	×××	检验批容量	3 间
分包单位	/		分包单位项目负责人	/	检验批部位	②~③、⑥~⑧、⑩~⑪轴
施工依据	《建筑安装工程施工工艺规程》QB-××-××××			验收依据	《建筑装饰装修工程质量验收标准》GB 50210—2018	

		验收项目	设计要求及规范规定	最小/实际抽样数量	检查记录	检查结果
主控项目	1	材料质量	第 12.5.3 条		质量证明文件齐全，符合要求见报告编号×××××	合格
	2	造型、尺寸、安装位置	第 12.5.4 条	全/3	共 3 处，全部检查，合格 3 处	合格
	3	预埋件及连接	第 12.5.5 条	全/3	共 3 处，全部检查，合格 3 处	合格
	4	护栏高度、位置与安装	第 12.5.6 条	全/3	共 3 处，全部检查，合格 3 处	合格
	5	护栏玻璃	第 12.5.7 要			
一般项目	1	转角、接缝及表面质量	第 12.5.8 条	全/3	共 3 处，全部检查，合格 3 处	100%
	2	安装允许偏差（mm） 护栏垂直度	3	全/3	共 3 处，全部检查，合格 3 处	100%
		栏杆间距	3	全/3	共 3 处，全部检查，合格 3 处	100%
		扶手直线度	4	全/3	共 3 处，全部检查，合格 3 处	100%
		扶手高度	3	全/3	共 3 处，全部检查，合格 3 处	100%
施工单位检查结果	主控项目和一般项目质量经抽样检验合格，施工操作依据、质量检查记录完整。 专业工长：××× 项目专业质量检查员：××× ××××年××月××日					
监理单位验收结论	同意验收。 专业监理工程师：××× ××××年××月××日					

343

项目4　屋面分部工程资料管理

项目实训目标

任务1　屋面分部工程资料信息的采集与分部、分项、检验批的划分

1. 实训目的：在具有屋面工程施工图的识读、施工技术和施工组织专业知识基础上，通过施工任务分解，培养屋面工程资料信息采集和施工方案执行的能力。

2. 实训内容及成果：依据《建筑工程施工质量验收统一标准》GB 50300—2013 及《屋面工程质量验收规范》GB 50207—2012 的规定，完成屋面分部工程资料信息采集与分部、子分部、分项、检验批的划分并填写表 2-2-45。

3. 实训步骤与指导：见表 2-2-44 所列。

实训步骤、指导与评价　　　　　　　　　　表 2-2-44

一、针对工作任务搜集有关资料及采集相关信息	1. 工作准备：搜集相关资料、文件、规范、技术标准、教材、参考书。 2. 背景资料：分部工程概况（下表按工程实际发生项在□打√或在空格填写）	
	工程名称	
	基层与保护	找坡层■　找平层■　隔气层■　隔离层■　保护层■
	保温与隔热	板状材料保温层■　纤维材料保温层□　喷涂硬泡聚氨酯保温层□　现浇泡沫混凝土保温层□　种植隔热层□　架空隔热层□　蓄水隔热层□
	防水与密封	卷材防水层■　涂膜防水层□　复合防水层□　接缝密封防水■
	瓦面与板面	烧结瓦和混凝土瓦铺装□　沥青瓦铺装□　金属板铺装□　玻璃采光顶铺装□
	细部构造	檐口□　檐沟和天沟□　女儿墙和山墙■　水落口■　变形缝■　伸出屋面管道■　屋面出入口■　反梁过水孔■　设施基座□　屋脊□　屋顶窗□
	屋面工程施工工艺流程	基层处理、隔气层、保温层、找坡层、找平层、防水卷材层
	新工艺新材料	有□　无□
二、进行分项、检验批划分	1. 熟悉《建筑工程施工质量验收统一标准》GB 50300—2013 及《屋面工程质量验收规范》GB 50207—2012 中有关分项、检验批划分的规定：参见分部（子分部）工程、分项工程、检验批划分及代号索引。 2. 逐项确认屋面工程各子分部的分项工程、检验批数量并填写表 2-2-45 的内容。	

工作任务	分值 M_i	评分标准（指标内涵）		评分等级 K_i				学生自评	教师评价
		A	C	A	B	C	D	N_1	N_2
				1	0.8	0.6	0.4		
三、检查评价 信息采集	20	采集相关信息非常准确、齐全	基本准确、有缺项或错选						
分项检验批划分	20	分项、检验批划分：科学、合理、符合施工方案要求，便于检验和资料管理实施	分项检验批划分基本准确						
合计	40			得分 $N=\Sigma K_iM_i$					
检查评价				师生评价权重				0.2	0.8
				实得分 $=0.2N_1+0.8N_2=$					

分部、子分部、分项、检验批划分和数量确定（样表）　　表 2-2-45

子分部名称	分项名称	检验批名称	检验批数量

4. 案例分析

屋面工程分部、分项、检验批划分，见表 2-2-46 所列。

××市第××中学教学楼屋面工程分部、分项、检验批划分表　　表 2-2-46

分部工程	子分部工程	分项工程名称	检 验 批	检验批数量
屋面工程	基层保护	找坡层	二、四、五层屋面、雨篷找坡层检验批质量验收记录（按不同层高分）	4
		找平层	二、四、五层屋面、雨篷找平层检验批质量验收记录（按不同层高分）	4
		隔汽层	二、四、五层屋面隔汽层检验批质量验收记录	3
		隔离层	四层屋面隔离层检验批质量验收记录	1
	保温与隔热	板状材料保温层	二、四、五层屋面找平层检验批质量验收记录（按不同层高分）	4
	防水与密封	卷材防水层	二、五层屋面及雨篷卷材防水层、四层上人屋面卷材防水层检验批质量验收记录（按不同层高分）	4
		接缝密封防水	二、四、五层屋面接缝密封防水检验批质量验收记录	3

345

续表

分部工程	子分部工程	分项工程名称	检 验 批	检验批数量
屋面工程	细部构造	檐沟和天沟	五层屋面檐沟和天沟检验批质量验收记录	1
		女儿墙和山墙	二、四、五层女儿墙和山墙检验批质量验收记录	3
		水落口	二、四、五层屋面及雨篷水落口检验批质量验收记录（按不同层高分）	4
		变形缝	二层变形缝检验批质量验收记录	1
		伸出屋面管道	四层伸出屋面管道检验批质量验收记录	1

任务 2　屋面分部工程资料管理计划编制

1. 实训目的：屋面分部工程施工资料管理计划编制的目的是针对施工项目根据屋面分部工程的结构特点、施工部位、施工工艺、空间和时间的不同确定施工资料管理任务的范围和基本内容，同时也是施工资料收集工作能力培养的基本方法。

2. 实训内容及成果：依据《建设工程文件归档规范（2019 年版）》GB/T 50328—2014 的规定，参照《建筑工程施工资料计划、交底编制导则》（表 1-7-4），完成某工程项目屋面分部工程资料管理计划编制及技术交底工作（目录省略）。

3. 实训步骤与指导：见表 2-2-47 所列。

实训步骤、指导与评价　　　　　　　　　　表 2-2-47

一、施工管理资料计划的编制	参见《建筑工程施工资料管理计划、交底编制导则》，选择该屋面分部工程各子分部工程施工资料内容编制资料管理计划								
二、资料目录编制	依照资料管理计划的顺序列出屋面分部工程各子分部工程施工资料组卷目录表的内容。填写时应参照附表的内容进行选项，并按照组卷的方式汇总。有细目的项，应分级填写								
三、检查评价	工作任务	分值 M_i	评分标准（指标内涵）		评分等级 K_i				学生自评	教师评价
			A	C	A	B	C	D	N_1	N_2
					1	0.8	0.6	0.4		
	计划编制	30	资料分类正确、内容完整	资料分类正确、内容不完整						
	目录编制	10	目录正确，内容完整	目录正确，内容不完整						
	态度	20	态度端正，独立完成；具有独立解决问题的能力；工作任务完善，具有较强的持续性	态度端正，与他人合作完成；独立解决问题的能力不够；工作有时缺乏持续性						
	合计	60			得分 $N=\Sigma K_iM_i$					
	检查评价				师生评价权重				0.2	0.8
					实得分 $=0.2N_1+0.8N_2=$					

4. 案例分析

（1）屋面分部工程施工资料管理计划（交底）见表 2-2-48 所列。

346

屋面分部工程施工资料管理计划（交底）

表 2-2-48

资料类别	工程资料名称（子目录）	资料分目录	细目	工程资料填写单位	完成或提交时间	责任人或部门	审核、审批、签字
C1			施工管理文件				
4	分包单位资质报审表	××防水工程专业施工公司		施工单位	分包工程开工前	项目经理部	项目经理/专业监理/总监
5	建设工程质量事故勘查记录	按事故发生事项列分目录		调查单位	事故发生后 48h 内提交	项目质量管理部门	项目经理或项目主要负责人/调查负责人
6	建设工程质量事故报告书	按事故发生事项列分目录		调查单位	事故发生后 48h 内提交	项目质量管理部门	项目经理、调查负责人
7	施工检测计划	保温材料施工检测计划	按检测项目的批次列列目录	施工单位	分部、分项工程开工前提交	项目技术部	专业监理
		防水卷材施工检测计划					
		隔汽层材料施工检测计划					
8	见证试验检测汇总表	保温材料见证试验检测汇总表		施工单位	随工程进度按周或月提交	施工单位/监理单位	取样人和见证人
		防水卷材见证试验检测汇总表					
		隔气层材料见证试验检测汇总表					
9	施工日志	防水工程专业工长		施工单位	从工程开工起至工程竣工逐日记载	工程部	专业工长、施工员
C2			施工技术文件				
1	工程技术文件报审表	防水工程施工方案文件报审表		施工单位	工程项目开工前		
		重点部位、关键工序施工工艺文件报审表	保温层施工工艺文件报审表	施工单位	工程项目开工前		
			防水层施工工艺文件报审表				
			附加层施工工艺文件报审表				
		屋面防水工程专项技术方案文件报审表		施工单位	工程项目开工前		

348

资料类别	工程资料名称（子目录）	资料分目录	细目	工程资料填写单位	完成或提交时间	责任人或部门	审核、审批、签字
2	施工组织设计及施工方案	屋面防水工程专项施工方案文件		施工单位	单位或分项工程开工10d前完成	项目总工项目技术部	单位总工或项目技术负责人、专业监理/总监
4	技术交底记录	屋面隔气层工程技术交底 屋面保温层工程技术交底 屋面找平层工程技术交底 屋面防水层工程技术交底 屋面细部构造工程技术交底	按分项设细目	施工单位	单位或分项工程开工2d前完成	项目总工项目技术部	工长、技术、分包等相关责任人
5	图纸会审记录	建筑专业图纸会审记录 结构专业图纸会审记录 水、暖、电气专业图纸会审记录 设备专业图纸会审记录	按事项列细目	施工单位	图纸会审后7d内整理完成并提交	项目总工项目技术部	各方技术、专业负责人
6	设计变更通知单	建筑专业设计变更通知单 结构专业设计变更通知单 水、暖、电气专业设计变更通知单 设备专业设计变更通知单	按事项列细目	设计单位	与设计或建设方协商确定	项目总工项目技术部	各方技术、专业人员
7	工程洽商记录（技术核定单）	建筑专业工程洽商记录 结构专业工程洽商记录 水、暖、电气专业工程洽商记录 设备专业图纸工程洽商记录	按事项列细目	提出单位	洽商提出后7d内完成	项目总工项目技术部	各方技术、专业人员

续表

资料类别	工程资料名称（子目录）	资料分目录	细目	工程资料填写单位	完成或提交时间	责任人或部门	审核、审批、签字
C3			进度造价文件				
2	工程复工报审表	按工程暂停令设分目录		施工单位	施工单位自检符合复工条件	施工单位	施工项目经理/总监/建设单位代表
3	施工进度计划报审表	屋面工程施工进度计划报审表		施工单位	完成施工年、季、月进度计划	施工单位	施工项目经理/总监/建设单位代表
4	施工进度计划	屋面工程施工进度计划		施工单位	完成施工年、季、月进度计划	施工单位	施工项目经理/总监/建设单位代表
5	人、机、料动态表	n 月屋面工程人、机、料动态表 $n+1$ 月屋面工程人、机、料动态表		施工单位	每月 25 日前提交	施工单位	项目经理
6	工程延期申请表	按延期事项设分目录		施工单位	符合工程延期要求	施工单位	施工项目经理/总监/建设单位代表
7	工程款支付申请表	n 月屋面工程工程款支付申请表 $n+1$ 月屋面工程工程款支付申请表		施工单位	合同约定日期或工程完成并验收合格	施工单位	施工项目经理/总监/建设单位代表
8	工程变更费用报审表	按事项设分目录		施工单位	工程变更完成并经项目监理部验收合格	施工单位	施工项目经理/总监/建设单位代表
9	费用索赔申请表	按事项设分目录		施工单位	索赔事件发生后 28d 内提交	施工单位	施工项目经理/总监/建设单位代表

续表

资料类别	工程资料名称（子目录）	资料分目录	细目	工程资料填写单位	完成或提交时间	责任人或部门	审核、审批、签字
C4		施工物资出厂质量证明及进场检测文件					
C4.1		出厂质量证明文件及进场检测报告					
1	砂、石、砖、水泥、钢筋、防腐材料、隔热保温、轻集料出厂质量证明文件	砂材料出厂质量证明文件	按砂材料进场批次设细目	供货单位	随物资进场提交	供应单位提供、项目物资部收集	供应单位技术负责人
		石材料出厂质量证明文件	按石材料进场批次设细目				
		水泥材料出厂质量证明文件	按水泥材料进场批次设细目				
		隔热保温材料出厂质量证明文件	按隔热保温材料进场批次设细目				
		轻骨料材料出厂质量证明文件	按轻骨料材料进场批次设细目	供货单位	随物资进场提交	供应单位提供、项目物资部收集	供应单位技术负责人
2	其他物资出厂合格证、质量保证书、检测报告和报关或商检证等	聚苯板保温层	按各类物资进场批次设细目	供货单位	随物资进场提交	供应单位提供、项目物资部收集	供应单位技术负责人
		聚氨酯隔汽层					
		合成高分子防水卷材					
3	材料、设备的相关检验报告、型式检测报告、3C强制认证合格证书或3C标志	合成高分子防水卷材型式检测报告	按各类材料、设备进场批次设细目	供货单位	随物资进场提交	供应单位提供、项目物资部收集	供应单位技术负责人
6	涉及消防、安全、卫生、环保、节能的材料、设备的检测报告或法定机构出具的有效证明文件	聚苯板保温层材料的检测报告或法定机构出具的有效证明文件	按类别进场批次设细目	供货单位	随物资进场提交	供应单位提供、项目物资部收集	供应单位技术负责人
		轻集料检测报告或法定机构出具的有效证明文件					

资料类别	工程资料名称（子目录）	资料分目录	细目	工程资料填写单位	完成或提交时间	责任人或部门	审核、审批、签字
C4.2			进场检验通用表格				
1	材料、构配件进场检验记录	火山灰水泥进场检验记录	按类别进场批次设细目	施工单位	进场验收通过后 1d 内提交	项目物资部、机电部	材料员/专业质检员/监理工程师
		砂材料进场检验记录					
		轻集料进场检验记录					
		合成高分子水卷材进场检验记录					
		保温层用 150mm 厚聚苯板进场检验记录					
		隔汽层用聚氨酯进场检验记录					
C4.3			进场复试报告				
2	水泥试验报告	普通硅酸盐水泥试验报告	按进场批次设细目	检测单位	正式使用前提交；快测 4d；常规 28d	试验单位提供，项目试验员收集	试验单位试验人员、审核人、批准人签认
		火山灰质硅酸盐水泥试验报告					
		粉煤灰硅酸盐水泥试验报告					
3	砂试验报告	按砂品种设分目录	按进场批次设细目	检测单位	正式使用前提交，复试时间 3d 左右	试验单位提供，项目试验员收集	试验单位试验人员、审核人、批准人签认
7	防水卷材试验报告	合成高分子防水卷材试验报告	按进场批次设细目	检测单位	正式使用前提交，复试时间 7d 左右	试验单位提供，项目试验员收集	
23	节能工程材料复试报告	轻集料复试报告	按进场的批次设细目	检测单位	随物资进场提交	试验单位提供，项目试验员收集	试验单位试验人员、审核人、批准人签认
		聚苯板复试报告					
24	其他物资进场复试报告						

351

资料类别	工程资料名称（子目录）	资料分目录	细目	工程资料填写单位	完成或提交时间	责任人或部门	审核、审批、签字
C5			施工记录文件				
1	隐蔽工程验收记录	屋面隔汽层隐蔽工程验收记录	二层屋面隔汽层隐蔽工程验收记录	施工单位	检查合格1d内，检验批验收前	项目工程部、质量部	质量员、工长 专业/监理工程师
			四层屋面隔汽层隐蔽工程验收记录				
			五层屋面隔汽层隐蔽工程验收记录				
		屋面隔离层隐蔽工程验收记录	四层屋面隔离层隐蔽工程验收记录				
			二层屋面保温层隐蔽工程验收记录				
		屋面保温层隐蔽工程验收记录	四层屋面保温层隐蔽工程验收记录				
			五层屋面保温层隐蔽工程验收记录				
			二层屋面找平层隐蔽工程验收记录				
		屋面找平层隐蔽工程验收记录	四层屋面找平层隐蔽工程验收记录				
			五层屋面找平层隐蔽工程验收记录				
			二层屋面防水层隐蔽工程验收记录				
		屋面防水层隐蔽工程验收记录	四层屋面防水层隐蔽工程验收记录				
			五层屋面防水层隐蔽工程验收记录				

续表

资料类别	工程资料名称（子目录）	资料分目录	细目	工程资料填写单位	完成或提交时间	责任人或部门	审核、审批、签字
2	施工检查记录	屋面隔汽层施工检查记录	二层屋面隔汽层施工检查记录	施工单位	检查合格后 1d 内、检验批验收前	项目工程部、质量部	专业技术负责人/专业工长
			四层屋面隔汽层施工检查记录				
			五层屋面隔汽层施工检查记录				
		屋面隔离层施工检查记录	四层屋面隔离层施工检查记录				
		屋面保温层施工检查记录	二层屋面保温层施工检查记录				
			四层屋面保温层施工检查记录				
			五层屋面保温层施工检查记录				
		屋面找坡、找平层施工检查记录	二层屋面找坡、找平层施工检查记录				
			四层屋面找坡、找平层施工检查记录				
			五层屋面找坡、找平层施工检查记录				
		屋面防水层施工检查记录	二层屋面防水层施工检查记录				
			四层屋面防水层施工检查记录				
			五层屋面防水层施工检查记录				
3	交接检查记录	土建班组 防水班组交接检查记录	二层屋面卫生清理 隔汽层施工交接检查记录	施工单位	交接检查合格后 1d 内提交	移交单位	接收单位/见证单位
			四层屋面卫生清理 隔汽层施工交接检查记录				
			五层屋面卫生清理 隔汽层施工交接检查记录				

续表

资料类别	工程资料名称（子目录）	资料分目录	细目	工程资料填写单位	完成或提交时间	责任人或部门	审核、审批、签字
3	交接检查记录	防水班组 土建班组交接检查记录	二层屋面隔汽层 保温层施工交接检查记录	施工单位	交接检查合格后1d内提交	移交单位	接收单位/见证单位
			四层屋面隔汽层 保温层施工交接检查记录				
			五层屋面隔汽层 保温层施工交接检查记录				
		土建班组 防水班组交接检查记录	二层屋面找平层 卷材防水层施工交接检查记录				
			四层屋面找平层 卷材防水层施工交接检查记录				
			五层屋面找平层 卷材防水层施工交接检查记录				
7	楼层标高抄测记录	二层屋面楼层平面放线记录		施工单位	每次测量结束后1d内提交	项目测量员	技术、质量、测量相关人员专业工程师
		四层屋面楼层平面放线记录					
		五层屋面楼层平面放线记录					
24	防水工程试水检查记录	二层屋面防水工程试水检查记录	按检验批设组	施工单位	检查通过当日内完成，防水层验收批验收前1d提交	专业工长/专业技术负责人/专业质检员	专业工程师
		四层屋面防水工程试水检查记录					
		五层屋面防水工程试水检查记录					
36	其他施工记录文件						

续表

资料类别	工程资料名称（子目录）	资料分目录	细目	工程资料填写单位	完成或提交时间	责任人或部门	审核、审批、签字
C7			施工质量验收文件				
1	检验批质量验收记录	找坡层分项工程质量验收记录	二层找坡层检验批质量验收记录	施工单位	随施工同步完成按周、月提交	项目质量部	专业质量员/专业监理工程师
			四层找坡层检验批质量验收记录				
			五层找坡层检验批质量验收记录				
			雨篷找坡层检验批质量验收记录				
		找平层分项工程质量验收记录	二层找平层检验批质量验收记录	施工单位	随施工同步完成按周、月提交	项目质量部	专业质量员/专业工长/专业监理工程师
			四层找平层检验批质量验收记录				
			五层找平层检验批质量验收记录				
			雨篷找平层检验批质量验收记录				
		隔汽层分项工程质量验收记录	二层隔汽层检验批质量验收记录	施工单位	随施工同步完成按周、月提交	项目质量部	专业质量员/专业工长/专业监理工程师
			四层隔汽层检验批质量验收记录				
			五层屋面隔汽层检验批质量验收记录				

续表

资料类别	工程资料名称（子目录）	资料分目录	细目	工程资料填写单位	完成或提交时间	责任人或部门	审核、审批、签字
1	检验批质量验收记录	隔离层分项工程质量验收记录	四层隔离层检验批质量验收记录	施工单位	随施工同步完成，按周、月提交	项目质量部	专业质量员/专业工长/专业监理工程师
		板状材料保温层分项工程质量验收记录	二层板状材料保温层检验批质量验收记录	施工单位	随施工同步完成，按周、月提交	项目质量部	专业质量员/专业工长/专业监理工程师
			四层板状材料保温层检验批质量验收记录				
			五层板状材料保温层检验批质量验收记录				
		卷材防水层分项工程质量验收记录	二层卷材防水层检验批质量验收记录	施工单位	随施工同步完成，按周、月提交	项目质量部	专业质量员/专业工长/专业监理工程师
			四层卷材防水层检验批质量验收记录				
			五层卷材防水层检验批质量验收记录				
			雨篷卷材防水层检验批质量验收记录				
		接缝密封防水分项工程质量验收记录	二层接缝密封防水检验批质量验收记录	施工单位	随施工同步完成，按周、月提交	项目质量部	专业质量员/专业工长/专业监理工程师
			四层接缝密封防水检验批质量验收记录				
			五层接缝密封防水检验批质量验收记录				

续表

资料类别	工程资料名称（子目录）	资料分目录	细目	工程资料填写单位	完成或提交时间	责任人或部门	审核	审批、签字
1	检验批质量验收记录	檐沟和天沟分项工程质量验收记录	五层檐沟和天沟检验批质量验收记录	施工单位	随施工同步完成 按周、月提交	项目质量部	工长/专业监理工程师	专业质量员/专业监理工程师
		女儿墙和山墙分项工程质量验收记录	二层女儿墙和山墙检验批质量验收记录	施工单位	随施工同步完成 按周、月提交	项目质量部	工长/专业监理工程师	专业质量员/专业监理工程师
			四层女儿墙和山墙检验批质量验收记录					
			五层女儿墙和山墙检验批质量验收记录					
		水落口分项工程质量验收记录	二层水落口检验批质量验收记录	施工单位	随施工同步完成 按周、月提交	项目质量部	工长/专业监理工程师	专业质量员/专业监理工程师
			四层水落口检验批质量验收记录					
			五层水落口检验批质量验收记录					
			雨篷水落口检验批质量验收记录					
		变形缝分项工程质量验收记录	二层变形缝检验批质量验收记录	施工单位	随施工同步完成 按周、月提交	项目质量部	工长/专业监理工程师	专业质量员/专业监理工程师
		伸出屋面管道分项工程质量验收记录	四层伸出屋面管道检验批质量验收记录	施工单位	随施工同步完成 按周、月提交	项目质量部	工长/专业监理工程师	专业质量员/专业监理工程师

续表

资料类别	工程资料名称（子目录）	资料分目录	细目	工程资料填写单位	完成或提交时间	责任人或部门	审核、审批、鉴字
2	分项工程质量验收记录	基层与保护	找坡层分项工程质量验收记录	施工单位	分项工程验收前3d提交（混凝土除外）	项目质量部	项目技术负责人/专业监理工程师
			找平层分项工程质量验收记录				
			隔汽层分项工程质量验收记录				
			隔离层分项工程质量验收记录				
		保温与隔热	板状材料保温层分项工程质量验收记录				
		防水与密封	卷材防水层分项工程质量验收记录				
			接缝密封防水分项工程质量验收记录				
		细部构造	檐沟和天沟分项工程质量验收记录				
			女儿墙和山墙分项工程质量验收记录				
			水落口分项工程质量验收记录				
			变形缝分项工程质量验收记录				
			伸出屋面管道分项工程质量验收记录				
3	分部（子分部）工程质量验收记录	屋面分部工程质量验收记录		施工单位	分部工程验收前3d提交（混凝土除外）	项目质量部	施工项目经理、设计勘察项目负责人/总监

C类其他资料

（2）屋面分部工程相关资料样表见表 2-2-49～表 2-2-52。

屋面保温层检验批质量验收记录　　　　　　　表 2-2-49

编号 04-01-C7.1-×××

单位（子单位）工程名称		××市第××中学教学楼	分部（子分部）工程名称	屋面工程（保温与隔热）	分项工程名称	板状材料保温层
施工单位		××建筑安装有限公司	项目负责人	×××	检验批容量	520m²
分包单位		/	分包单位项目负责人	/	检验批部位	①～④、Ⓐ～Ⓕ轴
施工依据		《建筑安装工程施工工艺规程》QB-××-××××	验收依据		《屋面工程质量验收规范》GB 50207—2012	

验收项目			设计要求及规范规定	最小/实际抽样数量	检查记录	检查结果
主控项目	1	材料质量	设计要求	6/6	质量证明文件齐全，符合要求见报告编号	合格
	2	保温层厚度	设计要求70mm	6/6	抽查6处，6处合格	合格
	3	屋面热桥部位处理	第5.2.6条	6/6	抽查6处，6处合格	合格
一般项目	1	保温层铺设	−5%、≤4mm	6/6	抽查6处，6处合格	100%
	2	固定件的规格和数量	第5.2.8条	6/6	抽查6处，5处合格	83%
	3	允许偏差	表面平整度	5mm	6/6	抽查6处，6处合格	100%
	4		接缝高低差	2mm	6/6	抽查6处，5处合格	83%

施工单位检查结果	主控项目和一般项目质量经抽样检验合格，施工操作依据、质量检查记录完整。 专业工长：××× 项目专业质量检查员：××× ××××年××月××日
监理单位验收结论	同意验收。 专业监理工程师：××× ××××年××月××日

359

屋面卷材防水层检验批质量验收记录　　表 2-2-50

编号 04-01-C7.1-×××

360

单位（子单位工程名称）	××市第××中学教学楼	分部（子分部）工程名称	建筑屋面（防水与密封）	分项工程名称	卷材防水层
施工单位	××建筑安装有限公司	项目负责人	×××	检验批容量	520m²
分包单位	/	分包单位项目负责人	/	检验批部位	①~④、Ⓐ~Ⓕ轴
施工依据	《建筑安装工程施工工艺规程》QB-××-××××			验收依据	《屋面工程质量验收规范》GB 50207—2012

		验收项目	设计要求及规范规定	最小/实际抽样数量	检查记录	检查结果
主控项目	1	卷材及配套材料质量	设计要求	6/6	质量证明文件齐全，符合要求见报告编号×××××	合格
	2	防水层渗漏和积水	不得有渗漏或积水现象	6/6	抽查6处，6处合格	合格
	3	卷材防水层的防水构造	设计要求	6/6	抽查6处，6处合格	合格
一般项目	1	卷材搭接缝质量	第6.2.13条	6/6	抽查6处，6处合格	100%
	2	卷材收头质量	第6.2.14条	6/6	抽查6处，5处合格	83%
	3	卷材搭接宽度	—10mm	6/6	抽查6处，6处合格	100%
	4	屋面排汽构造	第6.2.16条	6/6	抽查6处，6处合格	100%
施工单位检查结果		主控项目和一般项目质量经抽样检验合格，施工操作依据、质量检查记录完整。 专业工长：××× 项目专业质量检查员：××× ××××年××月××日				
监理单位验收结论		同意验收。 专业监理工程师：××× ××××年××月××日				

接缝密封防水检验批质量验收记录　　　　表 2-2-51

单位（子单位 工程名称）	××市第××中学教学楼		分部（子分部） 工程名称	屋面工程 （防水与密封）	分项 工程名称	卷材防水层
施工单位	××建筑安装有限公司		项目负责人	×××	检验批容量	520m²
分包单位	/		分包单位项目负责人	/	检验批部位	①～④、 Ⓐ～Ⓕ轴
施工依据	《建筑安装工程施工工艺规程》QB-××-××××			验收依据	《屋面工程质量验收规范》 GB 50207—2012	

验收项目			设计要求及 规范规定	最小/实际 抽样数量	检查记录	检查 结果
主控项目	1	密封及配套材料质量	设计要求	6/6	质量证明文件齐全，符合要求见报告 编号××××	合格
	2	密封材料嵌填质量	第 6.5.5 条	6/6	抽查 6 处，6 处合格	合格
一般项目	1	密封防水部位基层质量	第 6.5.6 条	6/6	抽查 6 处，6 处合格	100%
	2	接缝宽度和密封材料的 嵌填深度	第 6.5.7 条	6/6	抽查 6 处，6 处合格	100%
	3	密封宽度允许偏差	±10%	6/6	抽查 6 处，5 处合格	83%
	4	嵌填密封材料表面 质量	第 6.5.8 条		检验合格，报告编号××××××	合格

施工单位 检查结果	主控项目和一般项目质量经抽样检验合格，施工操作依据、质量检查记录 完整。 专业工长：××× 项目专业质量检查员：××× ××××年××月××日
监理单位 验收结论	同意验收。 专业监理工程师：××× ××××年××月××日

女儿墙和山墙检验批质量验收记录　　　　表 2-2-52

编号 04-05-C7.1-×××

单位（子单位工程名称）	××市第××中学教学楼	分部（子分部）工程名称	屋面工程（细部构造）	分项工程名称	女儿墙和山墙
施工单位	××建筑安装有限公司	项目负责人	×××	检验批容量	520m²
分包单位	/	分包单位项目负责人	/	检验批部位	①～④、Ⓐ～Ⓕ轴
施工依据	《建筑安装工程施工工艺规程》QB-××-××××		验收依据	《屋面工程质量验收规范》GB 50207—2012	

		验收项目	设计要求及规范规定	最小/实际抽样数量	检查记录	检查结果
主控项目	1	女儿墙和山墙防水构造	设计要求	全/6	共6处，全数检查，合格6处	合格
	2	压顶向内排水坡度	第8.4.2条	全/6	共6处，全数检查，合格6处	合格
	3	根部不得有渗漏和积水现象	第8.4.2条	全/6	共6处，全数检查，合格6处	合格
一般项目	1	泛水高度及附加层铺设	设计要求 400mm	全/6	共6处，全数检查，合格6处	100％
	2	卷材粘贴、收头及封缝	第8.4.4条	全/6	共6处，全数检查，合格6处	100％
	3	涂膜涂刷	第8.4.5条	全/6	共6处，全数检查，合格6处	100％

施工单位检查结果	主控项目和一般项目质量经抽样检验合格，施工操作依据、质量检查记录完整。 专业工长：××× 项目专业质量检查员：××× ××××年××月××日
监理单位验收结论	同意验收。 专业监理工程师：××× ××××年××月××日

3　实训与能力评价

《建筑工程资料管理实训》是建筑工程技术专业一门重要的实训课程，通过该课程的学习，使学生具备施工现场资料管理的能力，该课程也是建筑业企业施工员、质检员、资料员、监理员等管理岗位必备的职业能力。

3.1　实训要求

（1）具有建筑工程资料管理基本知识和基本能力；

（2）能够按照施工图、施工组织设计、质量计划和相关规范和规定要求，采集相关工程项目信息；

（3）依据相关规定和信息，能够编制建筑工程资料管理整体策划方案，包括合理确定分部、子分部、分项、检验批等验收计划；事先初步确定建筑材料进场批次计划和试验计划；事先确定预检计划和隐蔽工程验收计划；

（4）依照《施工资料管理计划、交底编制导则》编制建筑工程施工资料计划和交底文件；

（5）能按照《建筑工程资料管理规程》的要求进行各分部工程施工管理资料、施工技术资料、进度造价资料、施工物资资料、施工记录、施工试验记录及检测报告、施工质量验收记录、竣工验收记录等八类资料文件的收集、分类、核查和组卷。

3.2　实训内容和评价标准

建筑工程资料管理实训内容和评价标准汇总表参见表 2-3-1，评价内容可以根据需要选定实训项目，评价的方法是将每个实训项目的所得分值（总计 100 分）乘以该项目的权重即该项目的实际的分值，累计所有实训项目的实际分值即是该实训项目的总分，按照优秀 100～90 分、良好 89～75 分、合格 75～60 分、不合格 60 分以下等级标准确定实训成绩。

建筑工程资料管理实训内容和评价标准汇总表　　　表 2-3-1

综合能力	评价等级	专项能力	权重	单项能力	基本分	实得分
建筑工程资料管理	总分 优秀□ 良好□ 合格□ 不合格□	地基与基础分部工程资料管理能力	0.25	信息采集分部、分项、检验批划分	40	
				资料管理计划编制	60	
		主体分部工程资料管理能力	0.25	信息采集分部、分项、检验批划分	40	
				资料管理计划编制	60	
		装饰装修分部工程资料管理能力	0.30	信息采集、分部、分项、检验批划分	40	
				资料管理计划编制	60	
		屋面分部工程资料管理能力	0.20	信息采集、分部、分项、检验批划分	40	
				资料管理计划编制	60	

4 建筑图节选

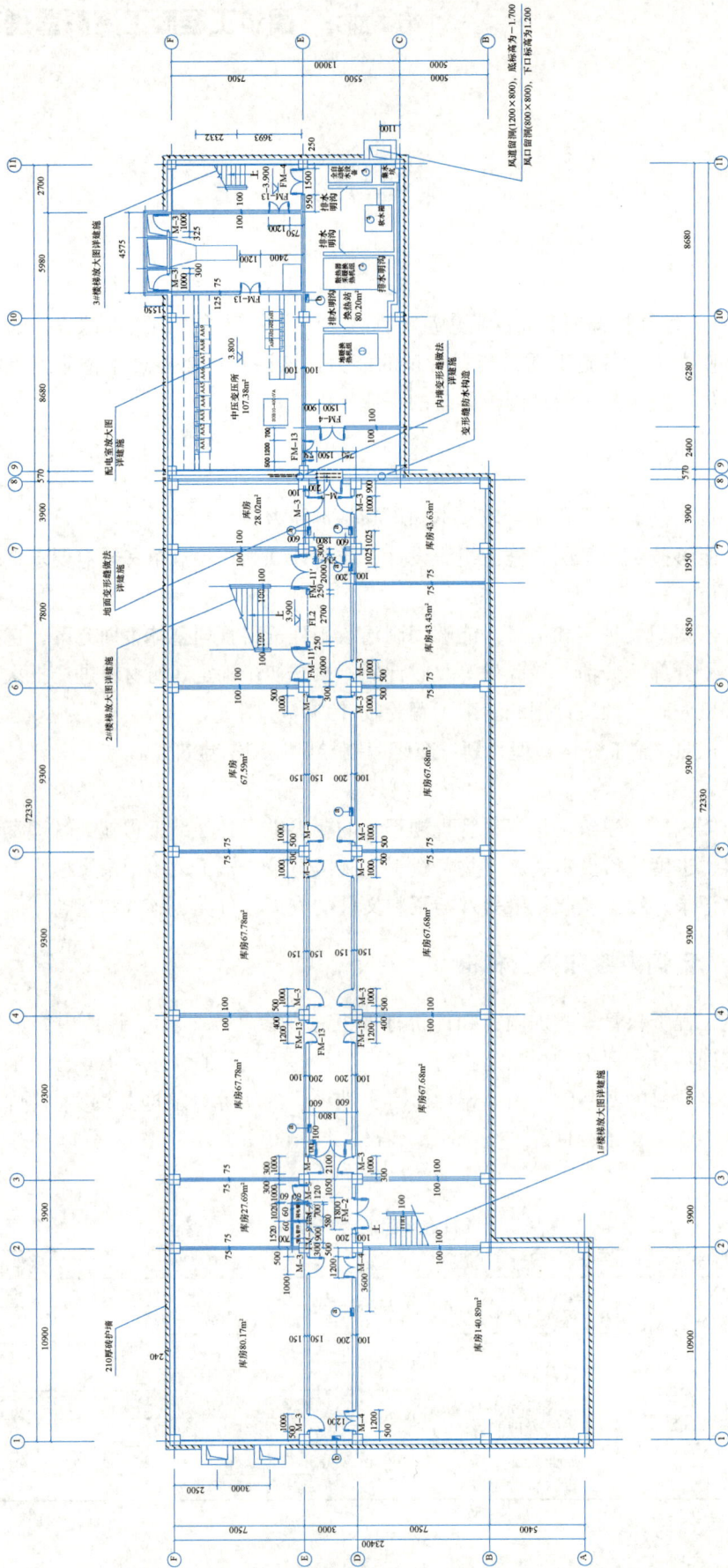

地下一层平面图

一层平面图

① — ⑪ 立面图 1:100

⑪ — ① 立面图 1:100

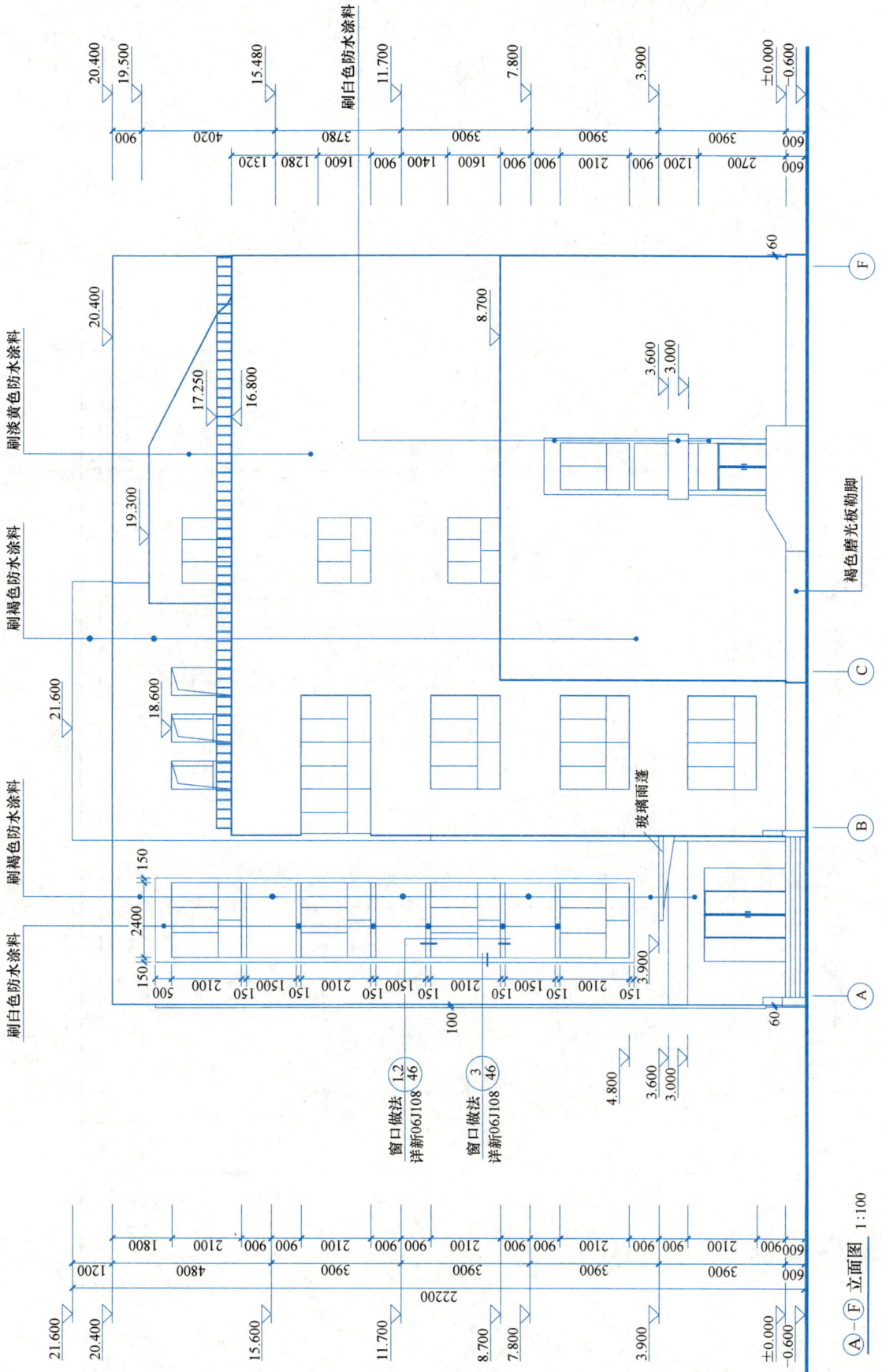

Ⓐ—Ⓕ 立面图 1:100

刷褐色防水涂料

刷白色防水涂料

窗口做法 详建施 A,B/10

刷褐色防水涂料

褐色磨光板勒脚

20.400
15.600
11.700
8.700
7.800
3.900
±0.000
-0.600

21.600

Ⓕ—Ⓐ 立面图 1:100

1—1剖面图 1:100

女儿墙泛水做法
详建施 ②/14

女儿墙泛水做法
详建施 ②/14

窗口做法(A,B)
详建施 ⑩

合防热层下反贴60厚挤塑聚
苯板保温距端2m范围内 60厚挤塑聚苯板保温
层埋至冻土层下1.5m

板下反贴60厚挤塑聚苯板

防水底板板顶

卷材防水构造
参详新028 ①/20

120厚砖护墙

室外地坪

吊顶底标高14.200
吊顶底标高10.300
吊顶底标高6.400
吊顶底标高-1.700
门厅吊顶底标高3.000
铝合金立柱
通至楼板底

玻璃雨蓬

17.100
19.300
21.600
20.400
3.900
3.600
3.000
100
450
2000
2000

20.400
19.000
16.500
13.650
9.750
5.850
1.950
±0.000
-0.600
-1.950
-3.900
-5.100

1400
2500
2850
3900
3900
3900
1950
600
1350
1500
450 600
1350
1950
600
1350
1950
600
1350
1950
600
450 600
1950
1350
1950
1200

21.600
20.400
16.800
15.480
11.700
7.800
3.900
±0.000
-0.600
-3.900
-5.100

1200
3600
1320
3780
3900
3900
3900
3300
1200
780
2100
900
600
2100
900
600
2100
900
600
3000
600
600

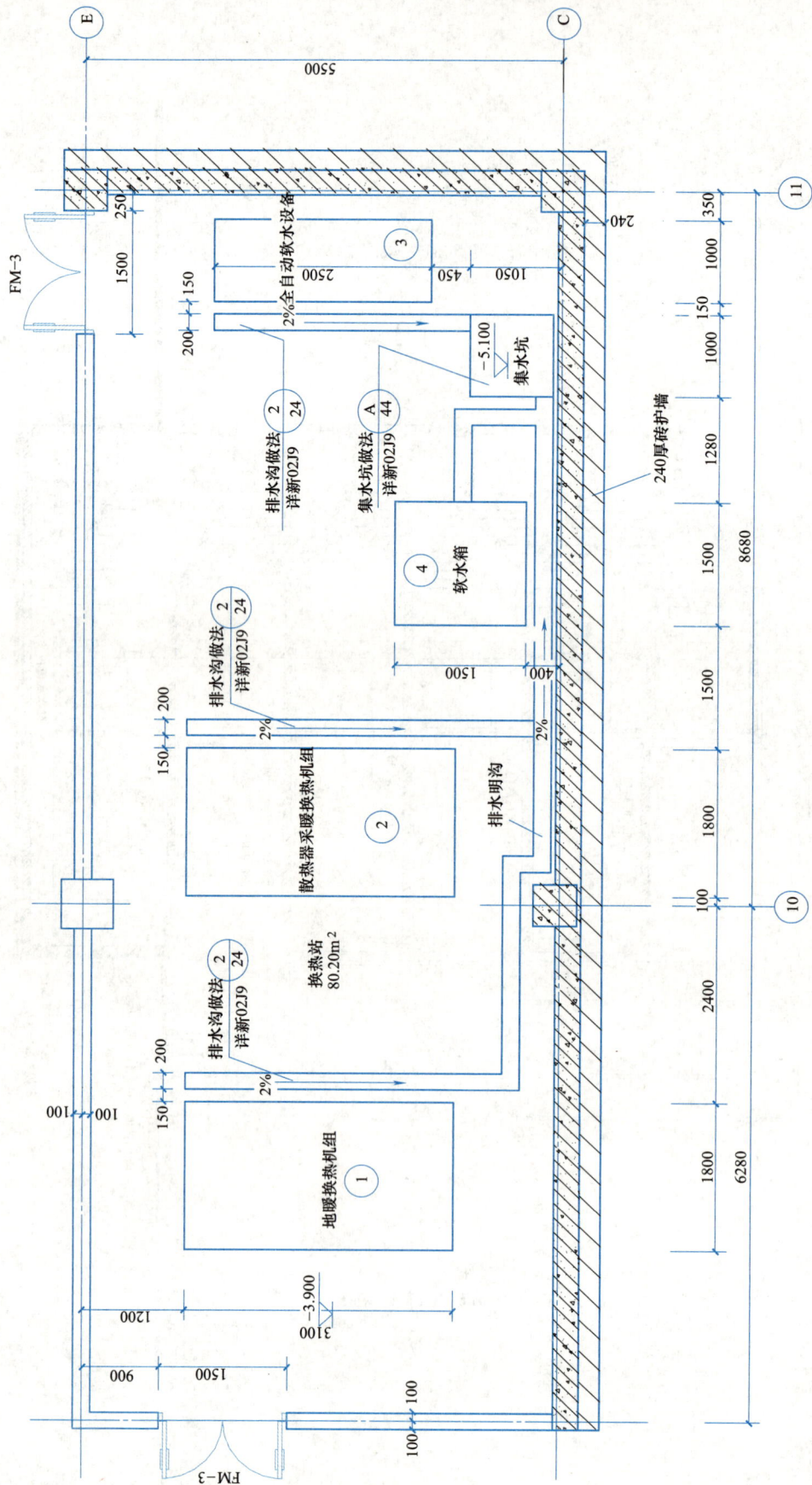

换热站平面放大图1:50

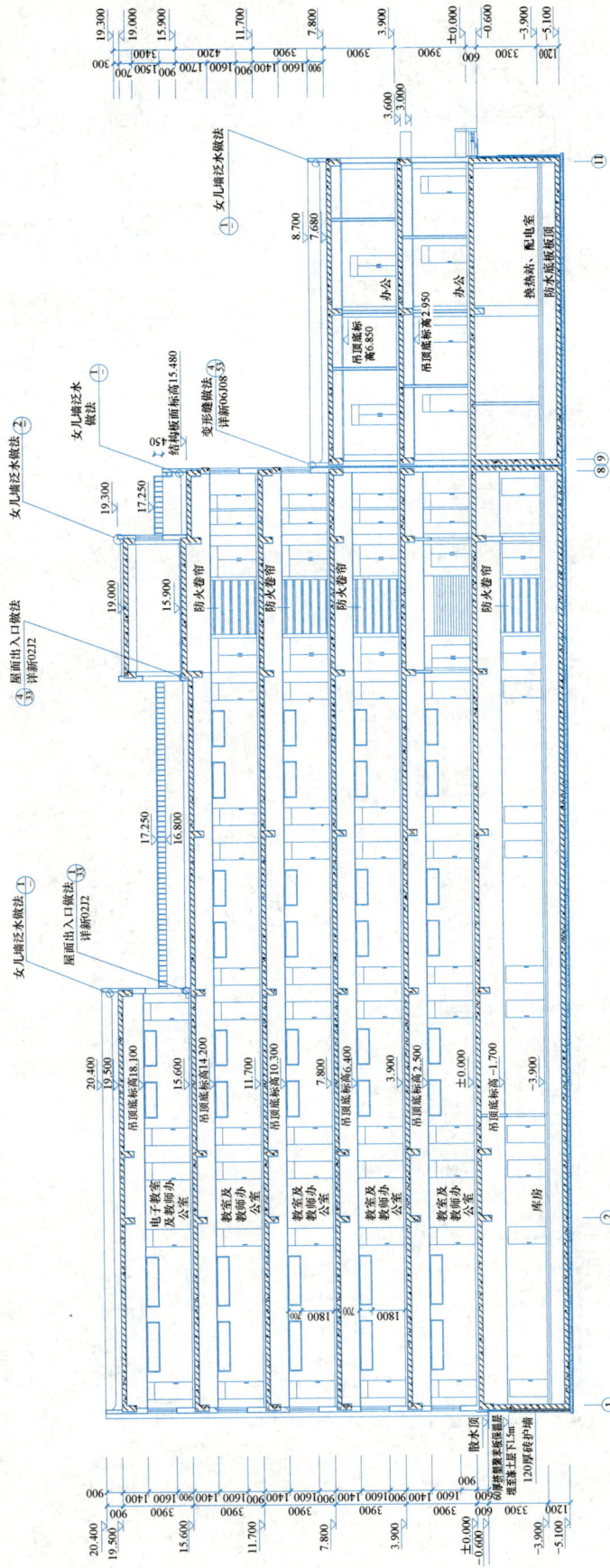

2—2剖面图 1:100

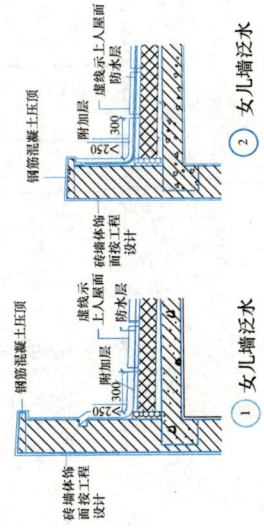

女儿墙泛水做法

屋面出入口做法

女儿墙泛水做法②

女儿墙泛水做法①

结构板面标高15.480

变形缝做法④

详新06J08-53

防火卷帘

办公

换热站、配电室

防水底板顶

吊顶底标高6.850

吊顶底标高2.950

电子教室及教师办公室

教室及教师办公室

教室及教师办公室

教室及教师办公室

教室及教师办公室

库房

吊顶底标高18.100

吊顶底标高14.200

吊顶底标高10.300

吊顶底标高6.400

吊顶底标高2.500

吊顶底高-1.700

散水顶

60厚挤塑聚苯板保温层堆垫至±1层下1.5m

120厚砖护墙

钢筋混凝土压顶

建筑示上人屋面

附加层

防水层

女儿墙泛水

砖墙体饰面接工程设计

① 女儿墙泛水

② 女儿墙泛水

标高数值:
20.400 19.500 19.300 19.000 15.900 15.600 11.700 7.800 3.900 3.600 3.000 ±0.000 -0.600 -1.700 -3.900 -5.100

17.250 16.800

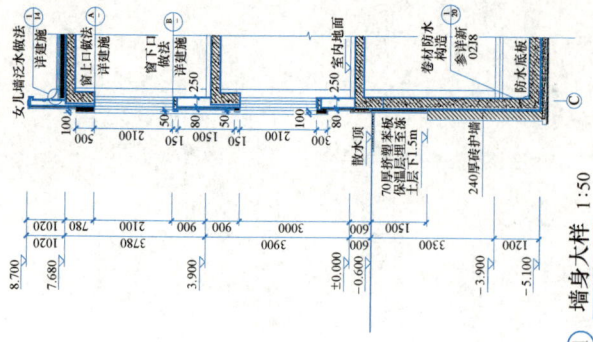

① 墙身大样　1:50

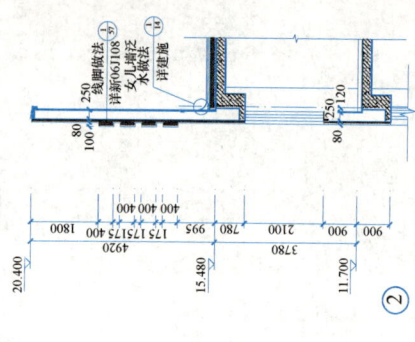

②

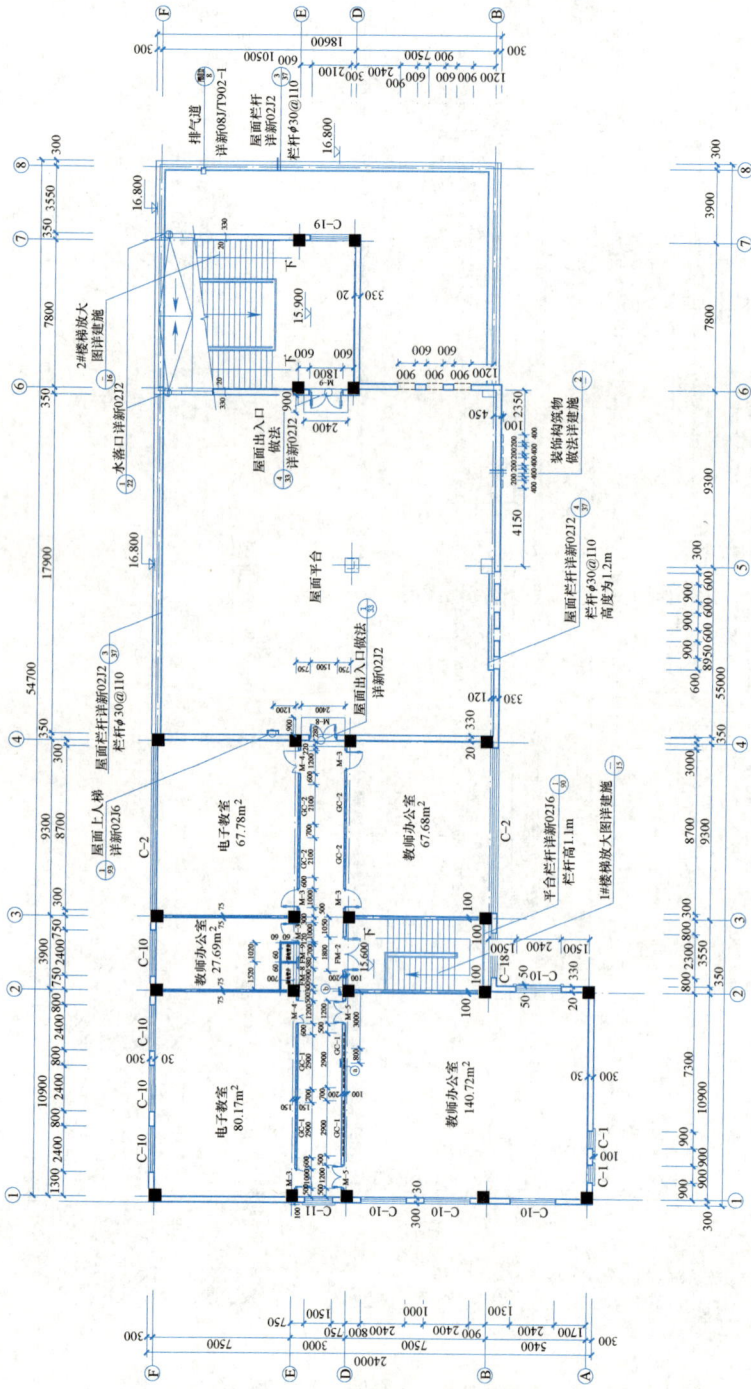

五层平面图　1:100
本层建筑面积：619.20m²

五层防火分区平面示意

防火分区一
面积=522.72m²

防火分区—(B)
面积=61.59m²

电子教室
67.78m²

教师办公室
67.68m²

教师办公室
27.69m²

电子教室
80.17m²

教师办公室
140.72m²

屋面平台

排气道

女儿墙泛水做法
详建施

窗下口做法
详建施

250 室内地面

250

卷材防水
构造
参详新0228

防水底板

防水顶

70厚挤塑苯板
保温层埋至冻
土层下1.5m

240厚砼护壁墙

女儿墙泛
水做法
详建施

镀脚做法
详新06J108

屋面栏杆详新0212
栏杆φ30@110

屋面上人梯
详新0236

详新0212

屋面出入口做法
详新0212

屋面栏杆详新0212
栏杆φ30@110

屋面栏杆详新0212
栏杆φ30@110
栏杆高度为1.2m

装饰构筑物
做法详建施

平台栏杆详新0216
平台栏杆高1.1m

2#楼梯放大图详建施

本洽口详新0212

楼梯放大图详建施

墙身大样 1:50

女儿墙泛水做法 详建施

室内地面

卷材防水构造

散水顶

250厚陶粒混凝土

干挂空心砌块外贴 80厚聚苯板保温

70厚挤塑聚苯板保温层埋至冻土层下1.5m

240厚砖护墙

卷材防水 详建新02J18

防水底板

① 墙身大样 1:50

标高：20.400 19.380 15.600 11.700 7.800 3.900 ±0.000 -0.600 -3.900 -5.100

屋顶平面图 1:100

排气道 详建08J T902-1

屋面栏杆 详新02J12

栏杆φ30@110

直式水落口 详建施

水落口详建新02J12

结构板面标高19.000

结构板面标高15.4800

结构梁面标高19.500

屋面平台

屋面

结构板面标高21.000

沥青油砂砌C15混凝土块规格为500×500×40

16.800 17.100 19.300 20.400 21.600

5 结构图节选

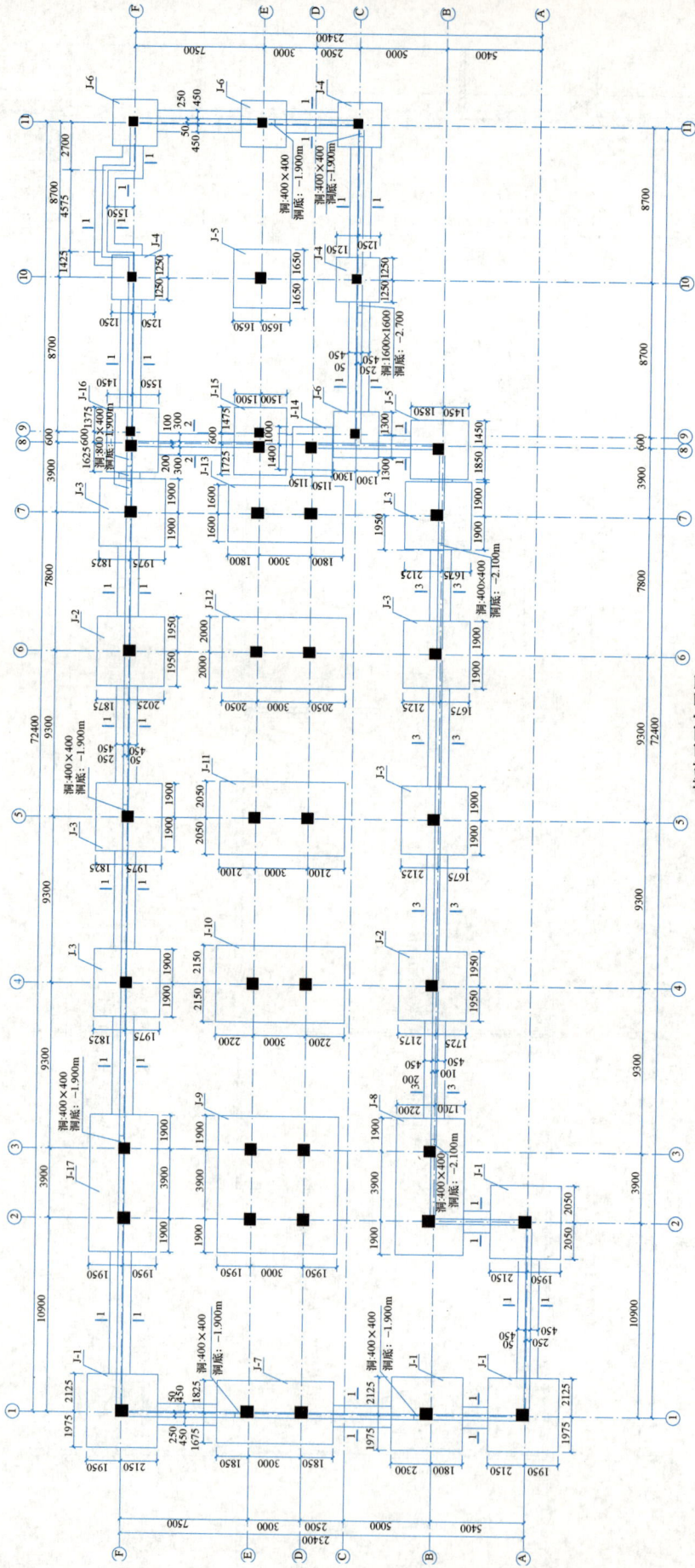

基础平面布置图　1:100(30)

1. 基础底标高为−5.100。
2. 防水底板厚为300，配筋为通长双层双向: φ12@150。

钢筋混凝土挡土墙配筋图 1:25
1-1

钢筋混凝土挡土墙配筋图 1:25
3-3

钢筋混凝土挡土墙配筋图 1:25
2-2

J-7 1:30

J-3 1:30

J-2 1:30

J-1 1:30

J-6 1:30

J-4 1:30

J-5 1:30